围棋从入门到九段

5级到1级
1000题

陈禧
胡啸城
卫泓泰
著

化学工业出版社
·北京·

图书在版编目（CIP）数据

围棋从入门到九段. 3，若愚：5级到1级1000题 / 陈禧，胡啸城，卫泓泰著. —北京：化学工业出版社，2022.9

ISBN 978-7-122-41569-1

Ⅰ. ①围… Ⅱ. ①陈… ②胡… ③卫… Ⅲ. ①围棋—教材 Ⅳ. ①G891.3

中国版本图书馆CIP数据核字（2022）第094879号

责任编辑：史　懿　　　　封面设计：溢思视觉设计 / 尹琳琳
责任校对：宋　玮　　　　装帧设计：宁小敬

出版发行：化学工业出版社（北京市东城区青年湖南街 13 号　邮政编码 100011）
印　　装：河北京平诚乾印刷有限公司
787mm × 1092mm　1/16　印张 12　字数 180 千字　2023 年 1 月北京第 1 版第 1 次印刷

购书咨询：010-64518888　　　　售后服务：010-64518899
网　　址：http://www.cip.com.cn
凡购买本书，如有缺损质量问题，本社销售中心负责调换。

定　　价：59.80 元

序 言

我和奇略合作“从入门到九段”有不少时间了。这套选题最早来自于一次吃饭，泓泰说：上次出版的《零基础学围棋：从入门到入段》反响不错，再挑战一次“从入门到九段”怎么样？

于是经过近两年的设计、制作、编排，这套书终于要和大家见面了。题目全部是陈禧职业五段原创的。他热爱创作死活题，这些题目在网上有数千万人次的做题量和大量的反馈，经过了充分地检验和锤炼。其中高段分册的有些题目我看到了也需要思考一段时间，做完之后，感受很好，确实有助于基本功的训练。

围棋学习是提升自己思维素养的过程，最讲究记忆力和计算力的训练。

常用的棋形，需要记得快，还要记得准、记得牢。必须要养成良好的学习习惯：多下棋，下棋之后复盘，长此以往会慢慢养成过目不忘的能力，下过的棋全部摆得出来。围棋的记忆，不仅要了解一个形状，还要记住上下关联的变化，理解得越深，记得越全面。记的东西多了，分门别类在头脑中整理好，就有了一套自己的常用知识体系，形成了实战中快速反应的能力。

实战中总有记不完的新变化，围棋对弈还尤其考验临机应变的能力。出现新变化的时候，需要进行计算。计算是在头脑中形成一块棋盘，一步一步地在上面落子，进行脑算；同时还需要有一个思维体系，从思考为什么会有这样的棋形开始，到思考这个变化为什么可行，那个变化为什么不行。这里说的计算，包含了大家平时说的分析和判断。通过综合训练，逐渐拥有强大的想象力，形成围棋中克敌制胜的计算力。

围绕训练这两种能力，奇略做了错题本和死活题对战的新功能，比我们那个时候训练的条件还要更进一步。一套好书，可以是一位好的教练，一位好的导师。希望通过这套书能够让围棋爱好者和学员们真正提高自己的硬实力，涌现出更多优秀的围棋人才，超越我和我们这一代棋手。

职业九段是我职业生涯中重要的里程碑，是我新征程的开始。而对于广大爱好者来说，从入门到九段，可能是一段长长的征程，有着无数的挑战。这里引用胡适先生论读书的一段话，与大家共勉：“怕什么真理无穷，进一寸有一寸的欢喜。即使开了一辆老掉牙的破车，只要在前行就好，偶尔吹点小风，这就是幸福。”

柯洁

2022 年 8 月

前 言

很高兴这套书遇到了您。

这套书，献给那些对自己有要求的爱好者和对提升学生棋力最热忱、最负责任的围棋老师们。

奇略是一家以做围棋内容和赛事起步的公司，目前是业内最主要的围棋内容，尤其是围棋题目的供应方之一。我们长期支持各类比赛，包括北京地方联赛和全国比赛。进入人工智能时代，我们相信，围棋的学习一定是围绕着提升棋手自身综合素养进行的。通过学习围棋，每位棋手都可以成为有创新意识，有独立分析能力的优秀人才。

奇略坚持创新和创作，坚信天道酬勤。当我们开始创作这样一套综合题库时，我们合理安排每一道题，每一章都为读者设计了技巧提示和指引，每一项围棋技能都邀请了顶尖的职业棋手寻找更好的训练方式。

从入门到九段，不仅要有充足的训练资源，还要有有效的训练方式和成长计划。今天这份成长秘籍已送到您的手边。我们从十年来原创的题目中，选取了棋友反馈最多的题目——10000道！按照难度进行编排。它们将会推动您一点一点成长，我们可以想象出无数孩子和爱好者一道一道做下去时兴奋的表情。

日常训练的时候，最头疼的就是：很多时候想这么下，但是答案没有这个分支，一道一道都去问老师要花很多时间，想自己摆棋，棋子太多也要摆好久。

如今奇略将答案全部电子化，更找到北京大学生围棋联赛的同学们，根据爱好者的反馈，给每一道题加上了详细的变化。为了方便大家提升，我们还做了电子错题本和知识点图解。我们会结合您做题中的反馈，对您的专注力、计算力和记忆力做出分析，让您的成长走捷径。

千里之行，始于足下，让我们现在开始吧。

本套书的成书过程得到了太多人的支持，在此感谢科大讯飞联合创始人胡郁，海松资本陈飞、王雷，北京大学校友围棋协会会长曾会明的大力支持。成书期间，周睿羊九段多次来奇略为我们摆棋指导，感谢周睿羊九段的意见让这套书更完善。

卫泓泰　胡啸城　陈　禧

2022年8月

目 录

凡　例

1. 本书题目均为黑先，答案为无条件净活 / 净杀或有条件劫活 / 劫杀。

2. 本书题目大致按照知识点、难度排序，建议读者循序渐进，按照舒适的节奏安排练习。

3. 读者可以直接在书中作答，也可扫描书友卡中的二维码，在电子棋盘上进行互动答题并用错题本记录错题。

4. 读者在进入答题界面后，可以按照下列操作进行答题，也可以输入题目序号，找到对应题目后直接作答。

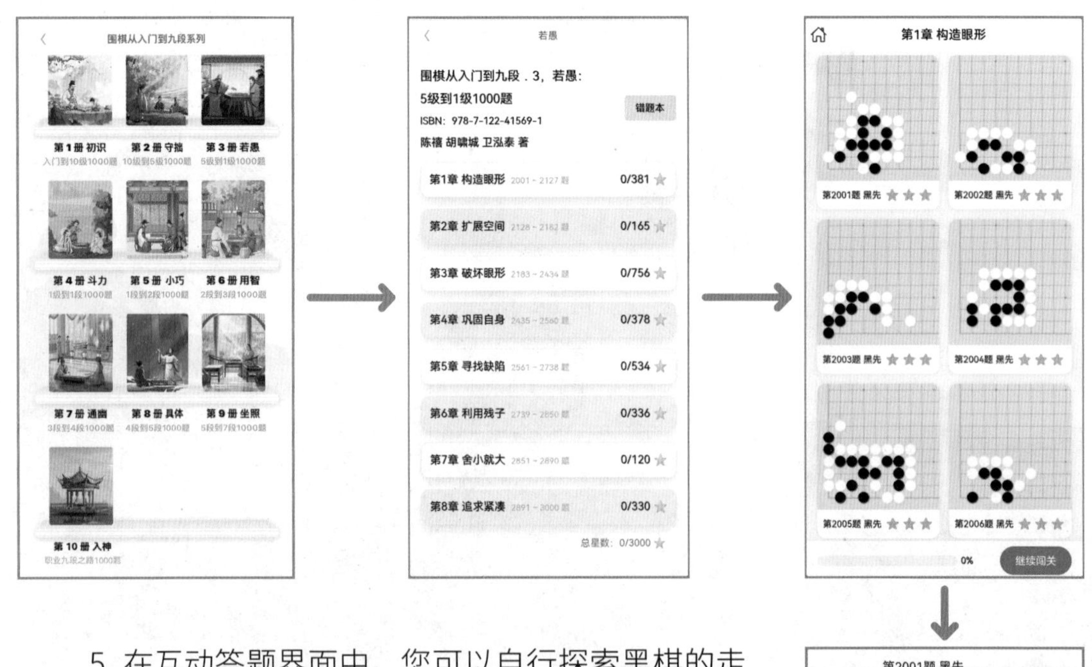

5. 在互动答题界面中，您可以自行探索黑棋的走法，系统将会自动给出白棋的最强应对，并在达到正确结果或失败结果时做出说明。

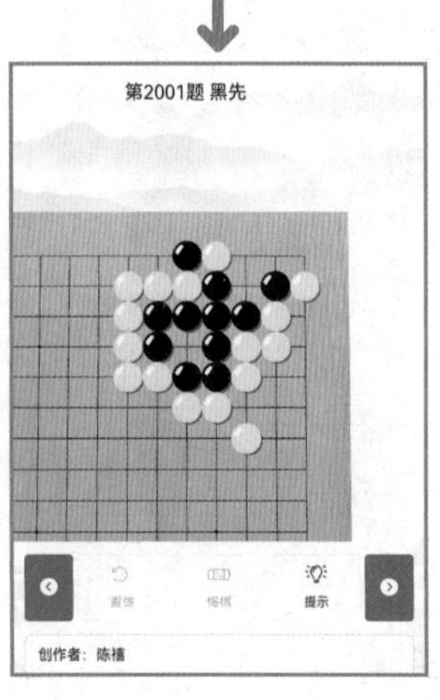

我们的答题界面、解题过程会持续优化、更新。愿我们的小程序和 App 一直陪伴您的学棋之路，见证您棋艺的提高。

构造眼形

图 1

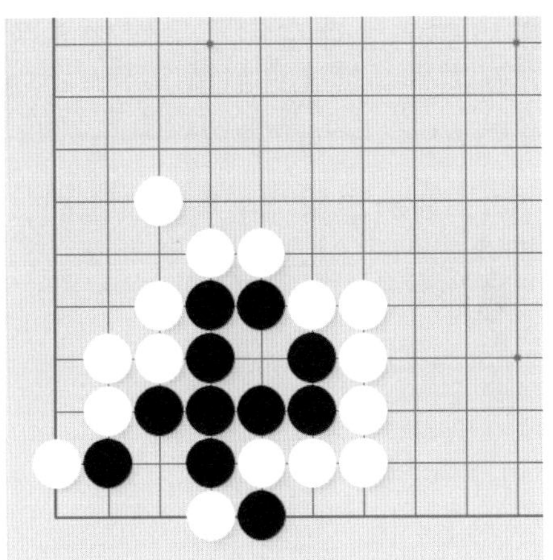

“构造眼形”是做活的必经步骤；只有构造出两只真眼，一块棋才可以称为活棋。因此，在做活过程中，需要掌握在空旷地带搭建眼形的技巧。

如图 1，此时黑棋已经有一只真眼，而左下角的空间似乎也有形成第二只眼的潜力。黑棋先行，该如何行棋呢？

图 2

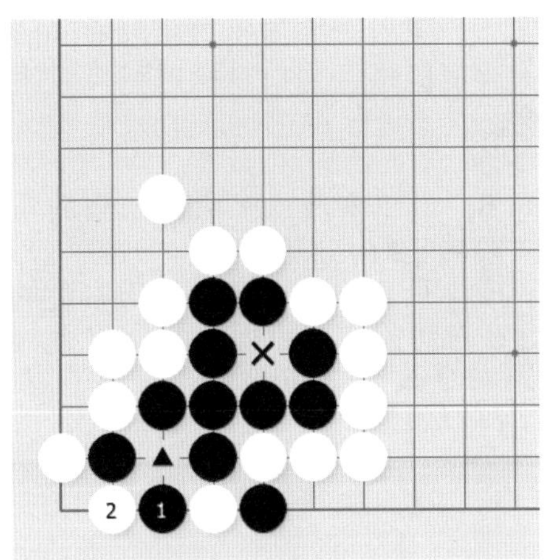

本题中，由于 × 位已经有一只真眼，故黑棋的目标是在左下角▲位做出另外一只真眼，无需担心 × 位的安危。

如图 2，黑 1 提吃一颗白子，同时搭出眼形，是本题的正解。白 2 扑入是最强硬的抵抗，形成对黑棋稍有利的劫争。

图 3

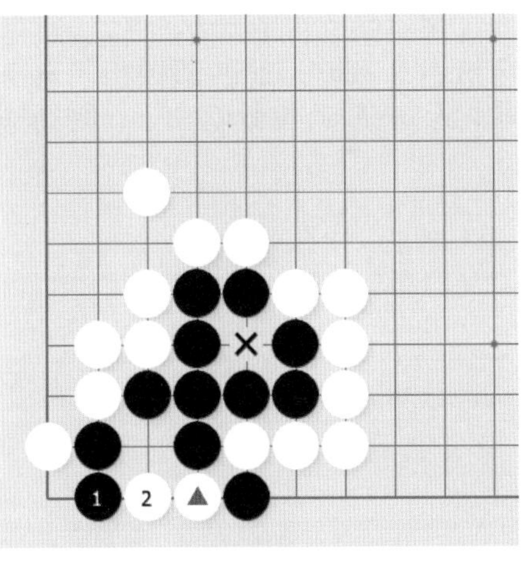

注意：黑棋若在图 3 中的 1 位立下，则会遭到白 2 长的弃子反击。接下来如果黑棋提掉两颗白子，白棋可在▲位扑，黑棋左下方依然为假眼，黑棋被杀。

扩展空间

图 4

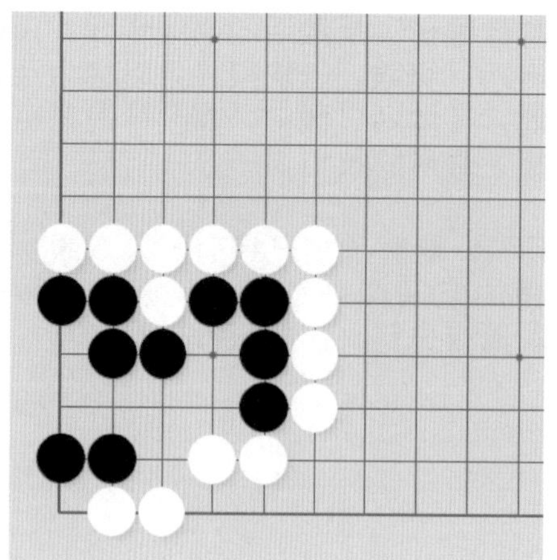

如果当前的生存空间不足以构成两只真眼，在周围环境允许的情况下，不妨“扩展空间”，为己方活棋创造更充分的条件。

如图 4，此时黑棋似乎有一只真眼，但是目前第二只眼的位置还不甚明确。黑棋先行，该如何行棋呢？

图 5

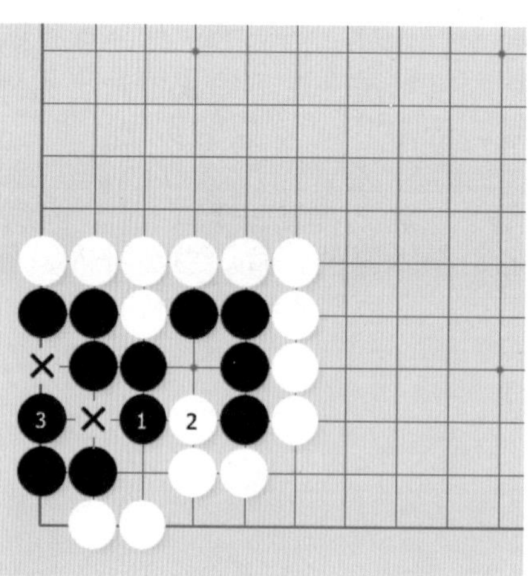

本题中，黑棋需要通过以扩展空间的方式增大眼形区域，为自身构成两只真眼创造机会。

如图 5，黑 1 弯成功扩大了做眼的空间，是本题的正解，左边形成“弯三”，右边又形成半只真眼。白 2 如果破右边的眼，黑 3 在左边抢占要点即可两眼净活。当然，如果白 2 改于 3 位破眼，黑 3 在 2 位做眼也可以做活。

图 6

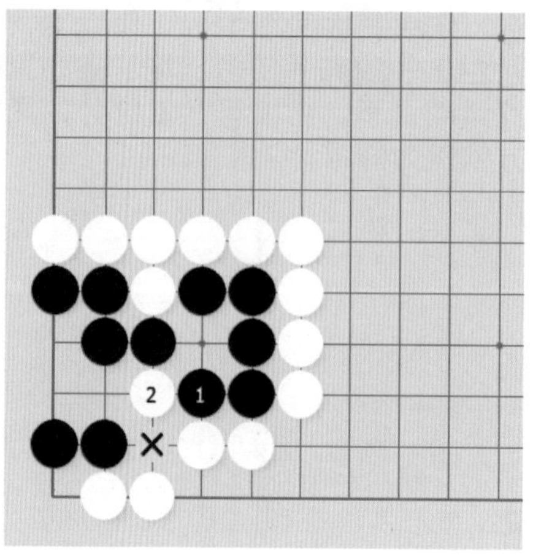

注意：黑棋若在图 6 中的 1 位尝试做眼，则会被白 2 打吃。此时黑棋由于自身右边气紧，无法在 × 位断吃白子，因而被杀。

破坏眼形

图 7

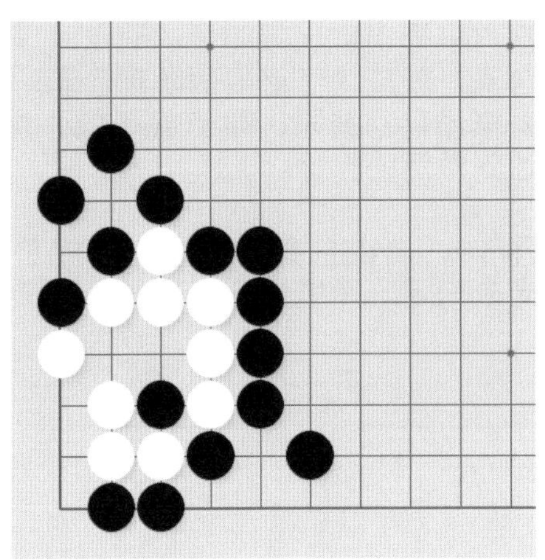

既然做活己方需要“构造眼形”，攻杀对方就需要“破坏眼形”，扰乱对方的做活计划。

如图 7，白棋眼位看似充裕，即将形成两眼活棋。黑棋先行，该如何行棋呢?

图 8

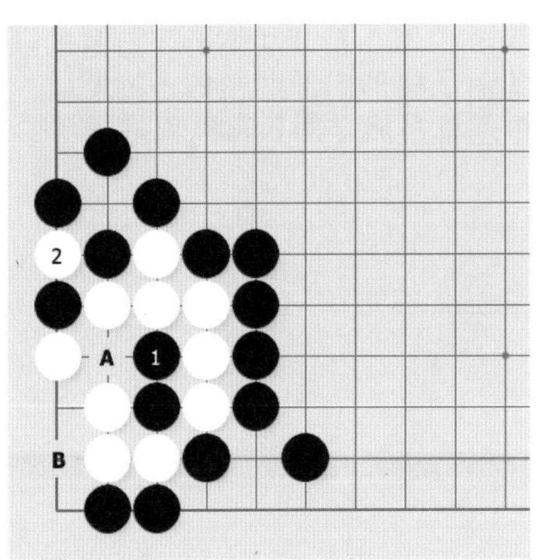

如图 8，黑 1 打吃，占领了白棋眼形的要点，对白棋的眼位构成直接威胁。白 2 提吃是最强硬的抵抗，形成对黑棋稍有利的劫争。

注意：白 2 若直接在 A 位提，黑 B 扳破眼之后白棋即成净死。

图 9

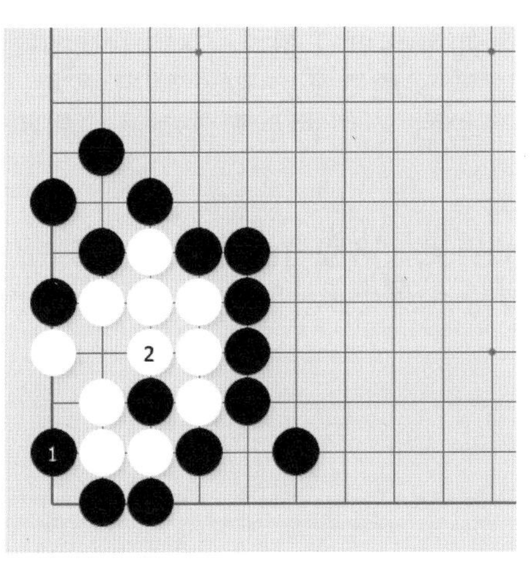

黑 1 如像图 9 中扳，则白 2 提，直接占据眼形要点，形成两只真眼净活。

巩固自身

图 10

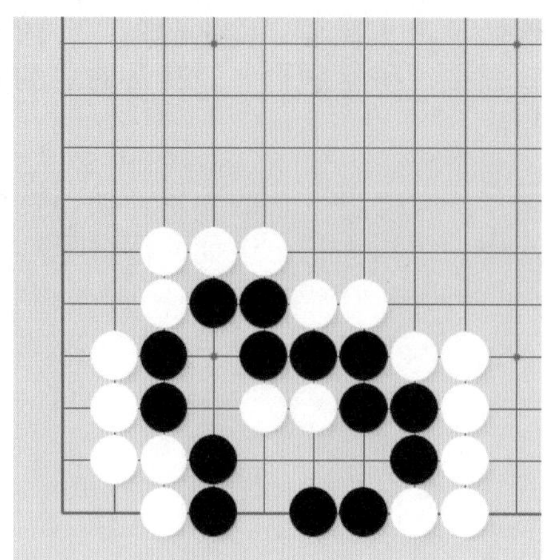

当己方棋形出现比较明显的弱点时，“巩固自身”就成为了必要的防御步骤。如果自身棋形存在缺陷，即使空间充足也未必能达到做活的目标。

如图 10，黑棋自身的连接尚不完整，因此尚未安定。黑棋先行，该如何行棋呢?

图 11

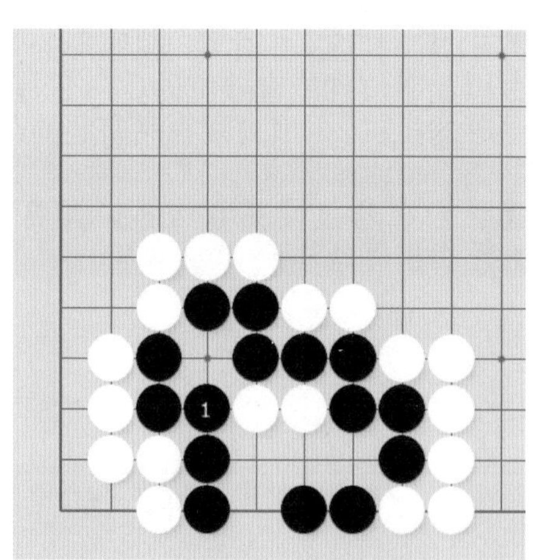

如图 11，黑 1 粘成功弥补了自身的缺陷，也解消了棋形内部两颗白子的威胁。此时白棋无计可施，黑棋自然成活。

图 12

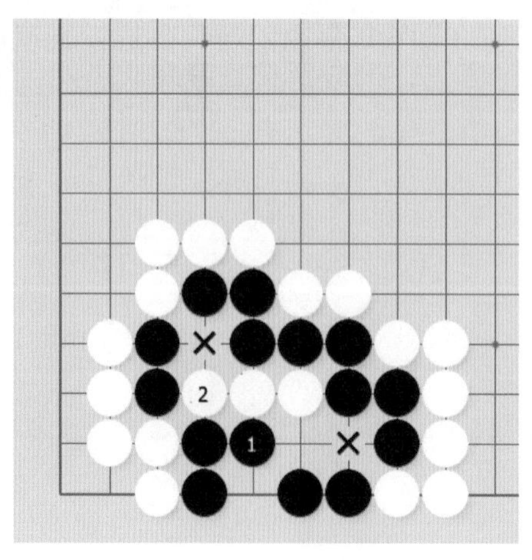

黑棋如果尝试在图 12 中的 1 位做眼，将会遭遇灭顶之灾。由于黑棋气紧，白 2 打吃之后 × 位两点无法兼顾，黑棋全军覆没。

由此可见，巩固自身是做活过程中的关键一步，不可小觑。

寻找缺陷

图 13

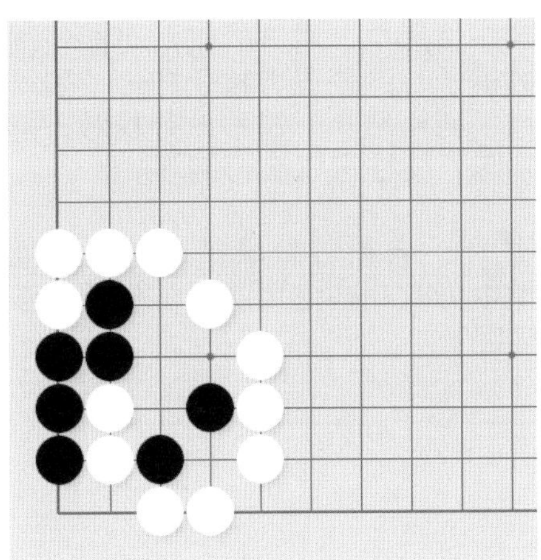

如果需要寻找做活或杀棋的头绪，“寻找缺陷”是探索突破口的好方法。找准对方的缺陷之后，就可以果断出击，收获理想的结果。

图 13 中，左下角的黑棋看似没有任何眼形，但白棋的棋形也存在缺陷。黑棋先行，该如何行棋呢?

图 14

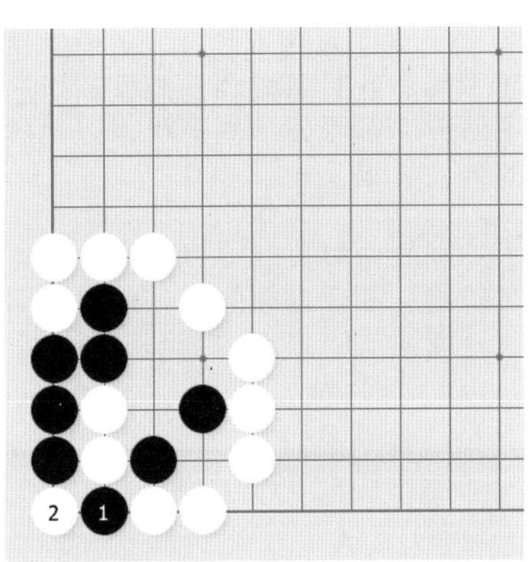

如图 14，黑 1 扑找到了白棋棋形存在的缺陷，尝试将左下角的两颗白子与其他部分的白棋切断。假如这两颗白子被吃，黑棋即可两眼做活，故白 2 选择提劫，形成黑棋打劫活的结果。

图 15

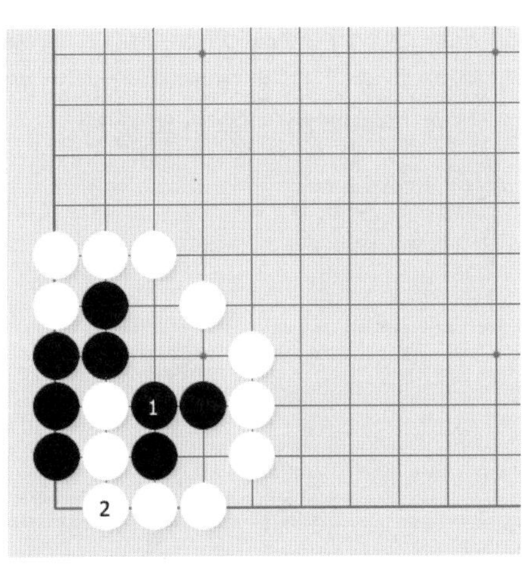

如图 15，黑 1 如果在外面打吃，被白 2 粘补掉断点，白棋的棋形就再也没有任何缺陷，黑棋净死。

利用残子

图 16

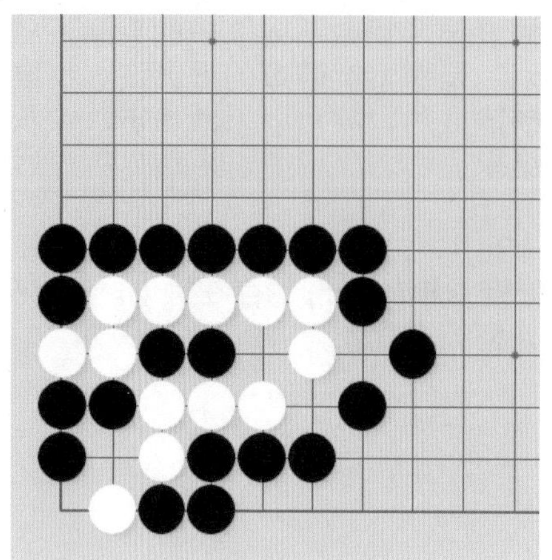

在某些情形中，对方的棋形可能包围着己方的棋子，这些己方棋子称为“残子”。通过“利用残子”的手法寻找对方阵地中的余味，往往可以出奇制胜。

如图 16，目前五颗黑子被白棋包围，但阵地中仍有一些借用。黑棋先行，该如何行棋呢？

图 17

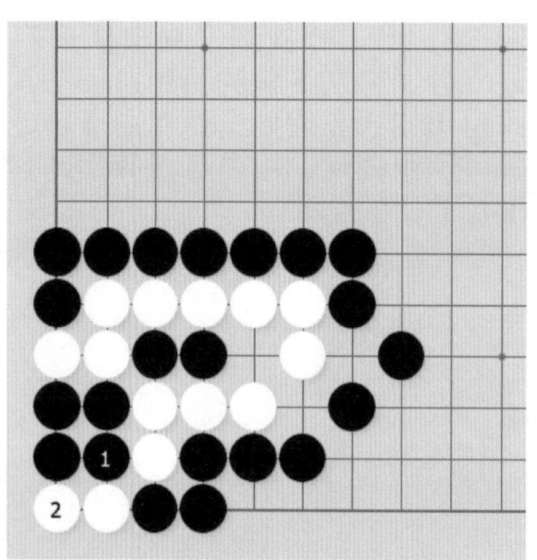

如图 17，黑 1 从里面打吃，看似是送死，其实不然。此时黑棋的构想是利用己方的残子做成“倒脱靴”的形状，以此破掉白棋的第二只眼。

由于外围的白棋只有一只眼，白棋终究要在 2 位提；即使白棋脱先，黑棋也可以通过从外围紧气的方式，强迫白棋回到 2 位。

图 18

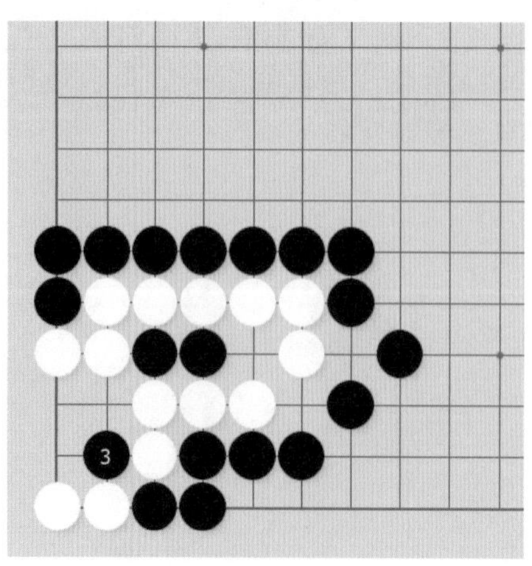

如图 18，图 17 中白 2 提之后，角里的断点即暴露无遗，黑 3 再断即可吃回两颗白子，完成“倒脱靴”杀白的构想。

舍小就大

图 19

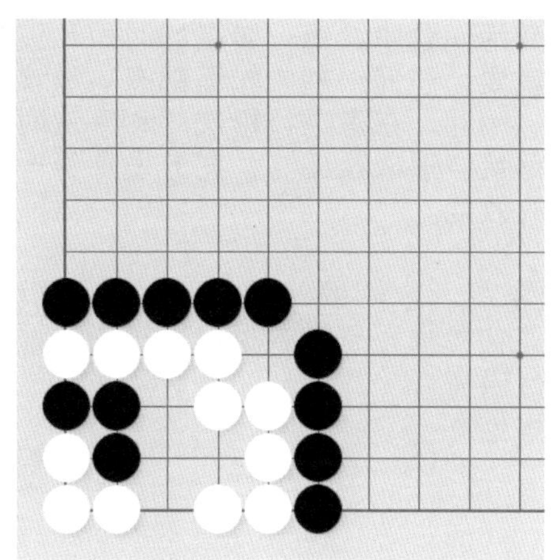

在面临当下既得利益和未来长远利益的选择时，为了确保未来更好的结果，通常会采用“舍小就大”、顾全大局的战略思想。

如图 19，左下角的三颗白子已经被黑棋衔在嘴里，然而此时似乎还有更大的计划。黑棋先行，该如何行棋呢?

图 20

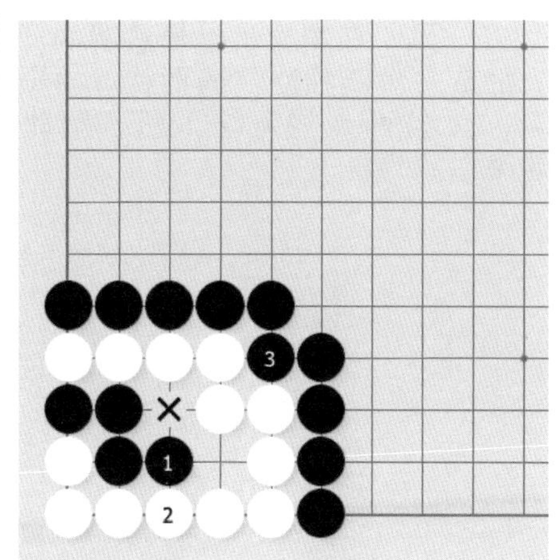

如图 20，黑 1 舍弃眼前的利益，弯在白棋眼形的要点上，是舍小就大的关键。

为了避免“有眼杀无眼”的结局，白 2 只得粘上。黑 3 从外面紧气之后，白棋的腹地中形成了假双活，黑棋随时保有在 × 位团做成刀把五的权利，因此白棋全军覆没。

图 21

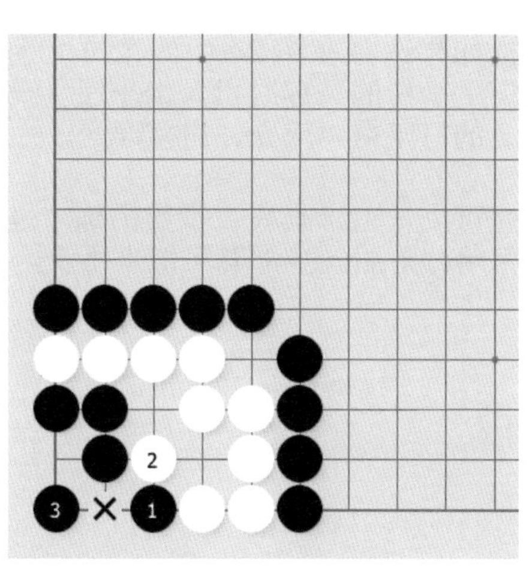

如图 21，黑 1 如果直接选择提吃衔在嘴里的三颗白子，就错过了更好的结果。白 2 打吃之后，黑 3 只得在角部做劫抵抗，而白棋大块仍留有一线生机。

可以看到，本图中黑棋选择了眼前的既得利益，效果却并不理想，因此图 20 中舍小就大的走法才是本题的正解。

追求紧凑

图 22

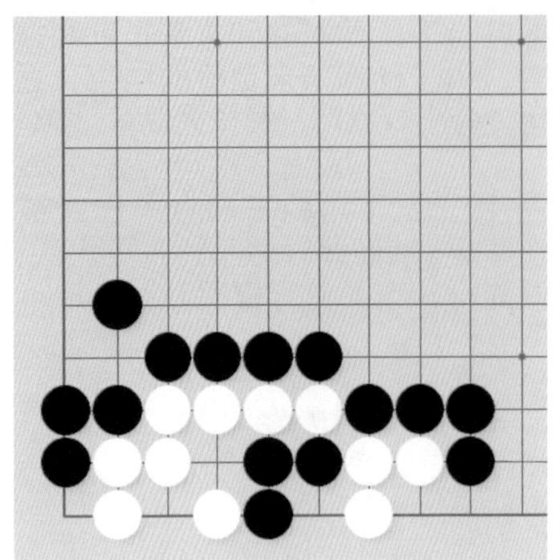

在死活问题中，每一步棋的时机和位置都很重要，任何一刻的松懈都有可能错过正解。因此，在考虑行棋次序和手法时，应该尽量“追求紧凑”，充分发挥每一颗棋子的效能。

如图 22，中间的三颗黑子已被白棋的棋子完全包围，急需救援。黑棋先行，该如何行棋呢?

图 23

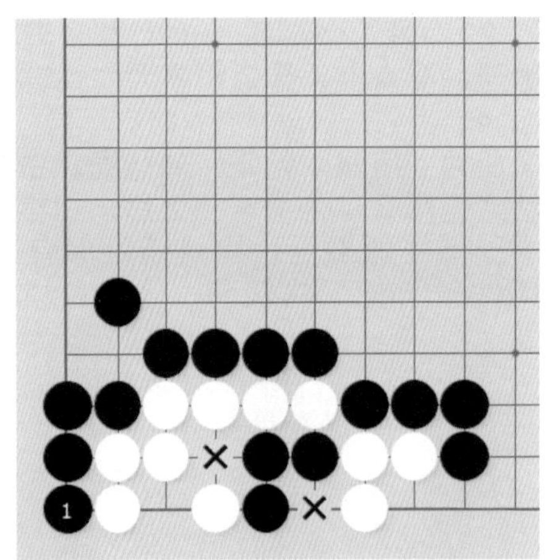

如图 23，黑 1 在角里挤是最紧凑的一手，下方形成“金鸡独立”的形状。由于白棋气紧，× 位两点均无法入气，因此黑棋成功杀白。

图 24

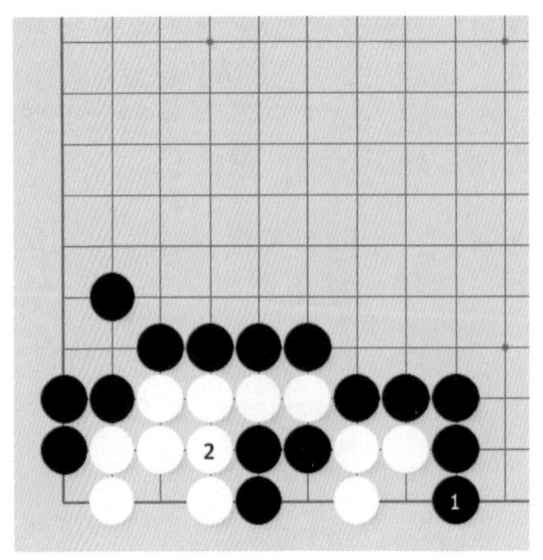

黑棋如果选择在图 24 中的 1 位立下，就错失了杀白的关键时机。由于缓了一步，白 2 的打吃得以成立，白棋净活。

由此可见，追求紧凑、步步精确才是最好的策略，落后一步都有可能来不及。

第 1 章　构造眼形

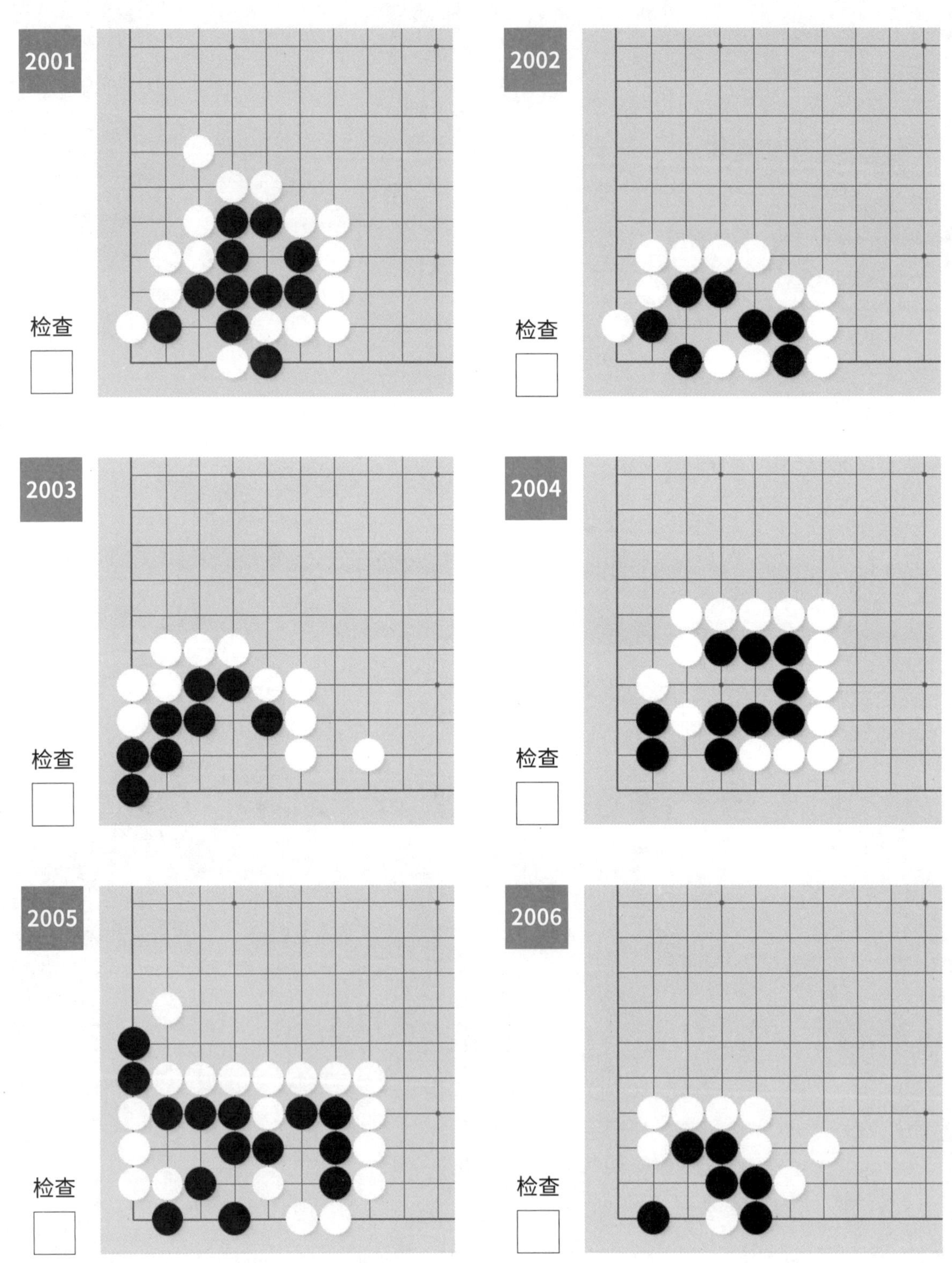

2007

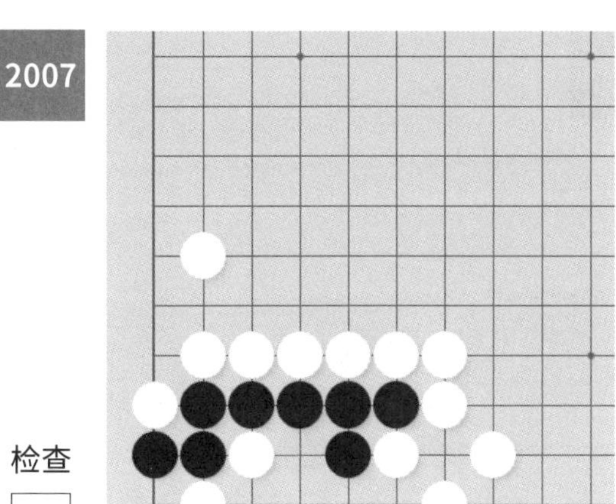

检查

2008

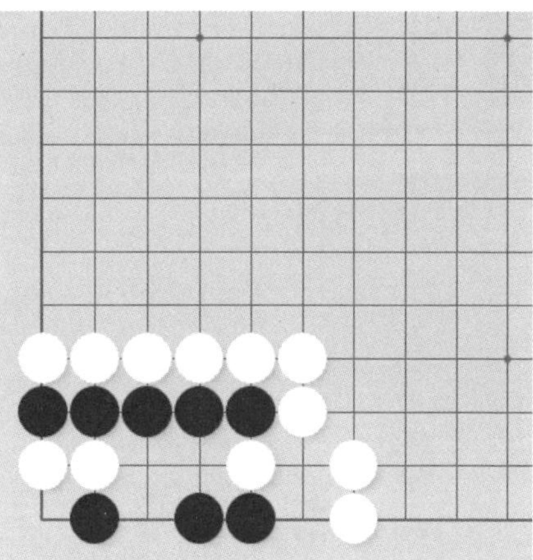

检查

2009

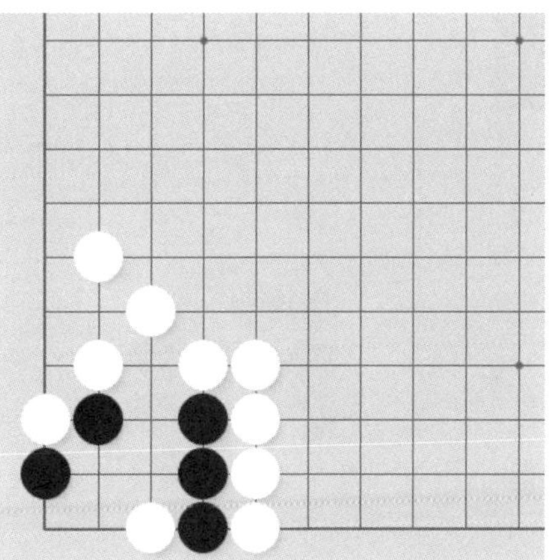

检查

2010

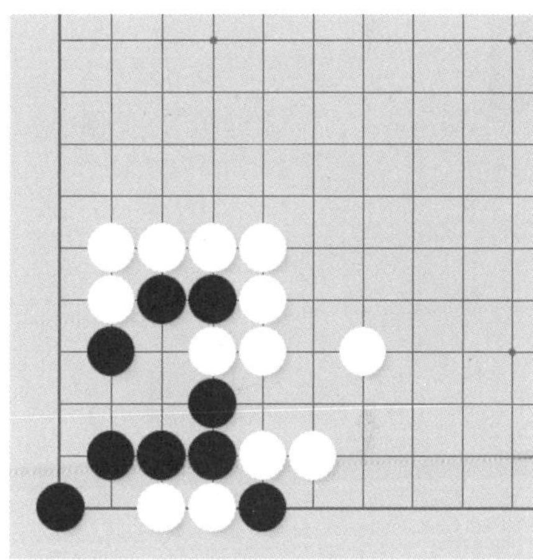

检查

2011

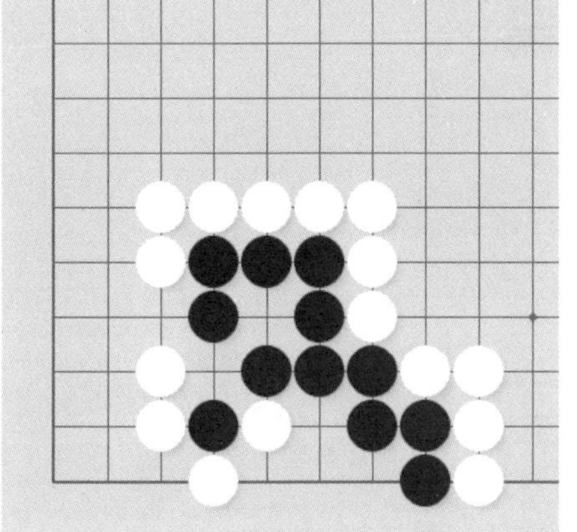

检查

2012

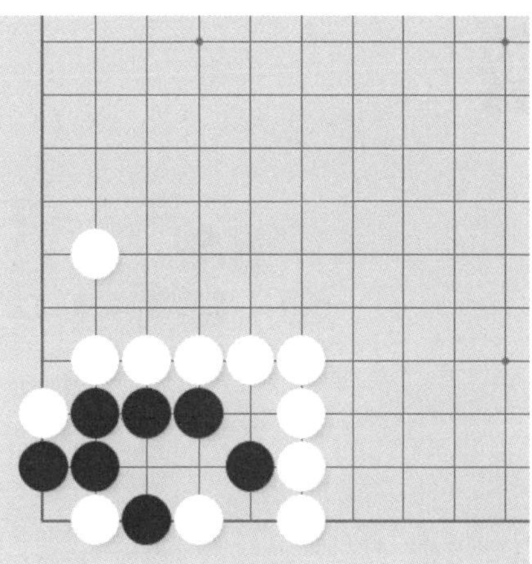

检查

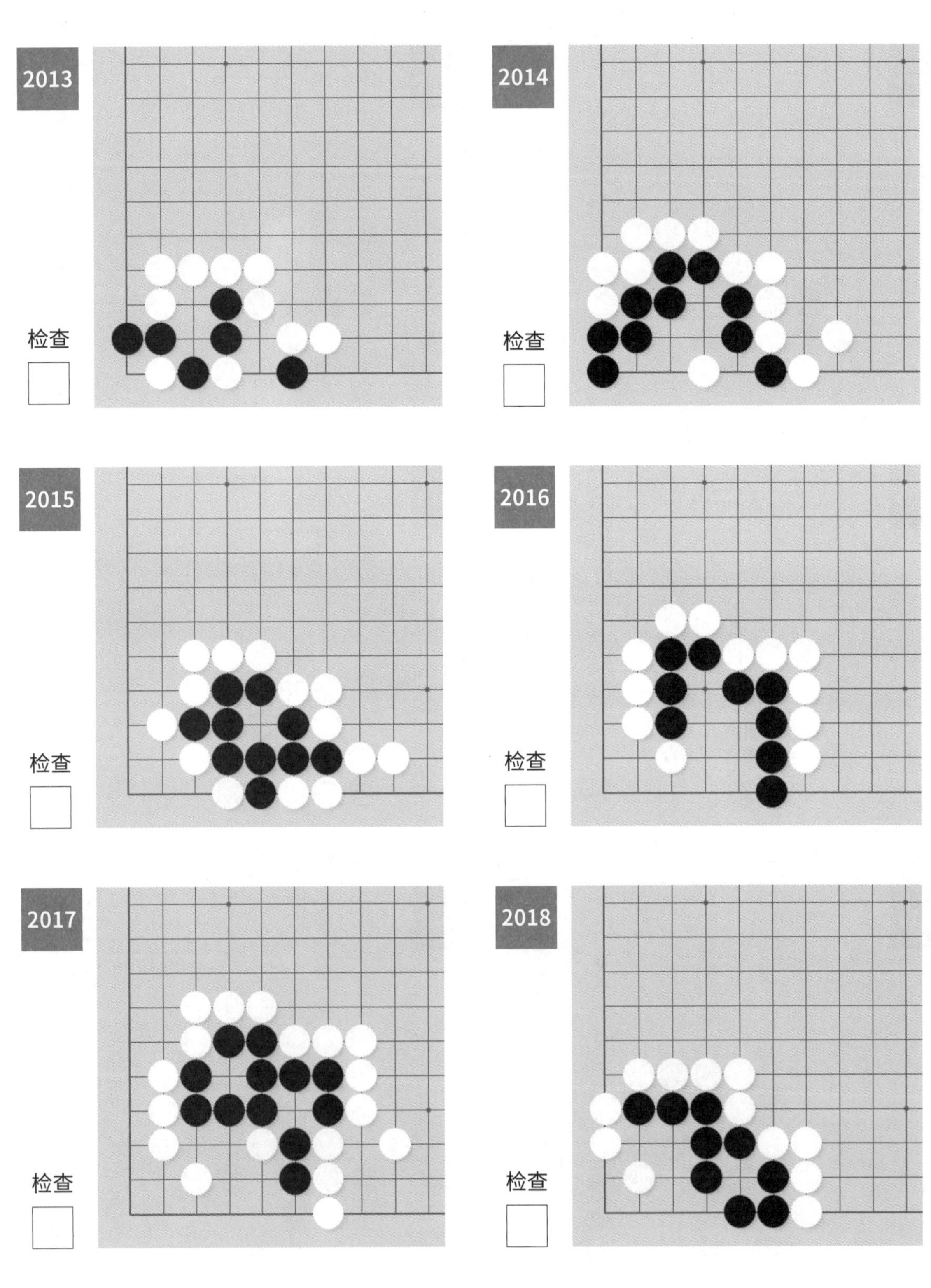
2013
检查
2014
检查
2015
检查
2016
检查
2017
检查
2018
检查

2019

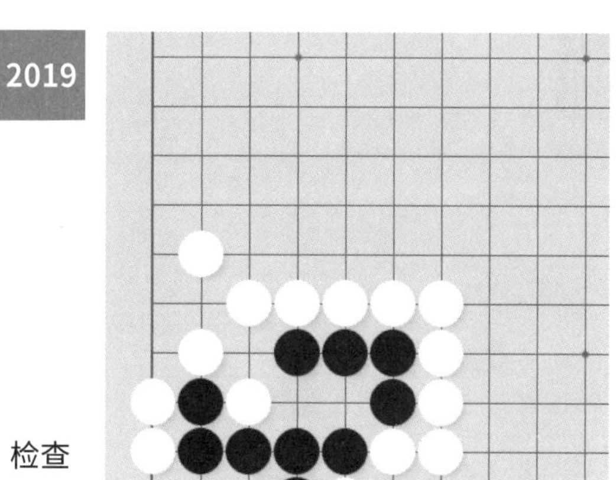

检查

2020

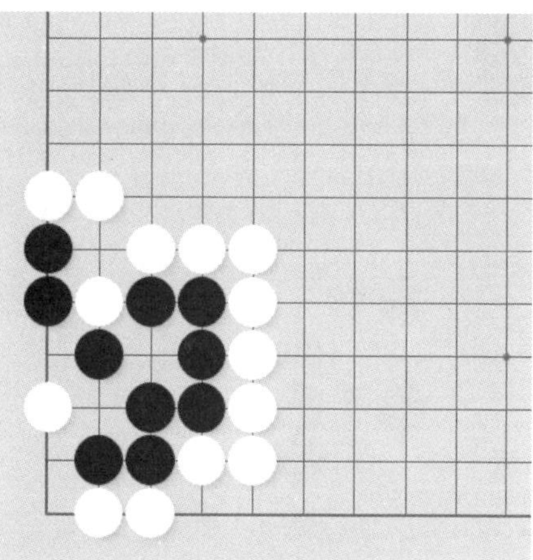

检查

2021

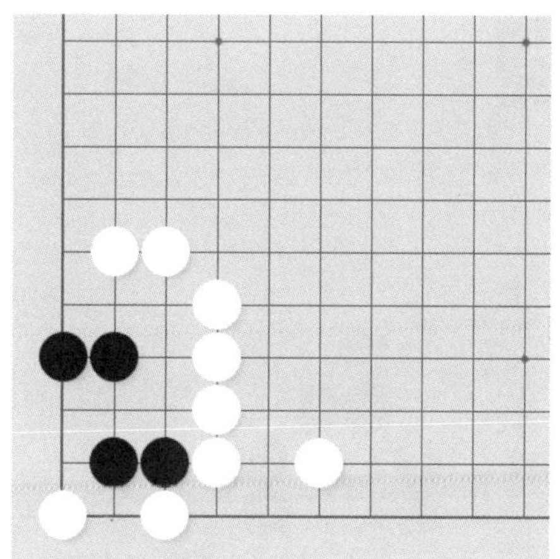

检查

2022

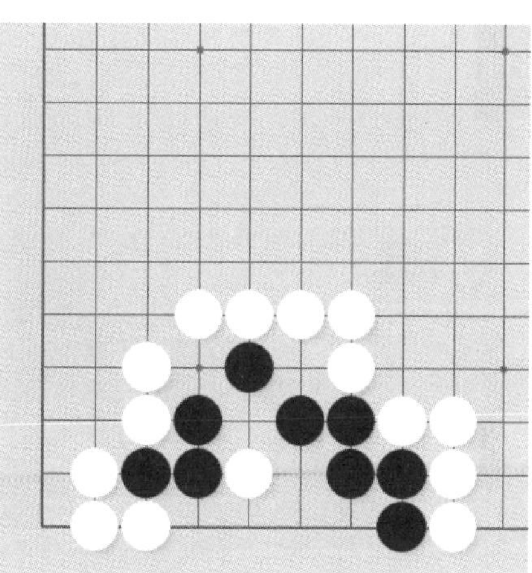

检查

2023

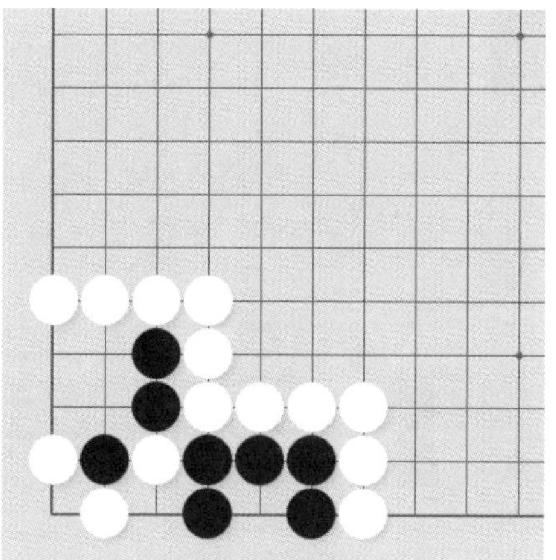

检查

2024

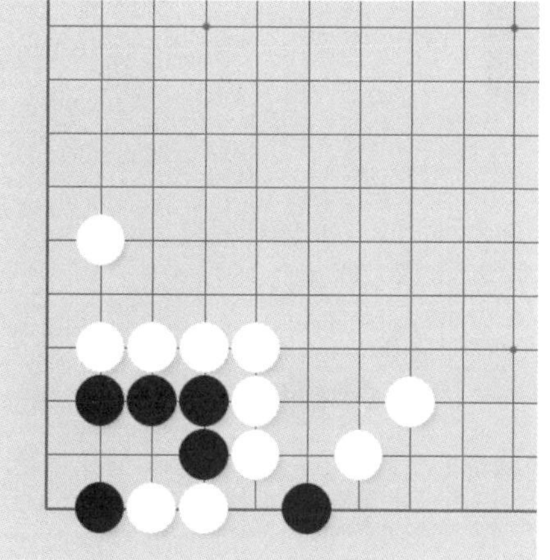

检查

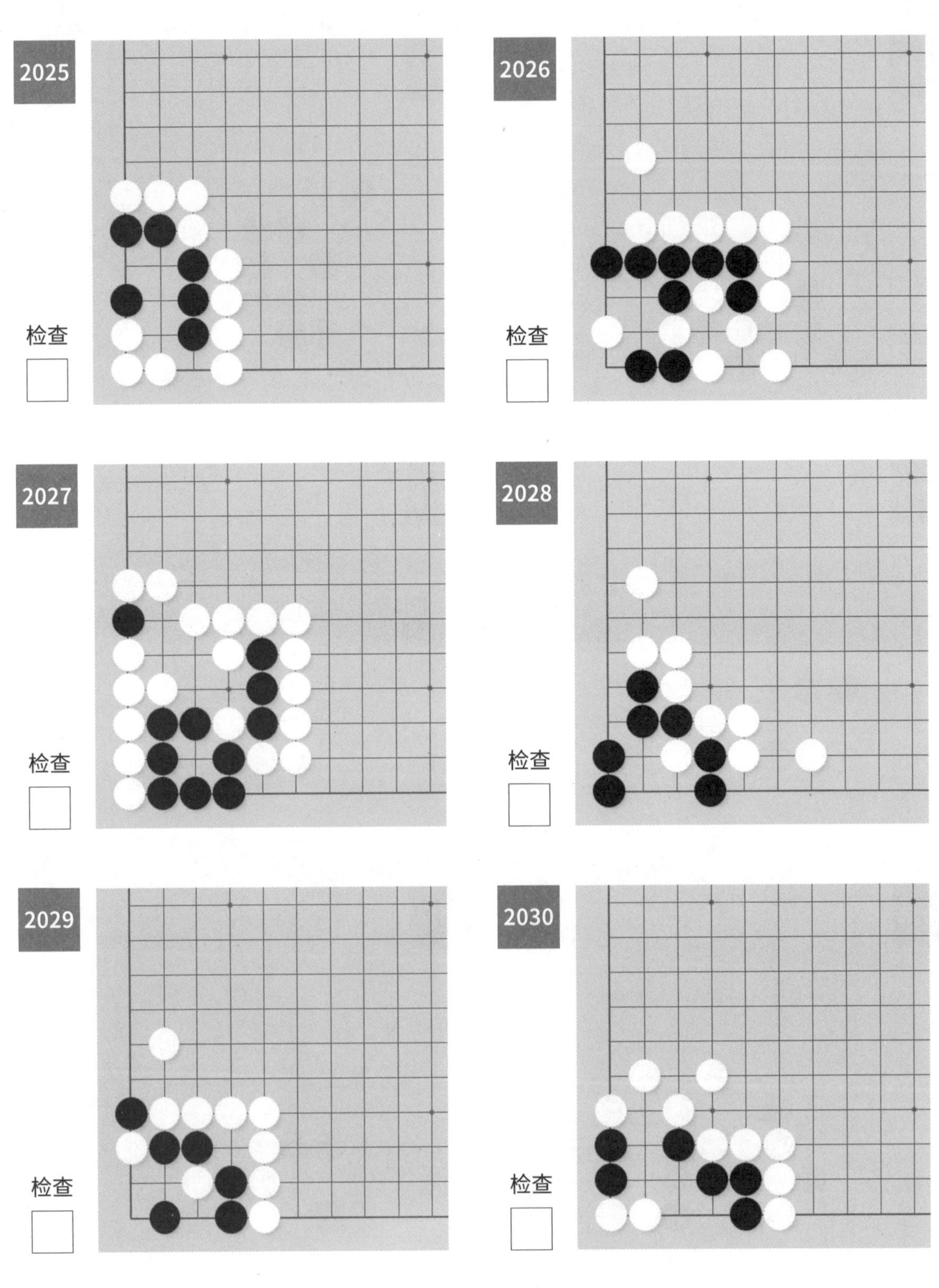
2025
检查
2026
检查
2027
检查
2028
检查
2029
检查
2030
检查

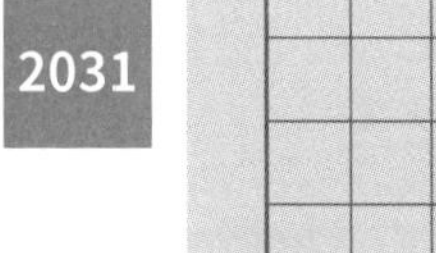

2031

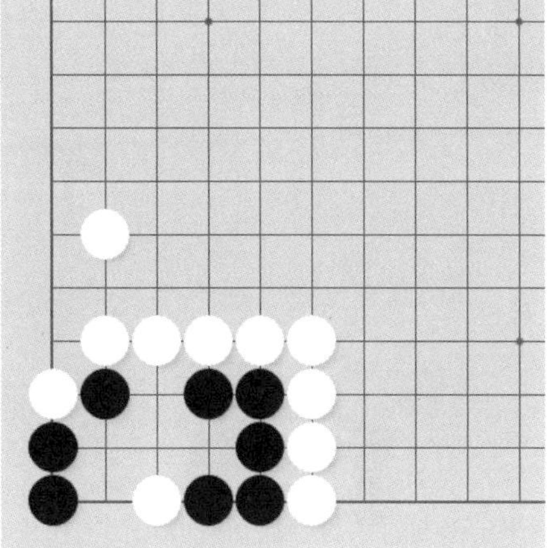

检查

2032

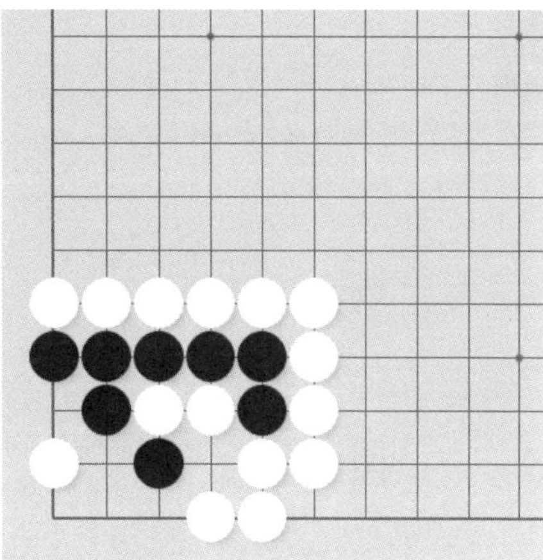

检查

2033

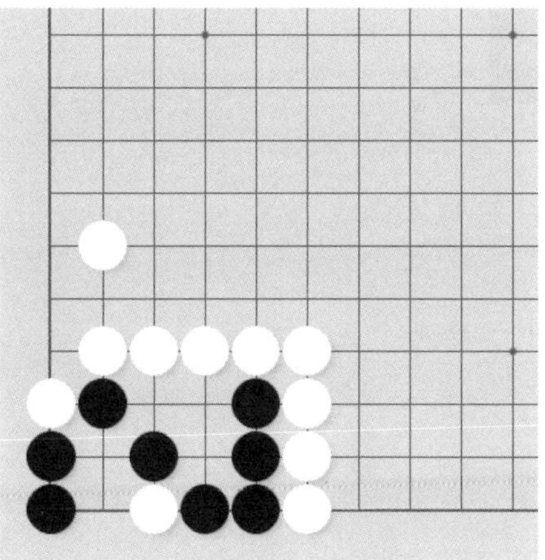

检查

2034

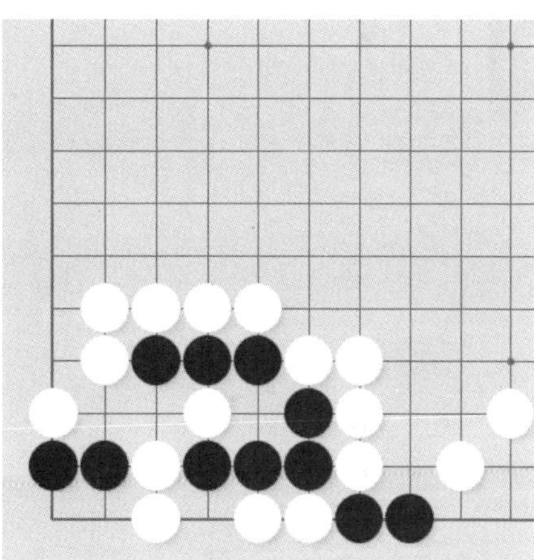

检查

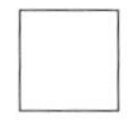

2035

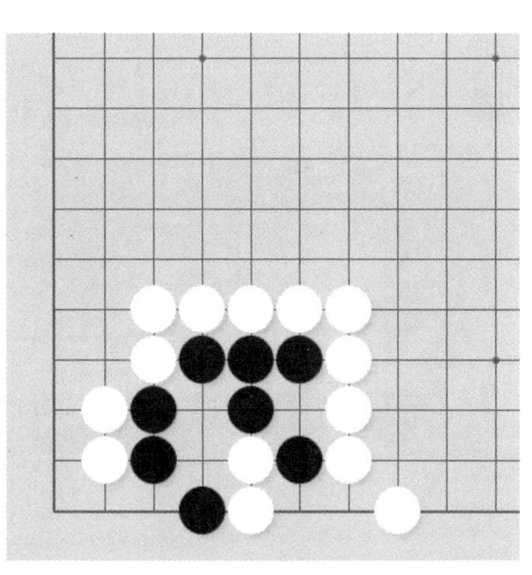

检查

2036

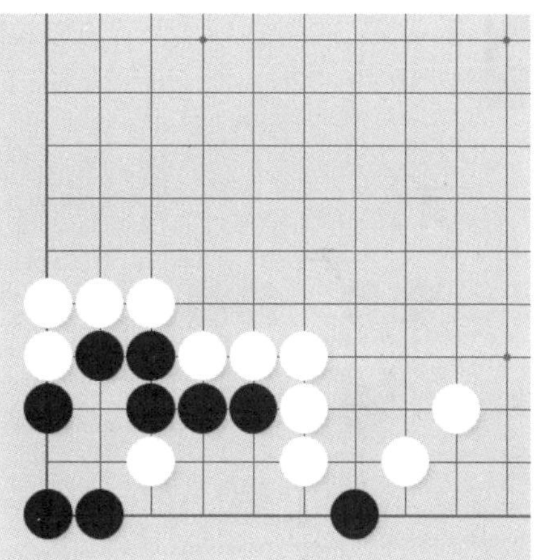

检查

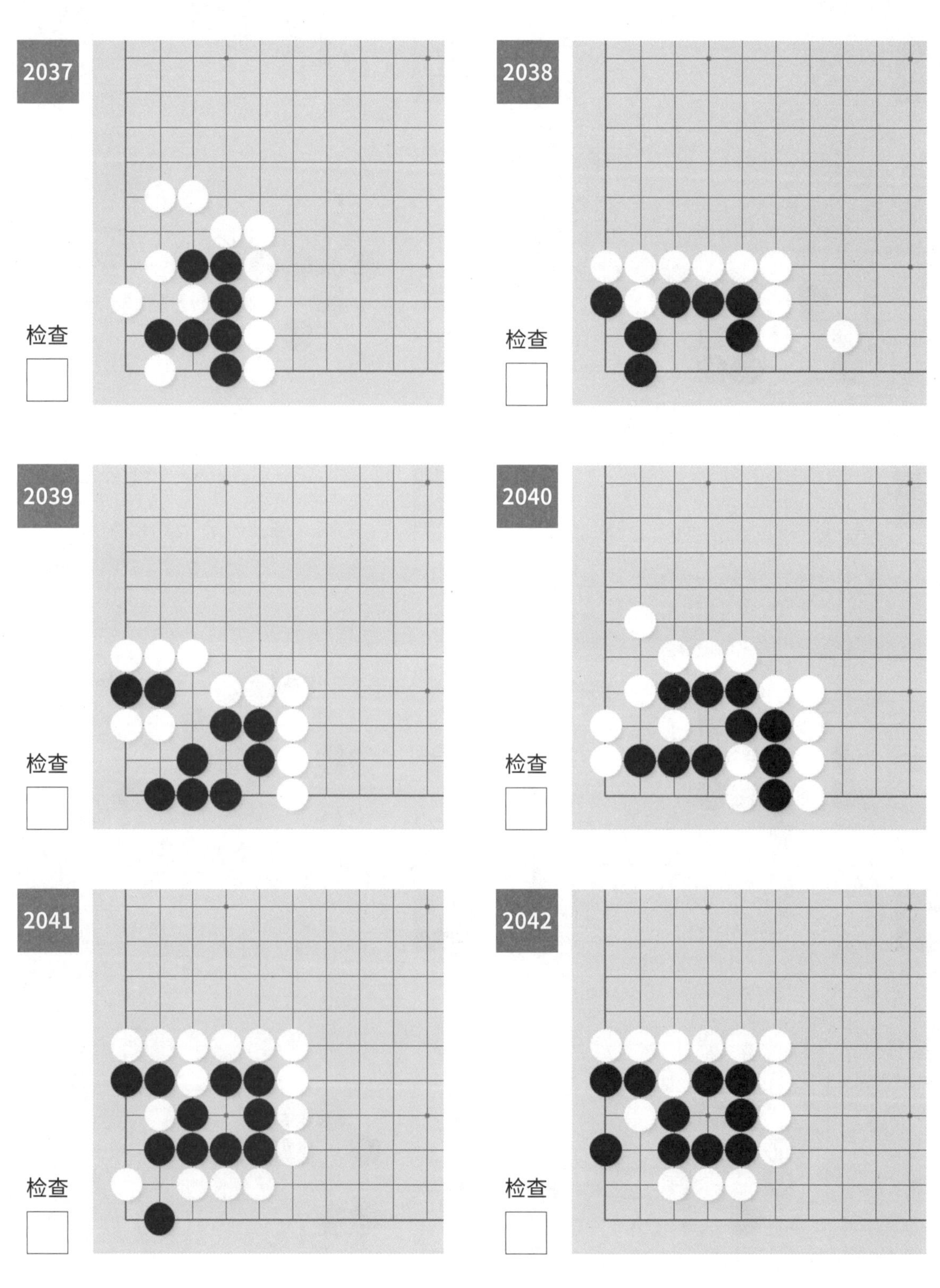
2037
检查
2038
检查
2039
检查
2040
检查
2041
检查
2042
检查

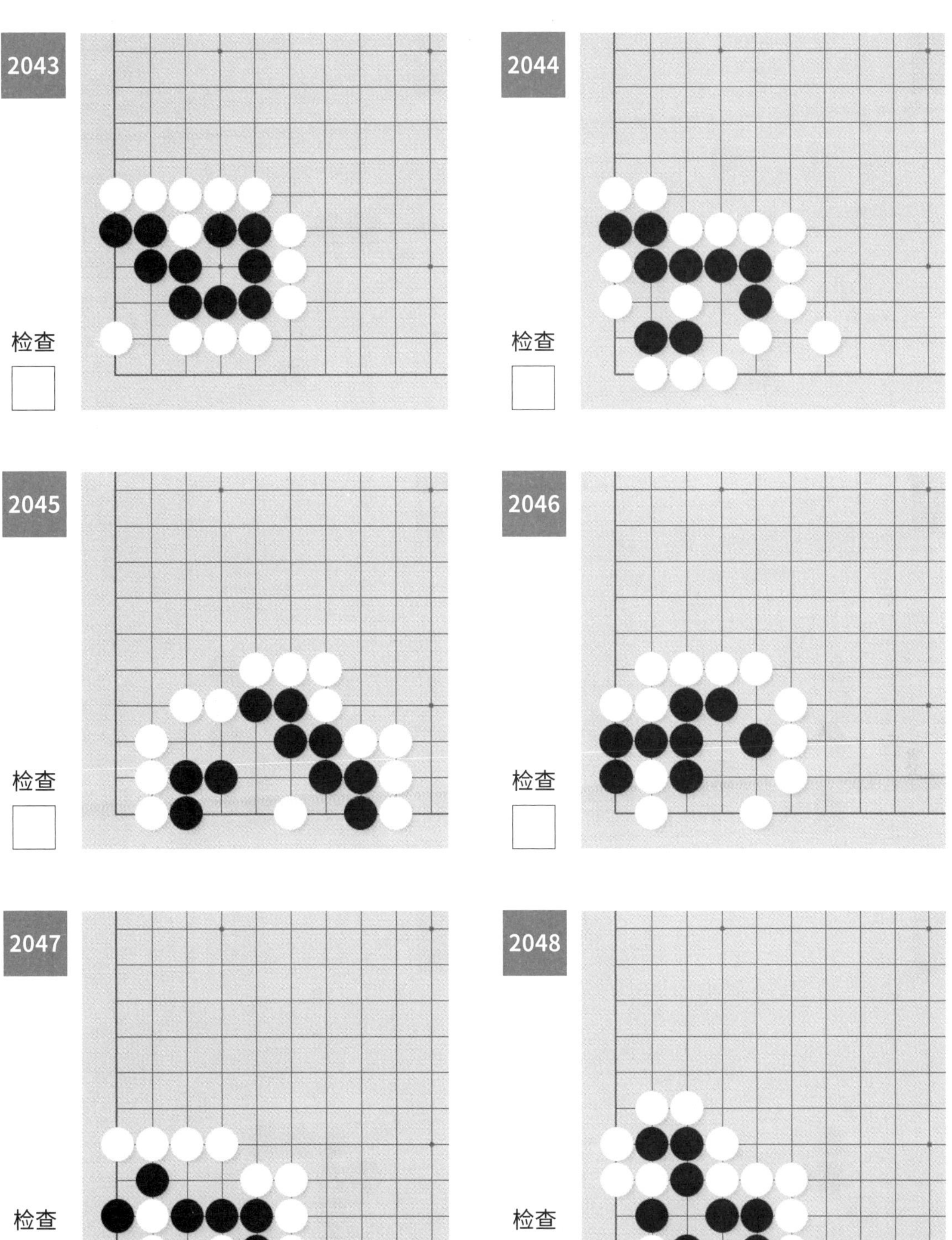
2043
检查
2044
检查
2045
检查
2046
检查
2047
检查
2048
检查

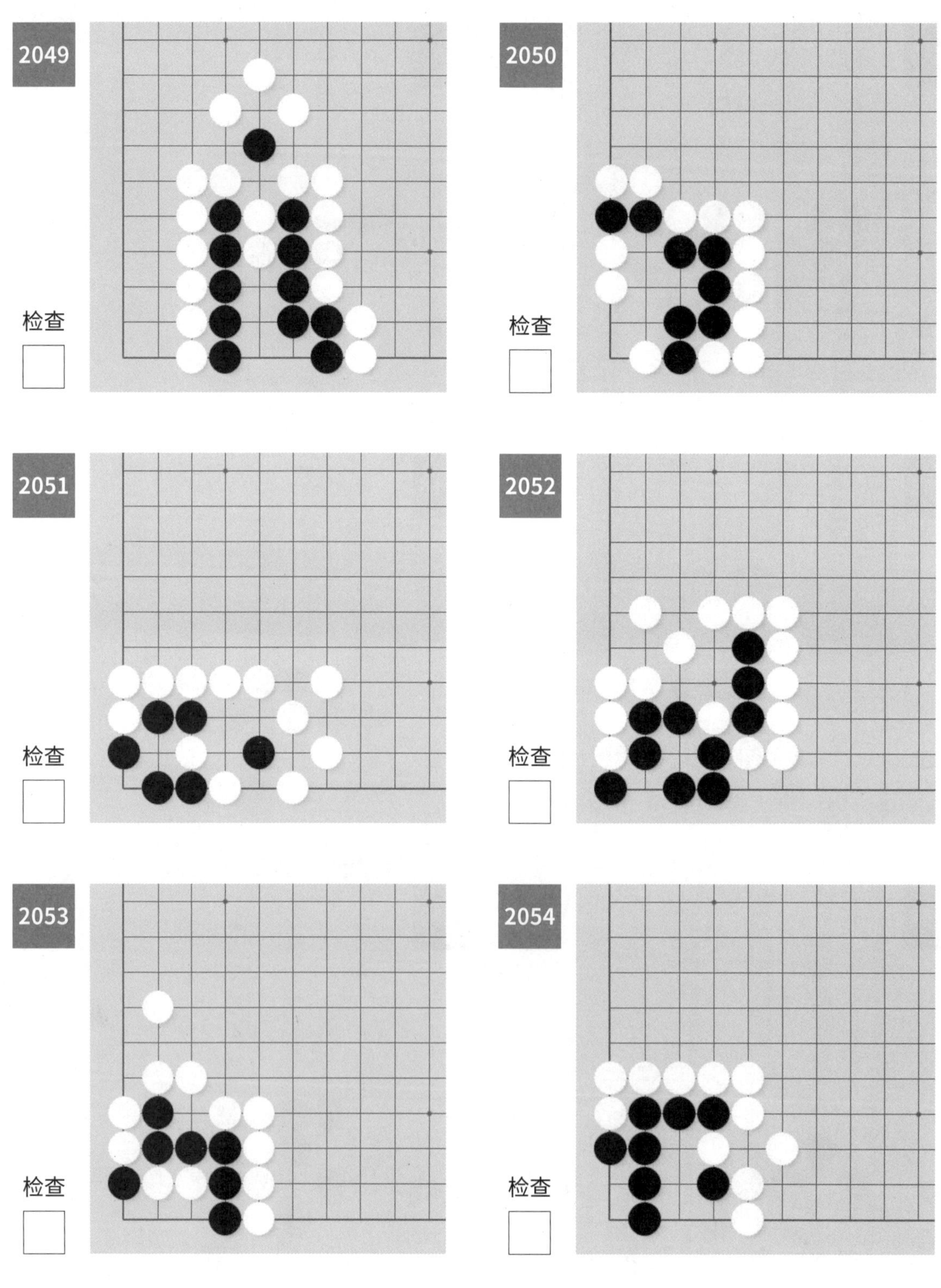
2049
检查
2050
检查
2051
检查
2052
检查
2053
检查
2054
检查

2055

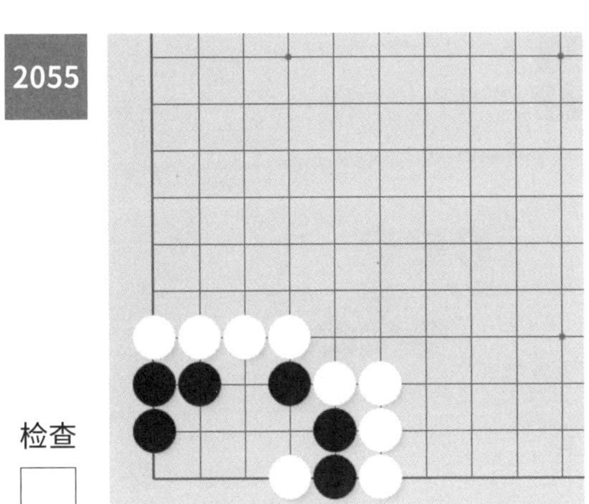

检查

2056

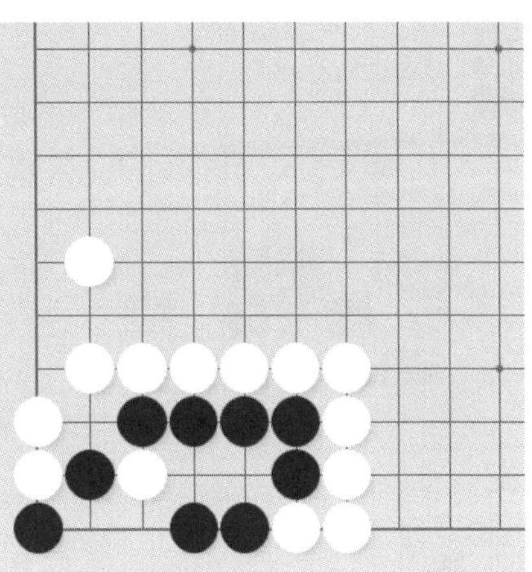

检查

2057

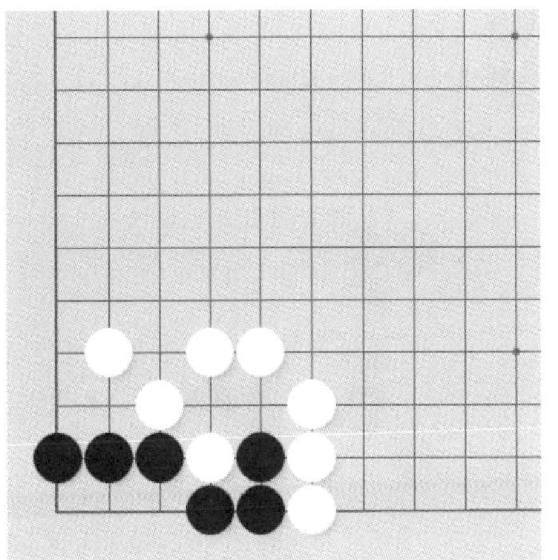

检查

2058

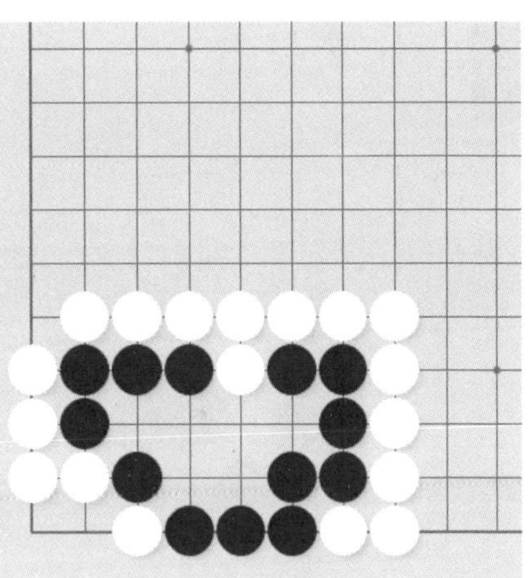

检查

2059

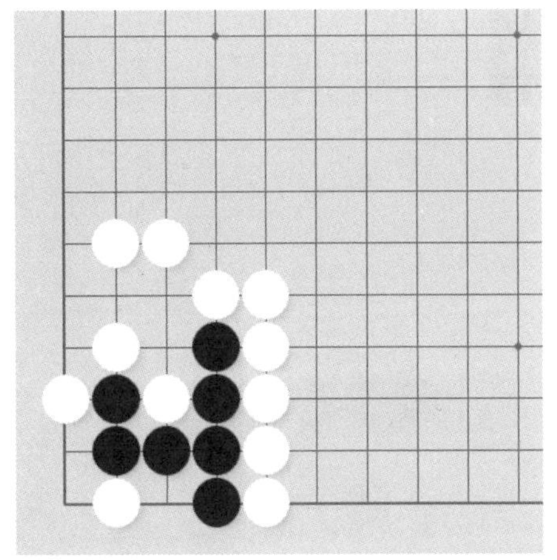

检查

2060

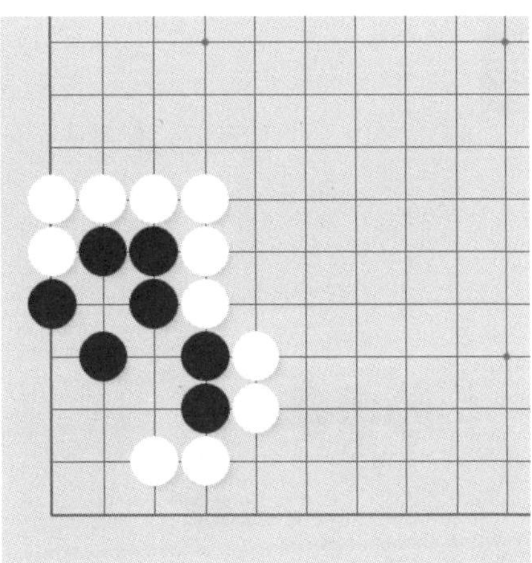

检查

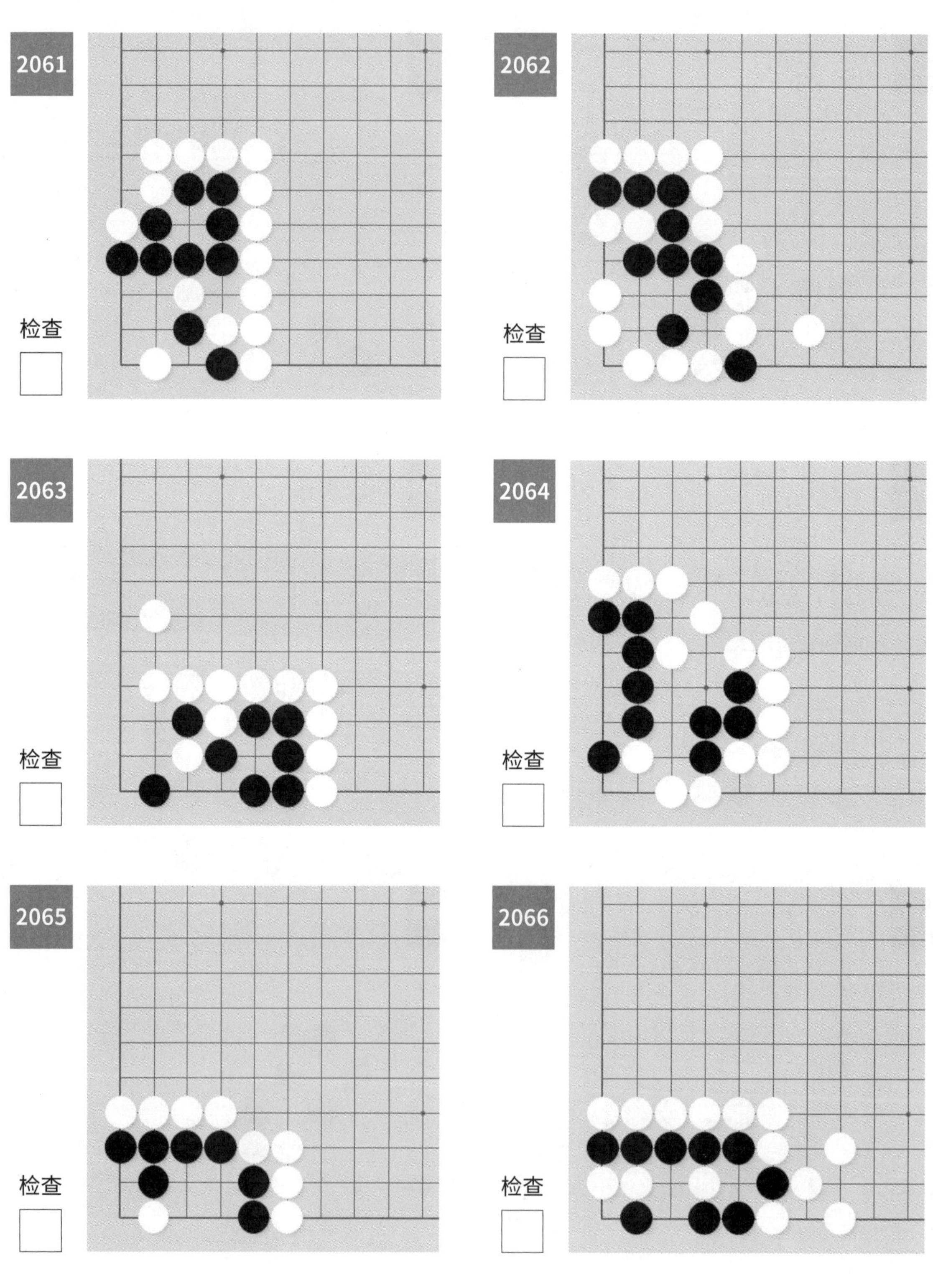
2061
检查
2062
检查
2063
检查
2064
检查
2065
检查
2066
检查

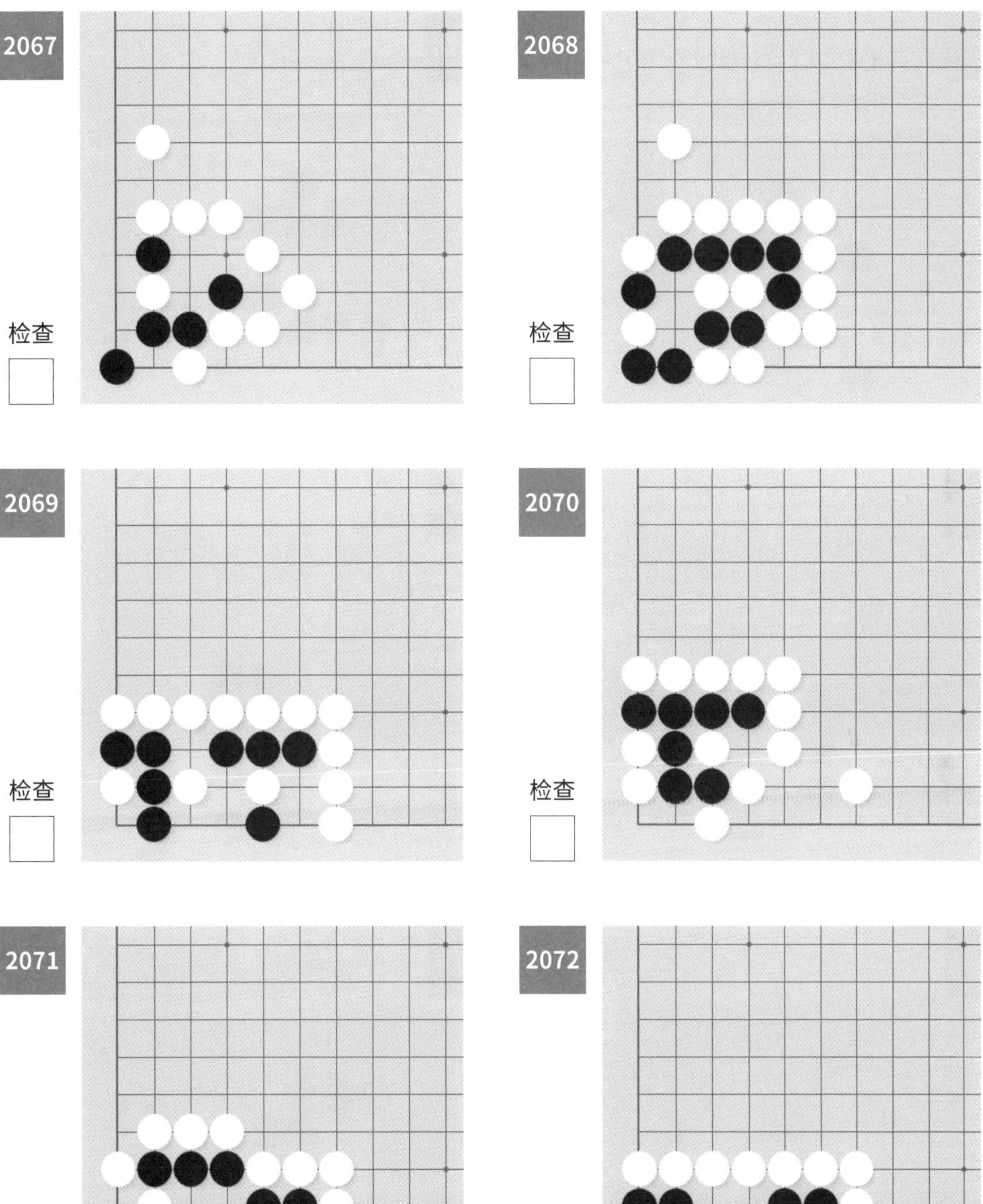
2067
检查
2068
检查
2069
检查
2070
检查
2071
检查
2072
检查

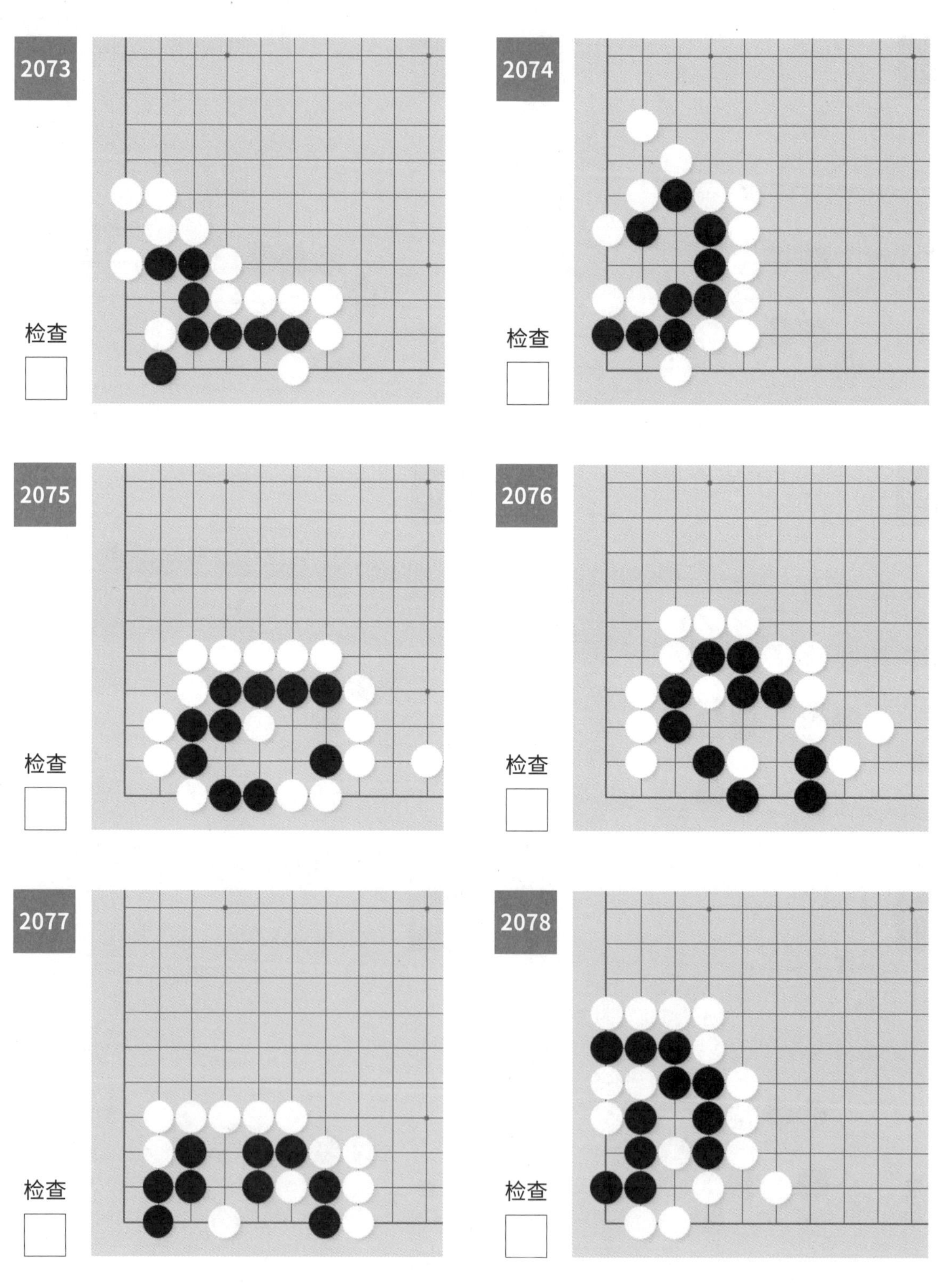
2073
检查
2074
检查
2075
检查
2076
检查
2077
检查
2078
检查

2079

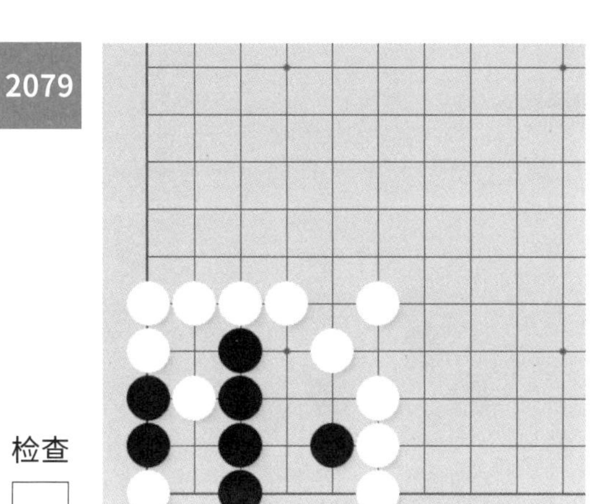
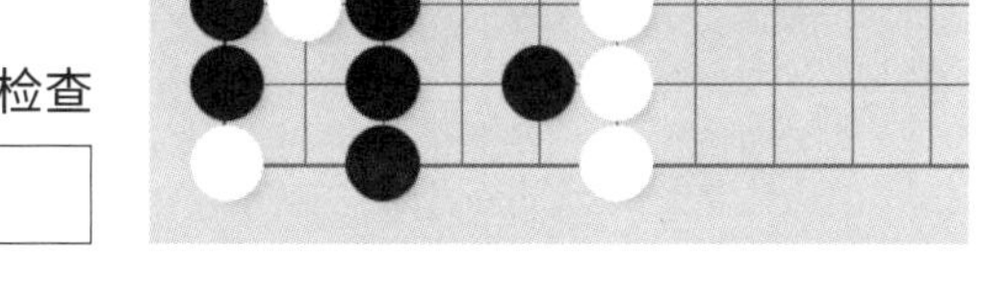

检查 □

2080

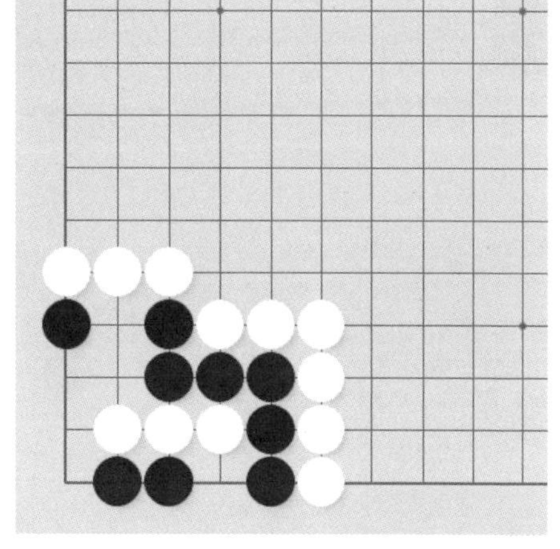

检查 □

2081

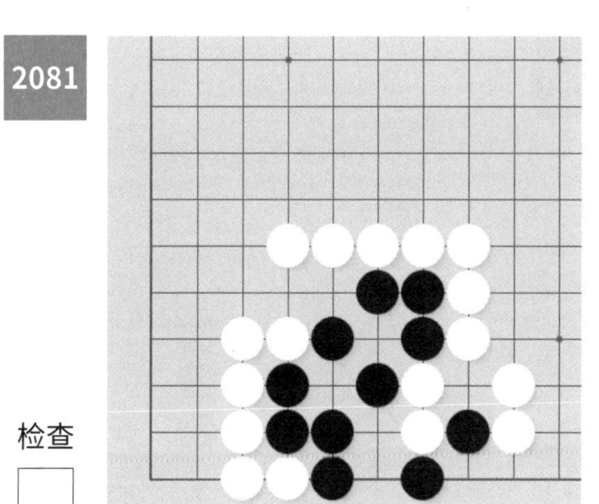

检查 □

2082

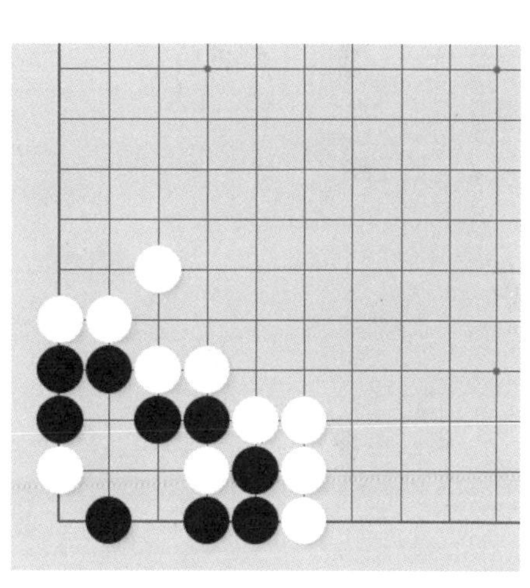

检查 □

2083

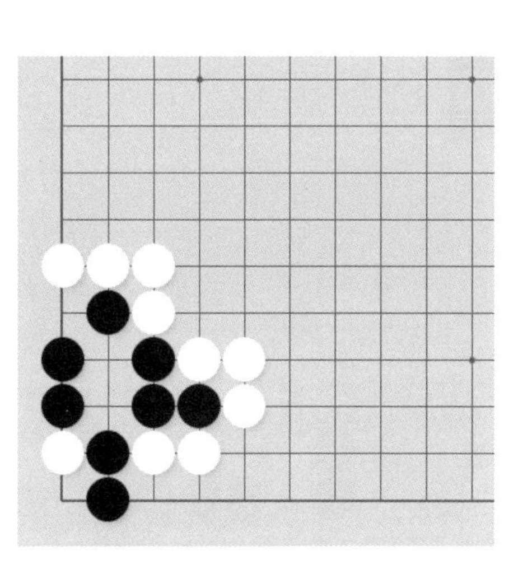

检查 □

2084

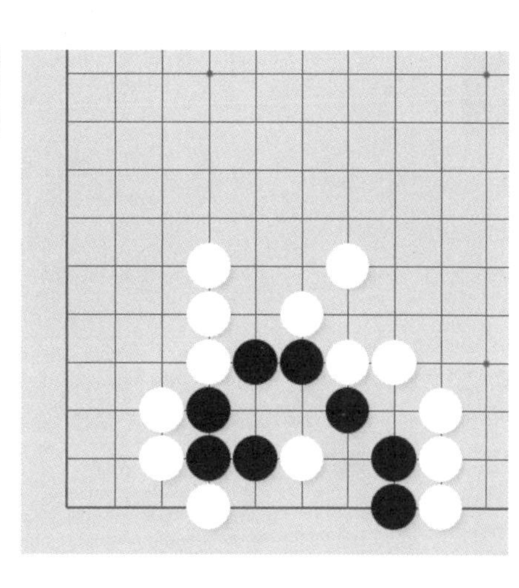

检查 □

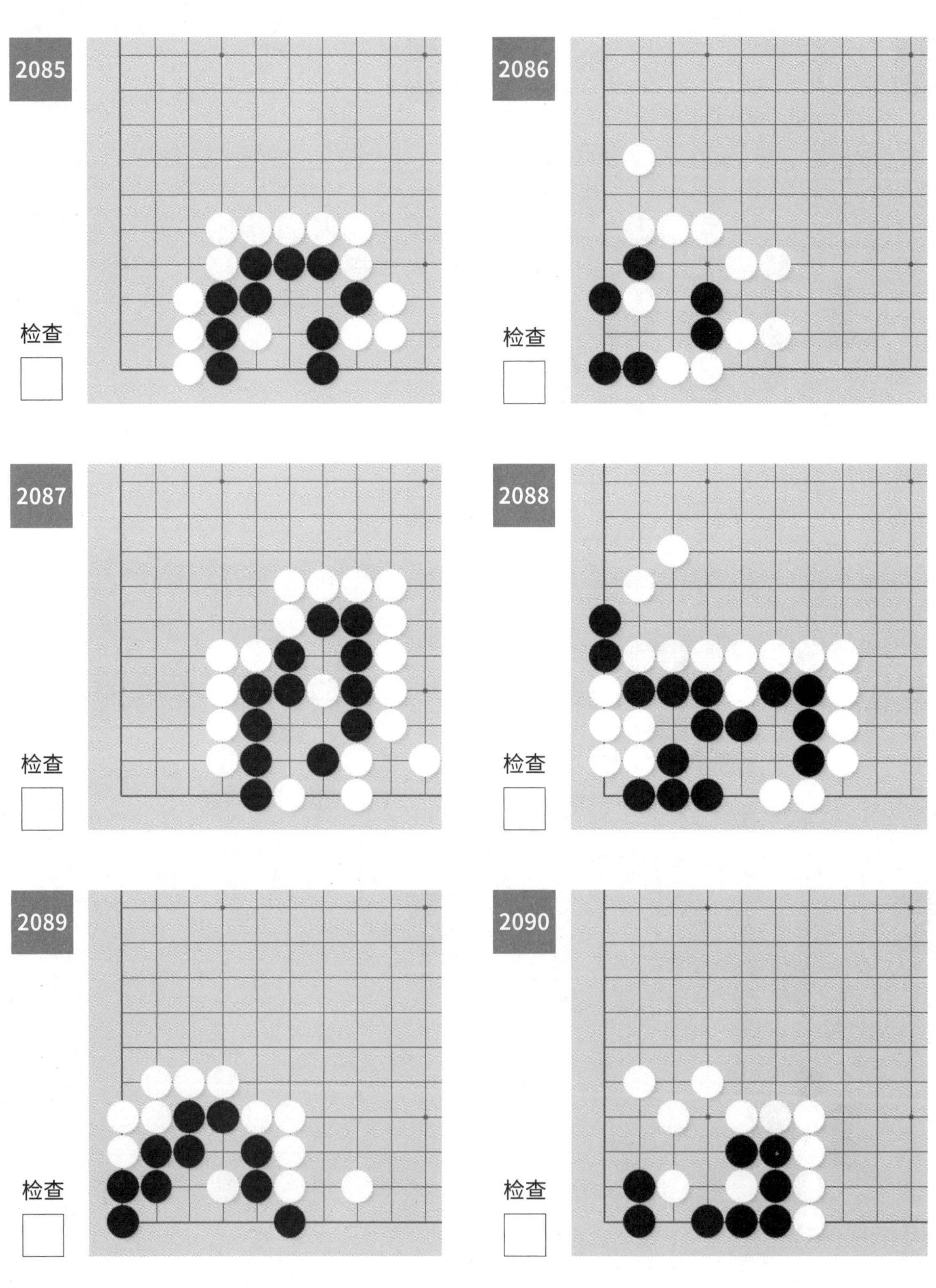
2085
检查
2086
检查
2087
检查
2088
检查
2089
检查
2090
检查

2091

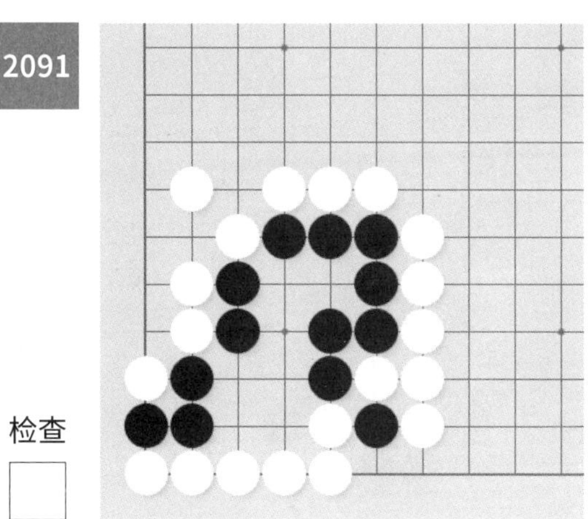

检查 □

2092

检查 □

2093

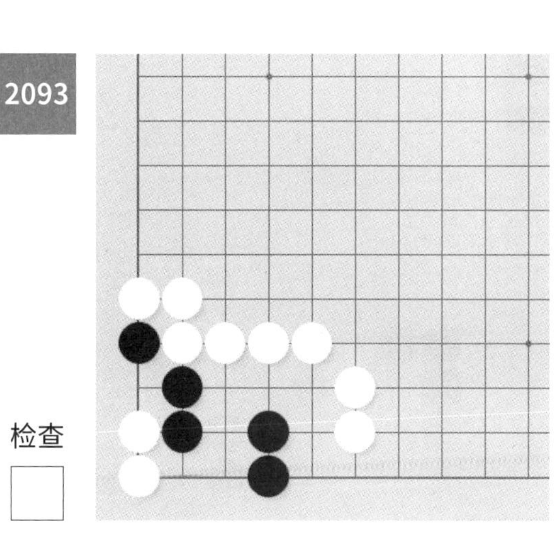

检查 □

2094

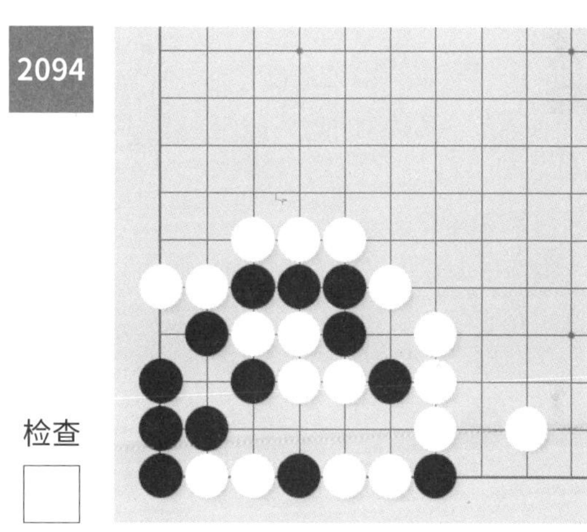

检查 □

2095

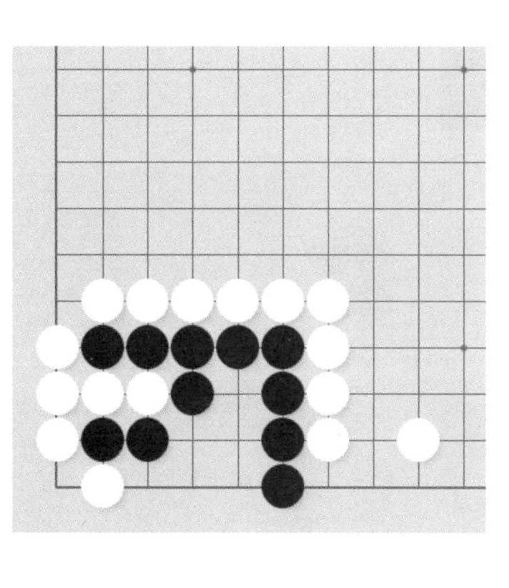

检查 □

2096

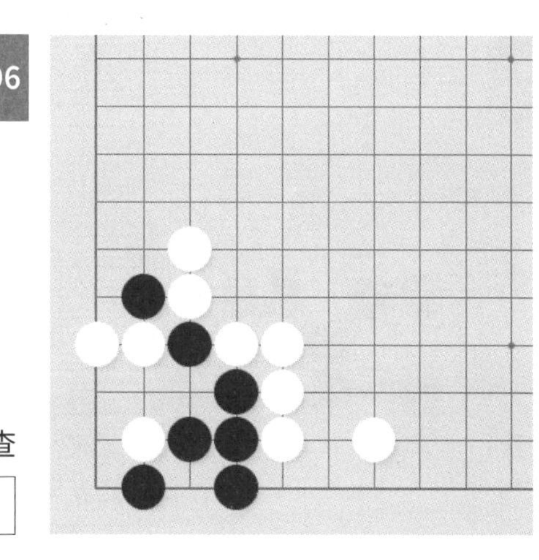

检查 □

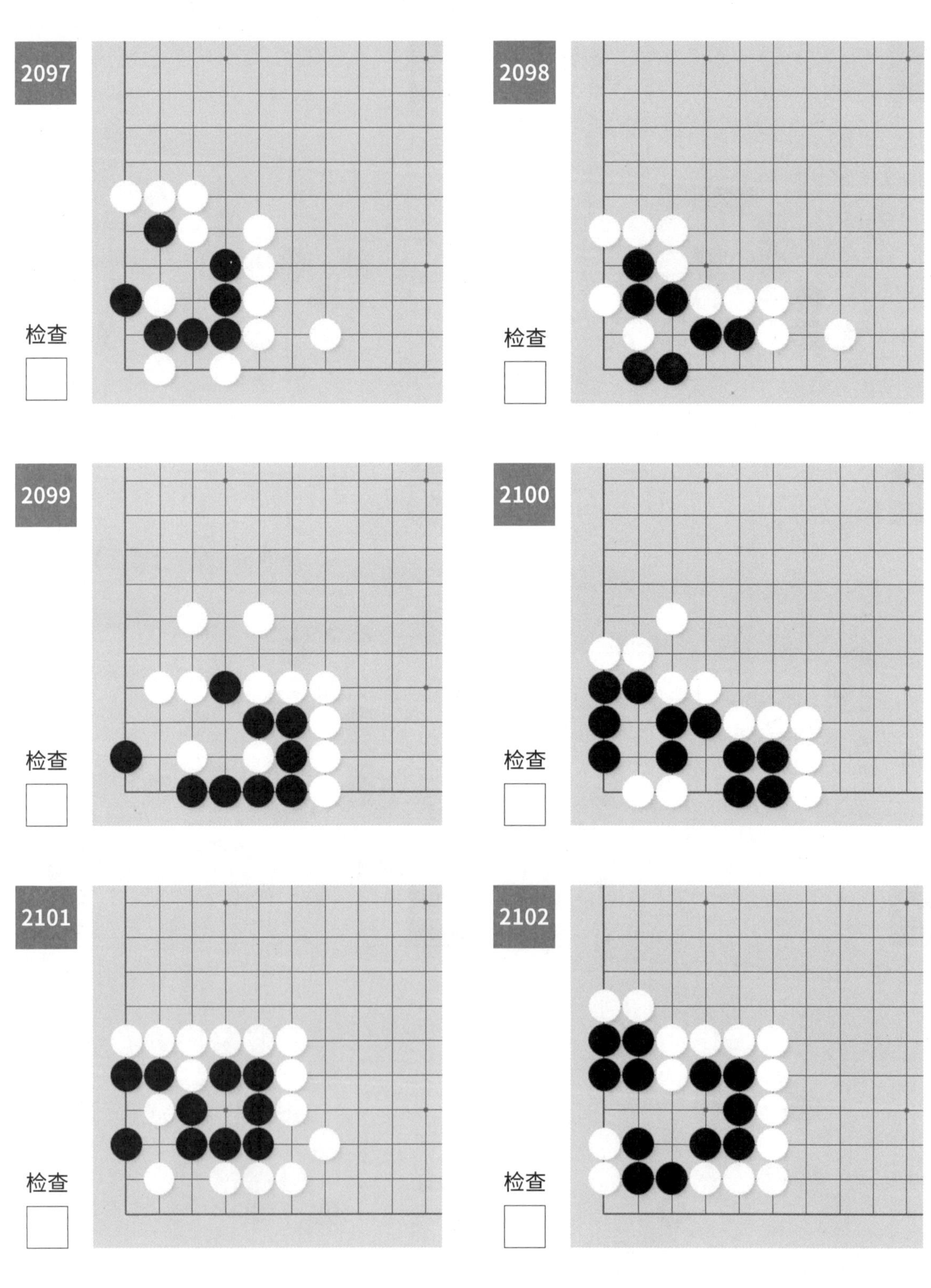
2097
检查
2098
检查
2099
检查
2100
检查
2101
检查
2102
检查

2103

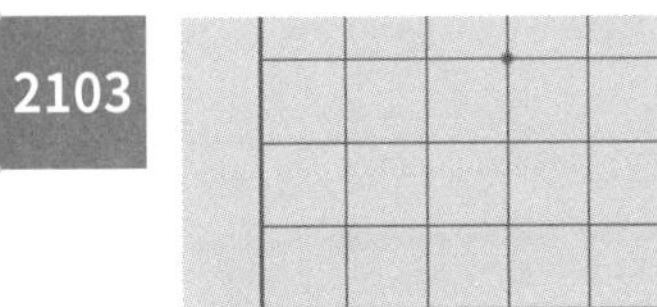

检查

2104

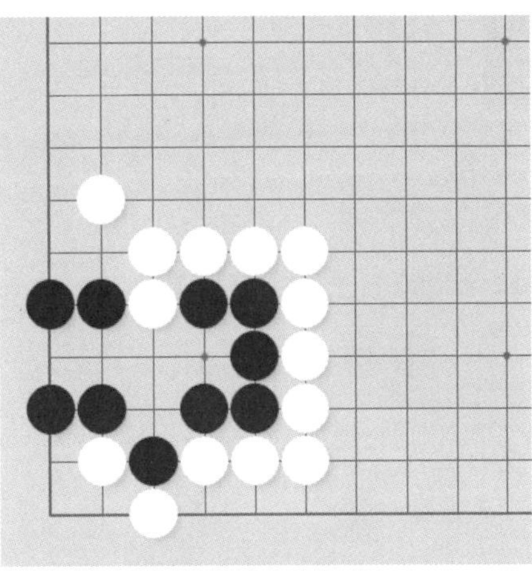

检查

2105

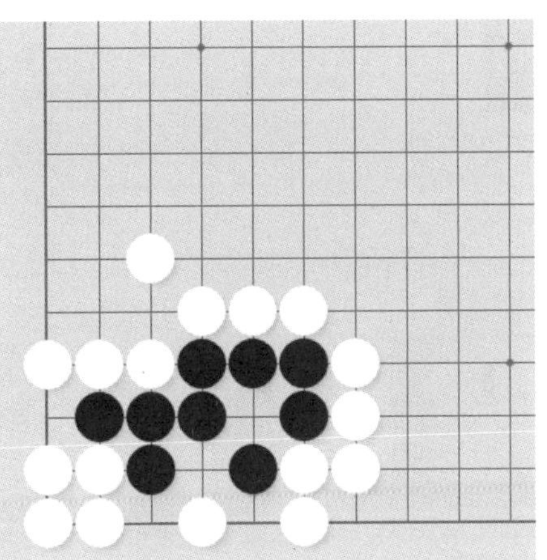

检查

2106

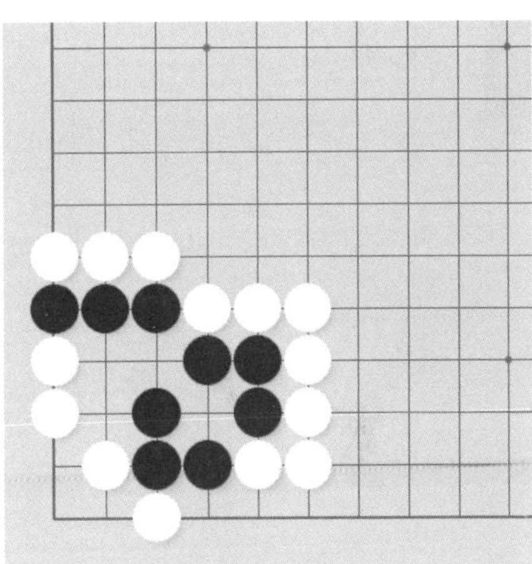

检查

2107

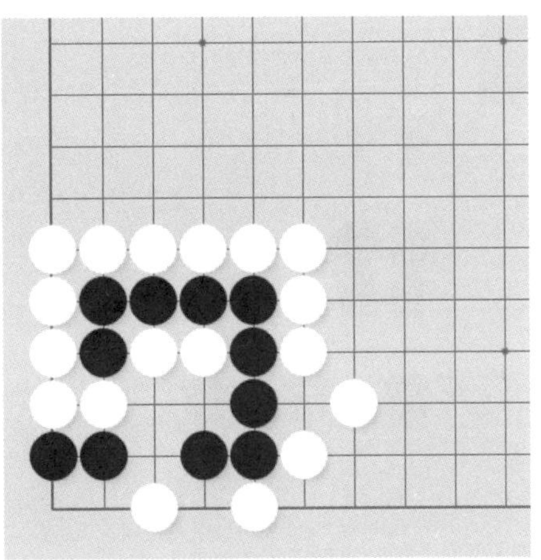

检查

2108

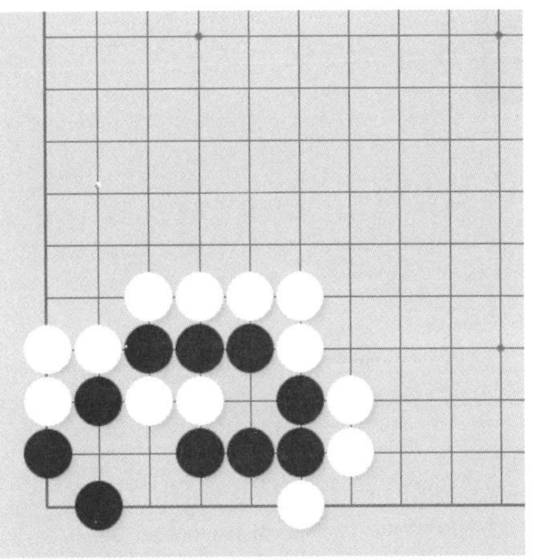

检查

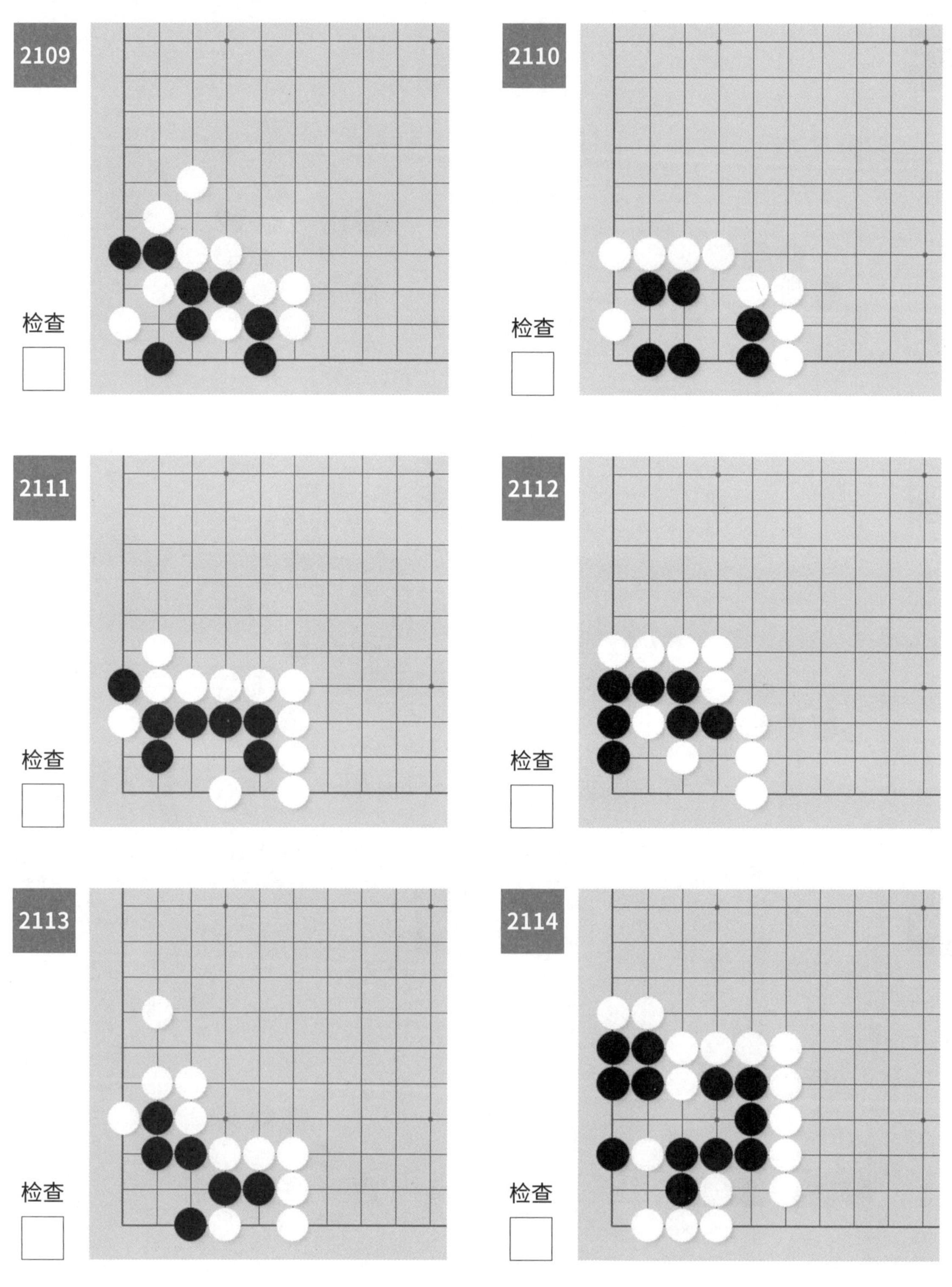
2109
检查
2110
检查
2111
检查
2112
检查
2113
检查
2114
检查

2115

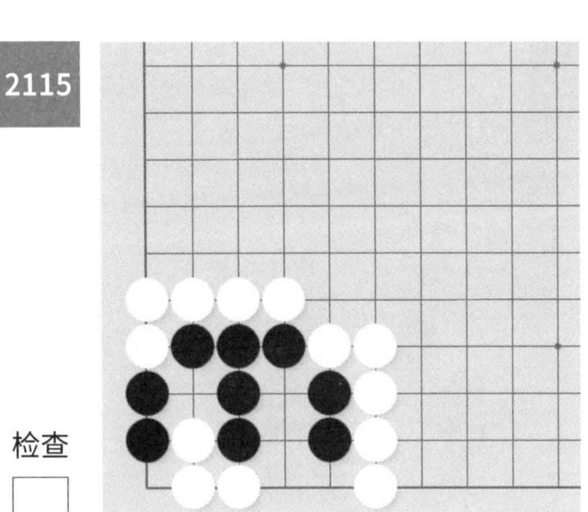

检查 □

2116

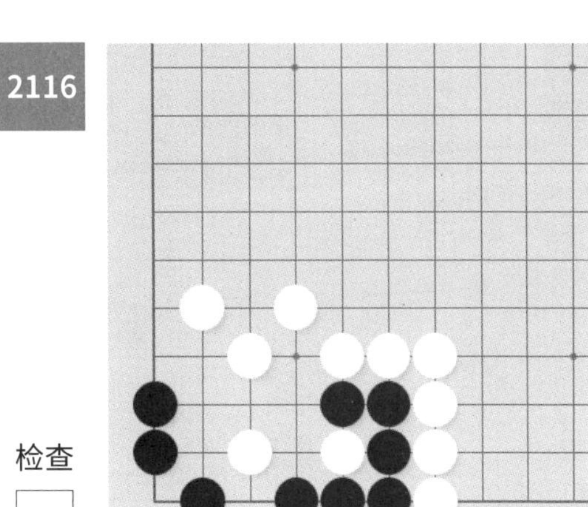

检查 □

2117

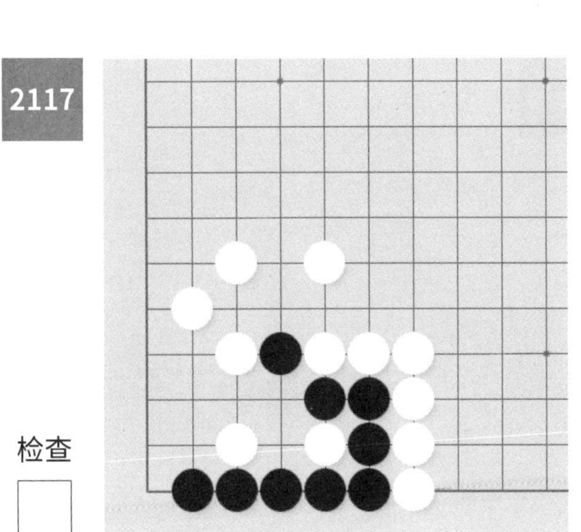

检查 □

2118

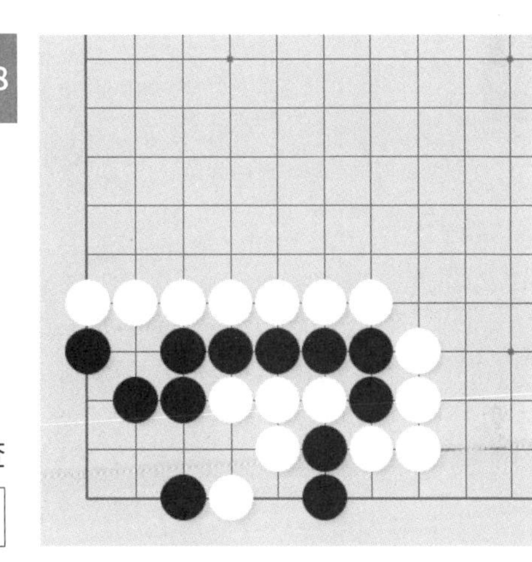

检查 □

2119

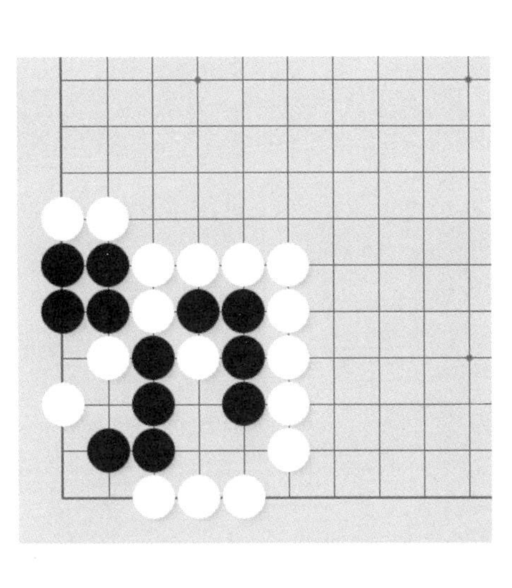

检查 □

2120

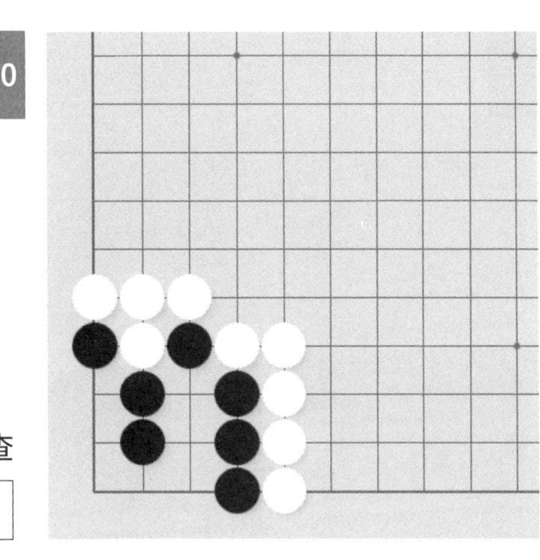

检查 □

2121

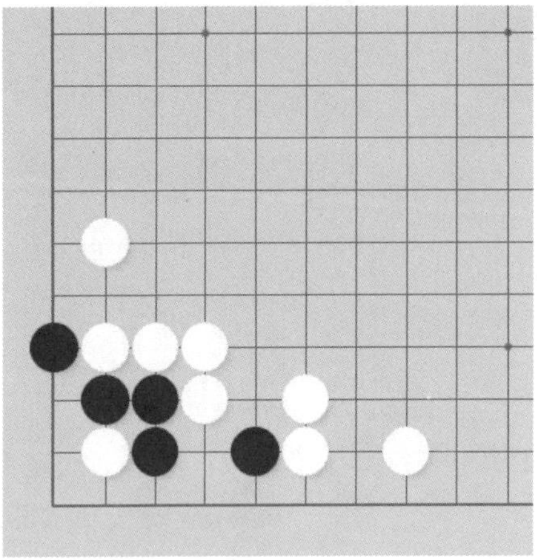

检查

2122

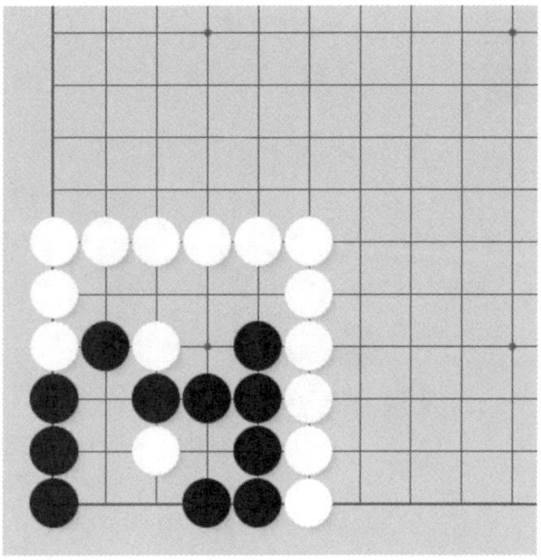

检查

2123

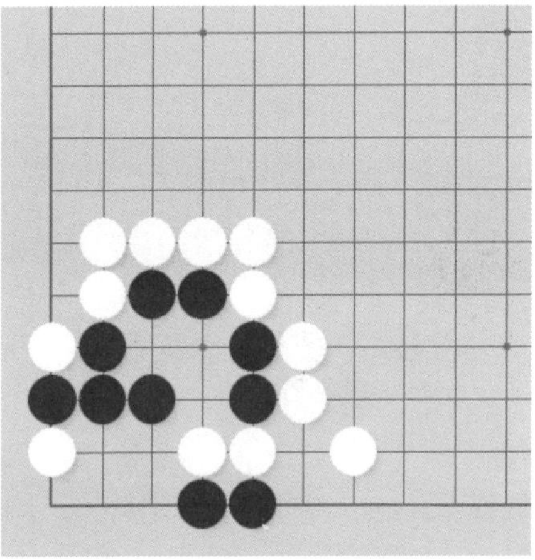

检查

2124

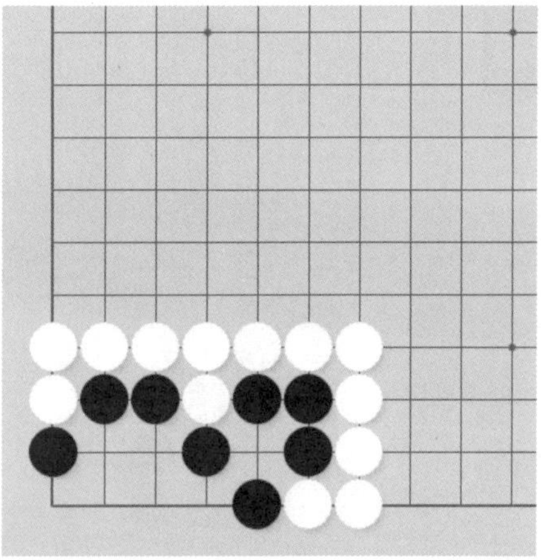

检查

2125

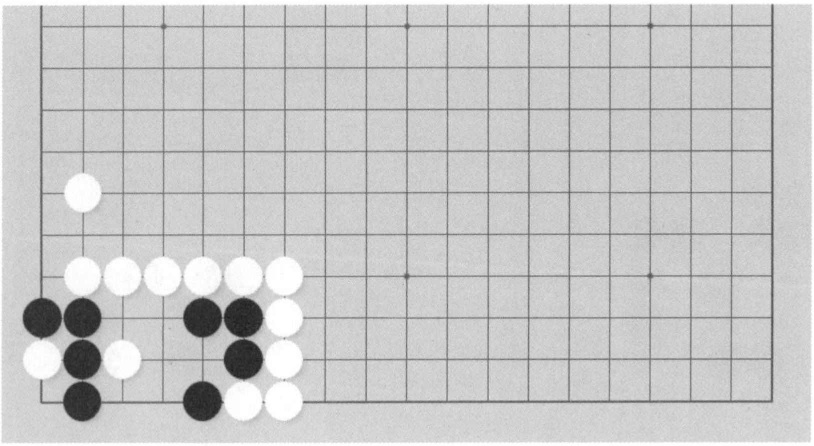

检查

2126

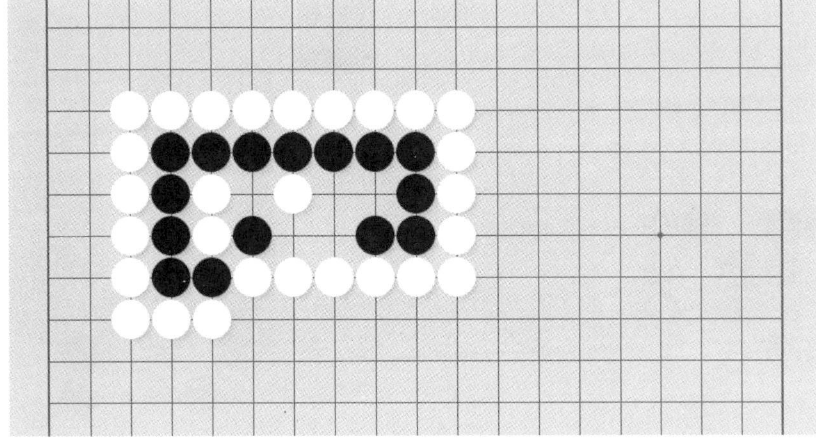

检查

2127

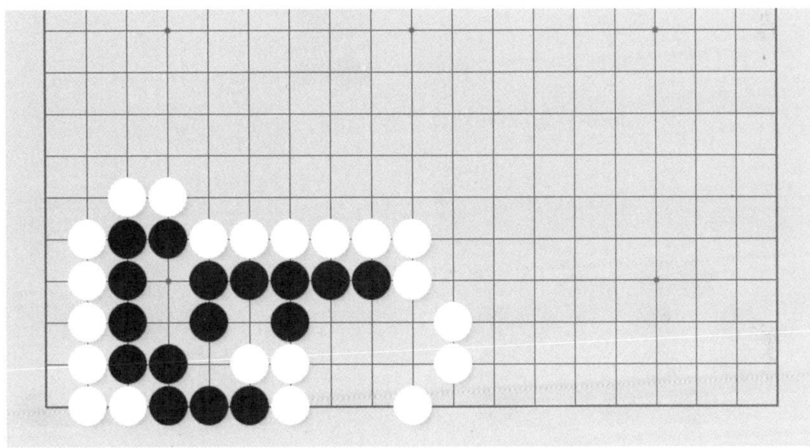

检查

细算能力的培养

要如何培养细算能力呢？这是众多棋友最常问职业棋手的问题之一。

事实上，细算能力的培养正与做诘棋能力紧密相关。能做出较难题目的棋友，往往细算能力就优于只能解出较易题目的棋友。所以，赶紧去做题吧！

——檀啸

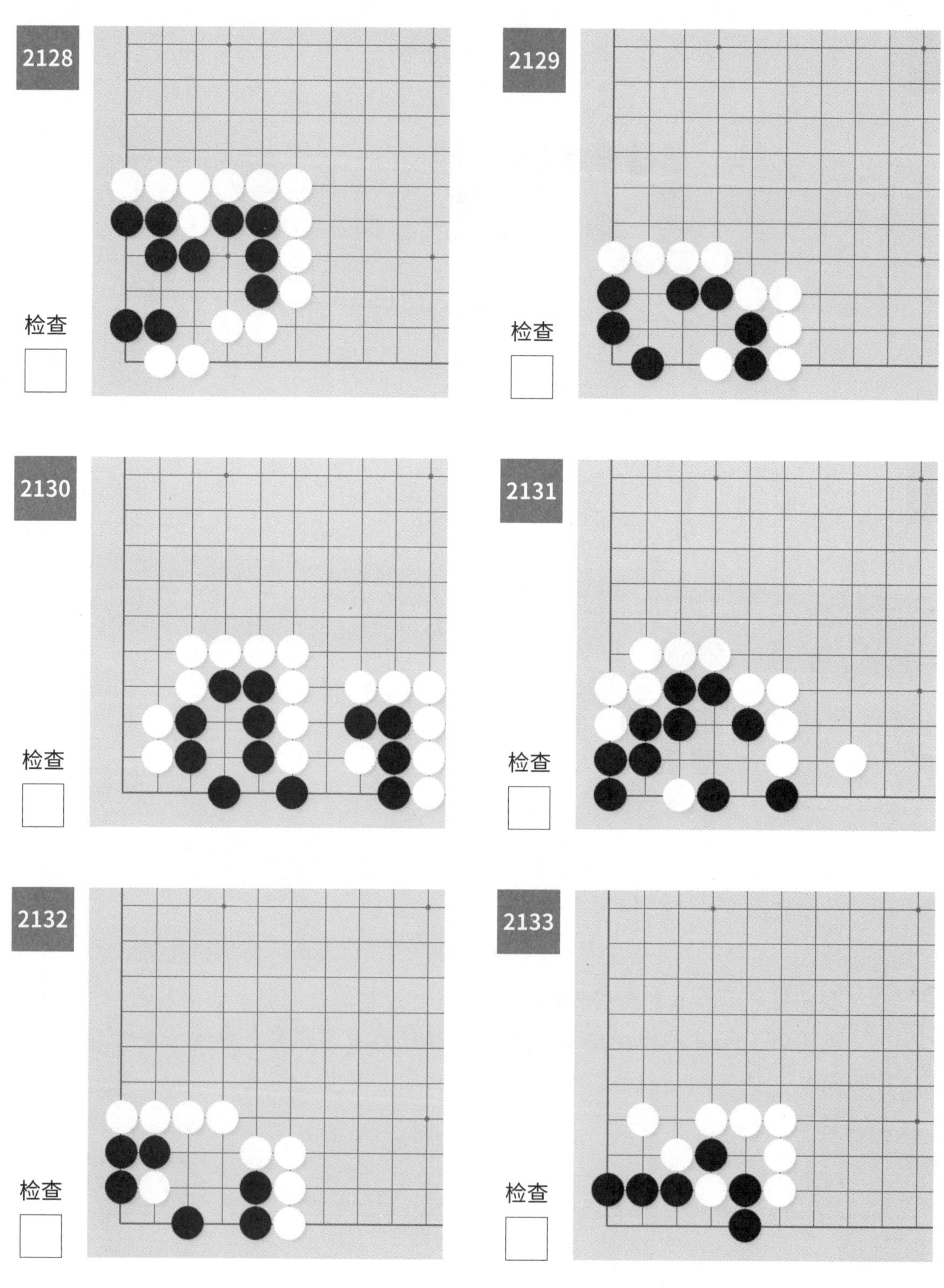
2128
检查
2129
检查
2130
检查
2131
检查
2132
检查
2133
检查

2134

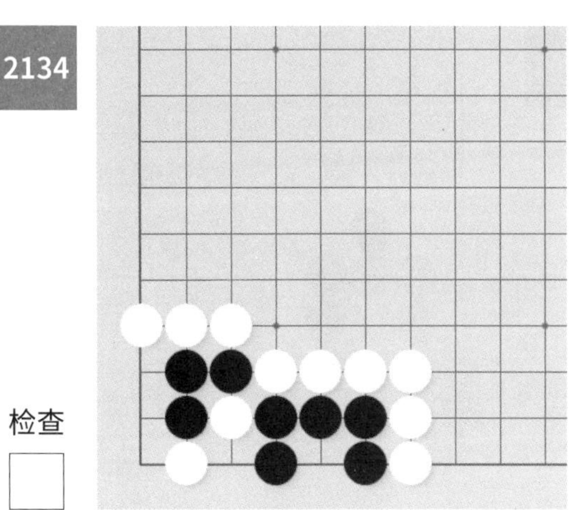

检查

2135

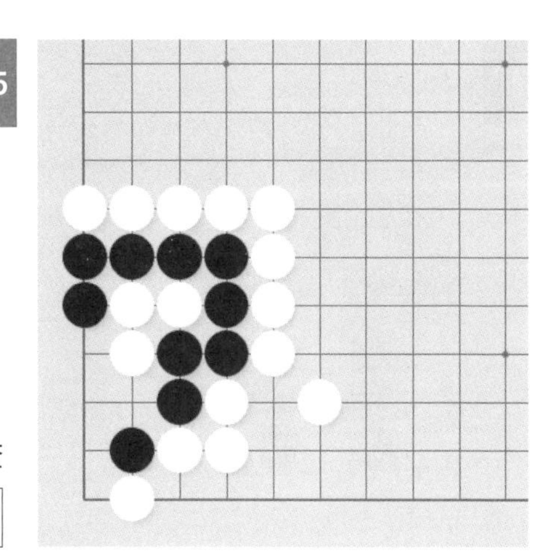

检查

2136

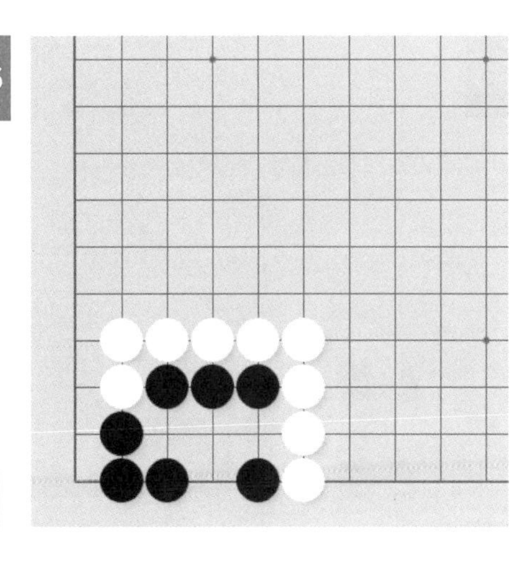

检查

2137

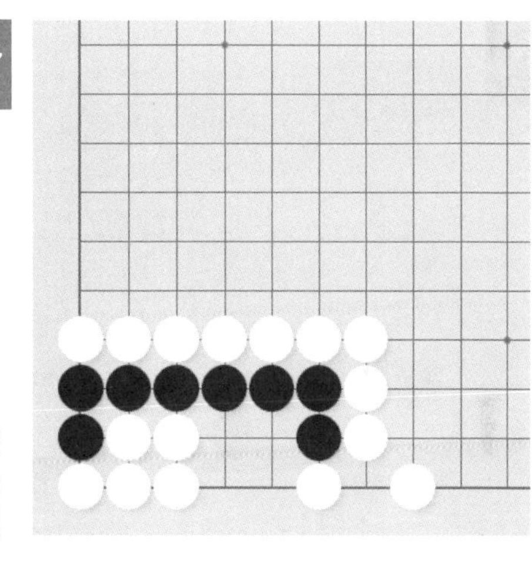

检查

2138

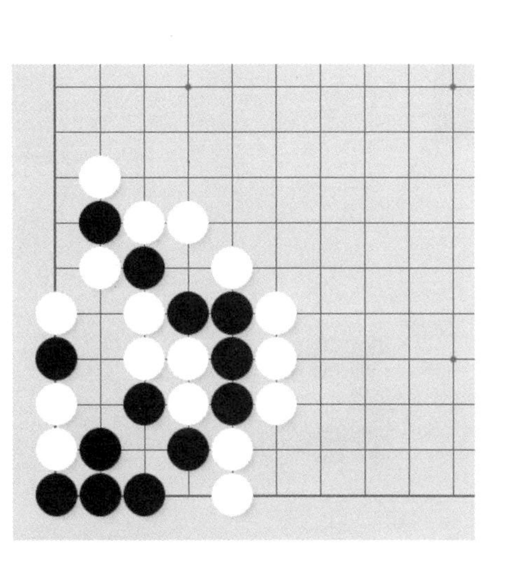

检查

2139

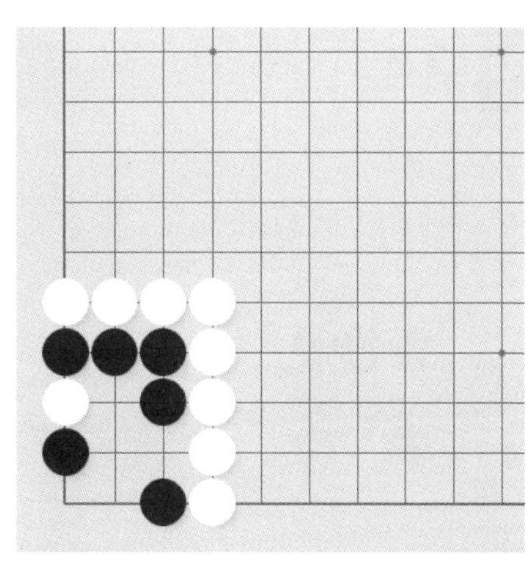

检查

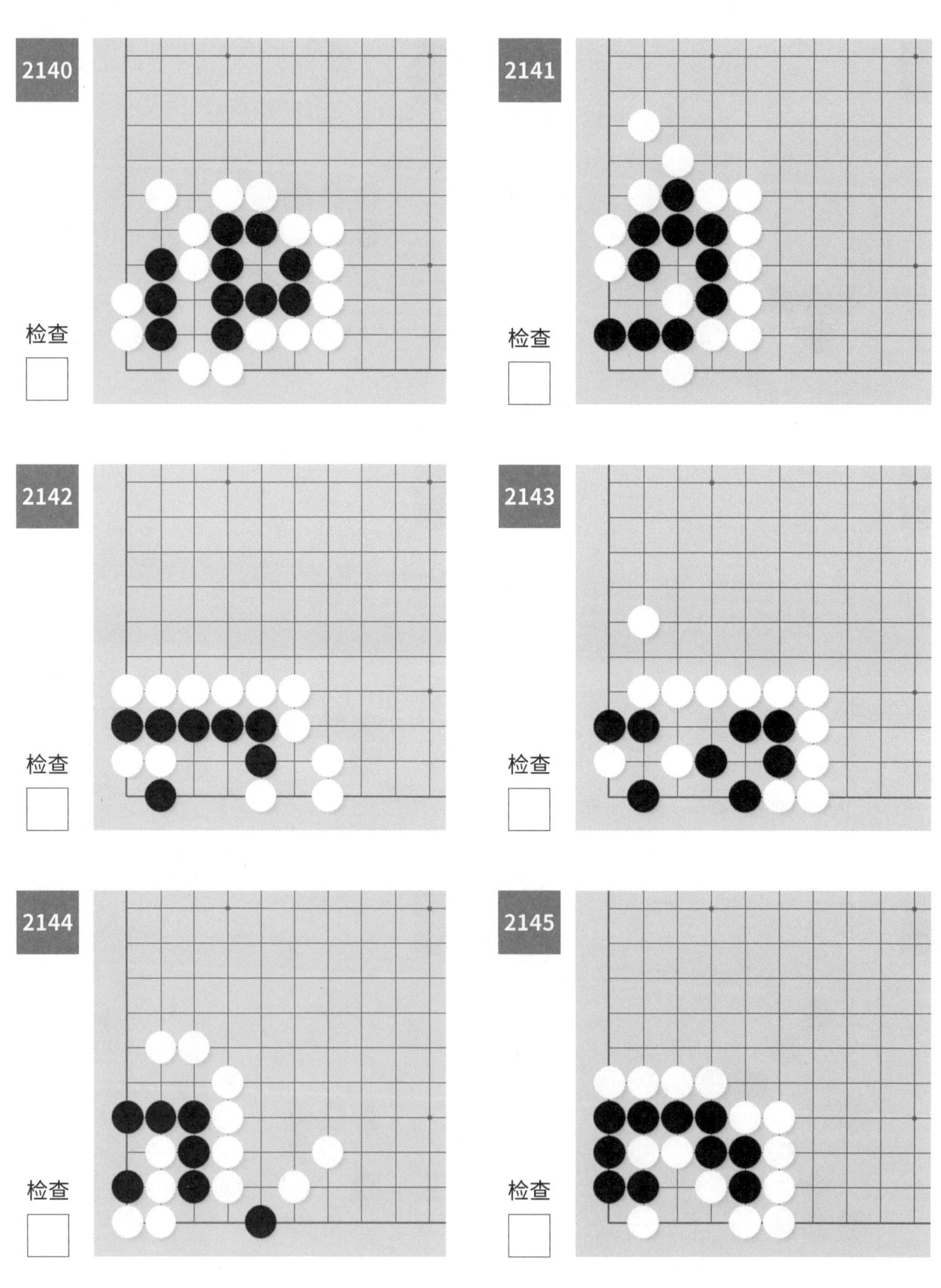
2140
检查
2141
检查
2142
检查
2143
检查
2144
检查
2145
检查

2146

检查

2147

检查

2148

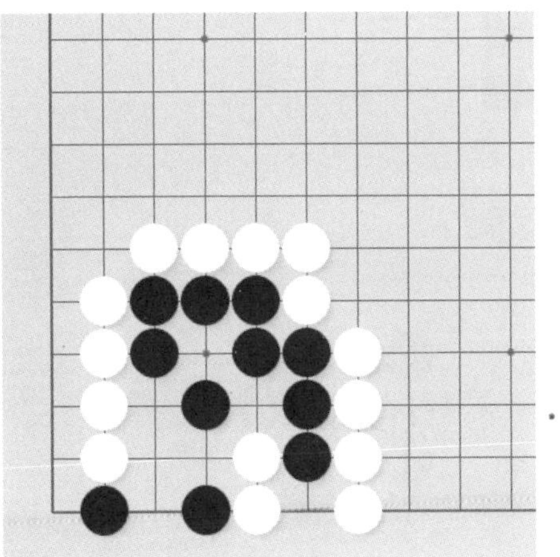

检查

2149

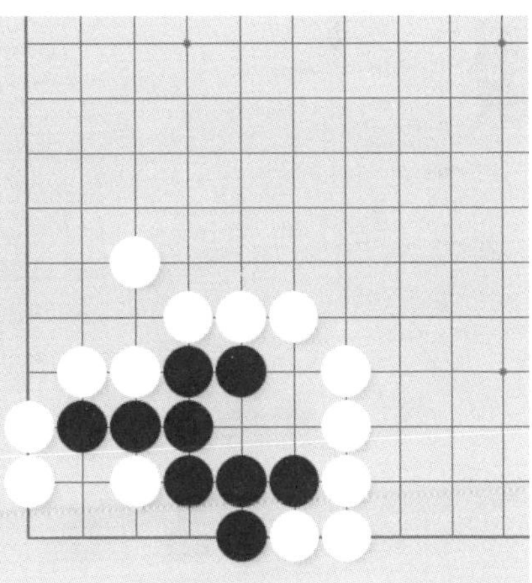

检查

2150

检查

2151

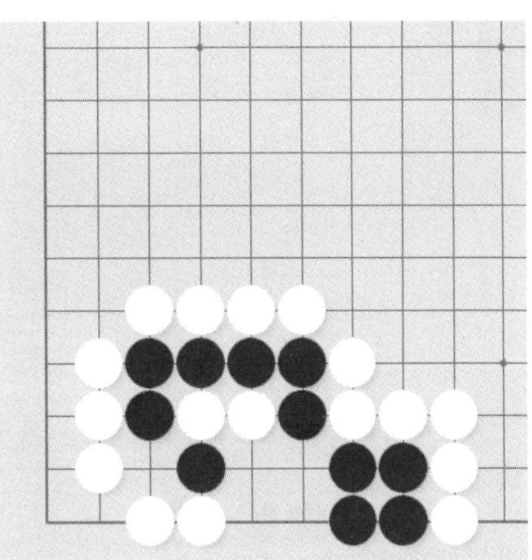

检查

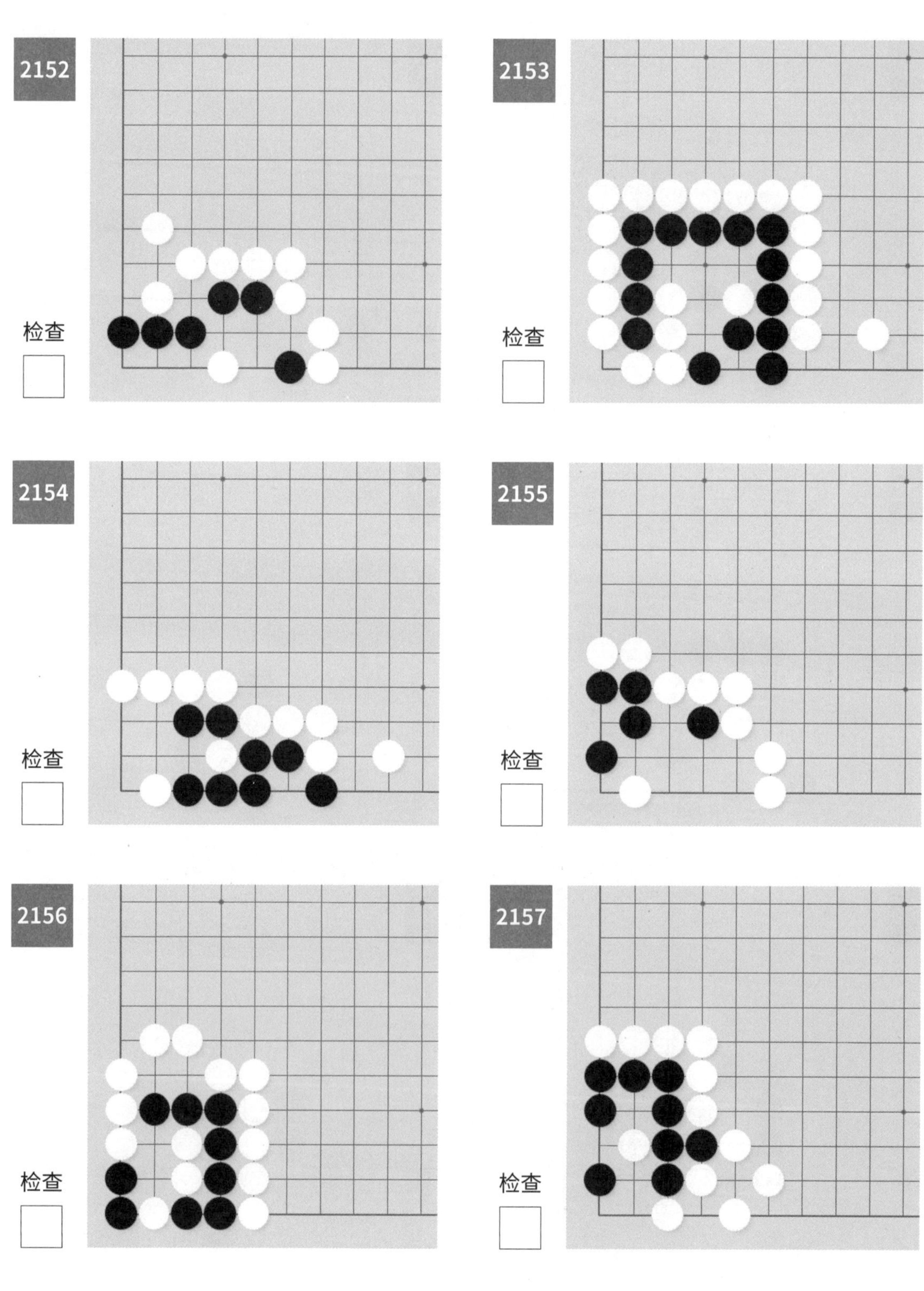
2152
检查
2153
检查
2154
检查
2155
检查
2156
检查
2157
检查

2158

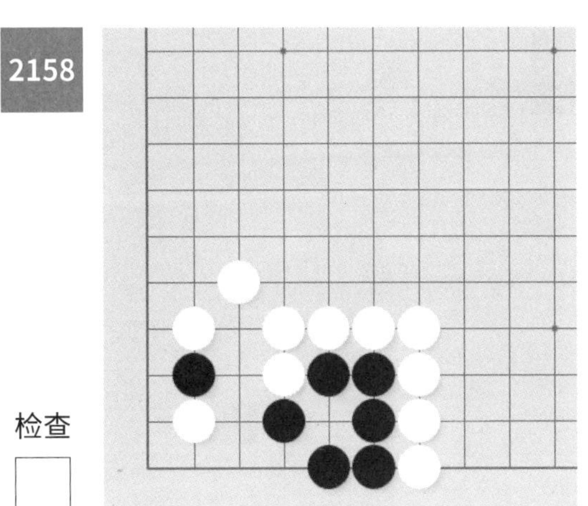

检查

2159

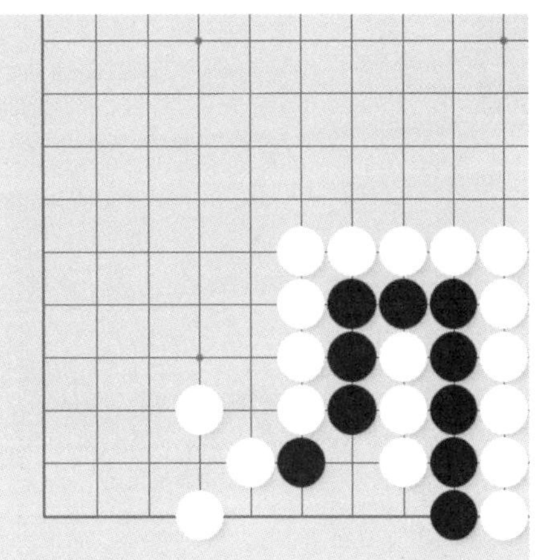

检查

2160

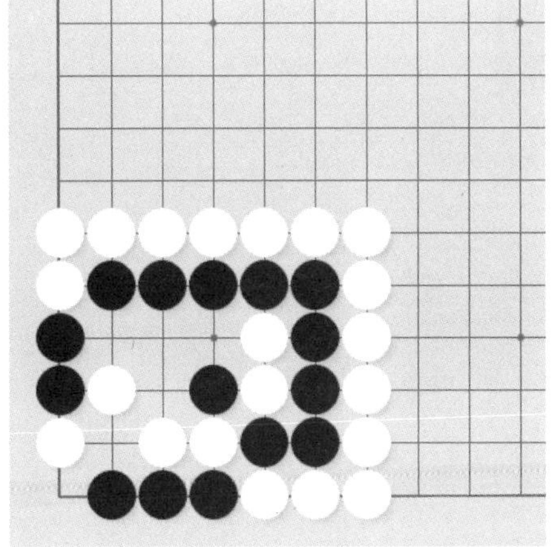

检查

2161

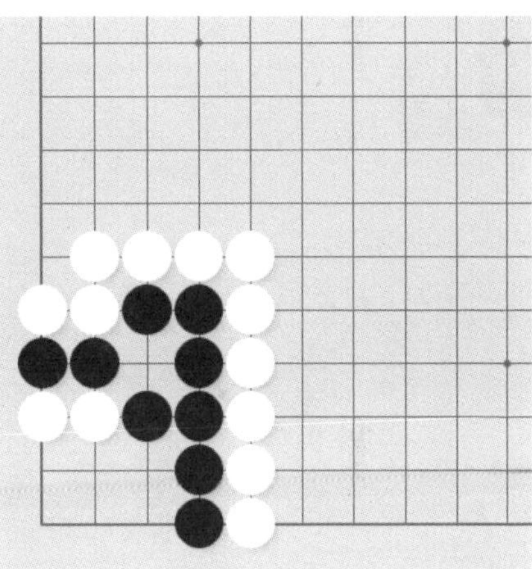

检查

2162

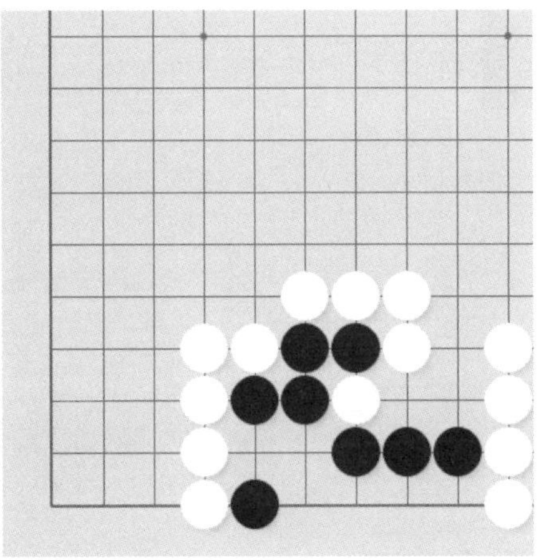

检查

2163

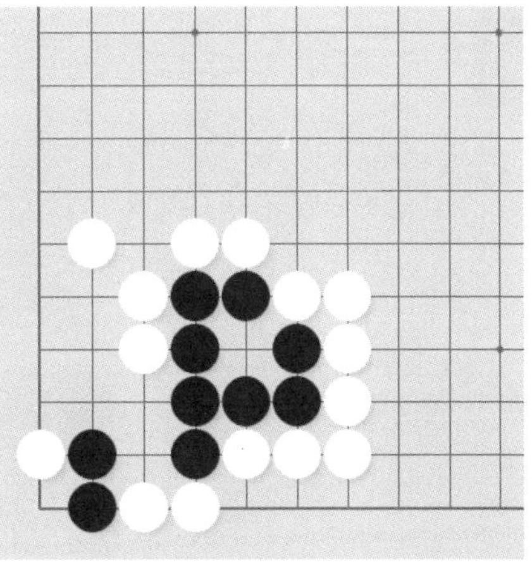

检查

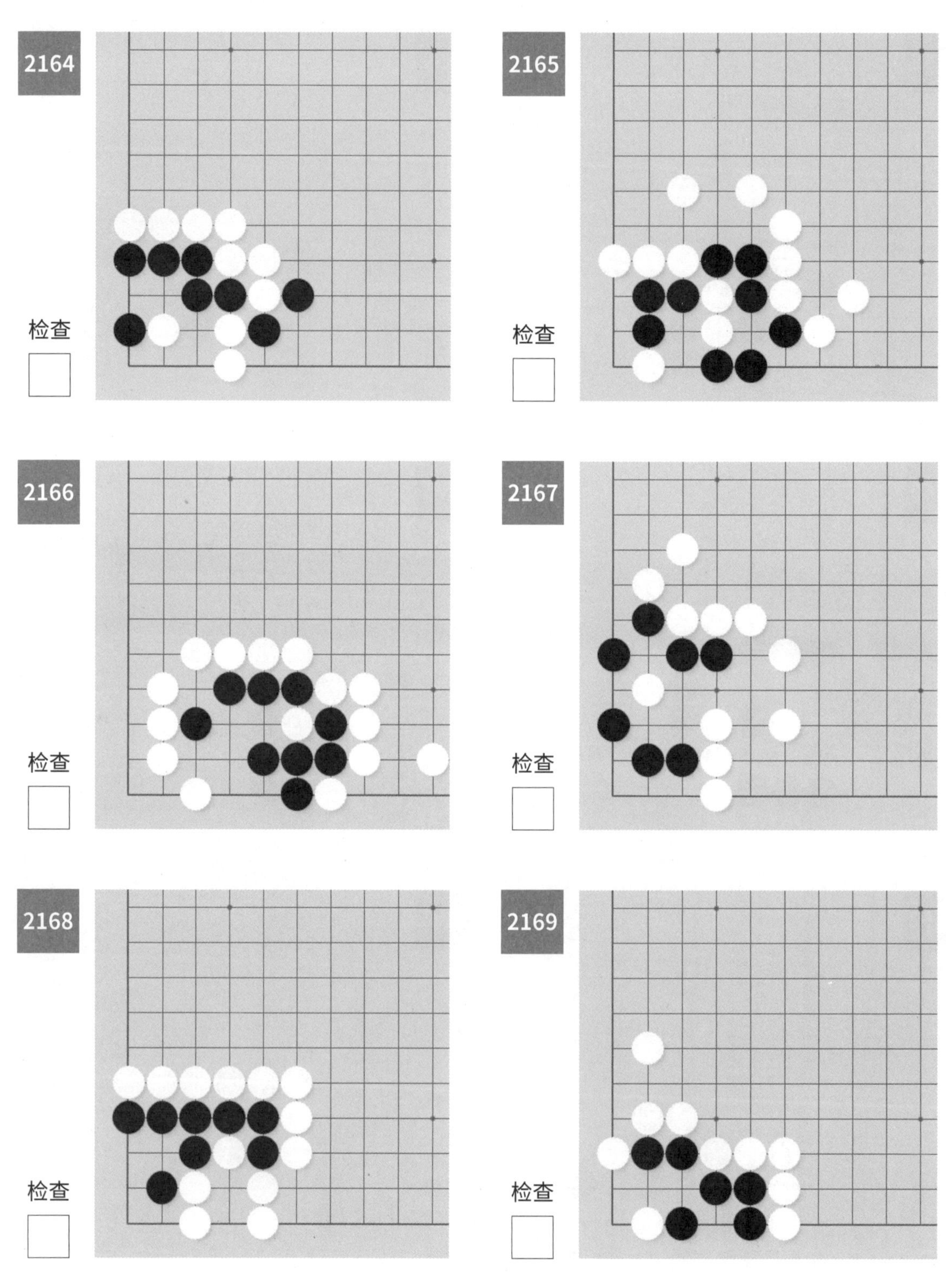
2164
检查
2165
检查
2166
检查
2167
检查
2168
检查
2169
检查

2170

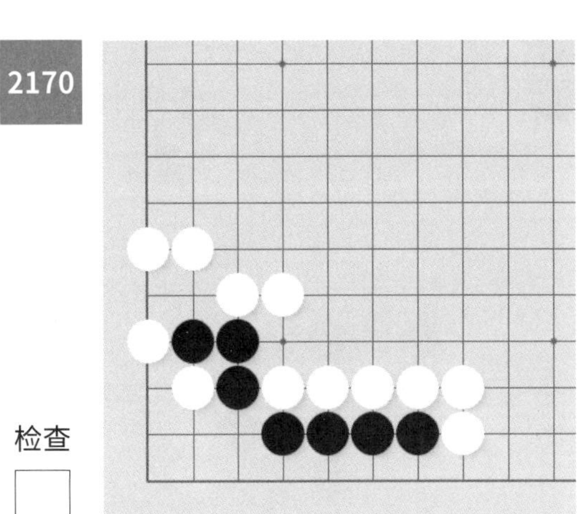

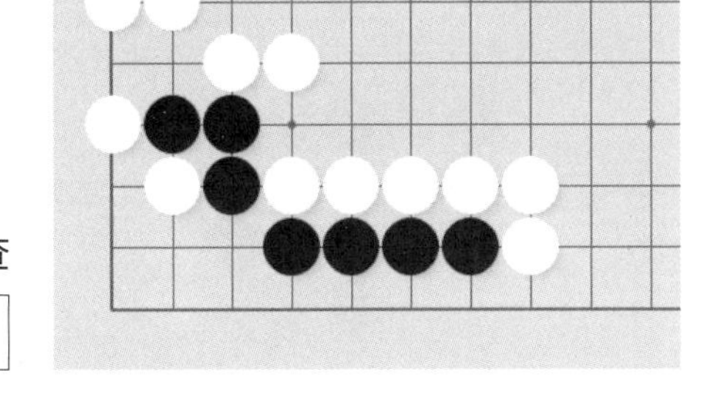

检查 □

2171

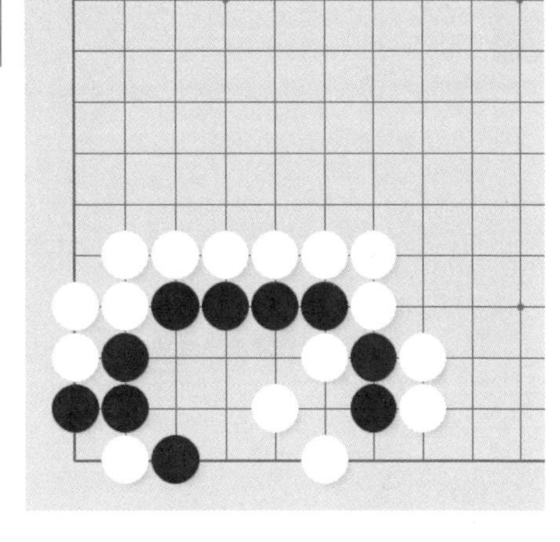

检查 □

2172

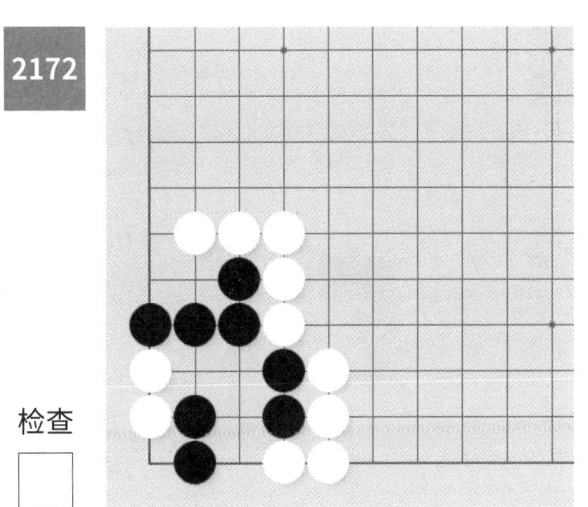

检查 □

2173

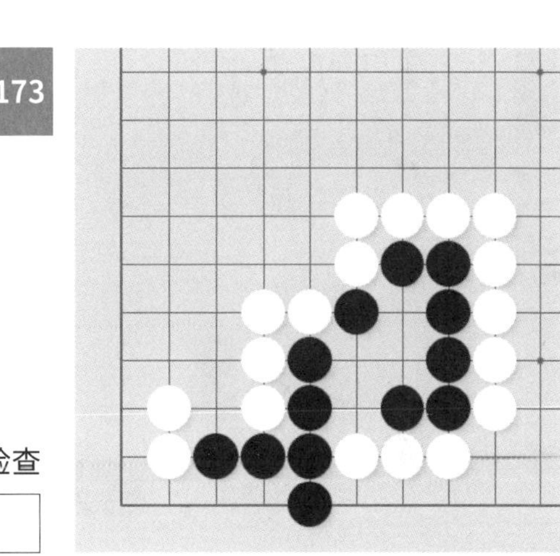

检查 □

2174

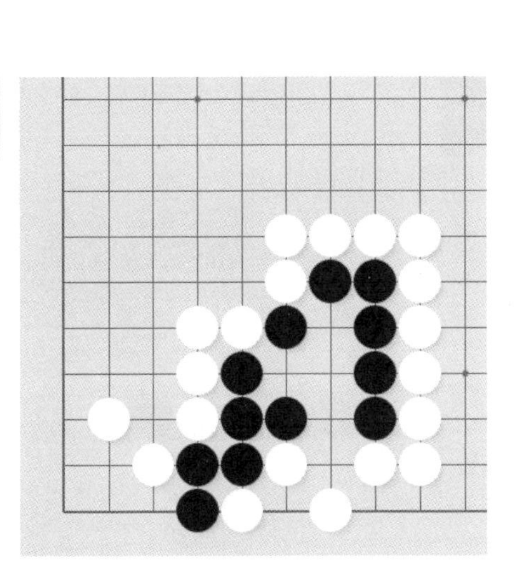

检查 □

2175

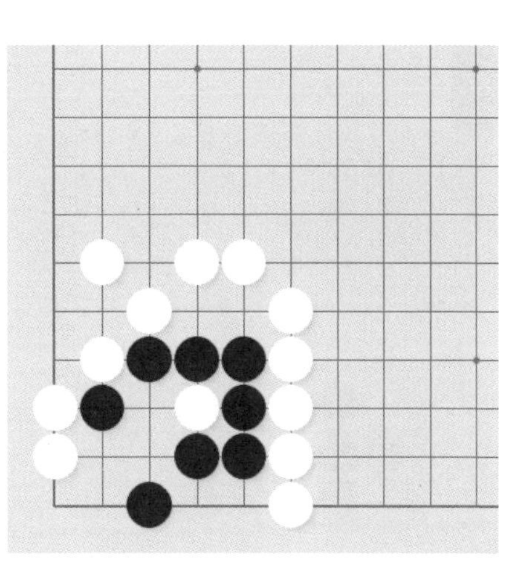

检查 □

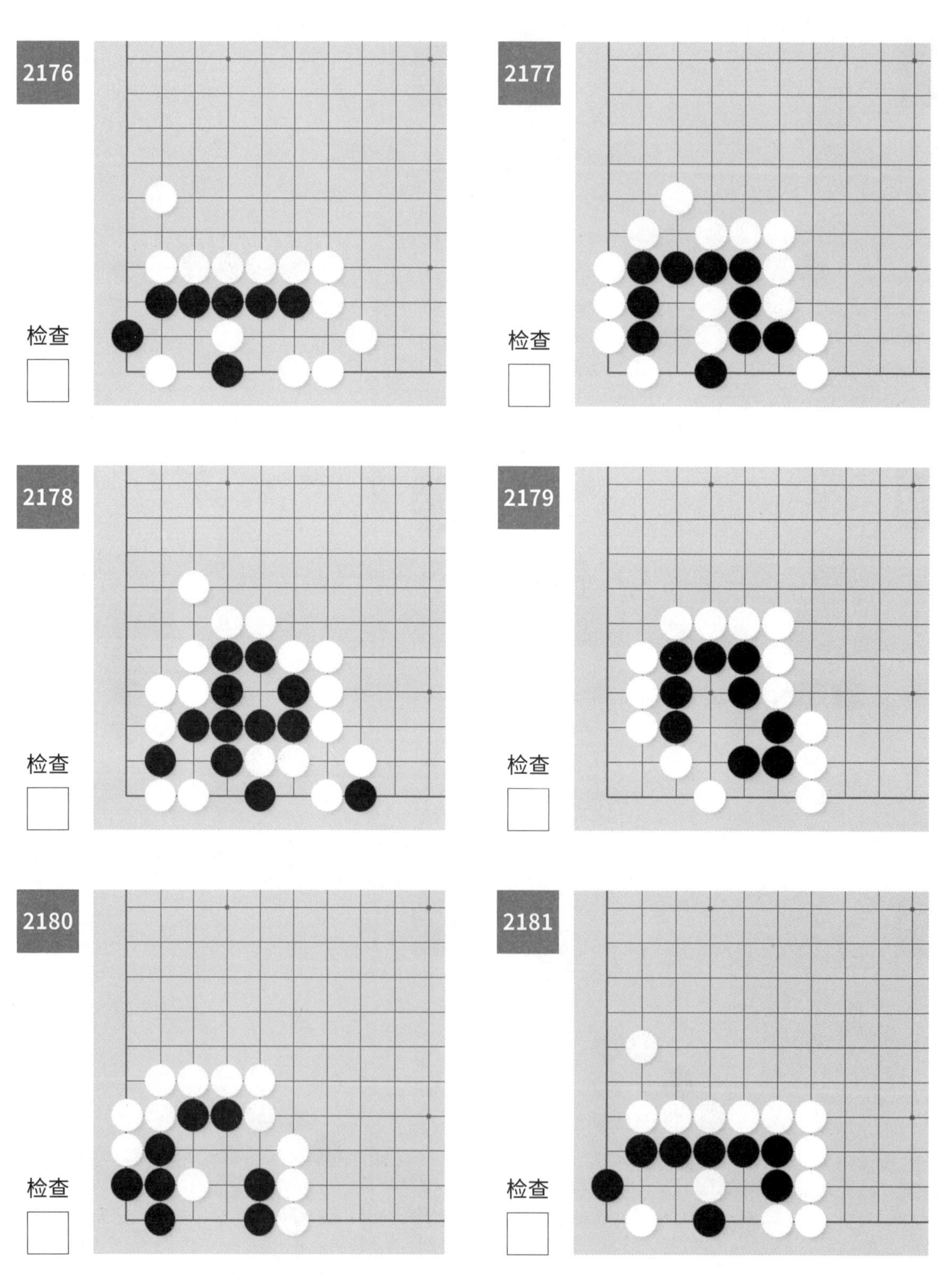
2176
检查
2177
检查
2178
检查
2179
检查
2180
检查
2181
检查

2182

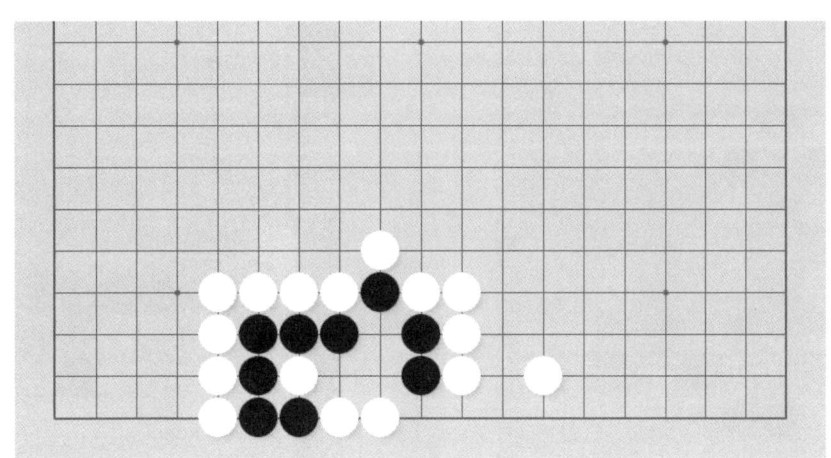

检查

打谱

围棋训练方法可以大致分成三块：打谱、诘棋、对弈。

这三块缺一不可，我们现在就来谈谈打谱的重要性。

打谱就是将两位高手的棋谱重新摆放在棋盘上，模拟当时对弈者的心态，去学习高手的着法，进而提升自己的思维意识。

——陈禧

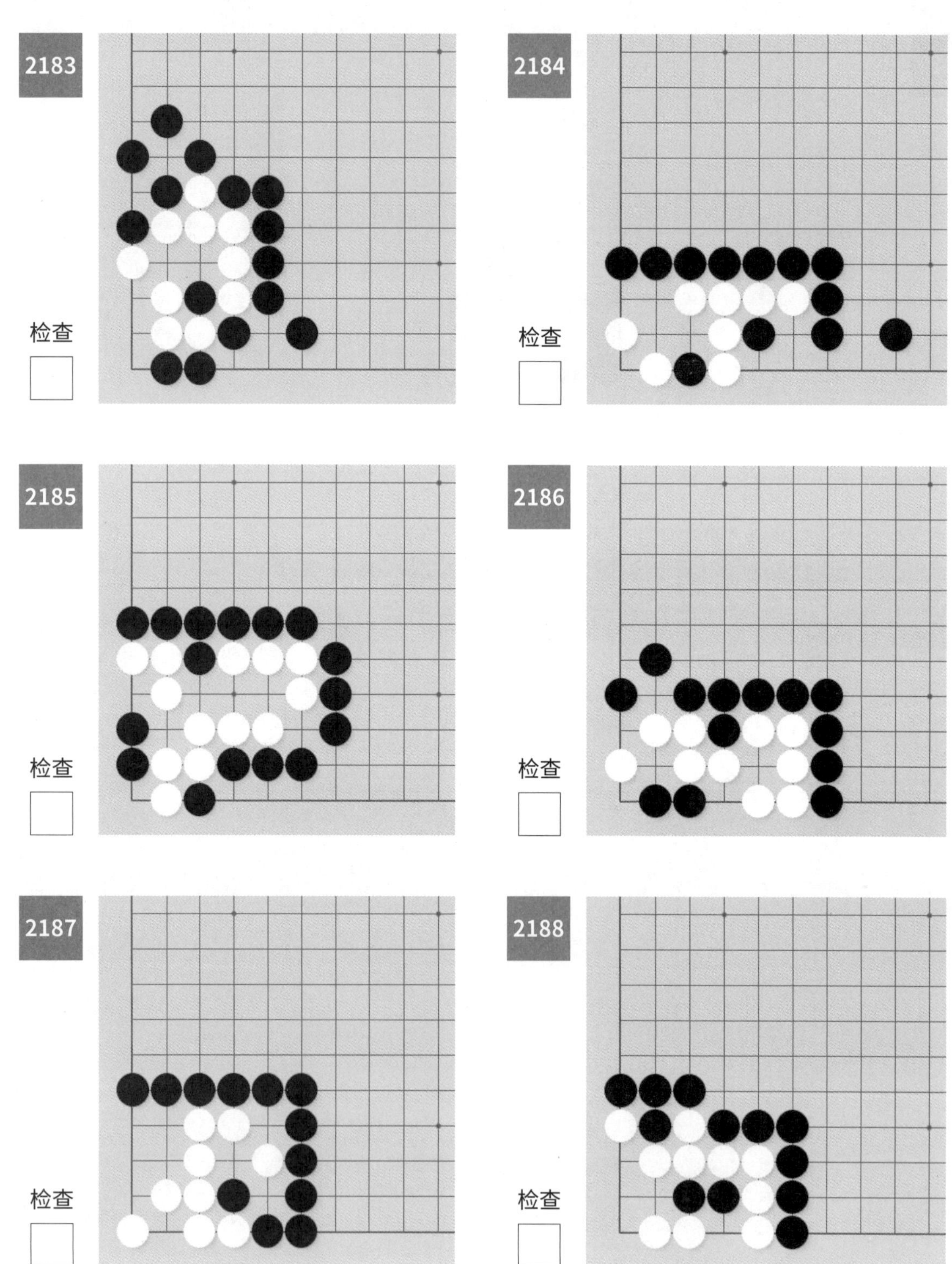
2183
检查
2184
检查
2185
检查
2186
检查
2187
检查
2188
检查

2189

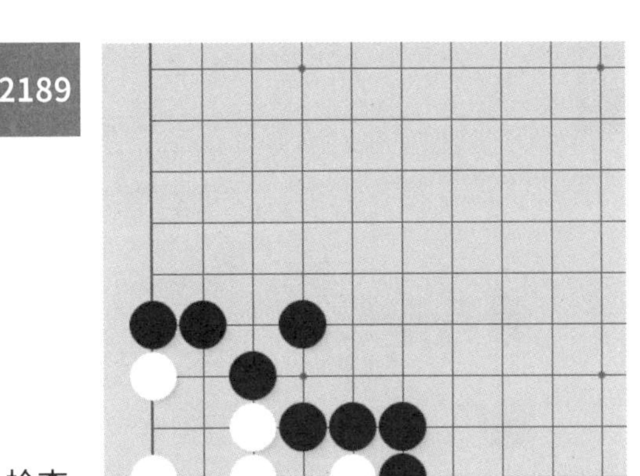

检查

2190

检查

2191

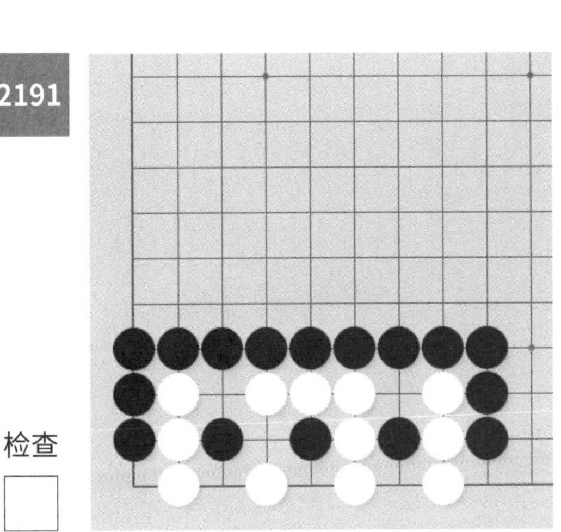

检查

2192

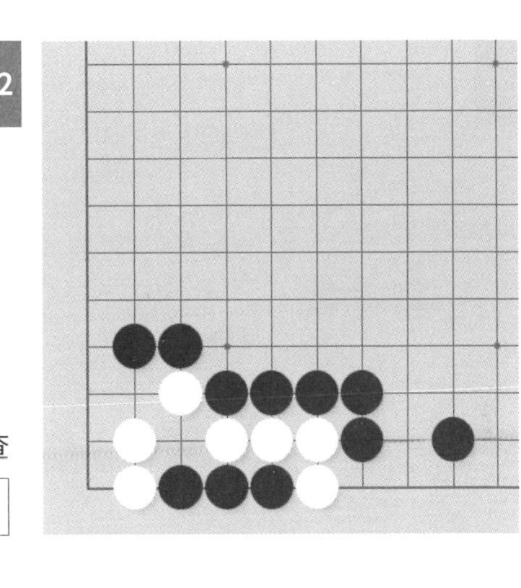

检查

2193

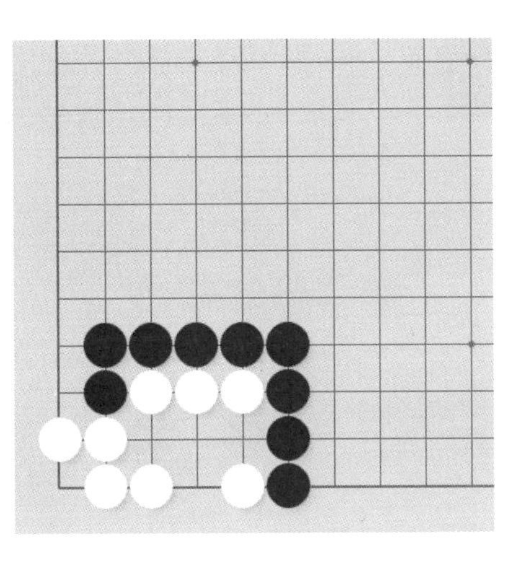

检查

2194

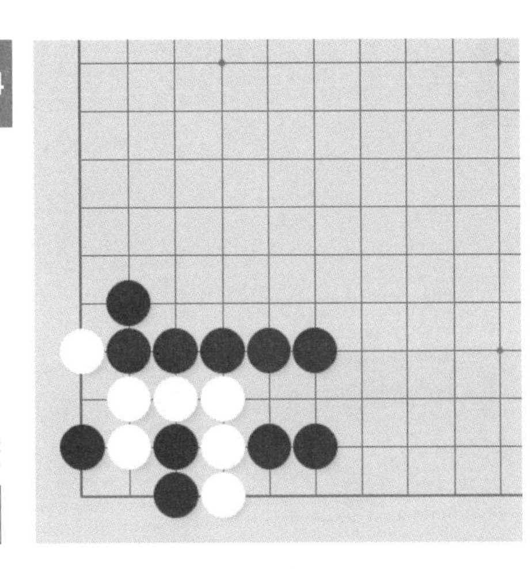

检查

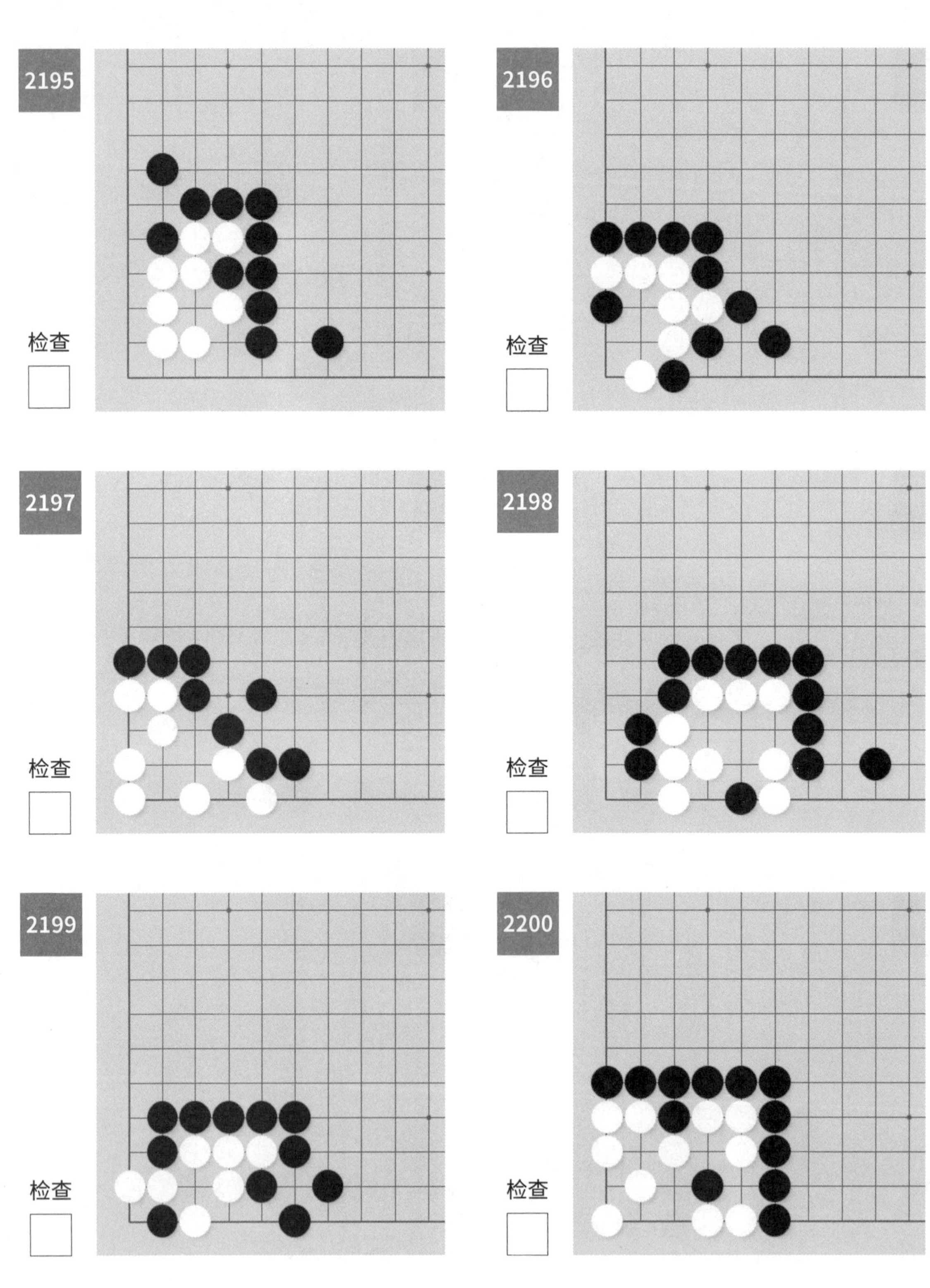
2195
检查
2196
检查
2197
检查
2198
检查
2199
检查
2200
检查

2201

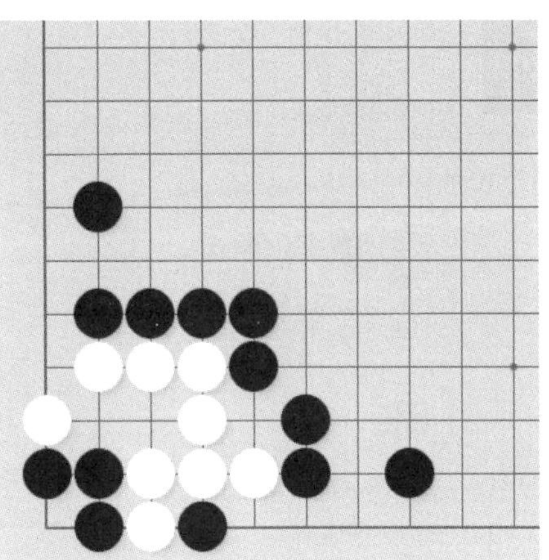

检查

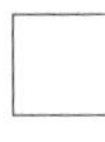

2202

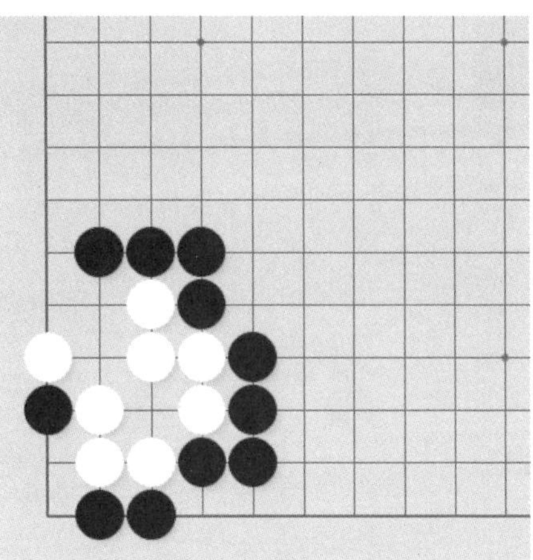

检查

2203

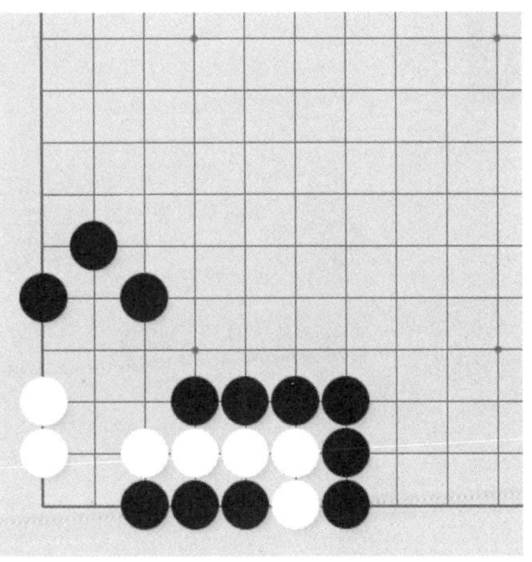

检查

2204

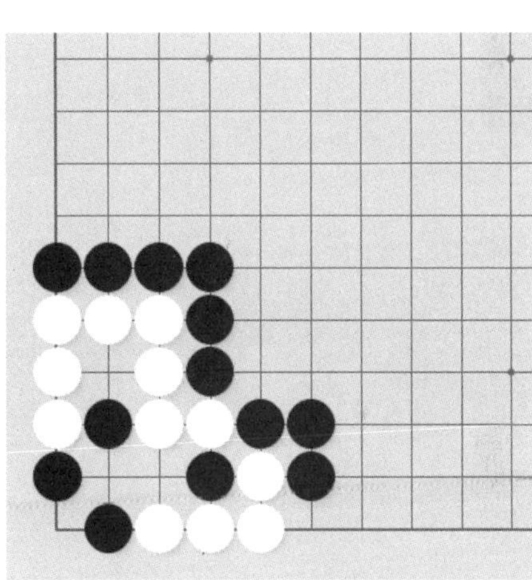

检查

2205

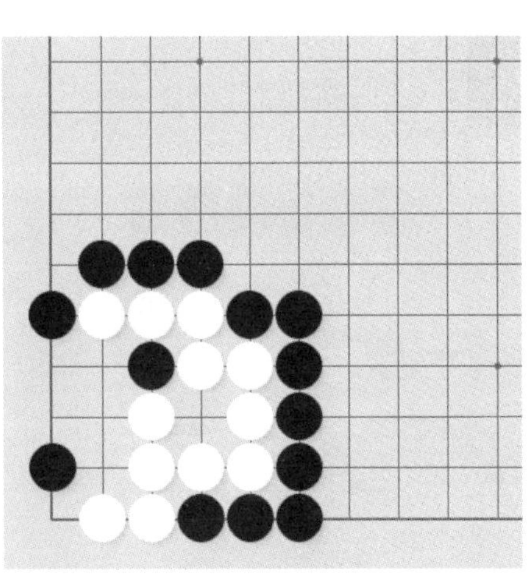

检查

2206

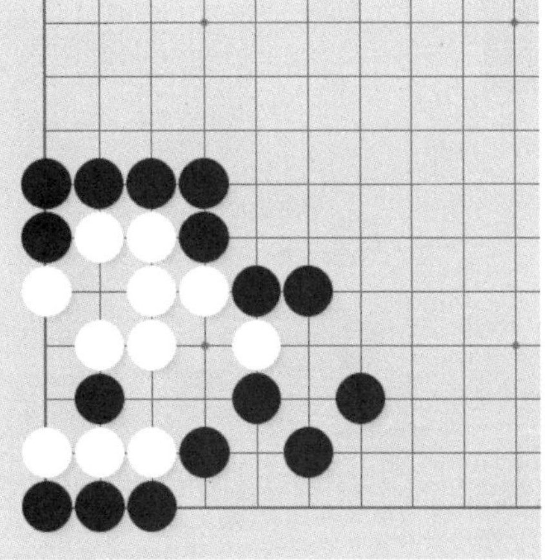

检查

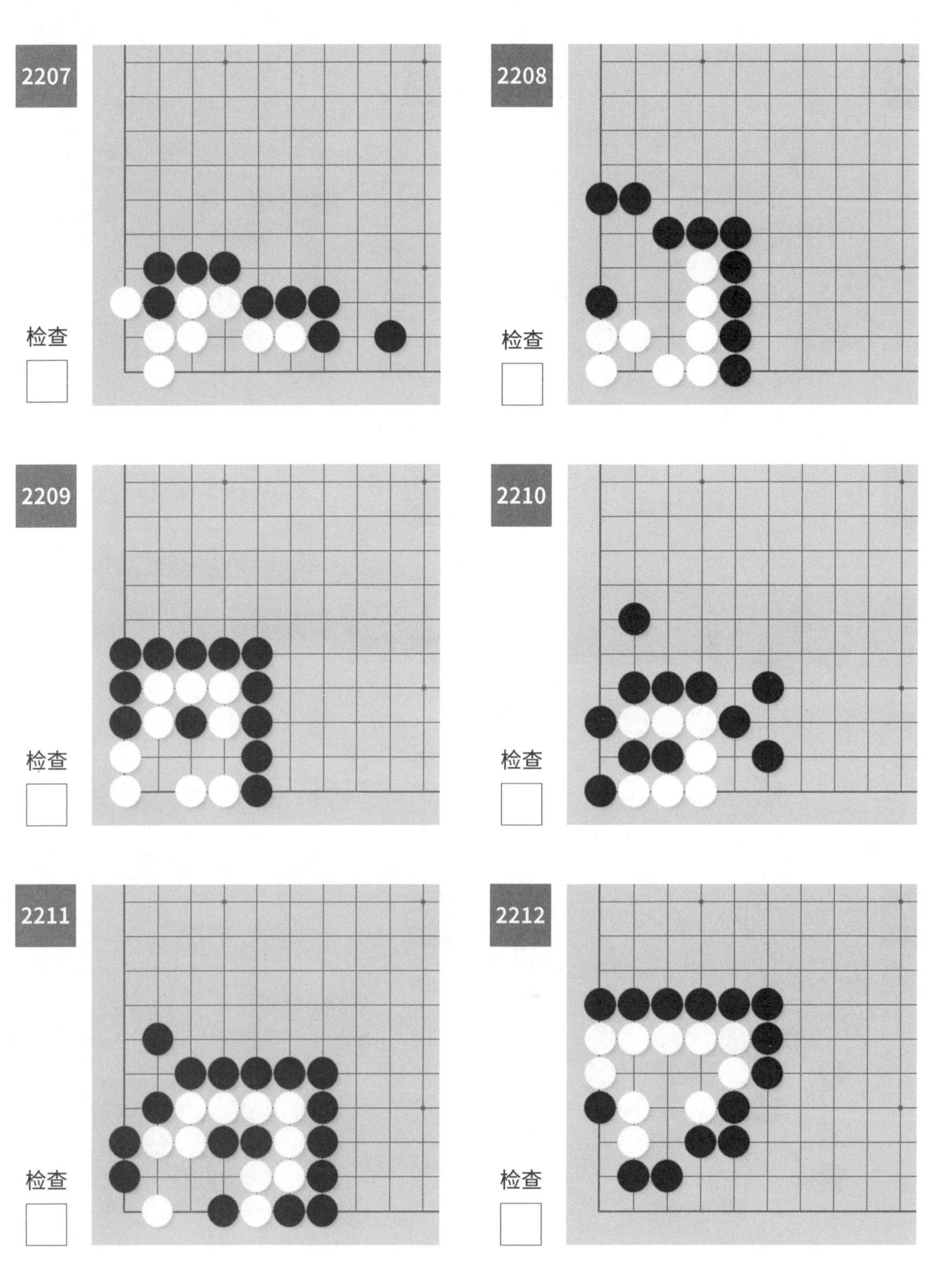
2207
检查
2208
检查
2209
检查
2210
检查
2211
检查
2212
检查

2213

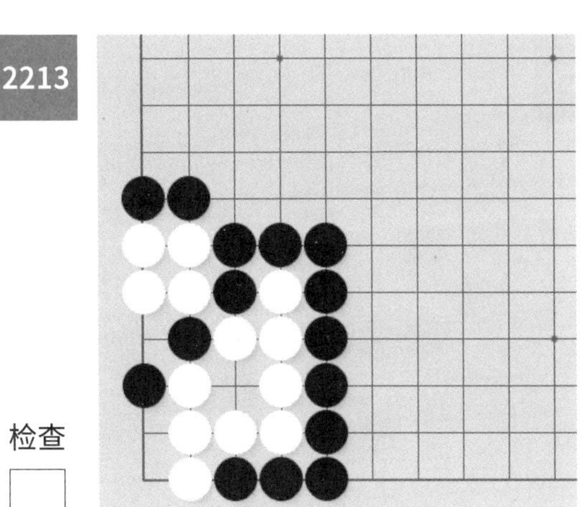

检查

2214

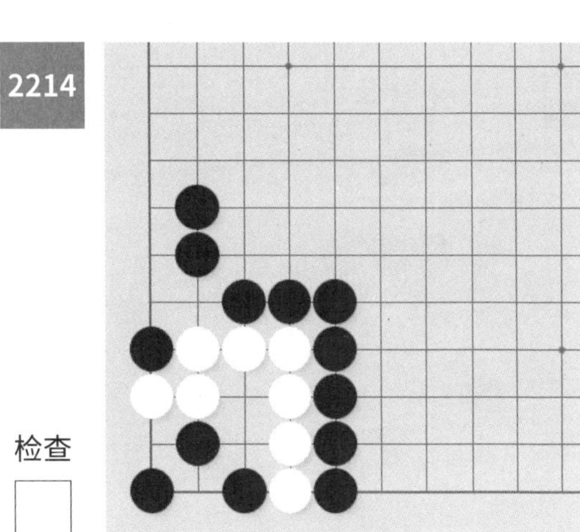

检查

2215

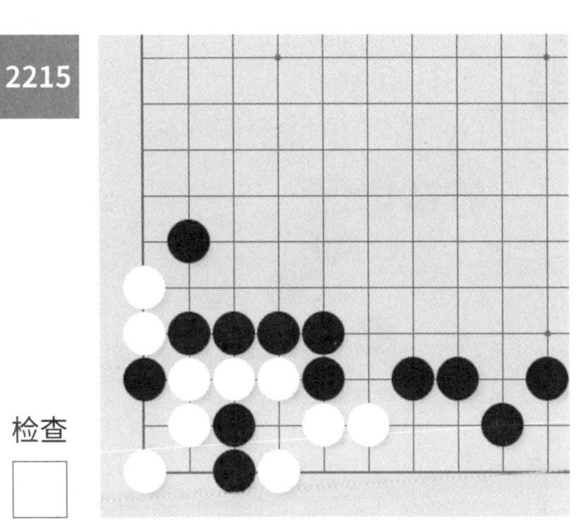

检查

2216

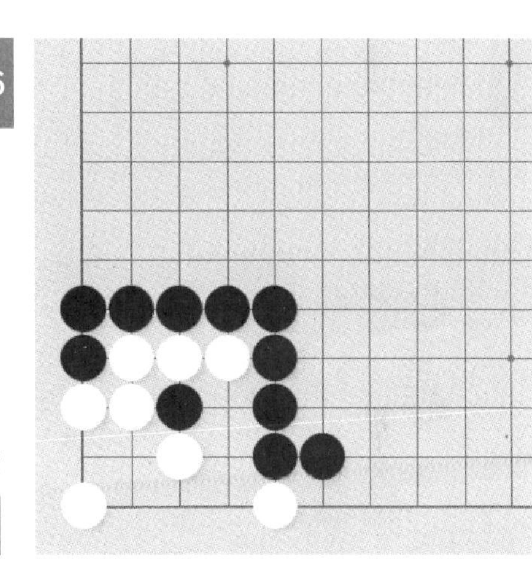

检查

2217

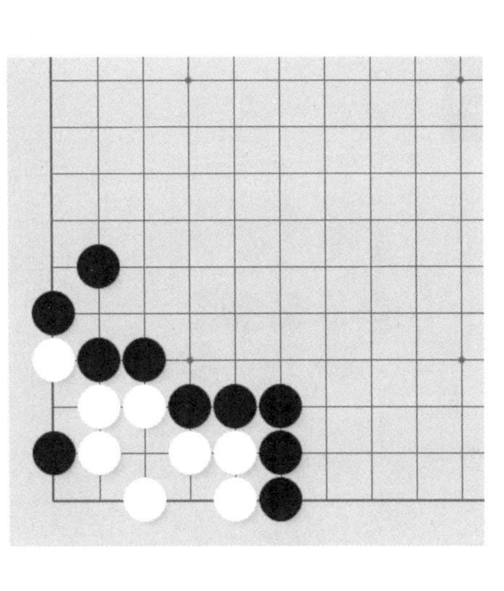

检查

2218

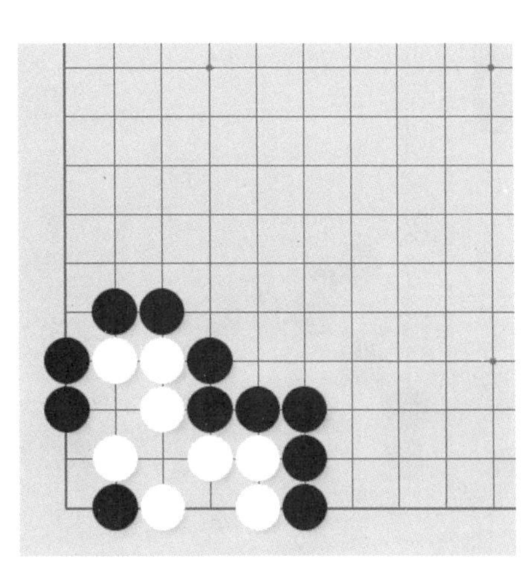

检查

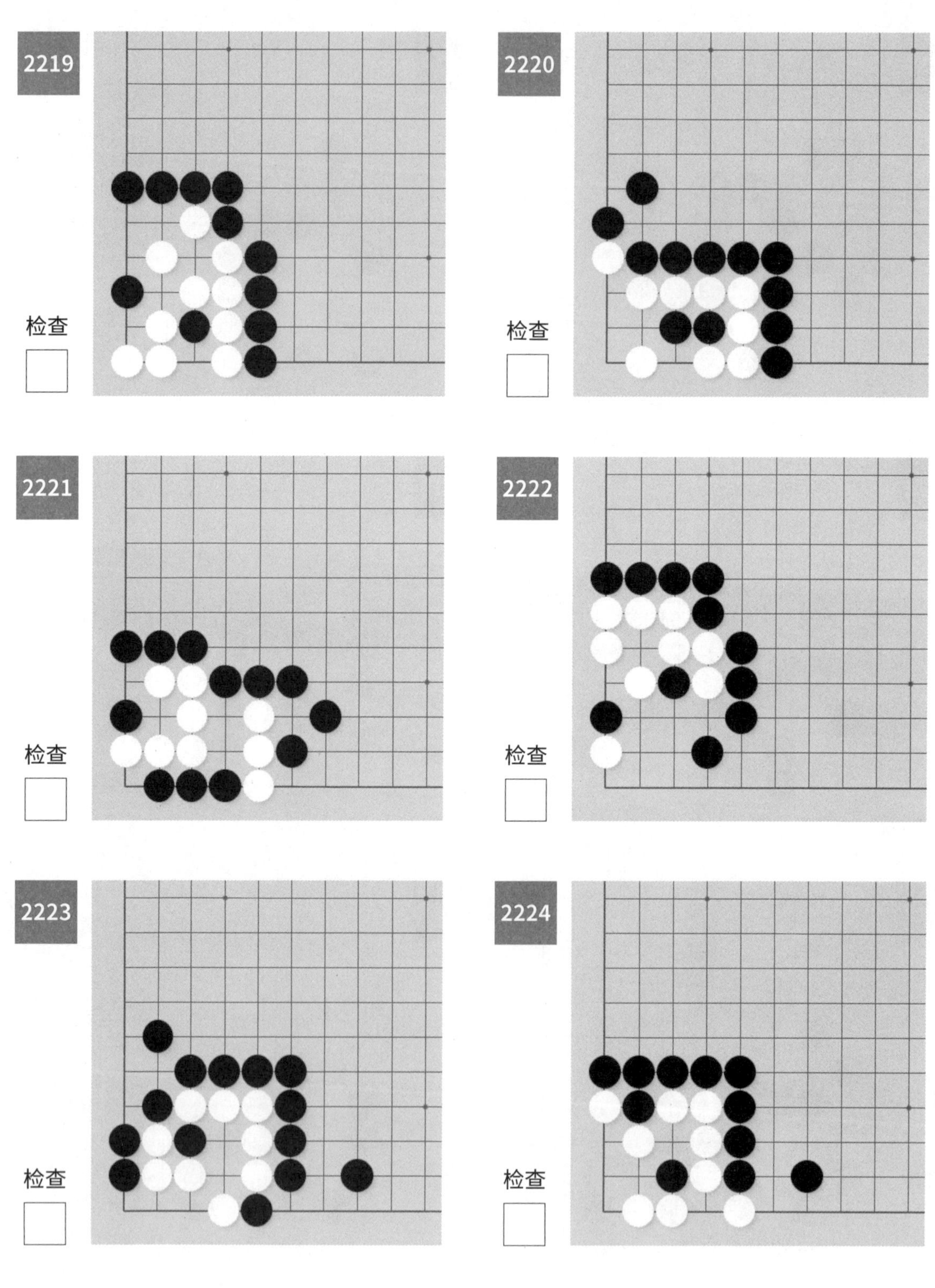
2219
检查
2220
检查
2221
检查
2222
检查
2223
检查
2224
检查

2225

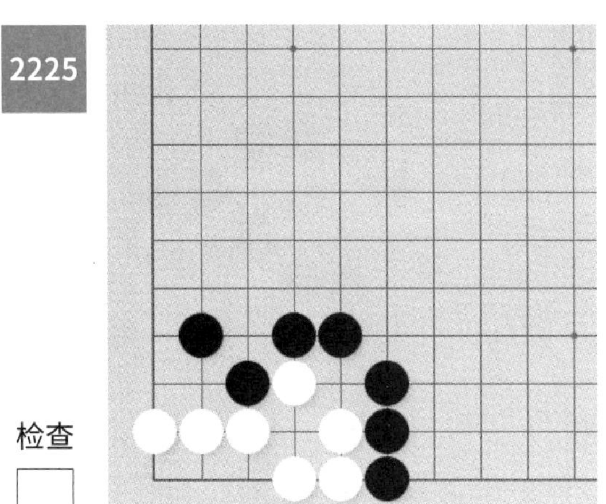

检查

2226

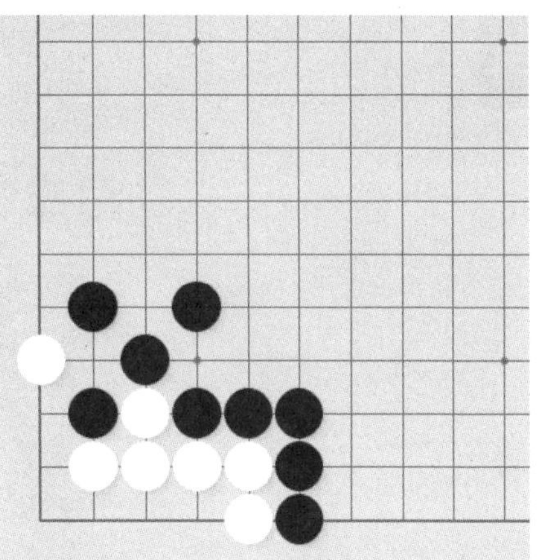

检查

2227

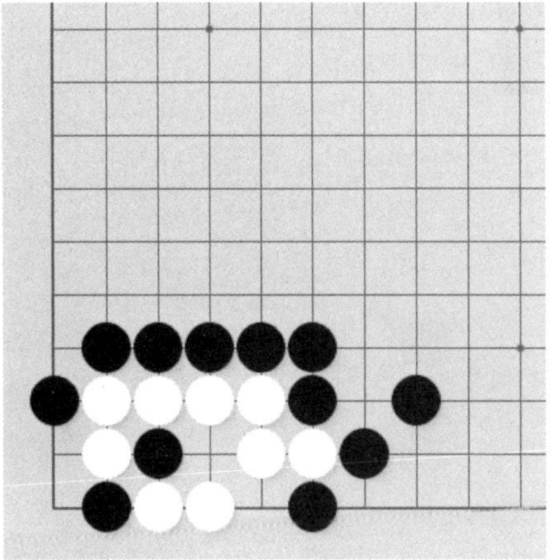

检查

2228

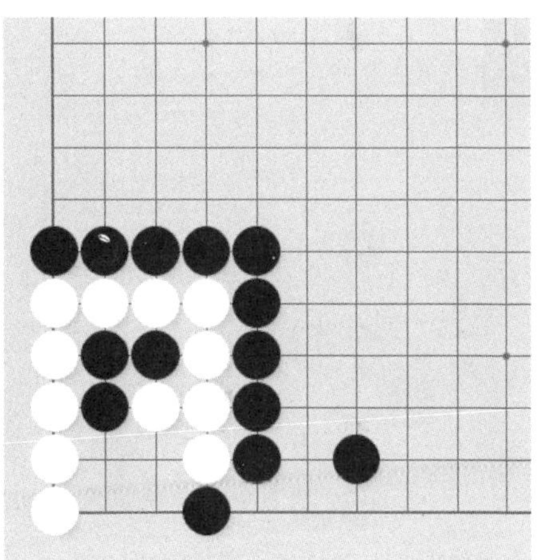

检查

2229

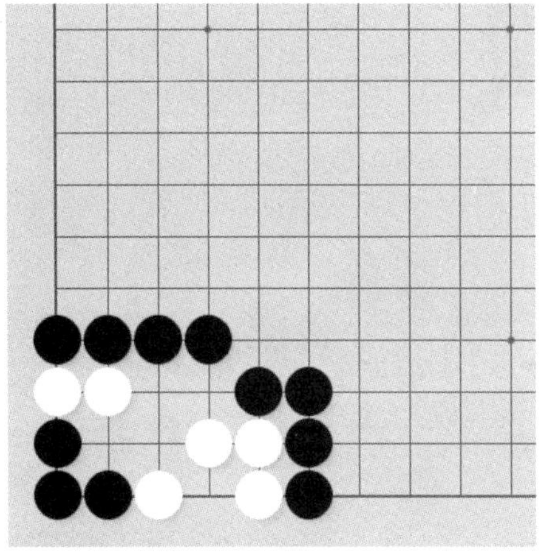

检查

2230

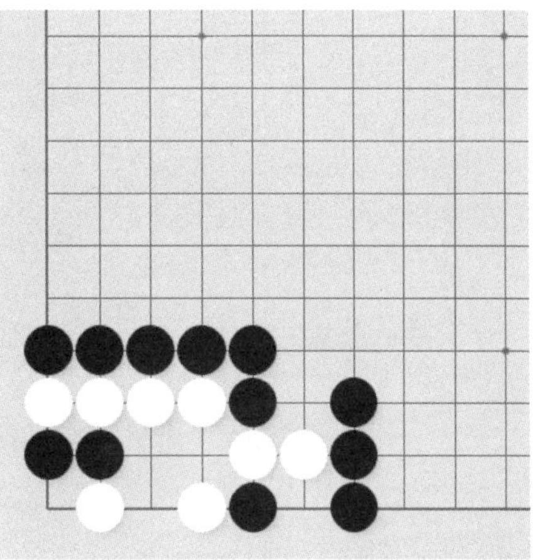

检查

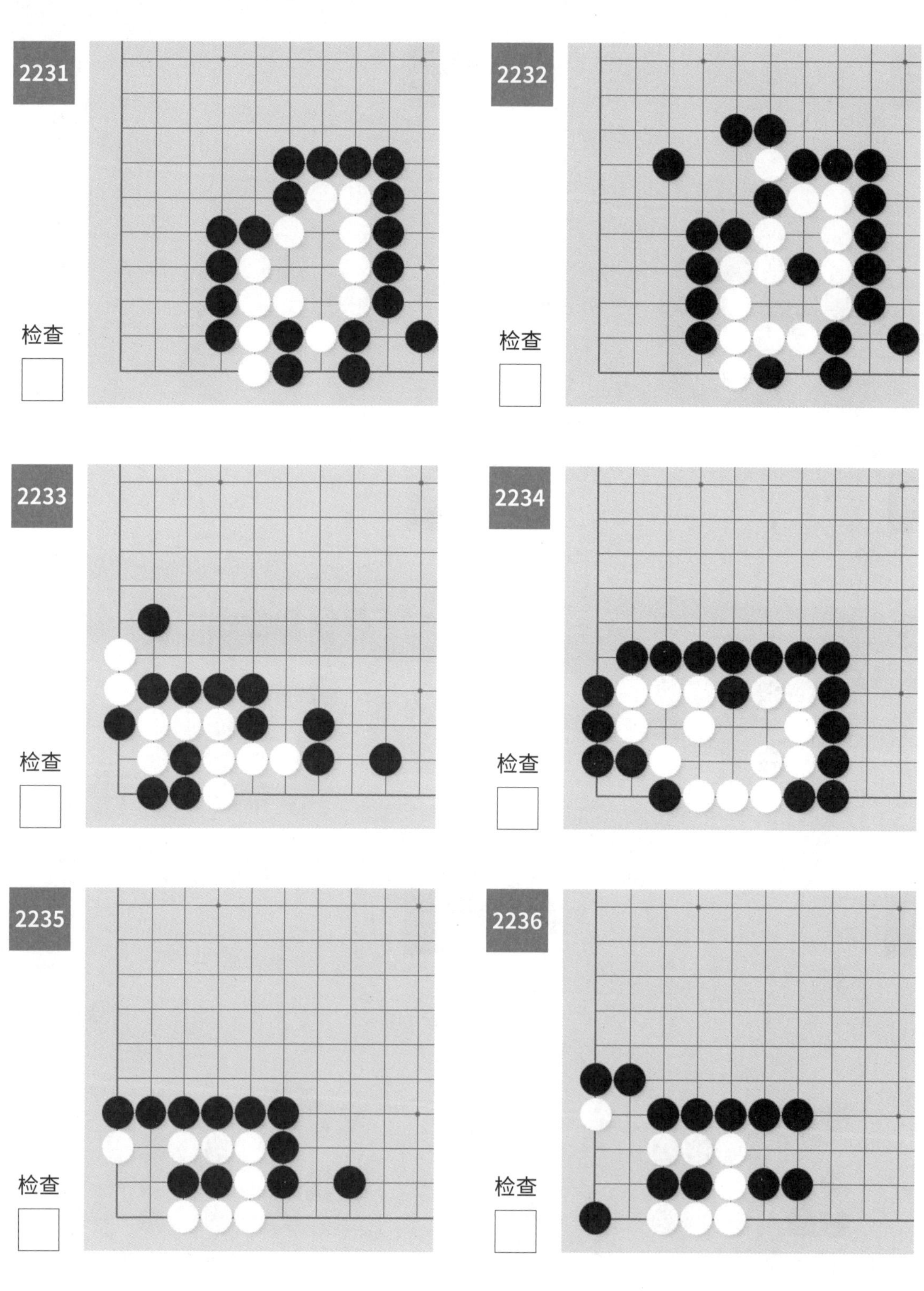
2231
检查
2232
检查
2233
检查
2234
检查
2235
检查
2236
检查

2237

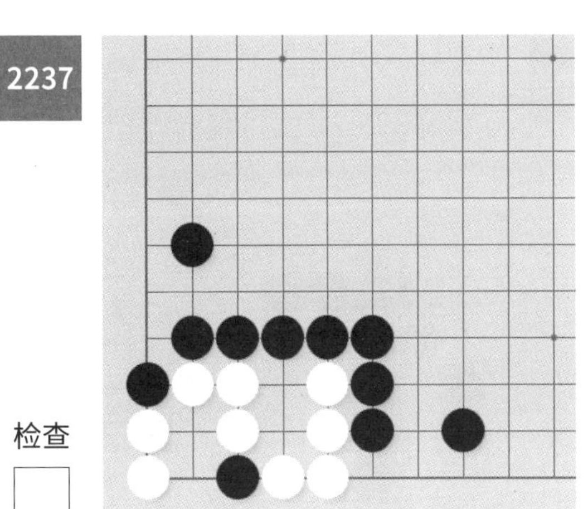

检查

2238

检查

2239

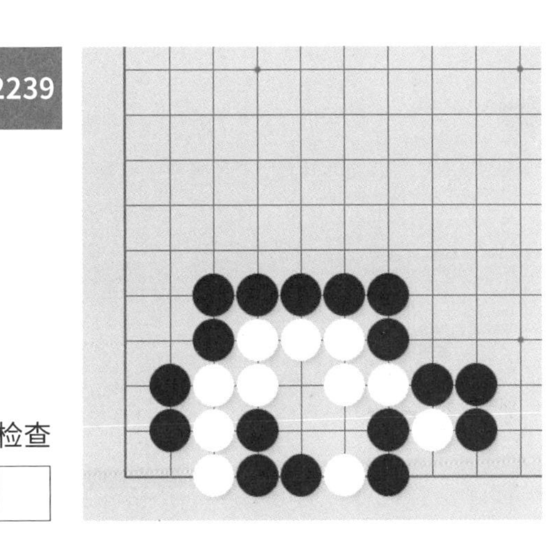

检查

2240

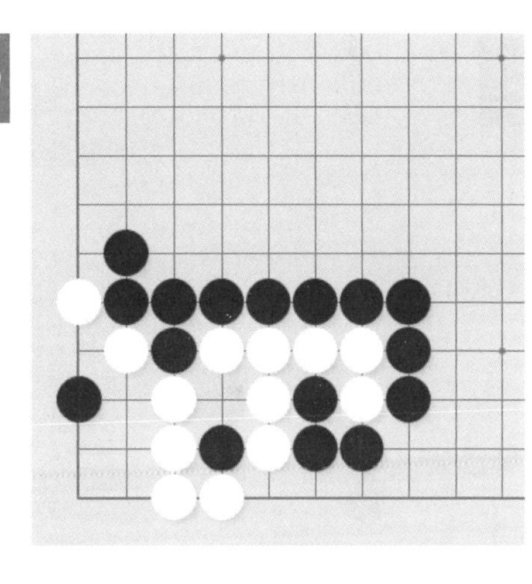

检查

2241

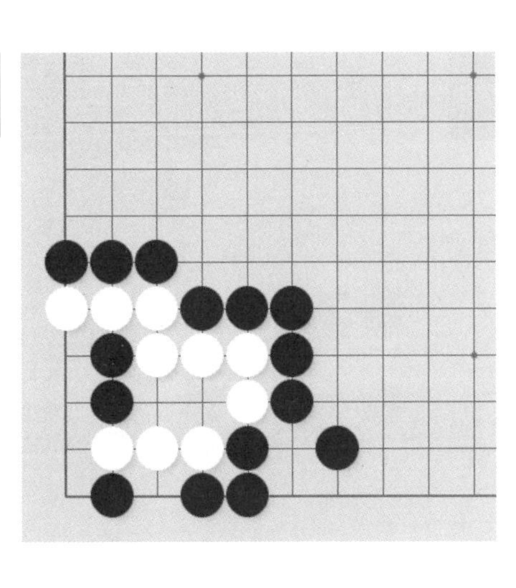

检查

2242

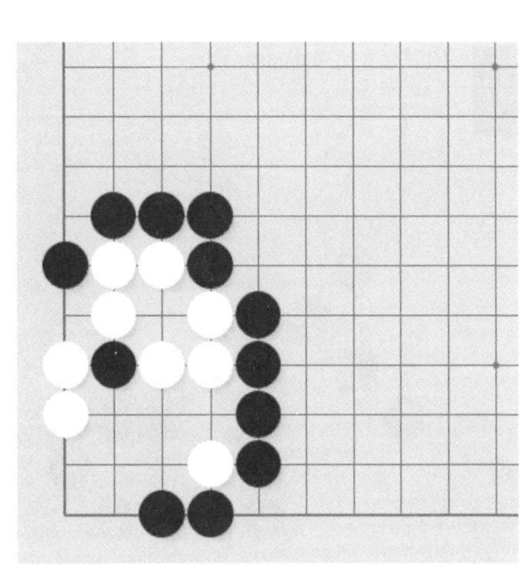

检查

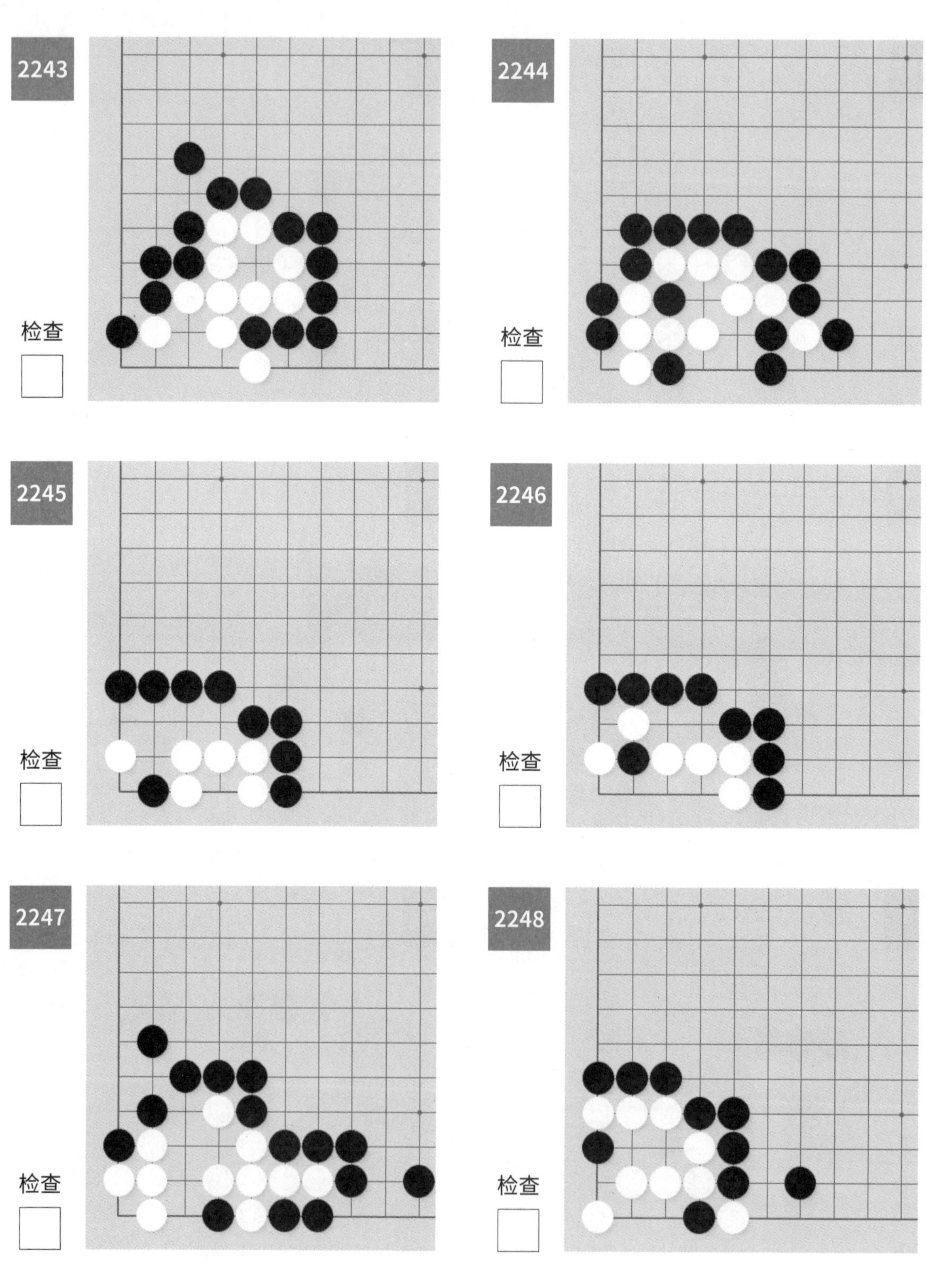
2243
检查
2244
检查
2245
检查
2246
检查
2247
检查
2248
检查

2249

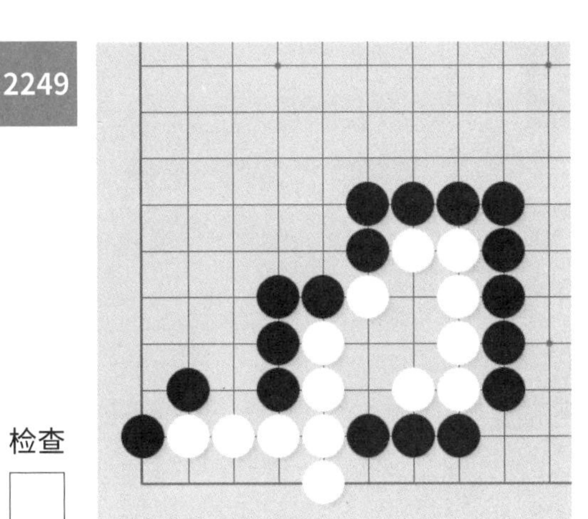

检查 □

2250

检查 □

2251

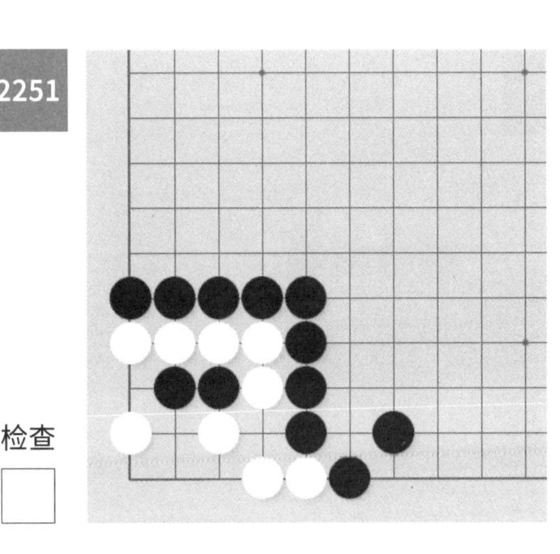

检查 □

2252

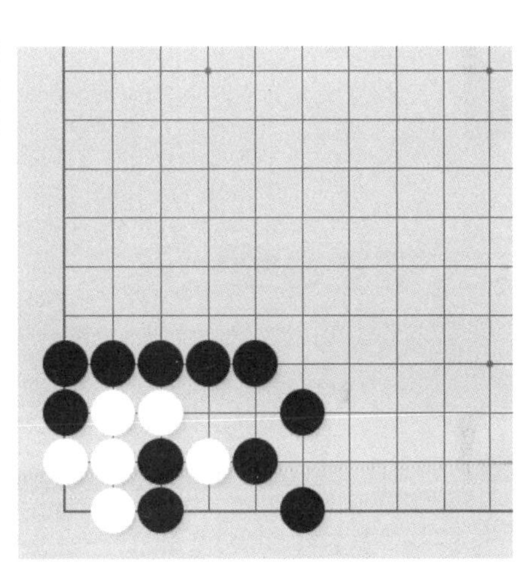

检查 □

2253

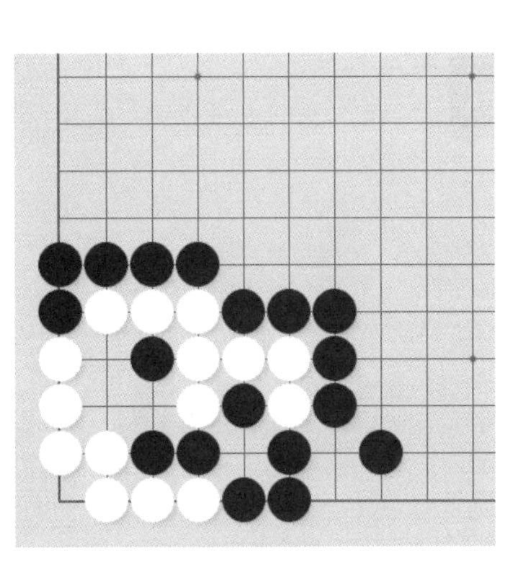

检查 □

2254

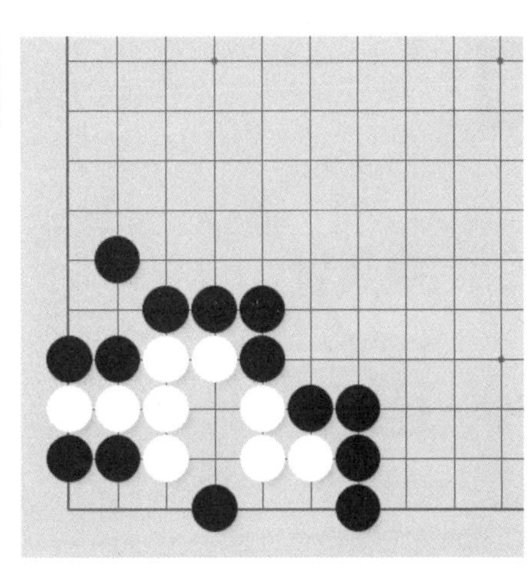

检查 □

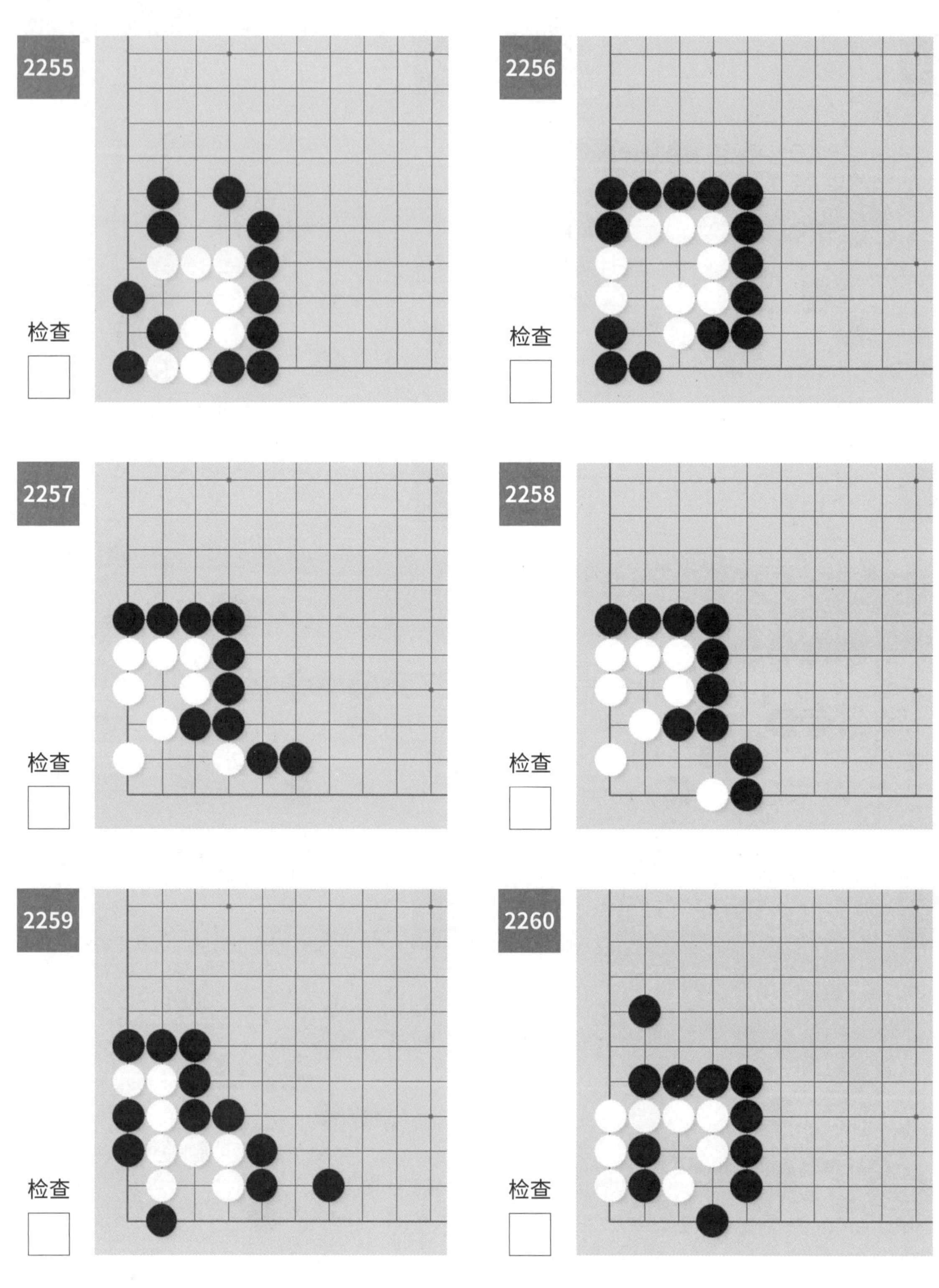
2255
检查
2256
检查
2257
检查
2258
检查
2259
检查
2260
检查

2261

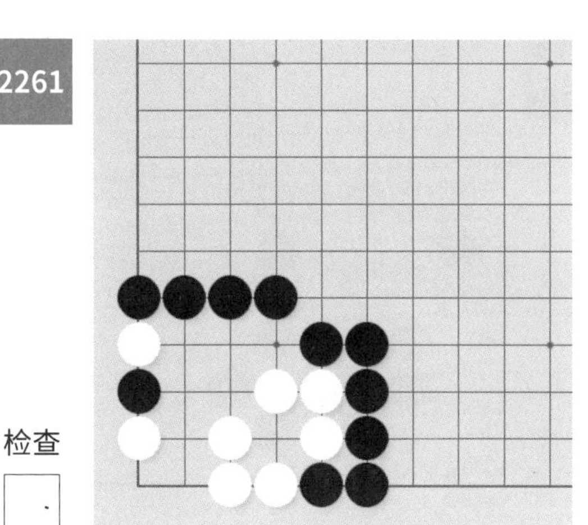

检查

2262

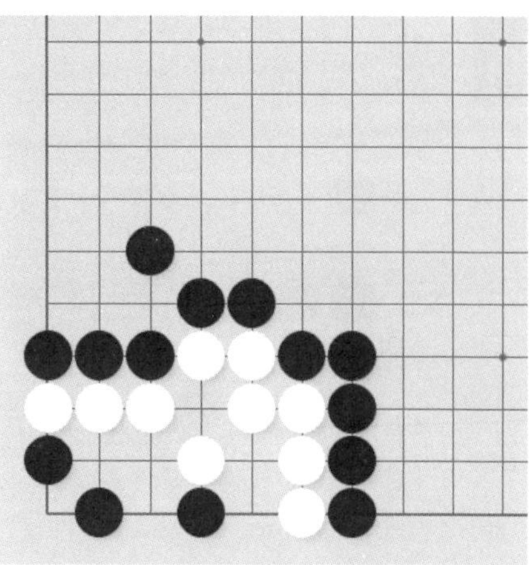

检查

2263

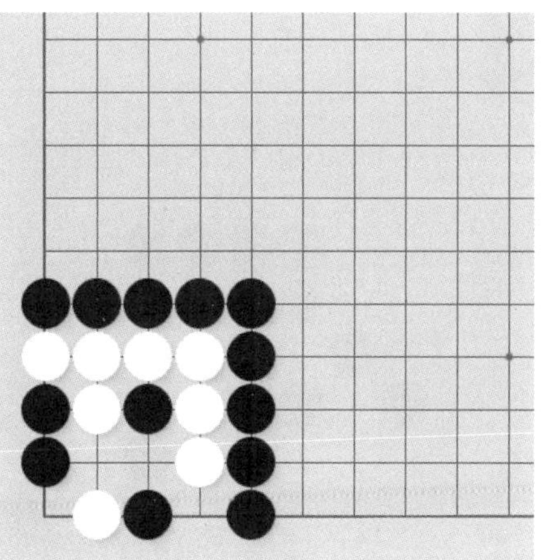

检查

2264

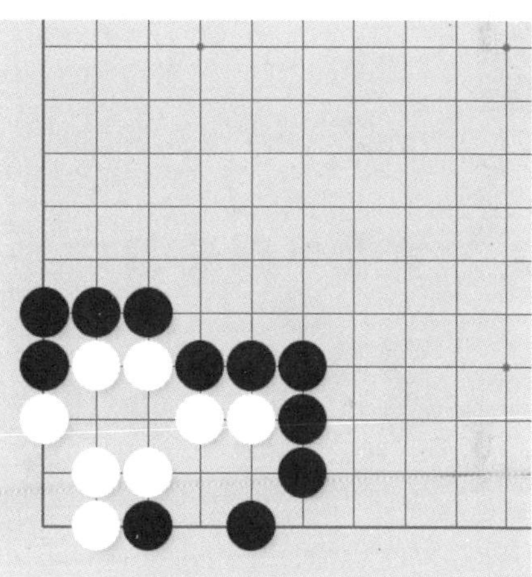

检查

2265

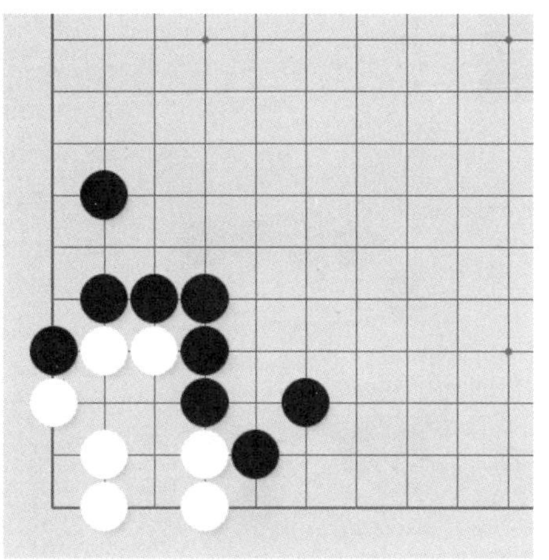

检查

2266

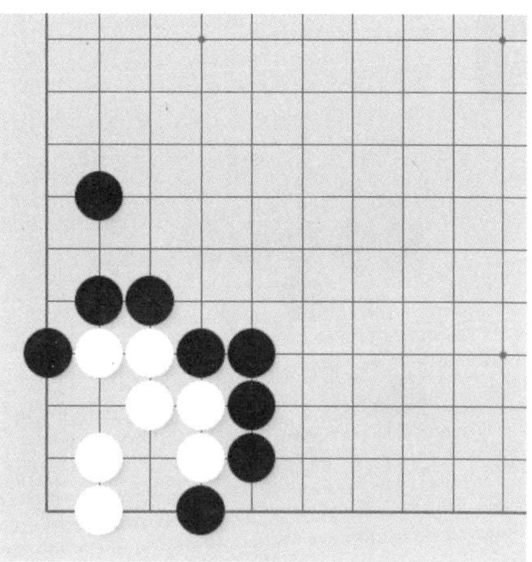

检查

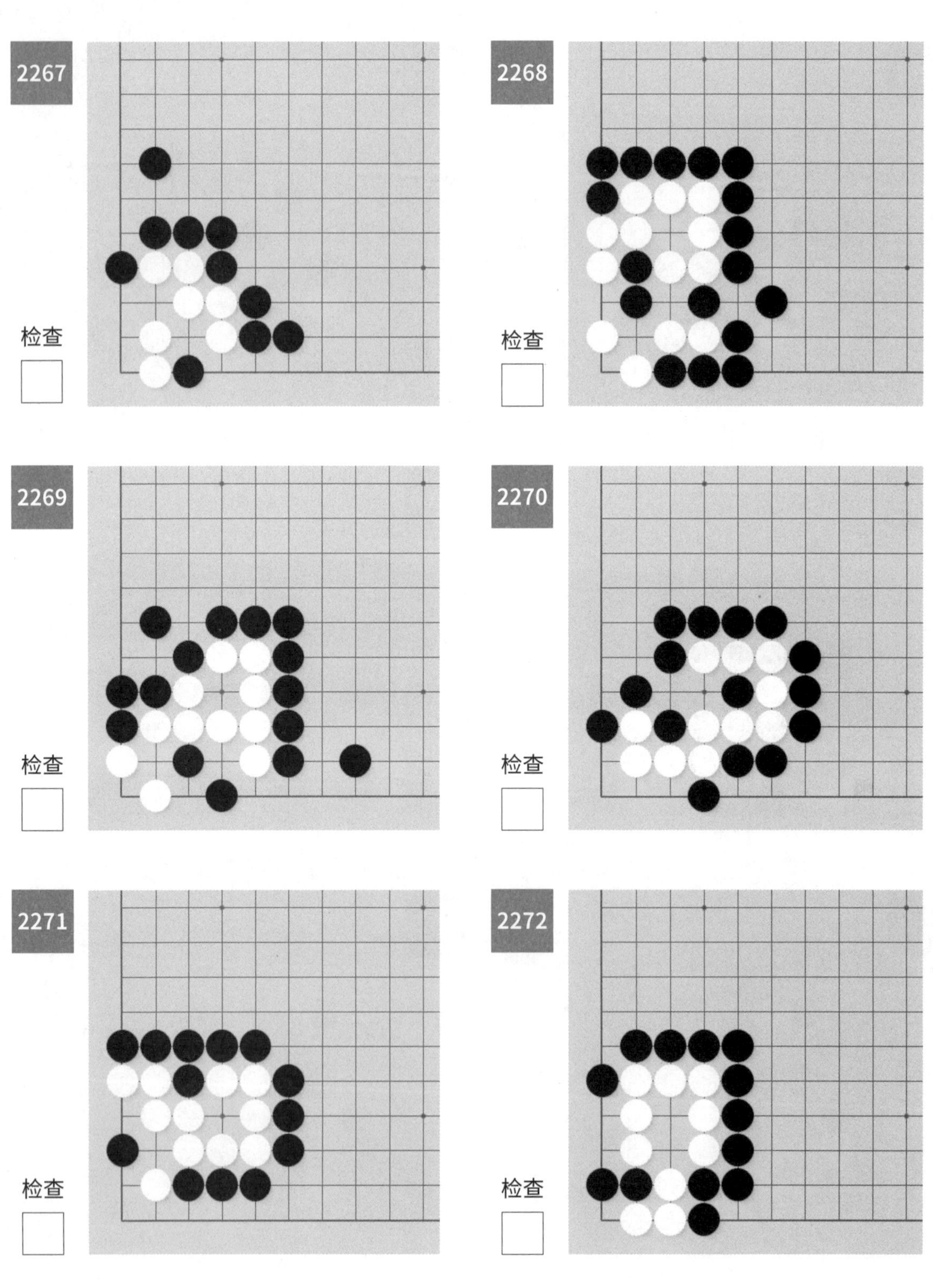
2267
检查
2268
检查
2269
检查
2270
检查
2271
检查
2272
检查

2273

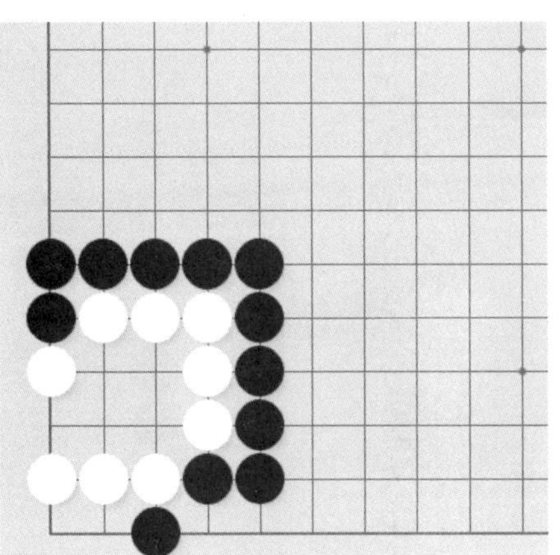

检查

2274

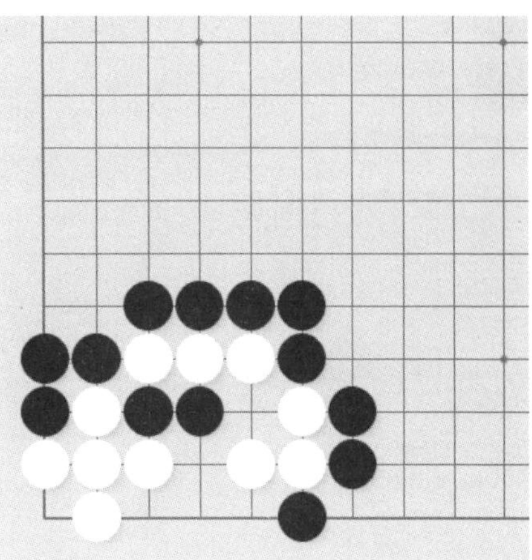

检查

2275

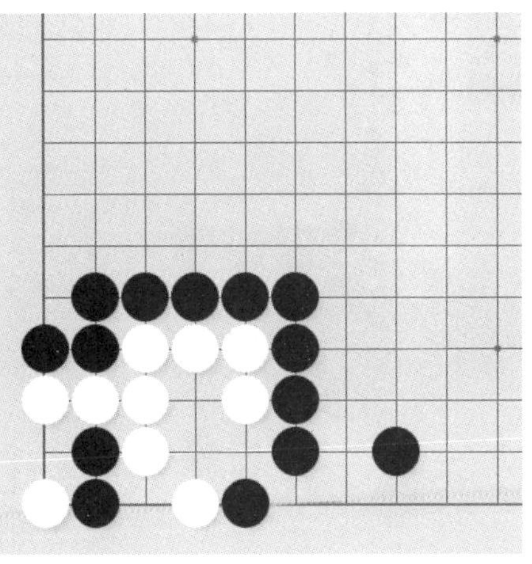

检查

2276

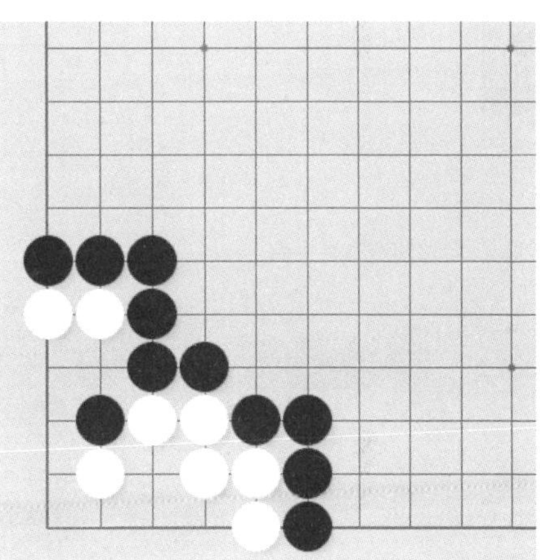

检查

2277

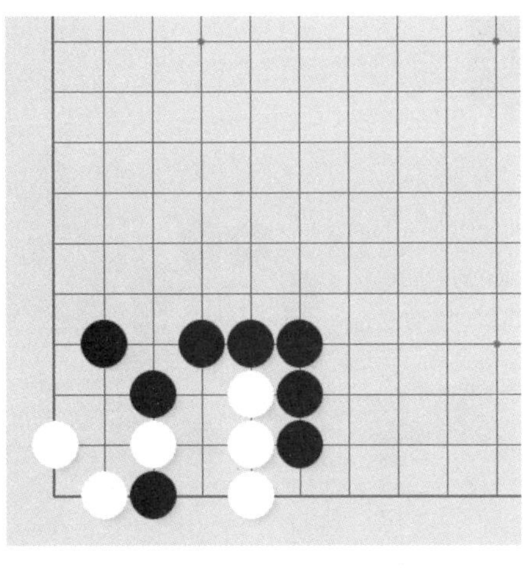

检查

2278

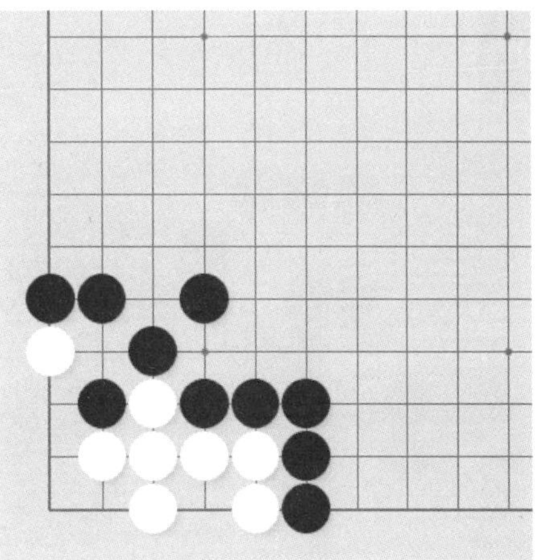

检查

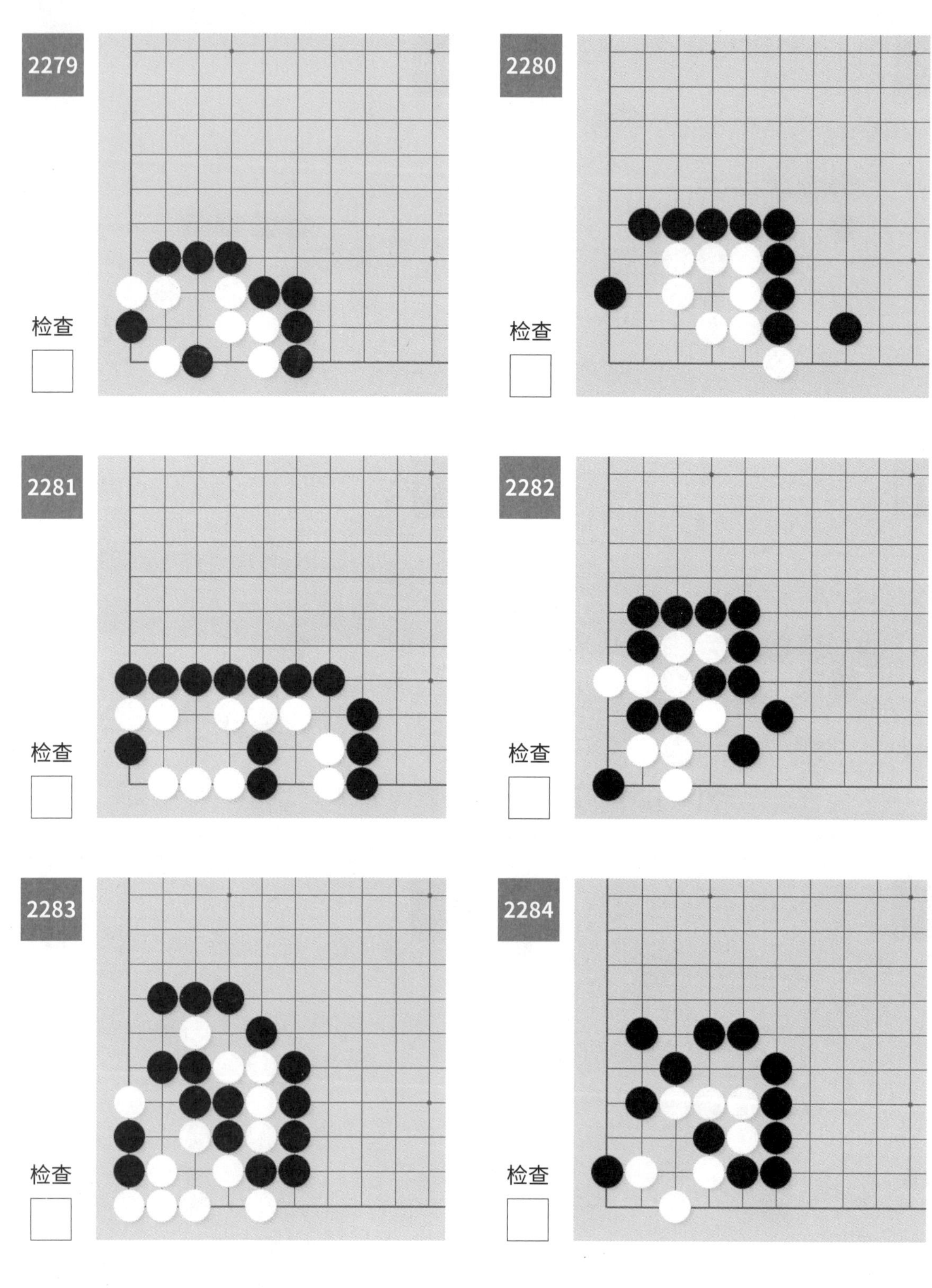
2279
检查
2280
检查
2281
检查
2282
检查
2283
检查
2284
检查

2285

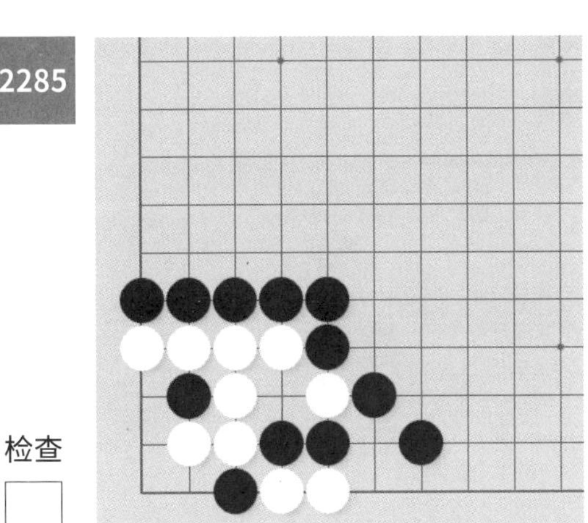

检查

2286

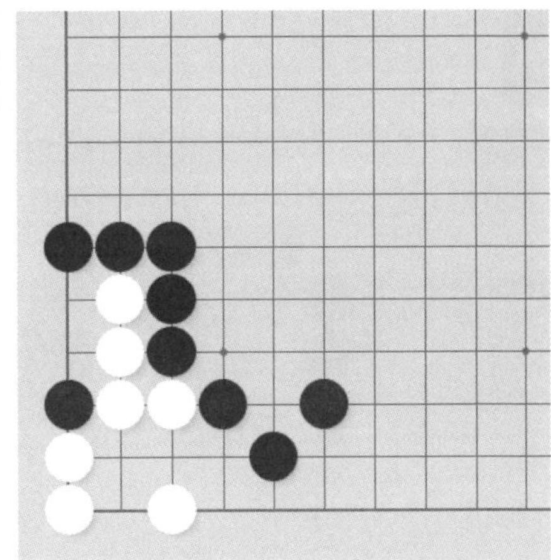

检查

2287

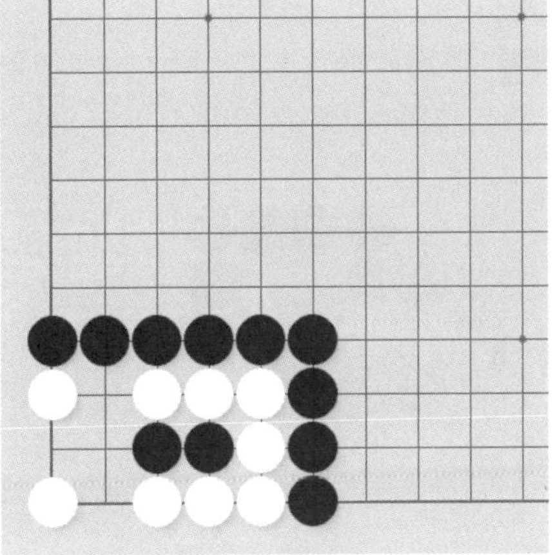

检查

2288

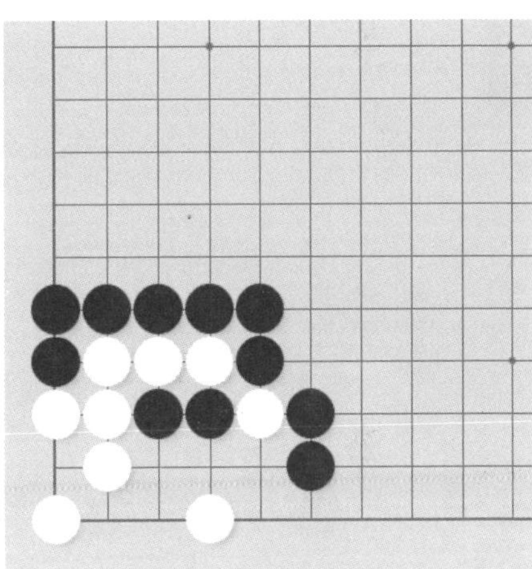

检查

2289

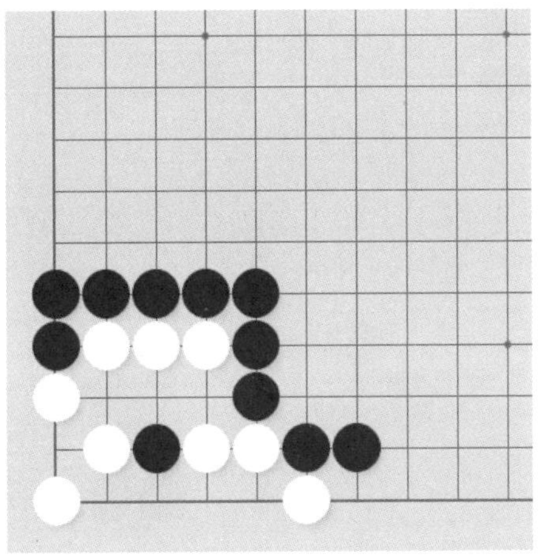

检查

2290

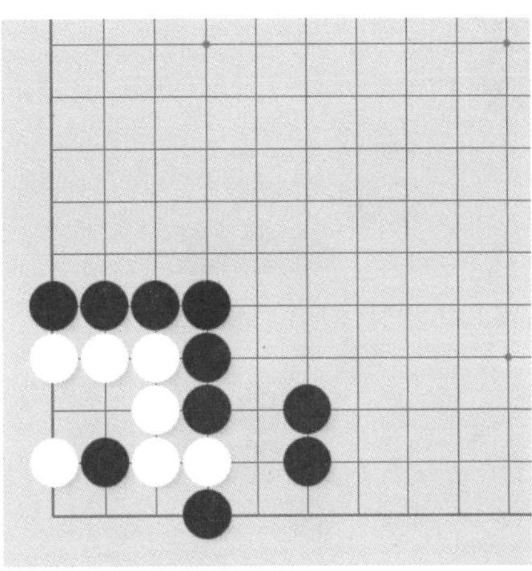

检查

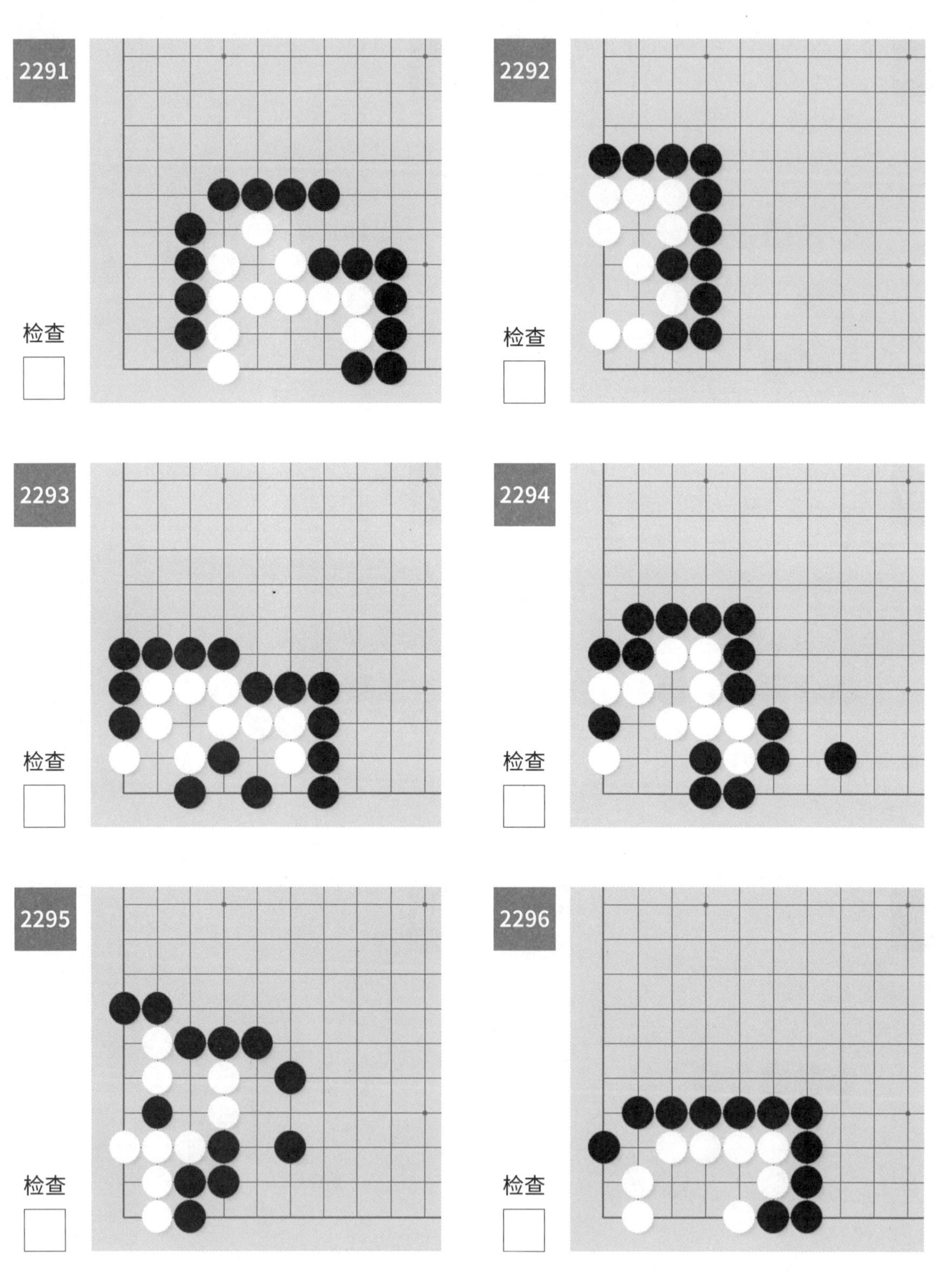
2291
检查
2292
检查
2293
检查
2294
检查
2295
检查
2296
检查

2297

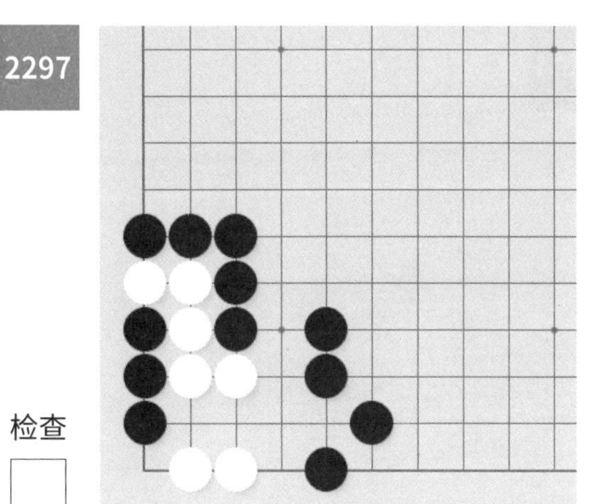

检查

2298

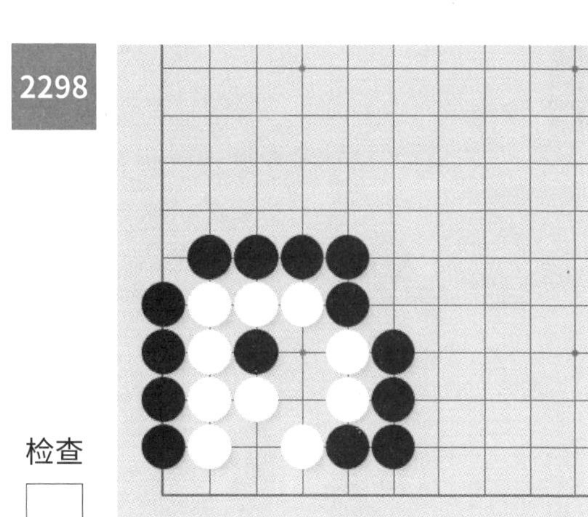

检查

2299

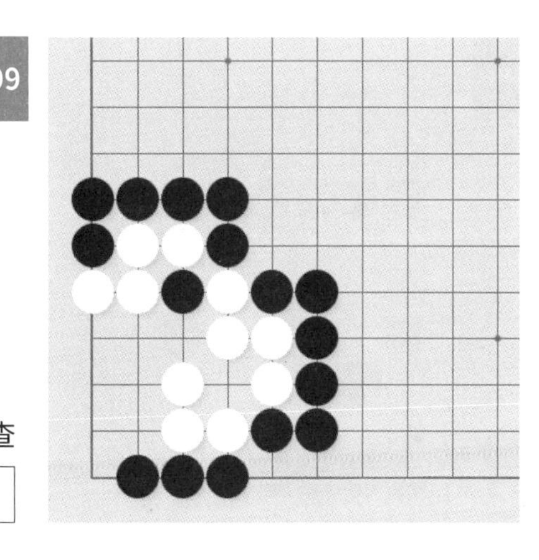

检查

2300

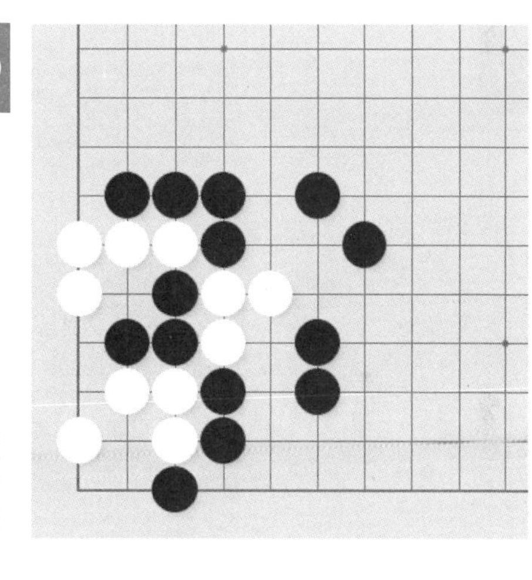

检查

2301

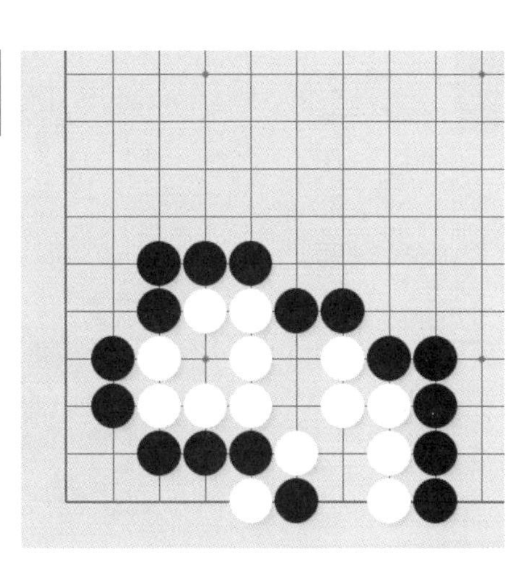

检查

2302

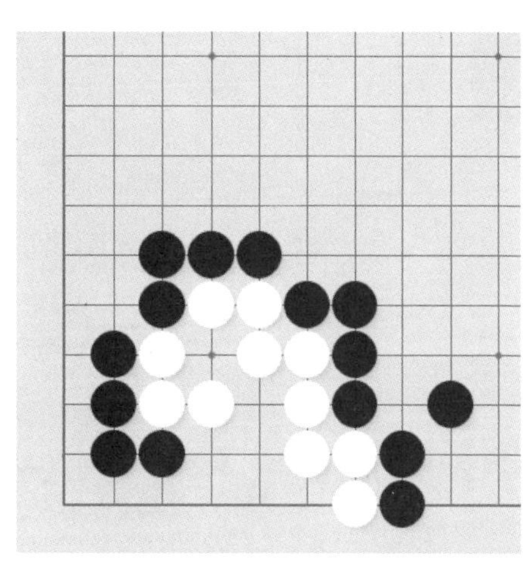

检查

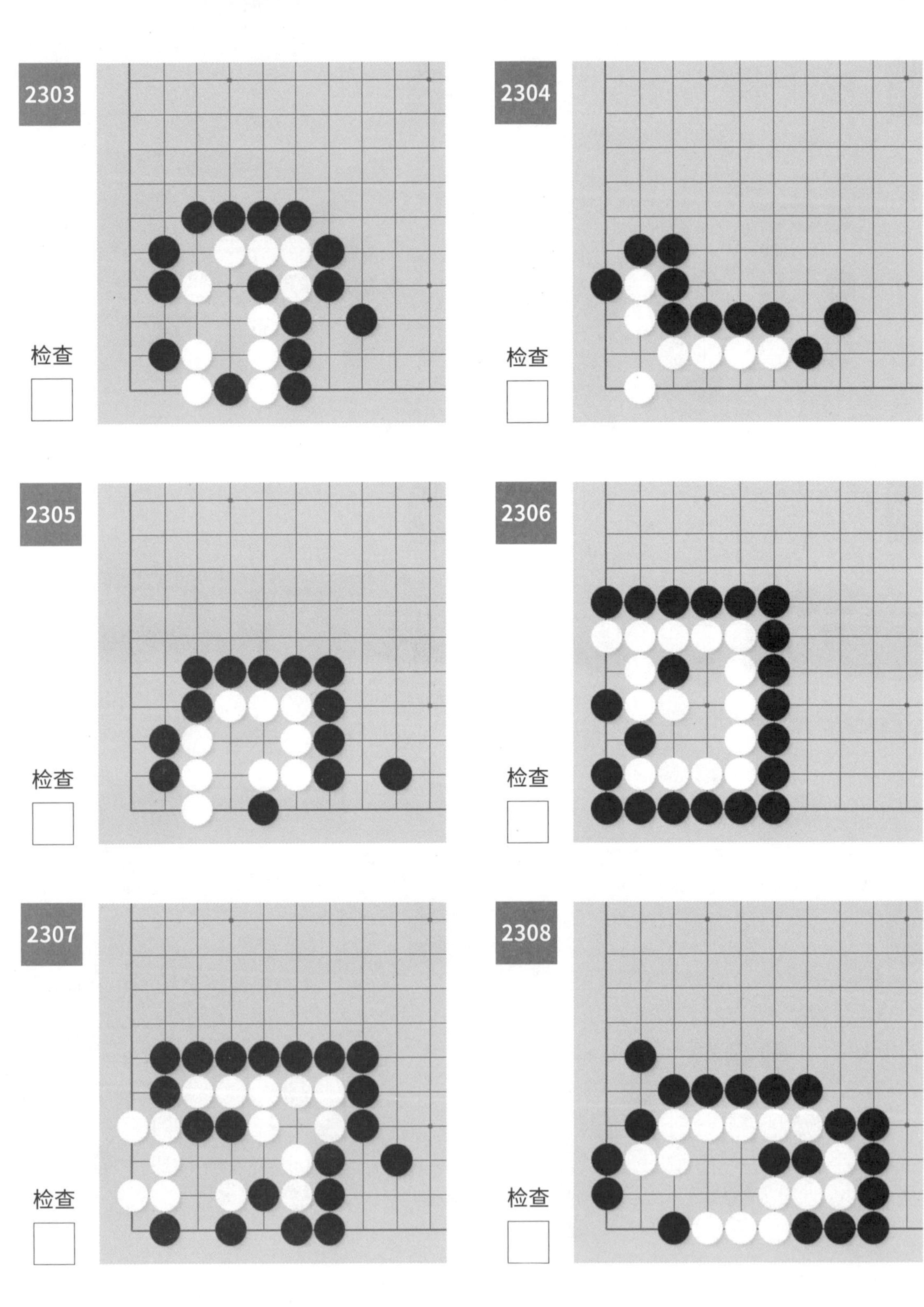
2303
检查
2304
检查
2305
检查
2306
检查
2307
检查
2308
检查

2309

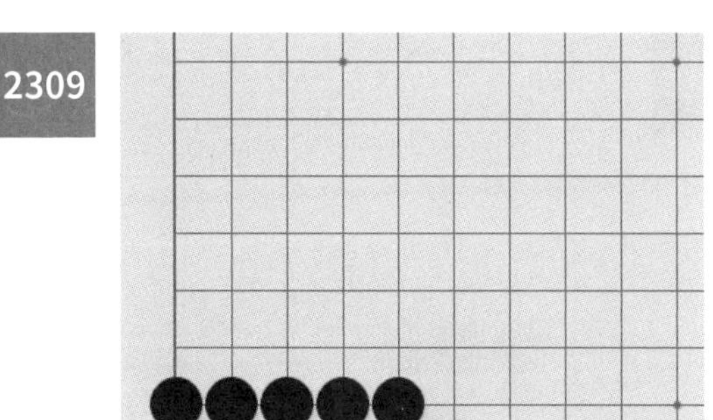

检查

2310

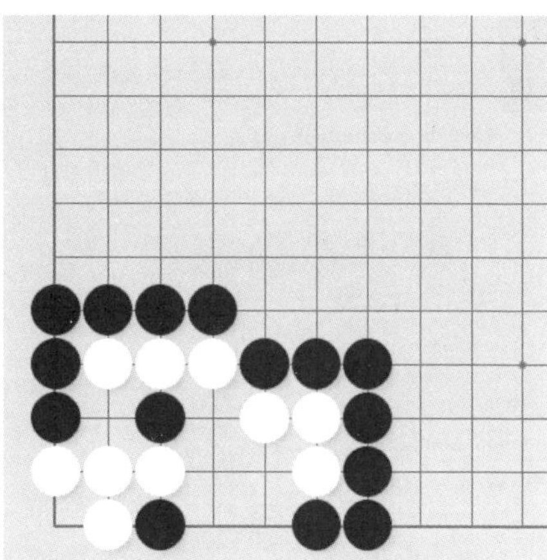

检查

2311

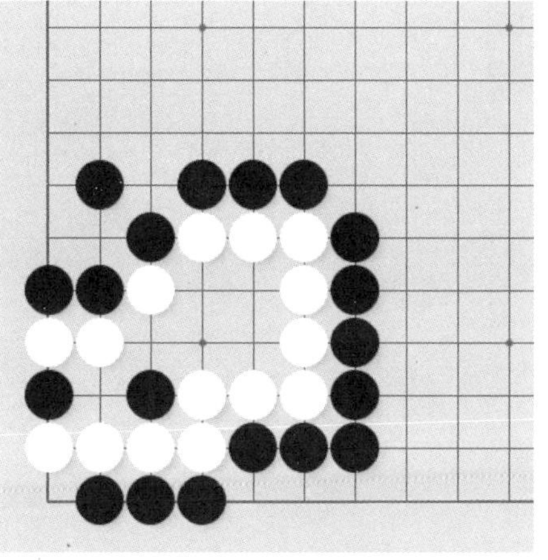

检查

2312

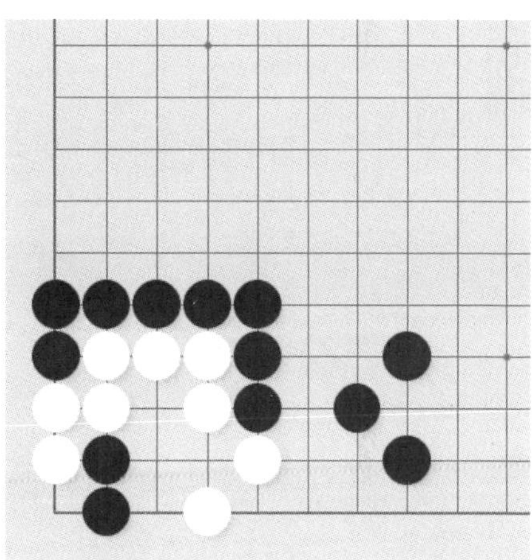

检查

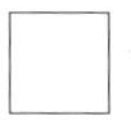

2313

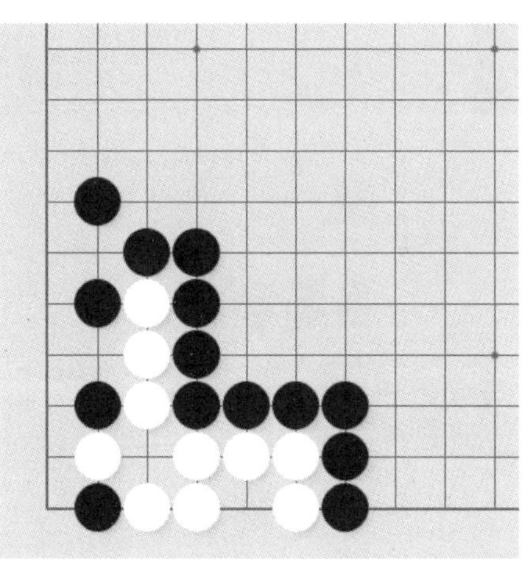

检查

2314

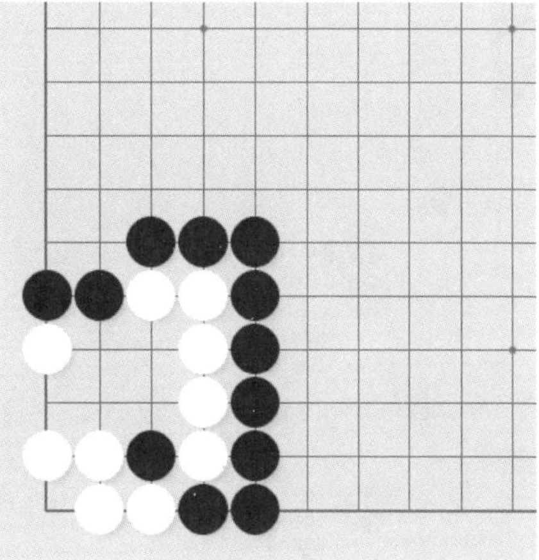

检查

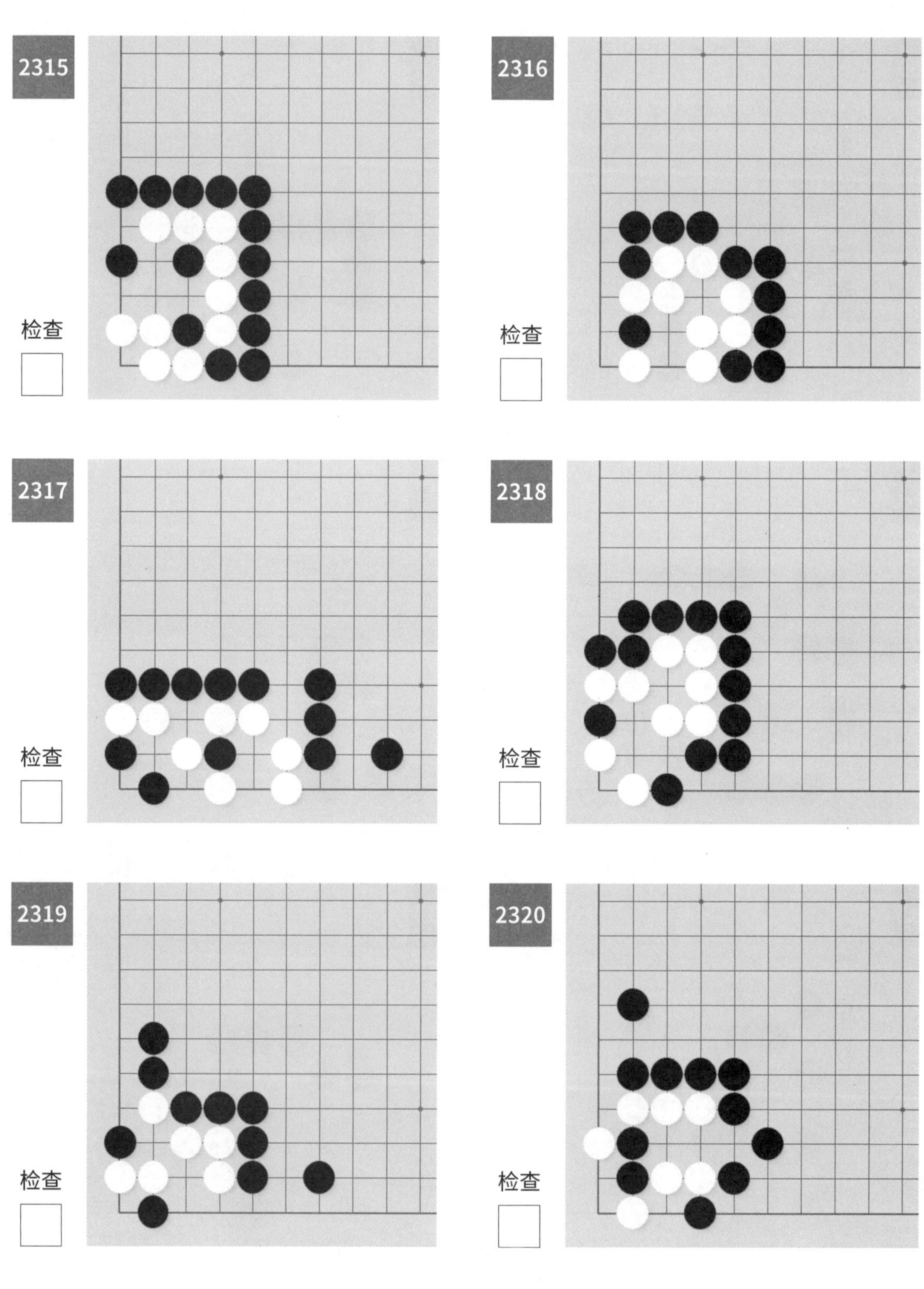
2315
检查
2316
检查
2317
检查
2318
检查
2319
检查
2320
检查

2321

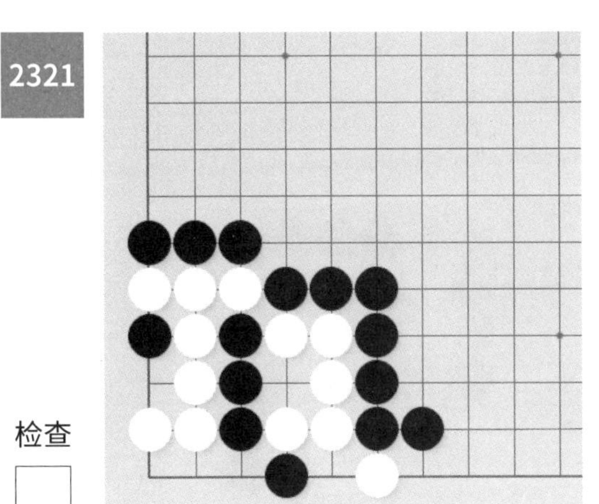

检查

2322

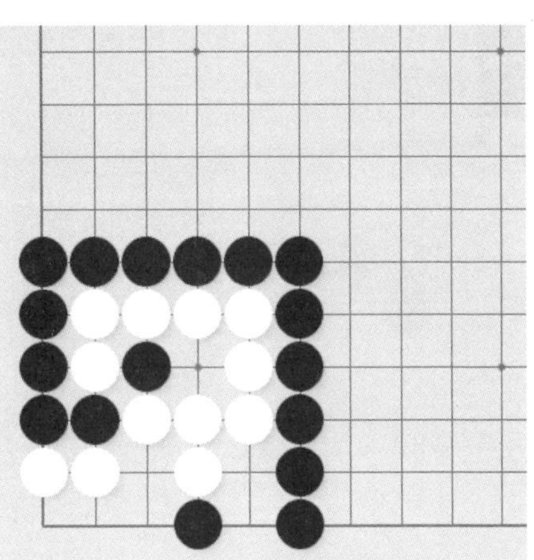

检查

2323

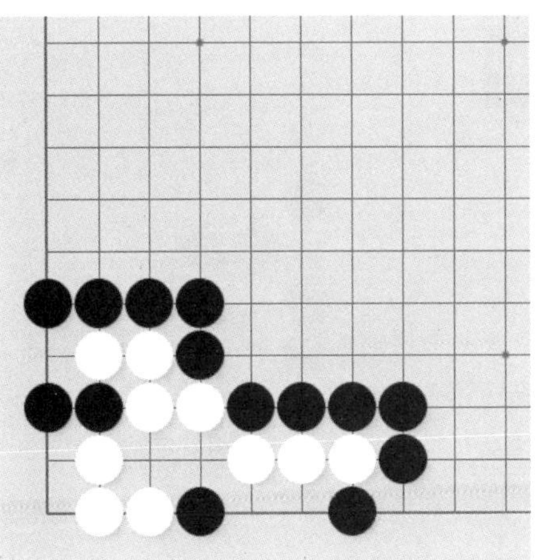

检查

2324

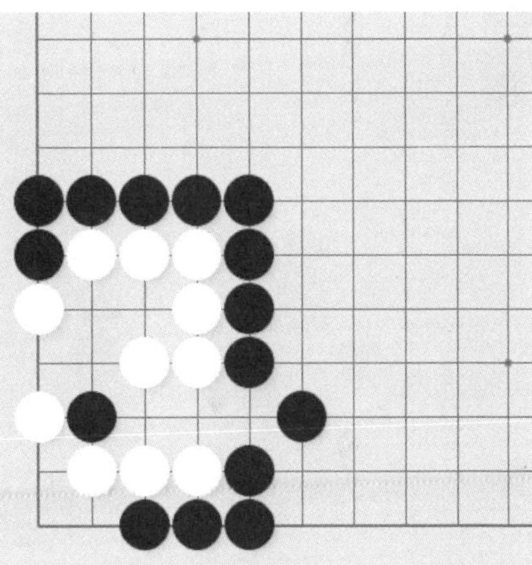

检查

2325

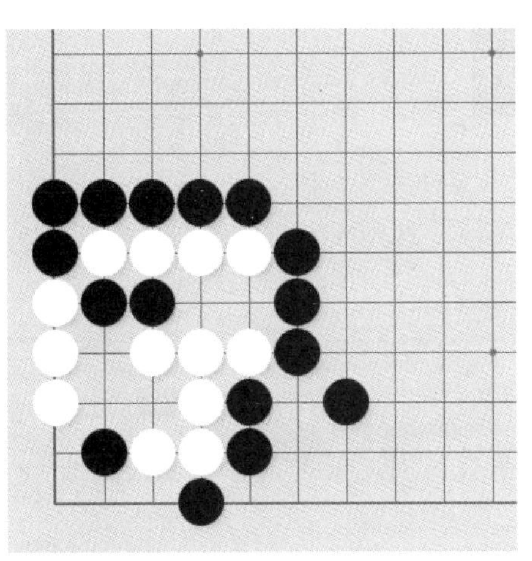

检查

2326

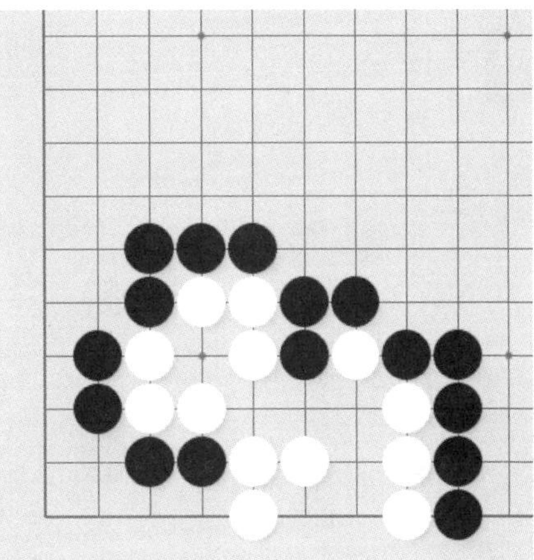

检查

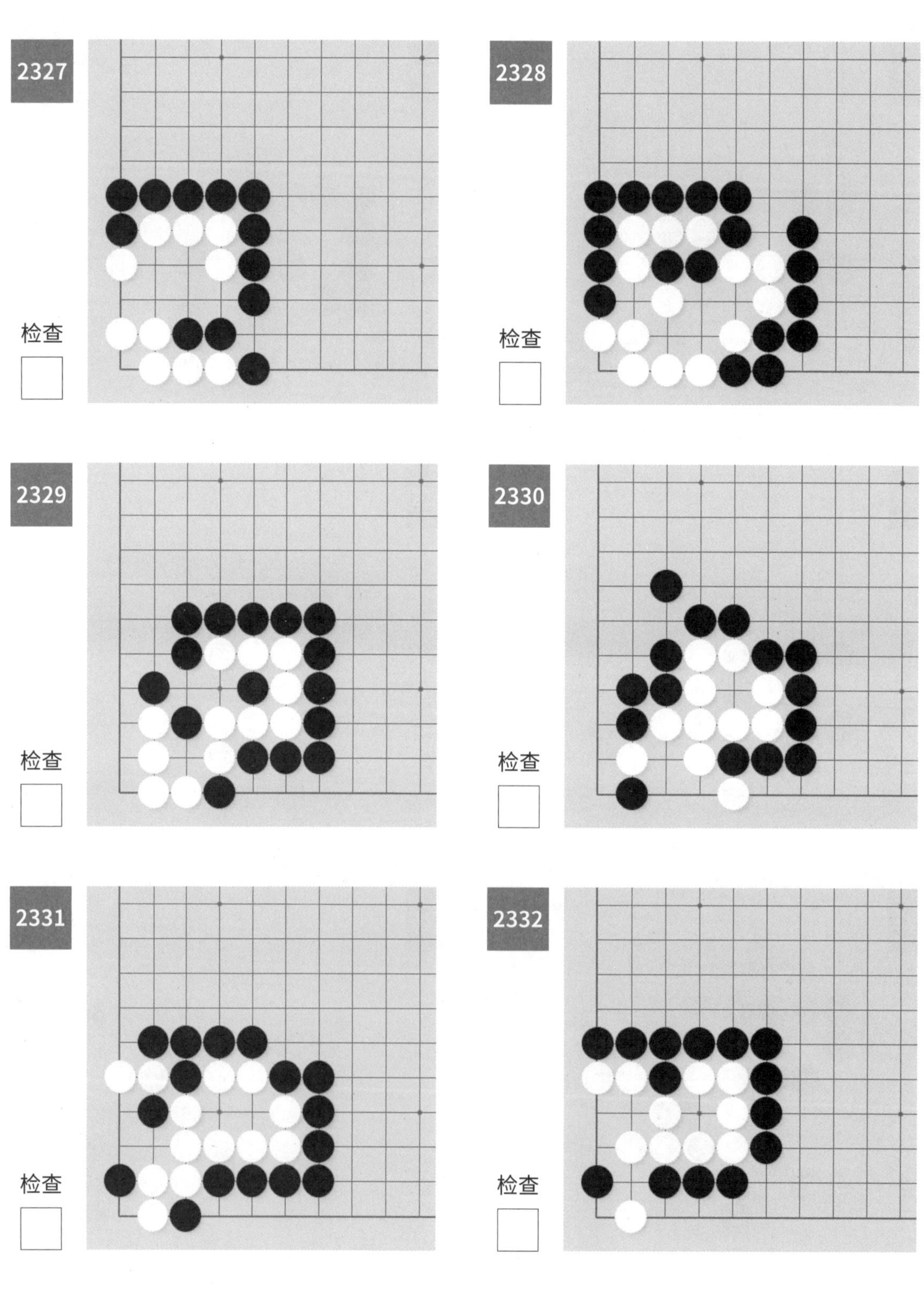
2327
检查
2328
检查
2329
检查
2330
检查
2331
检查
2332
检查

2333

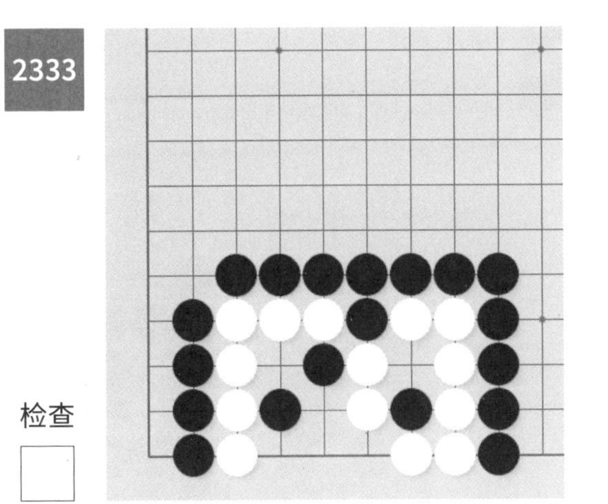

检查

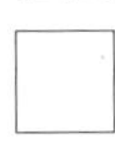

2334

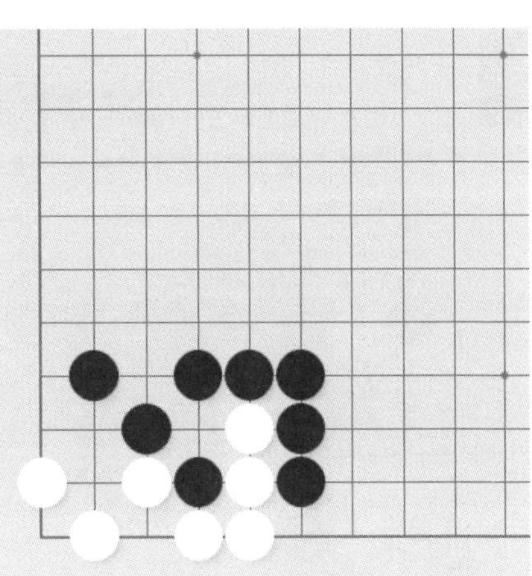

检查

2335

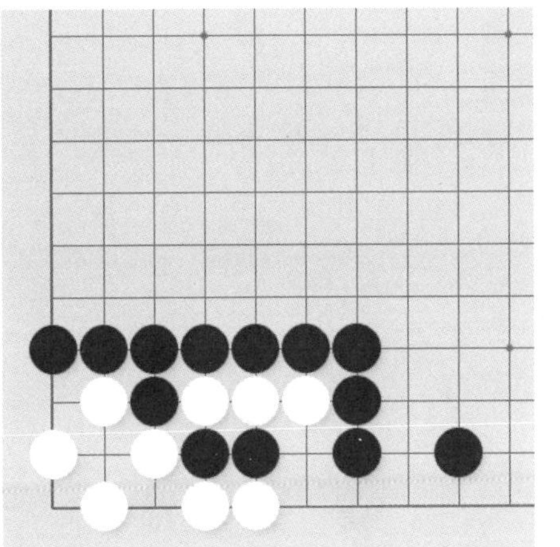

检查

2336

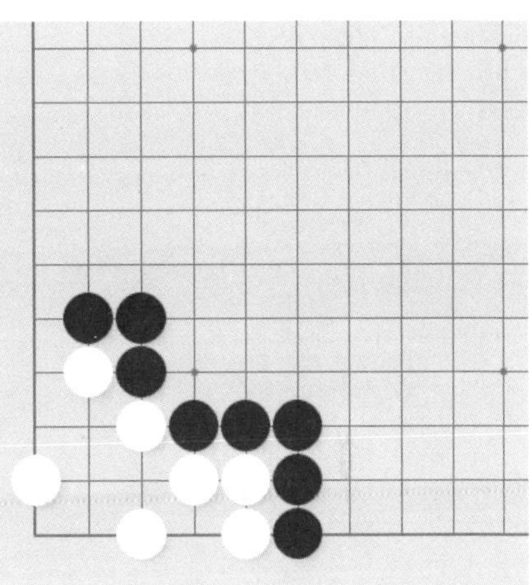

检查

2337

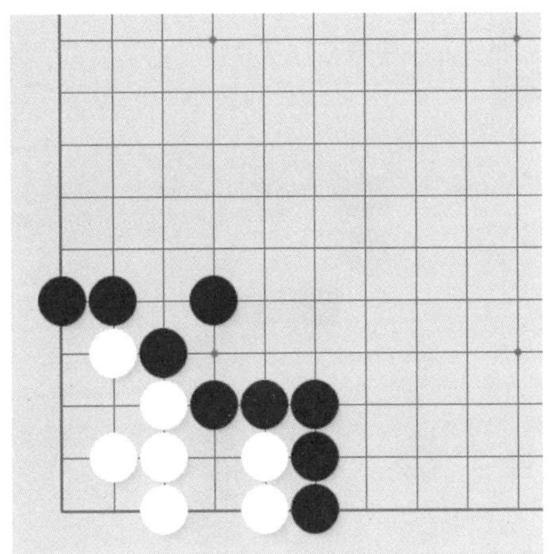

检查

2338

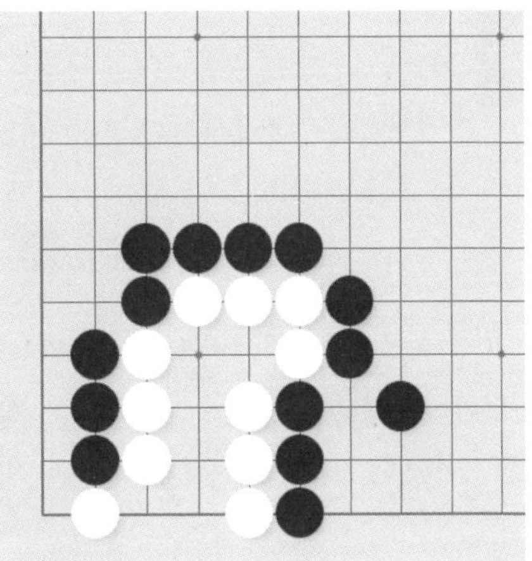

检查

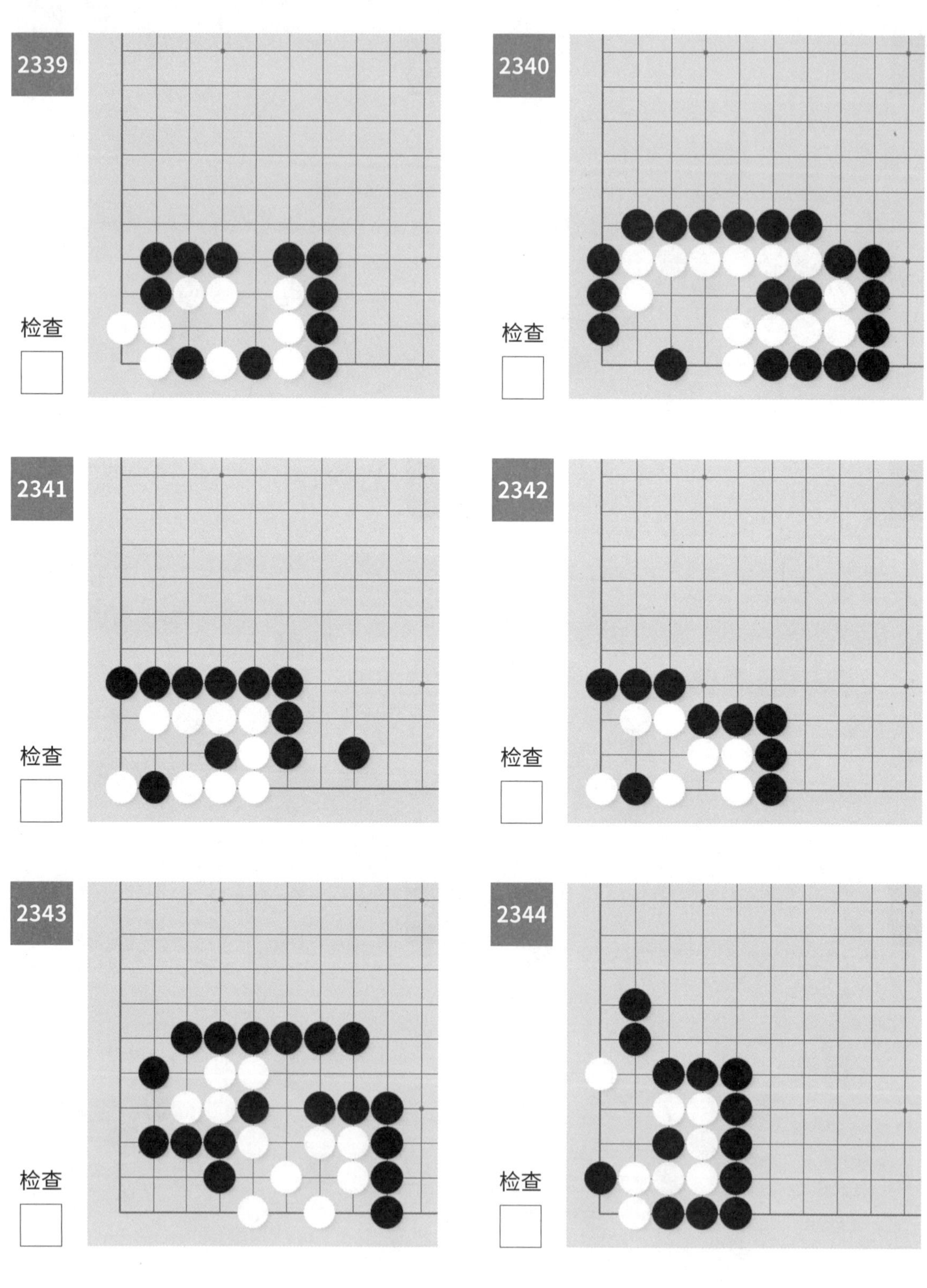
2339
检查
2340
检查
2341
检查
2342
检查
2343
检查
2344
检查

2345

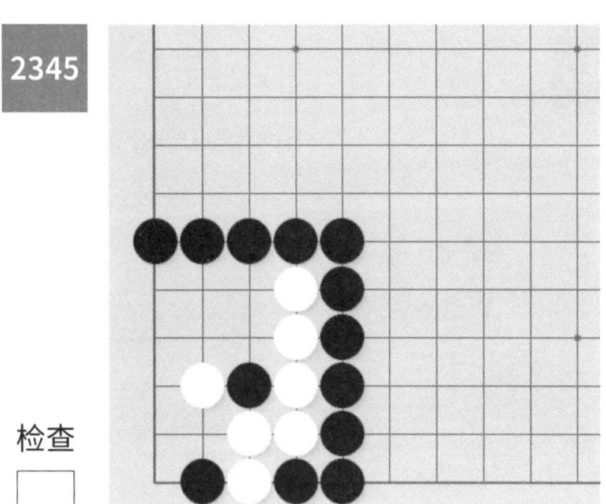

检查 □

2346

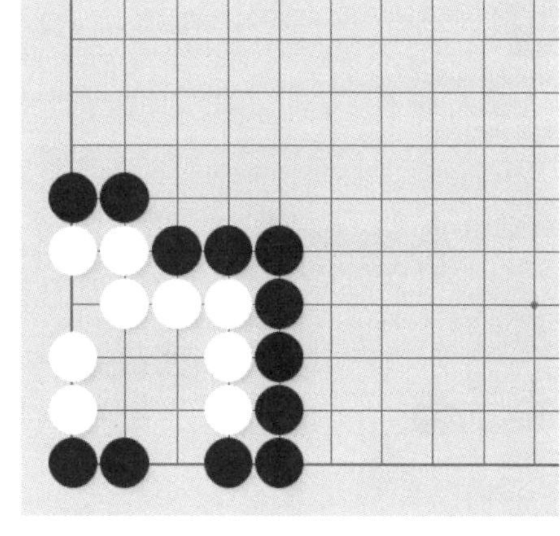

检查 □

2347

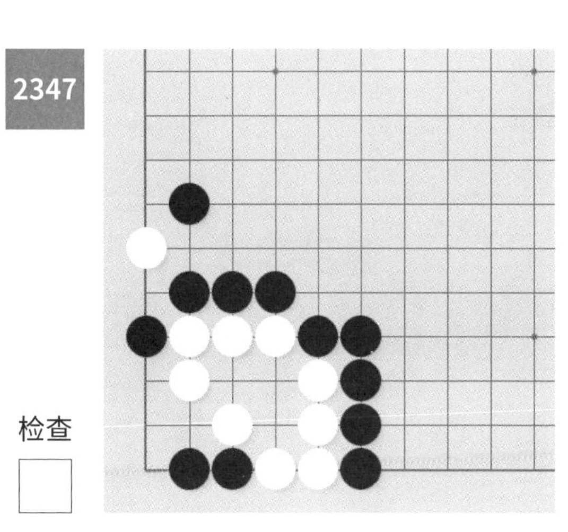

检查 □

2348

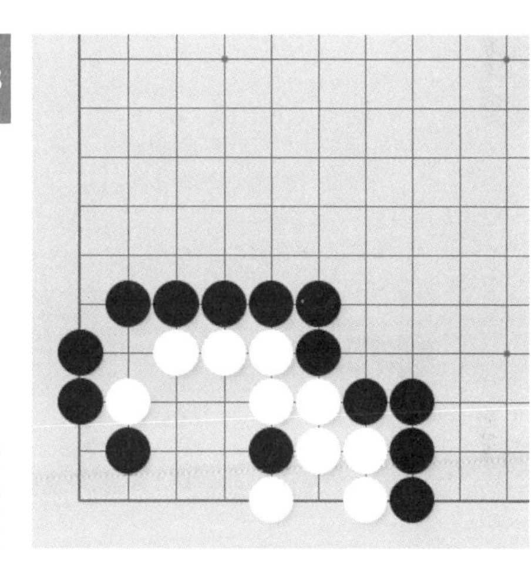

检查 □

2349

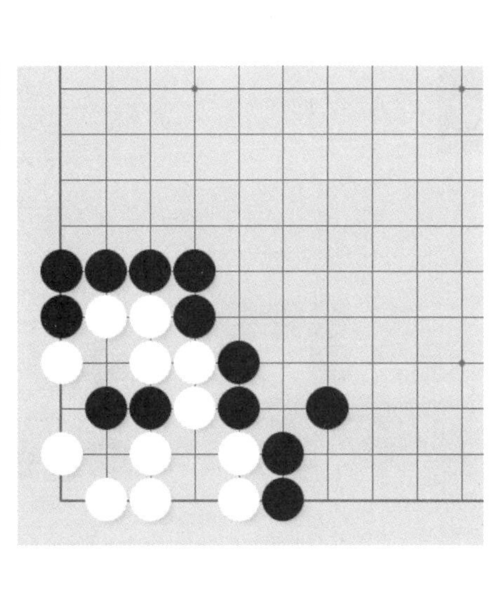

检查 □

2350

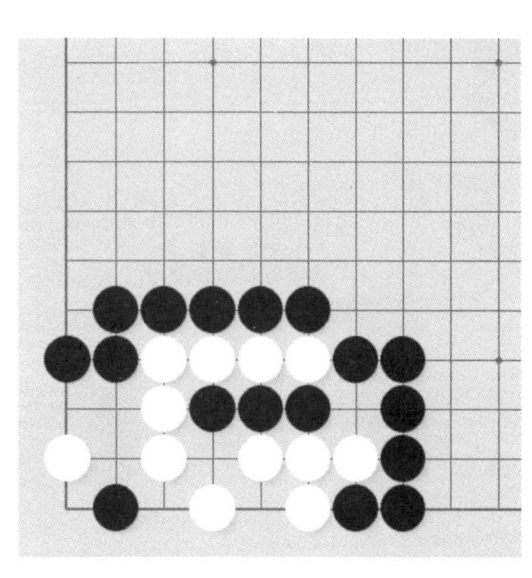

检查 □

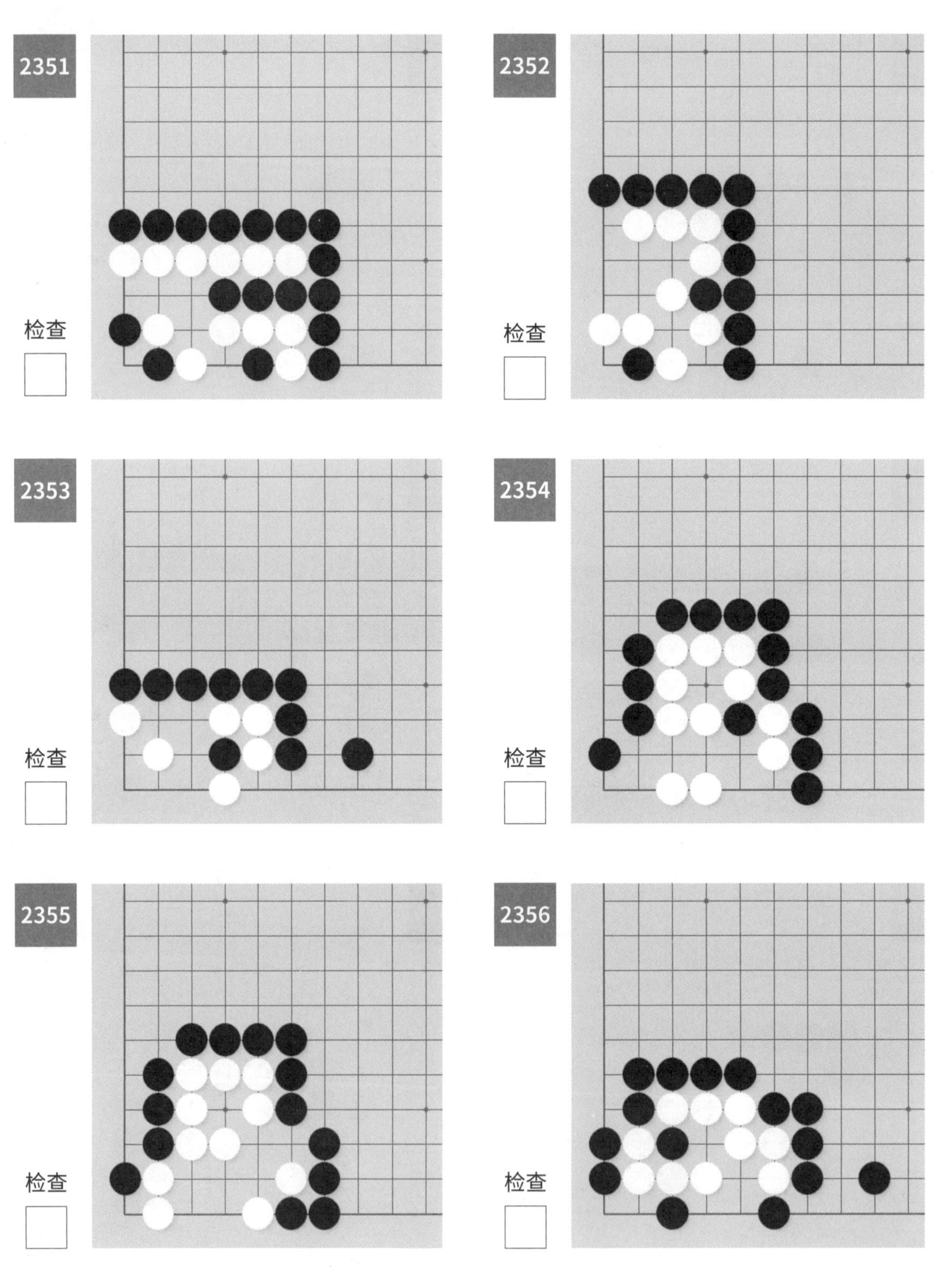
2351
检查
2352
检查
2353
检查
2354
检查
2355
检查
2356
检查

2357

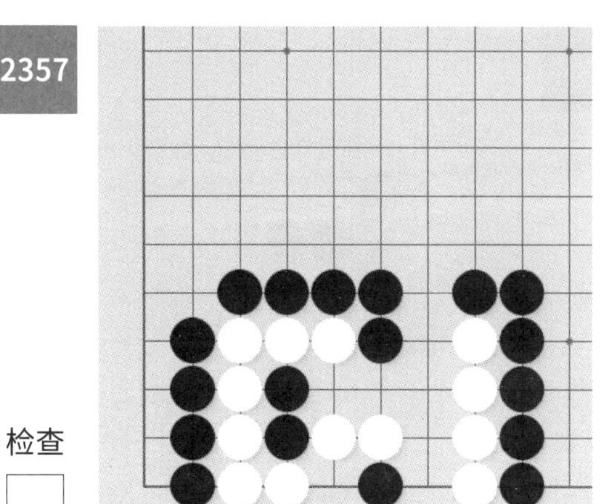

检查

2358

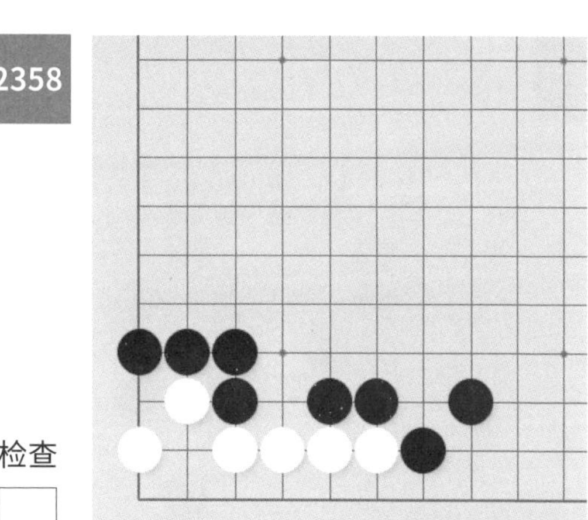

检查

2359

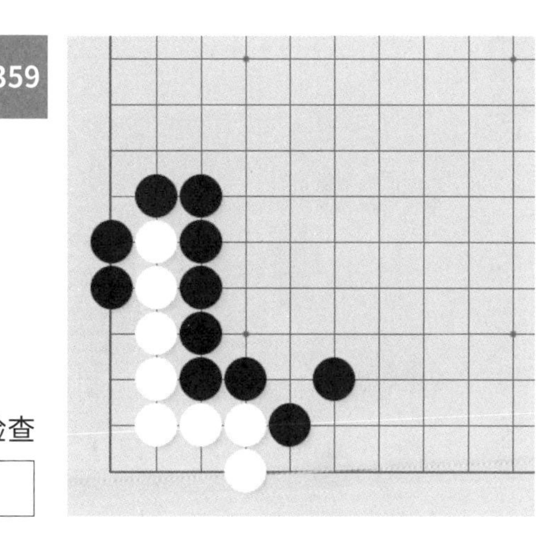

检查

2360

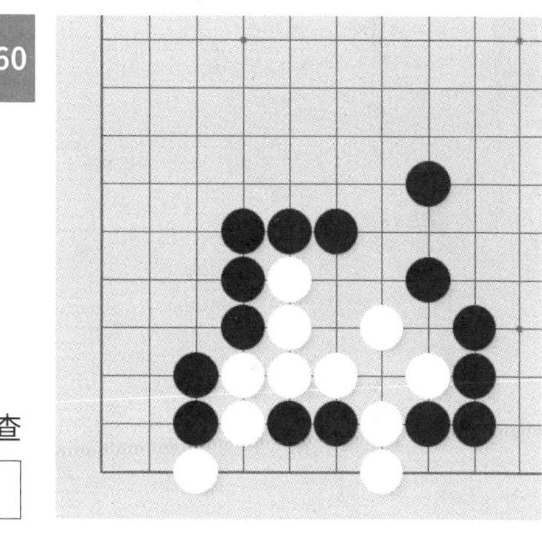

检查

2361

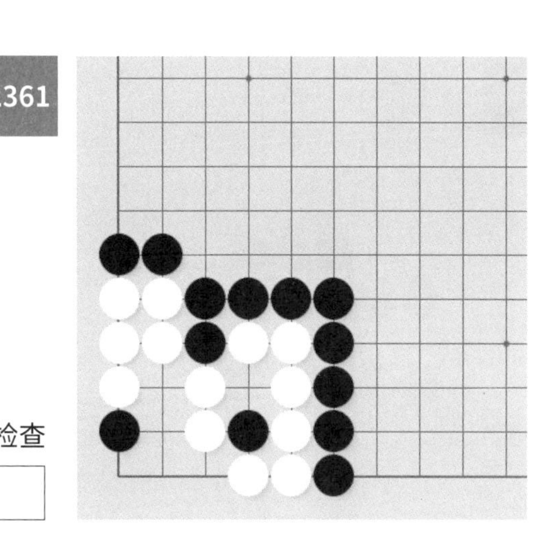

检查

2362

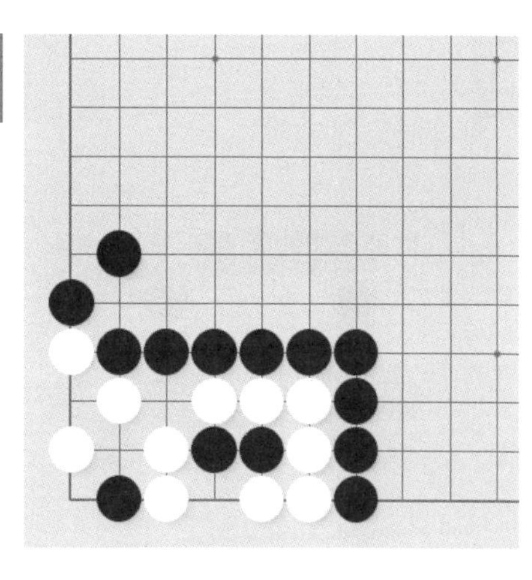

检查

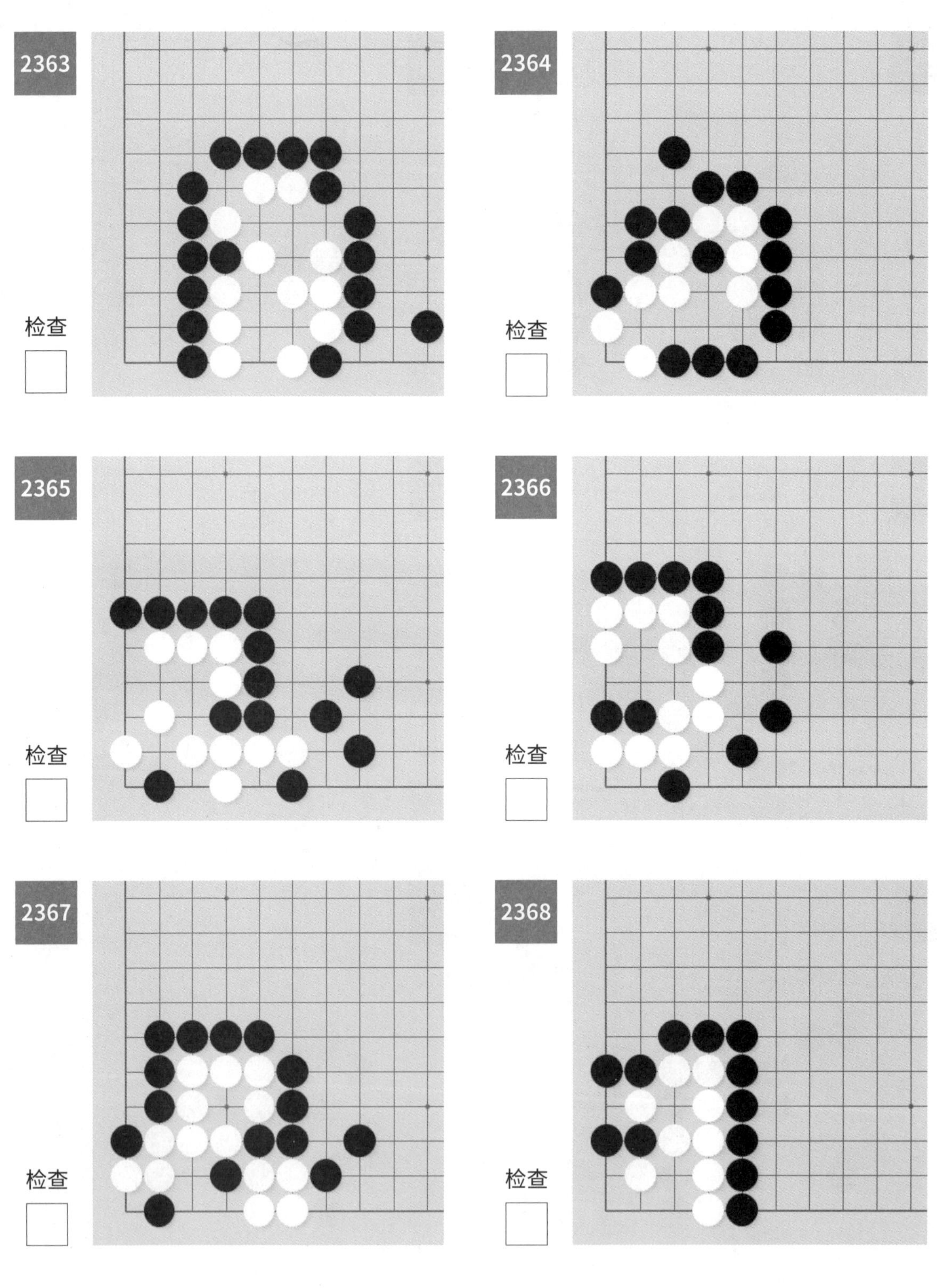
2363
检查
2364
检查
2365
检查
2366
检查
2367
检查
2368
检查

2369

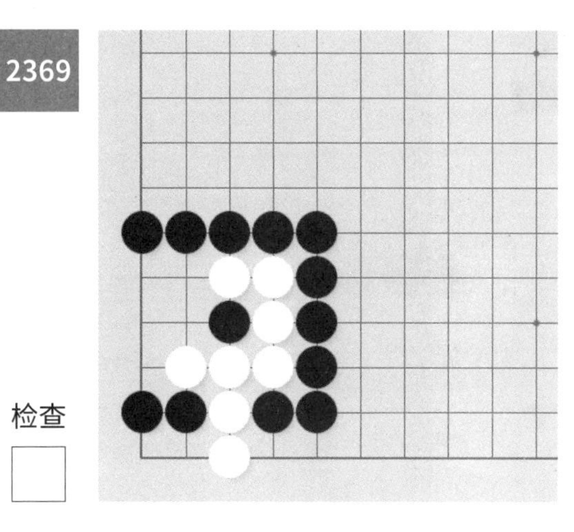

检查 □

2370

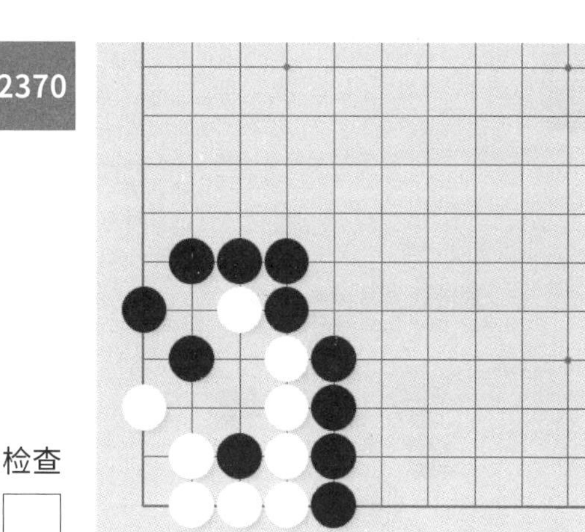

检查 □

2371

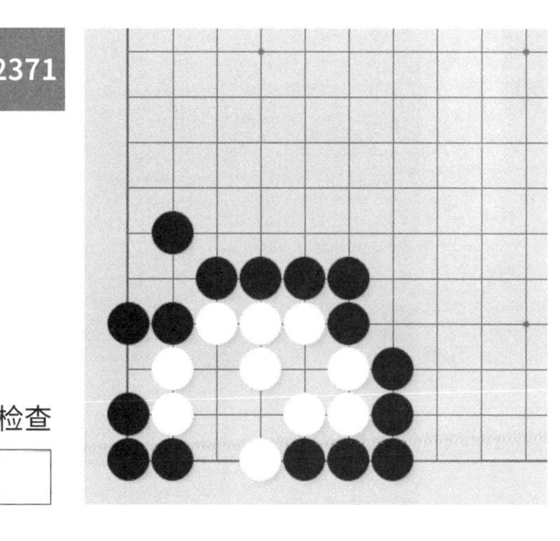

检查 □

2372

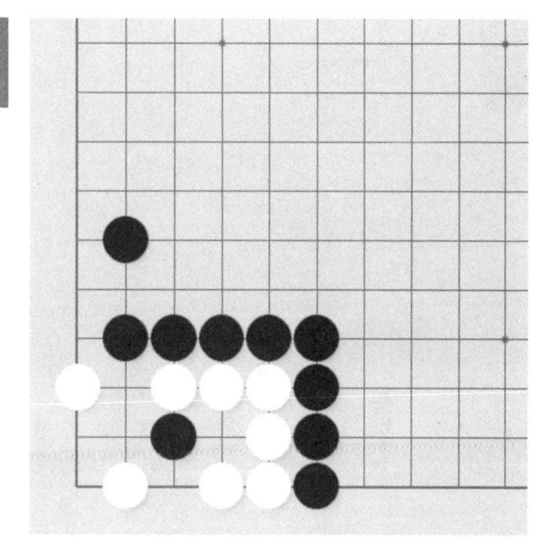

检查 □

2373

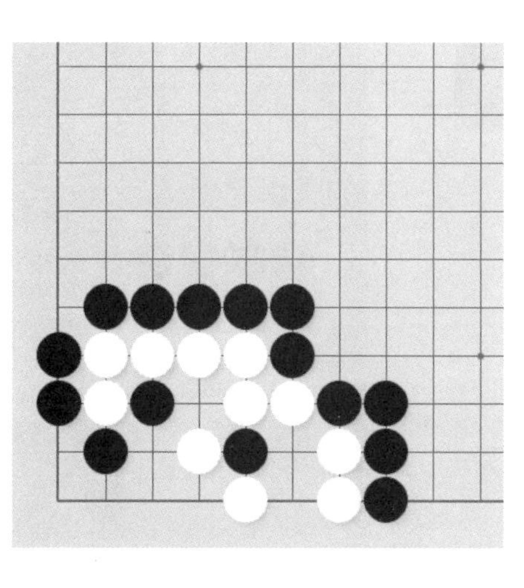

检查 □

2374

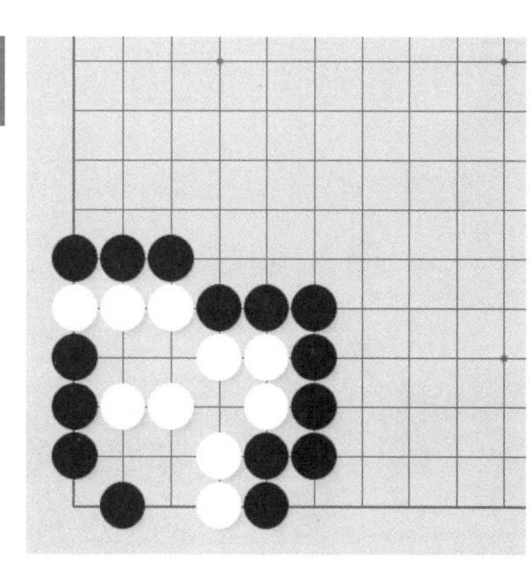

检查 □

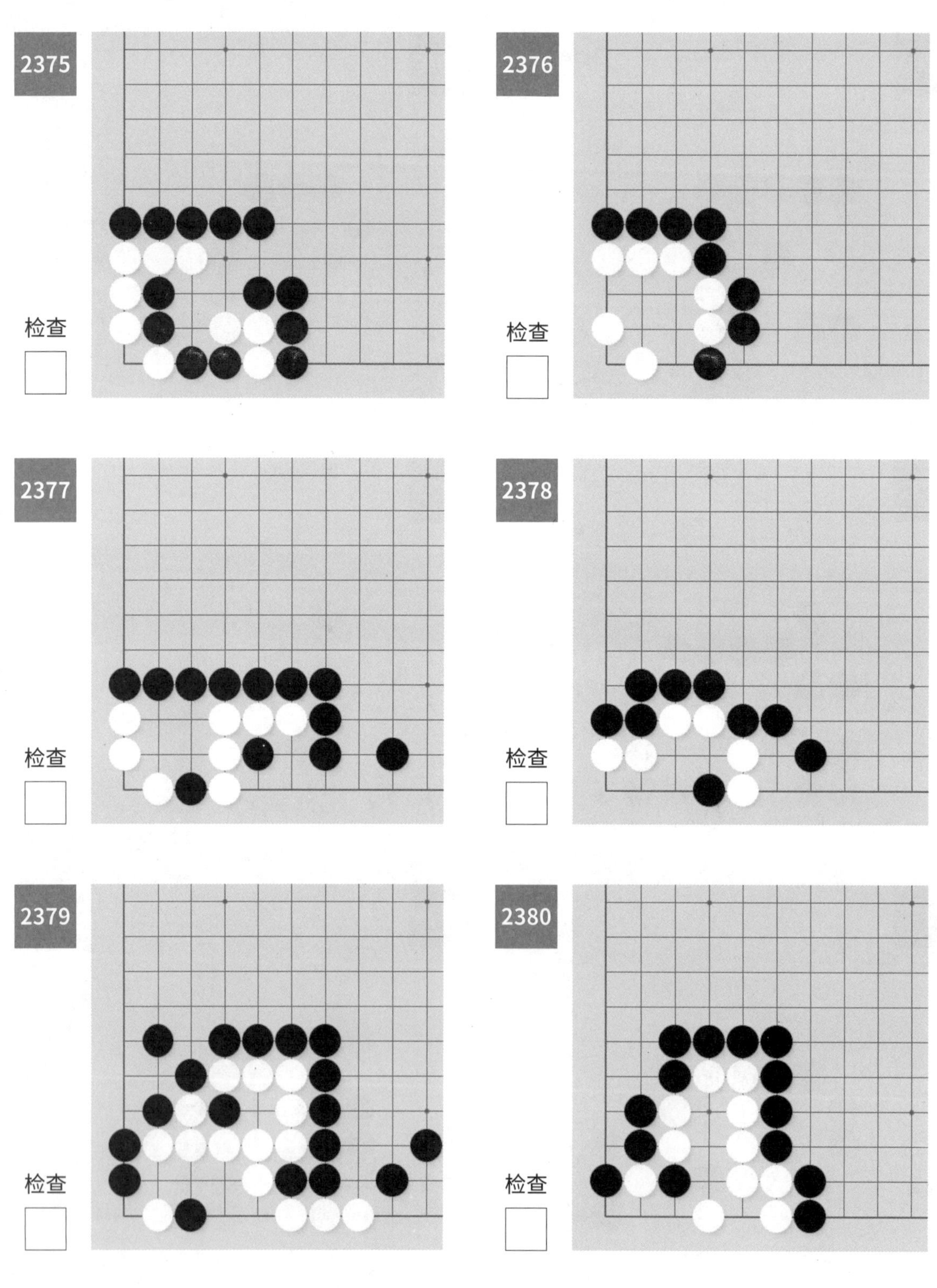
2375
检查
2376
检查
2377
检查
2378
检查
2379
检查
2380
检查

2381

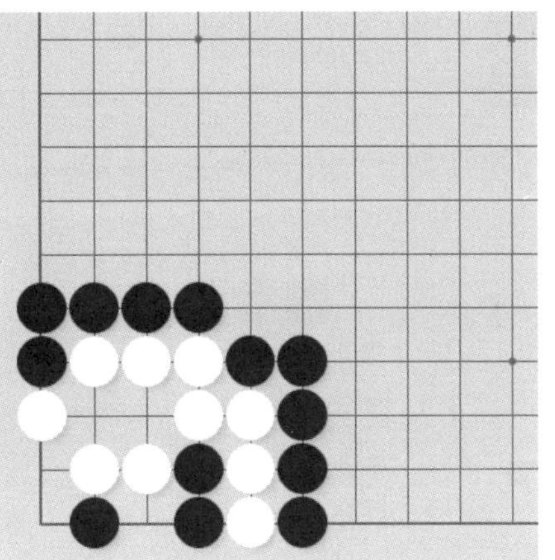

检查 □

2382

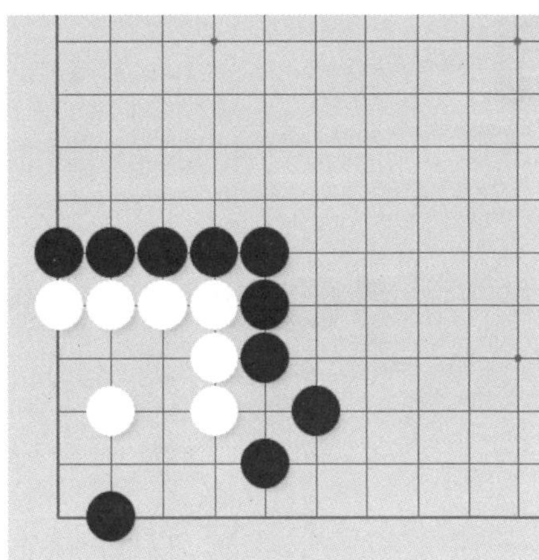

检查 □

2383

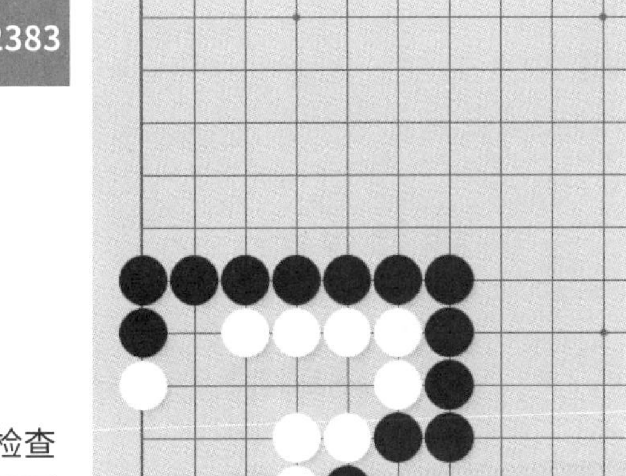

检查 □

2384

检查 □

2385

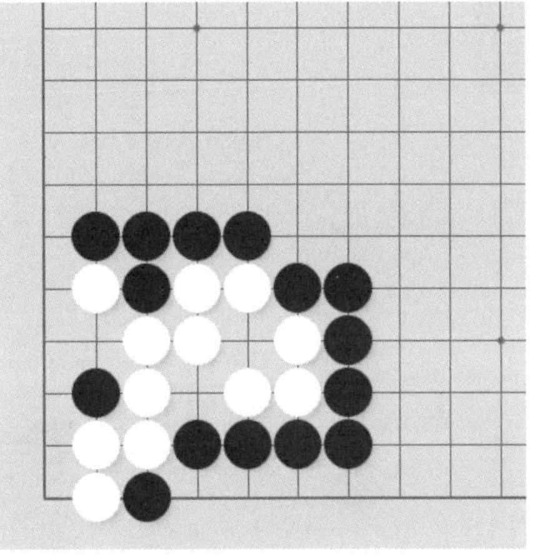

检查 □

2386

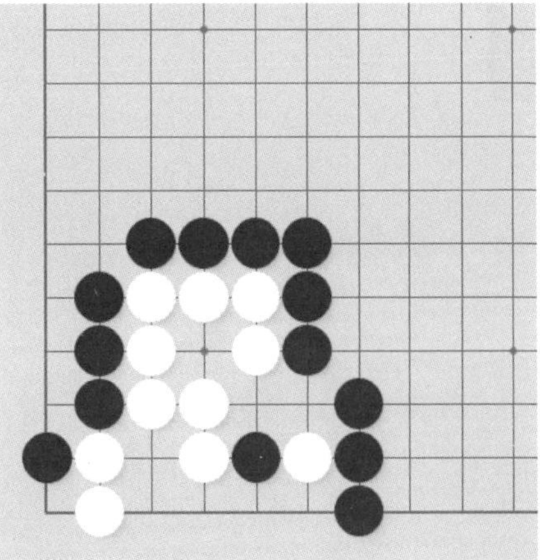

检查 □

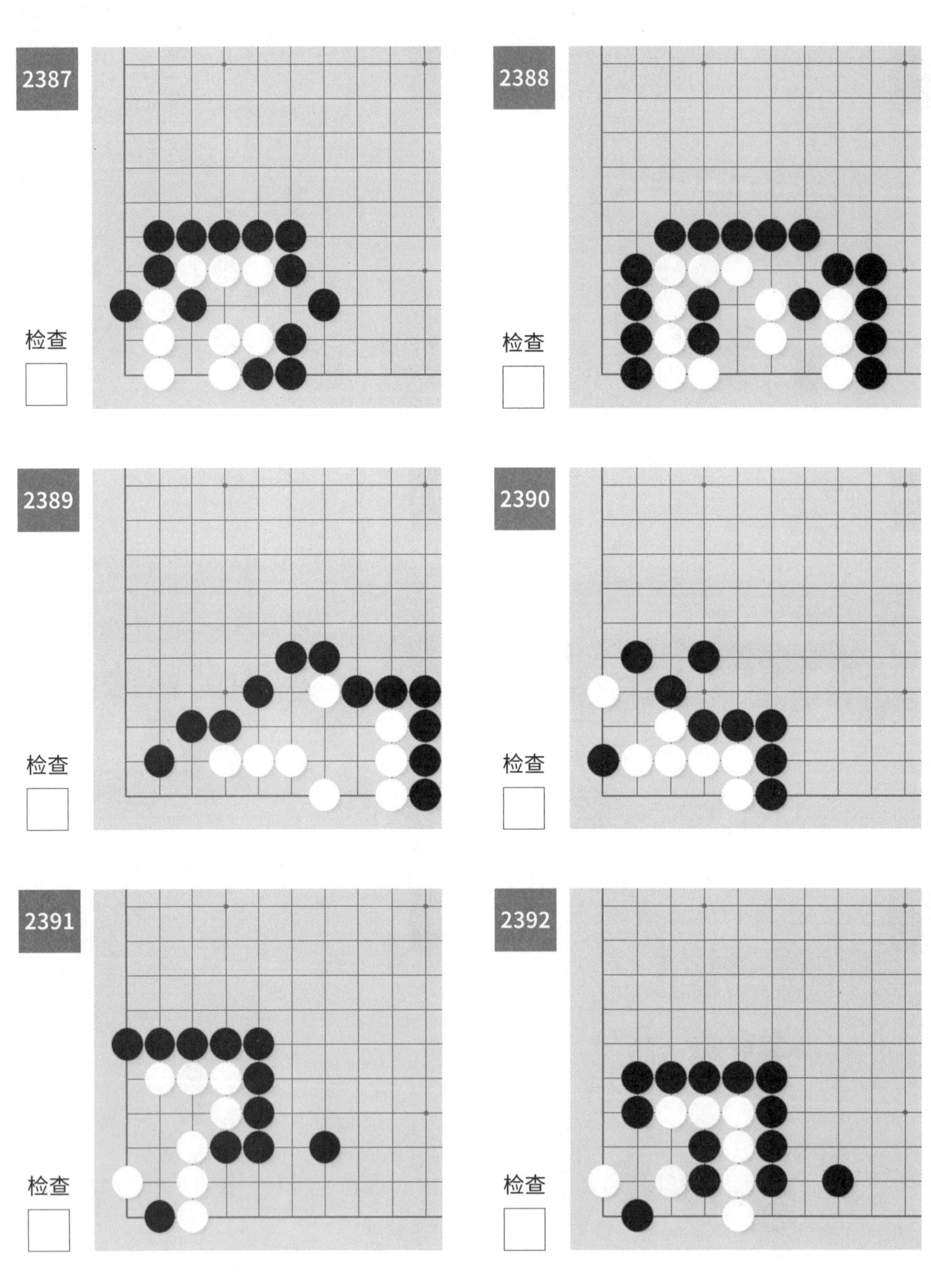
2387
检查
2388
检查
2389
检查
2390
检查
2391
检查
2392
检查

2393

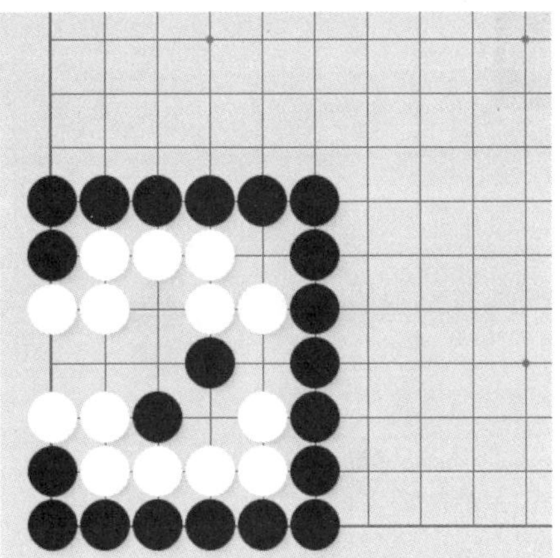

检查

2394

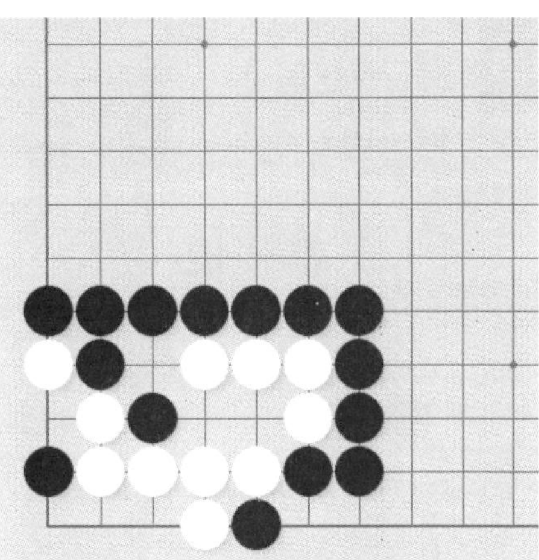

检查

2395

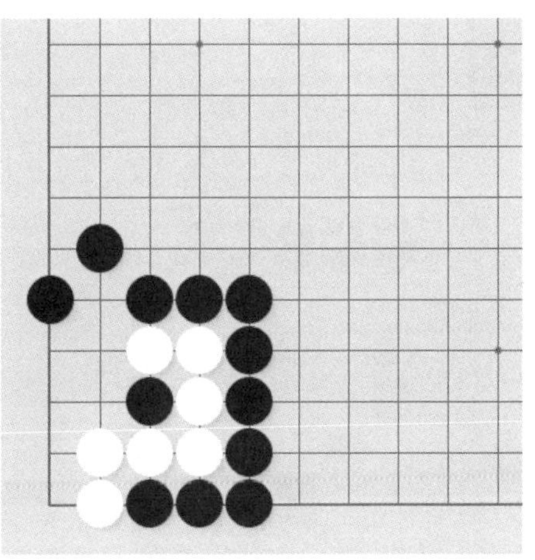

检查

2396

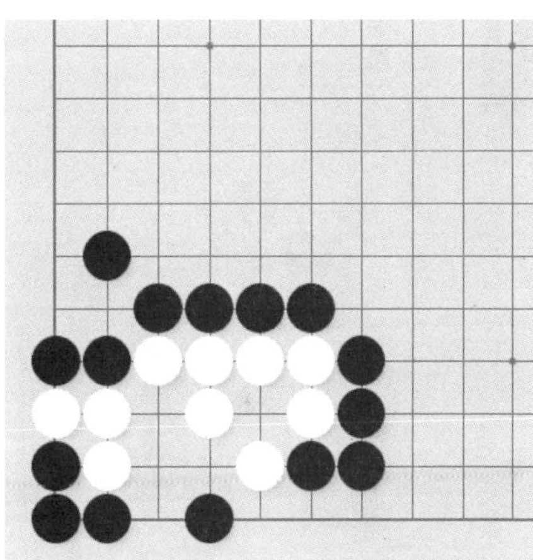

检查

2397

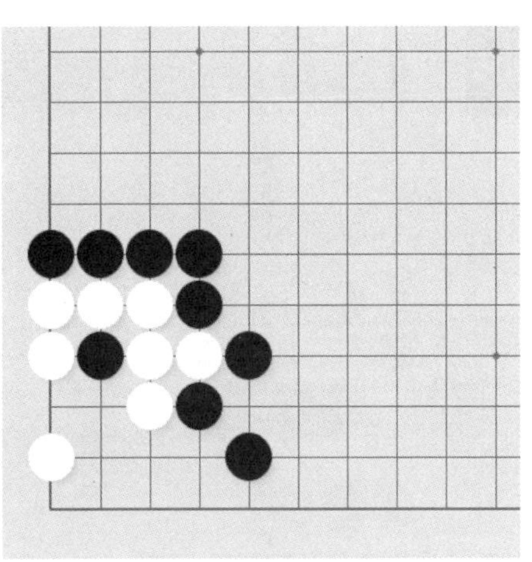

检查

2398

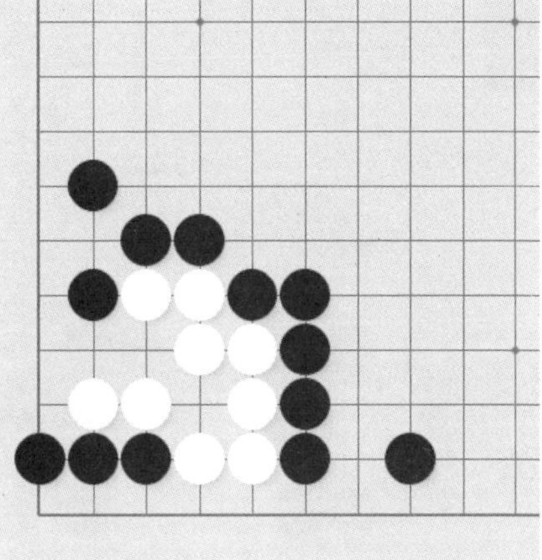

检查

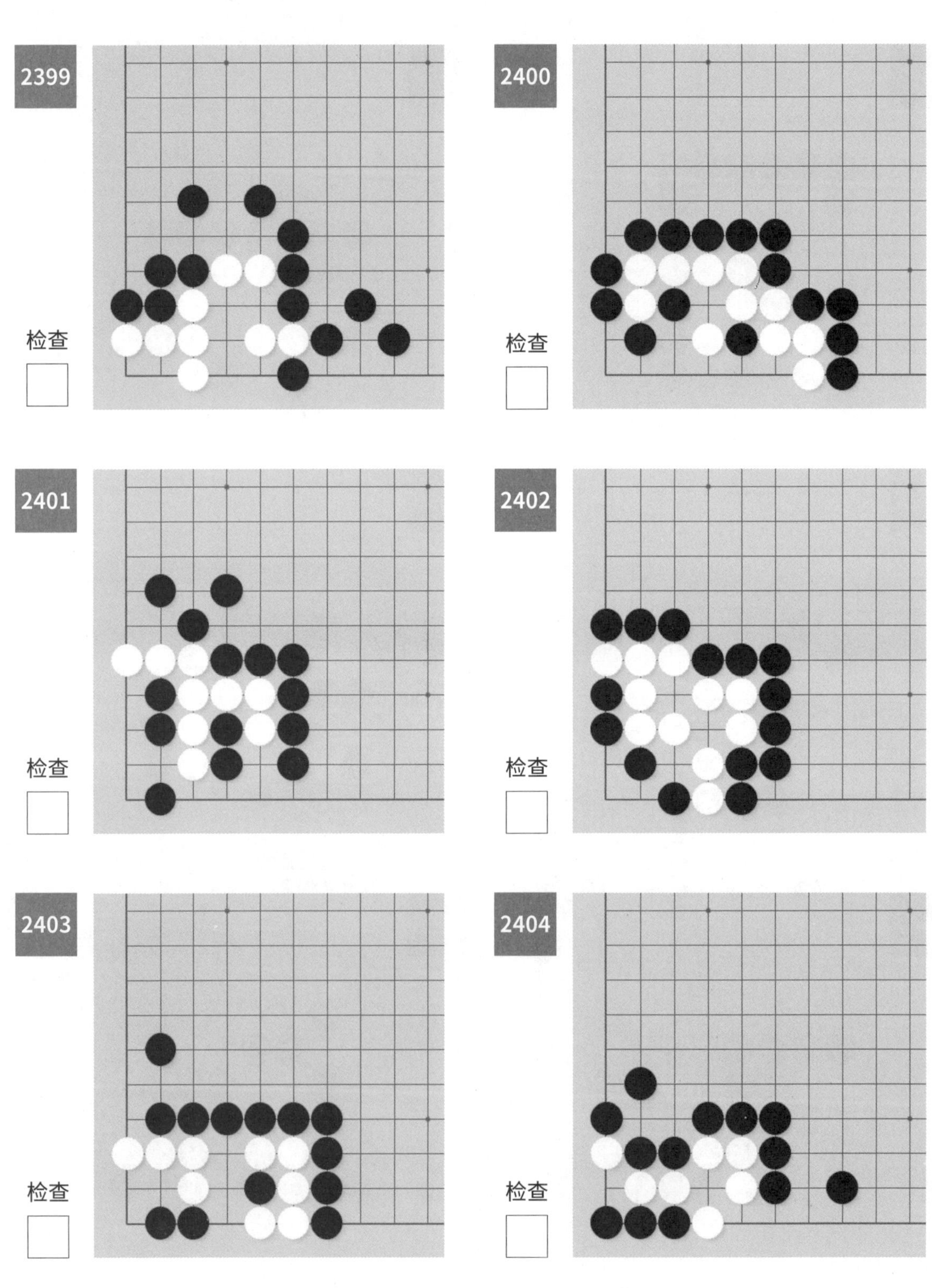
2399
检查
2400
检查
2401
检查
2402
检查
2403
检查
2404
检查

2405

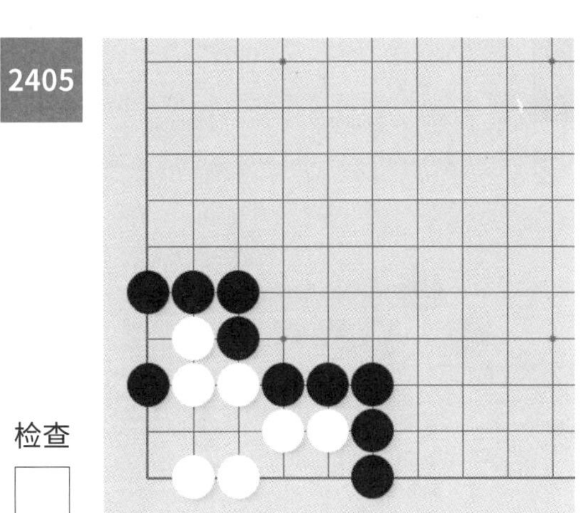

检查 □

2406

检查 □

2407

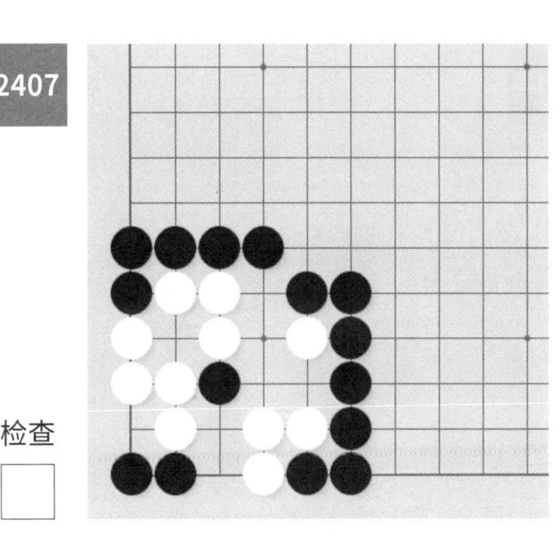

检查 □

2408

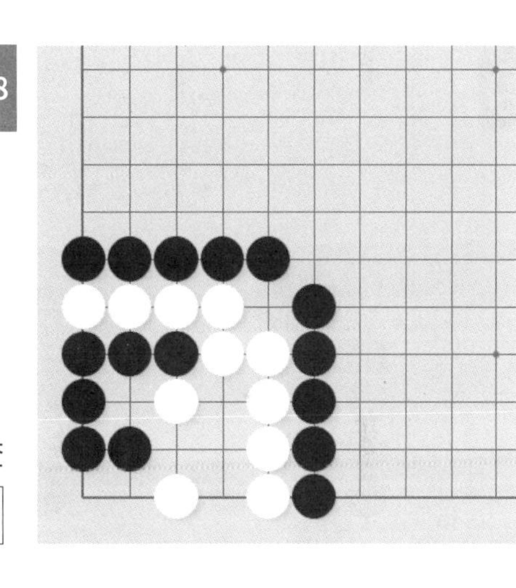

检查 □

2409

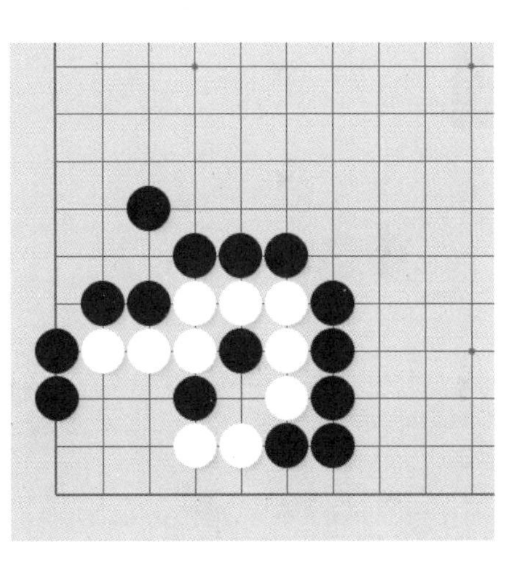

检查 □

2410

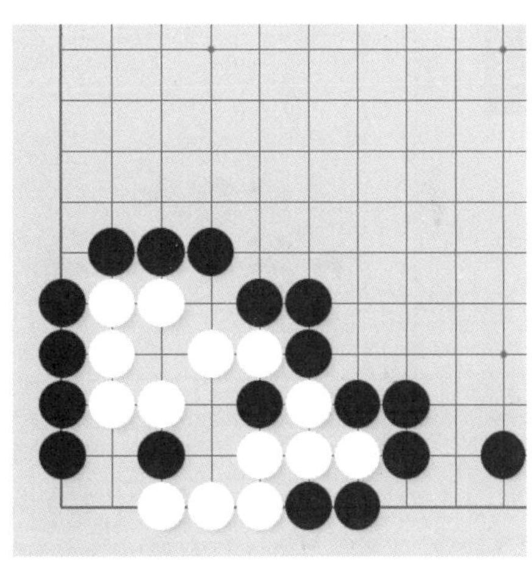

检查 □

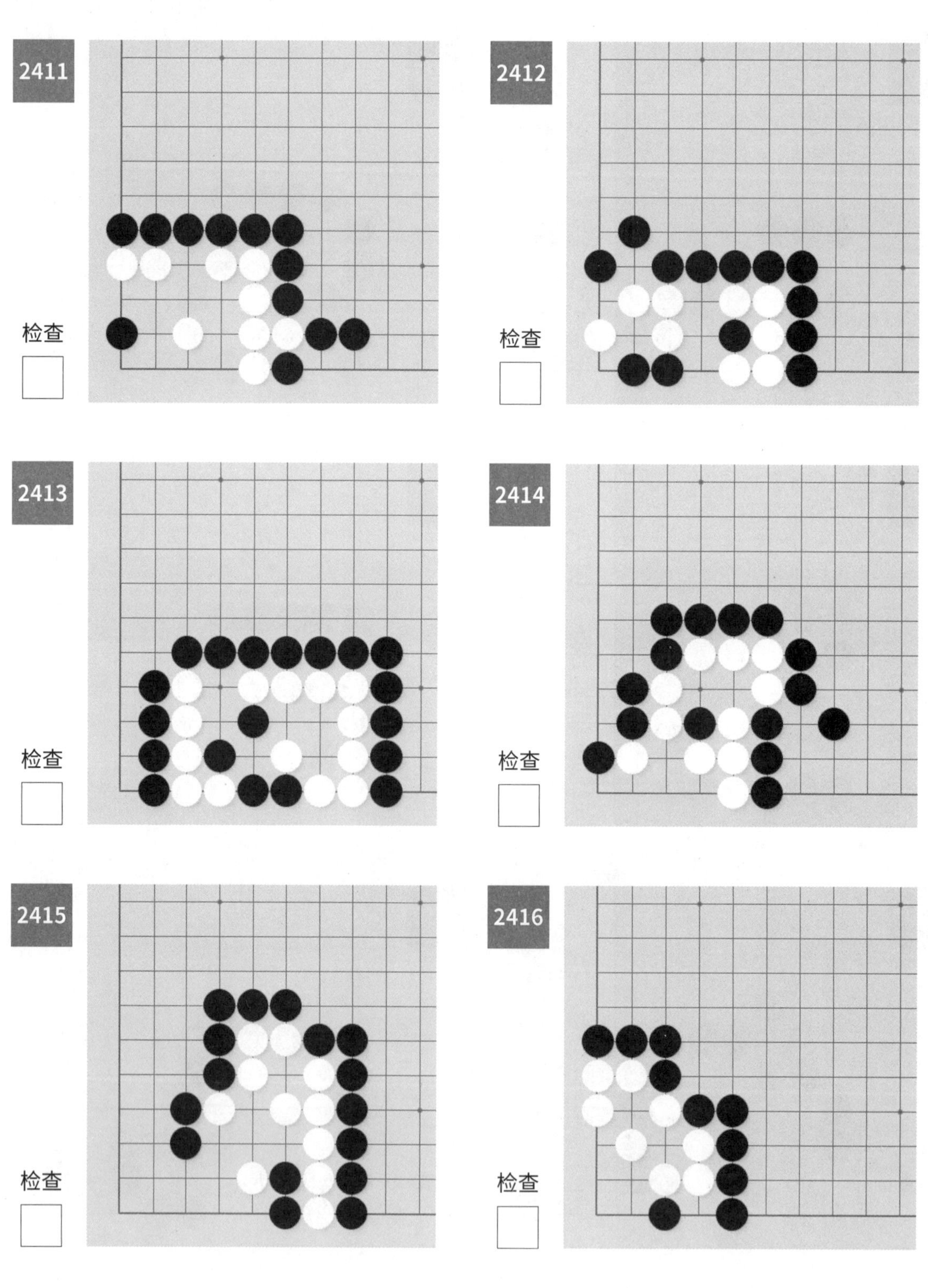
2411
检查
2412
检查
2413
检查
2414
检查
2415
检查
2416
检查

2417

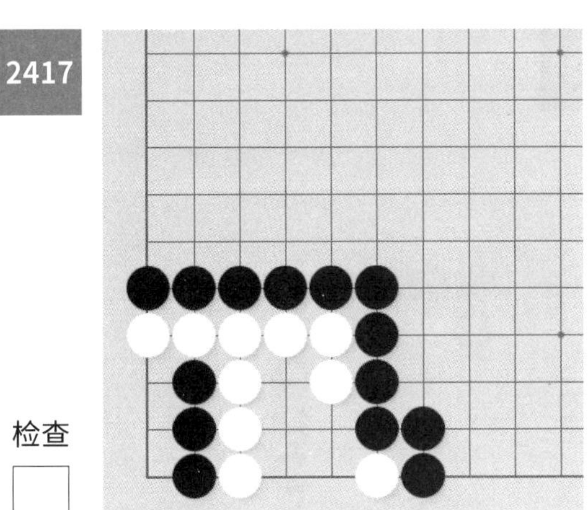

检查 □

2418

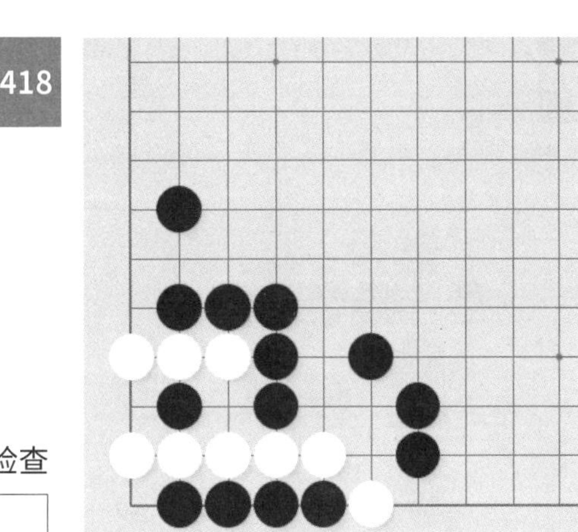

检查 □

2419

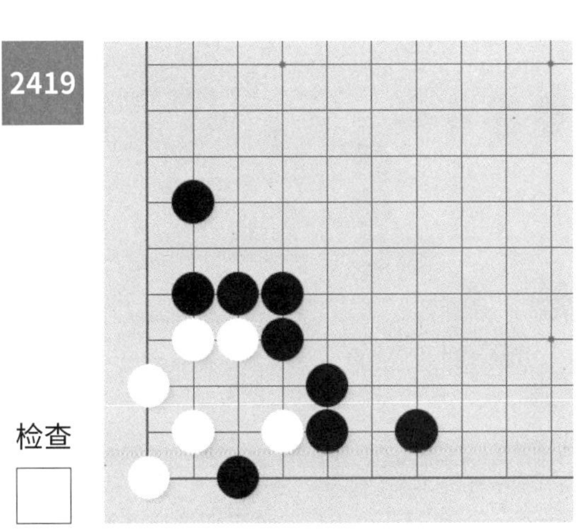

检查 □

2420

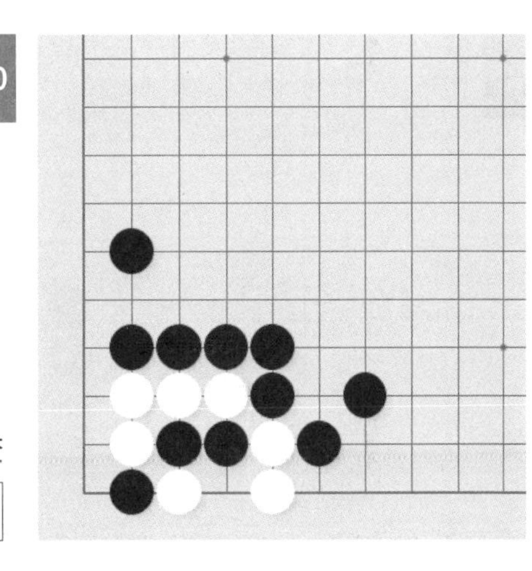

检查 □

2421

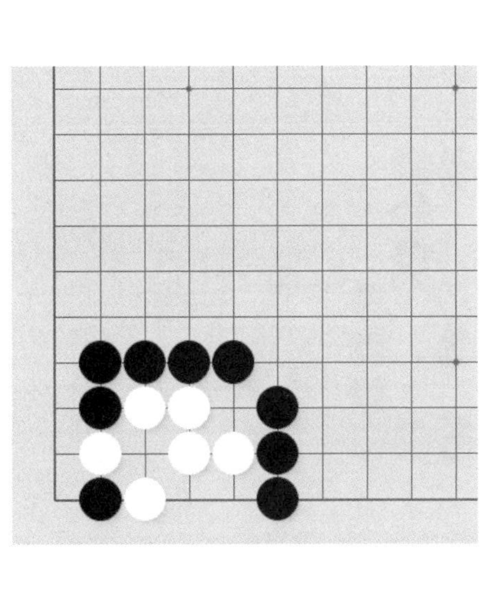

检查 □

2422

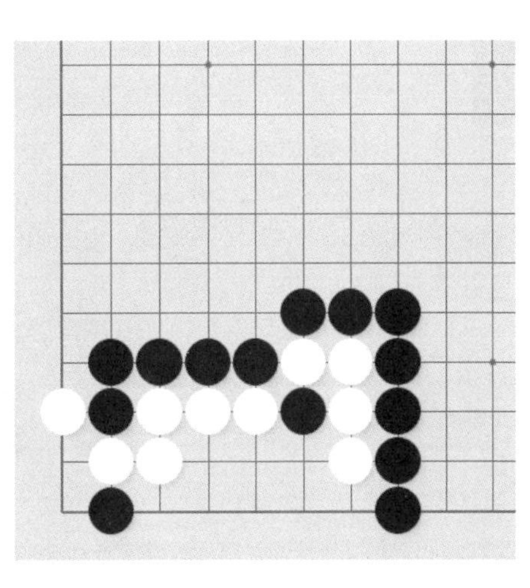

检查 □

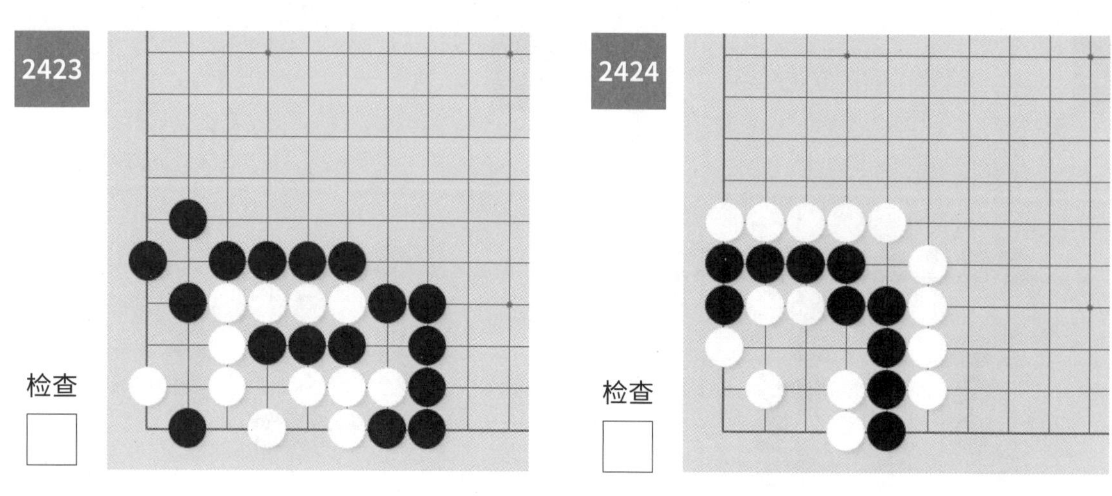

2425

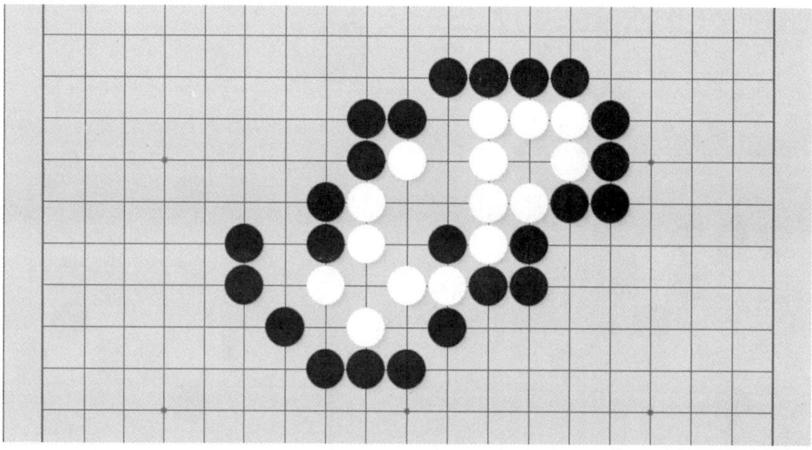

检查

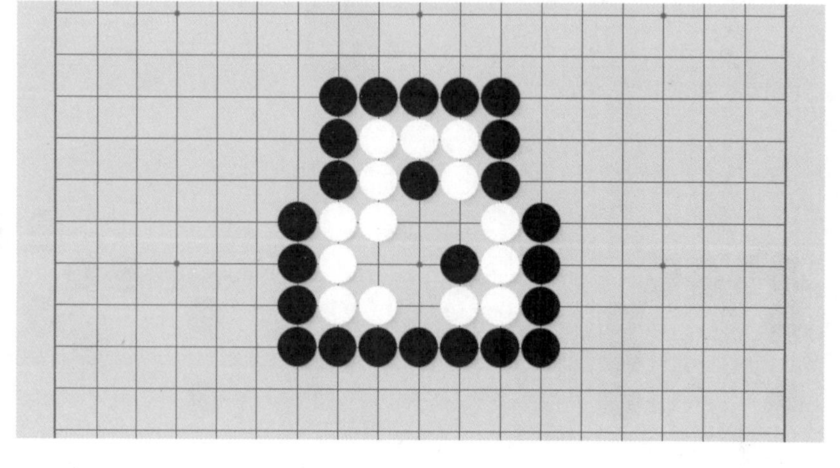

2427

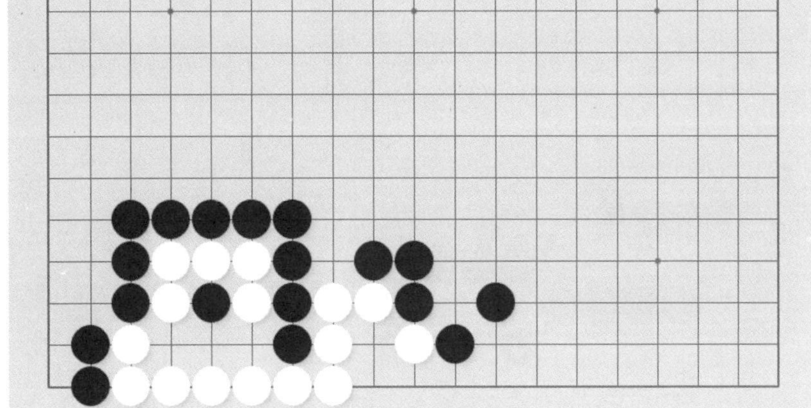

检查

2428

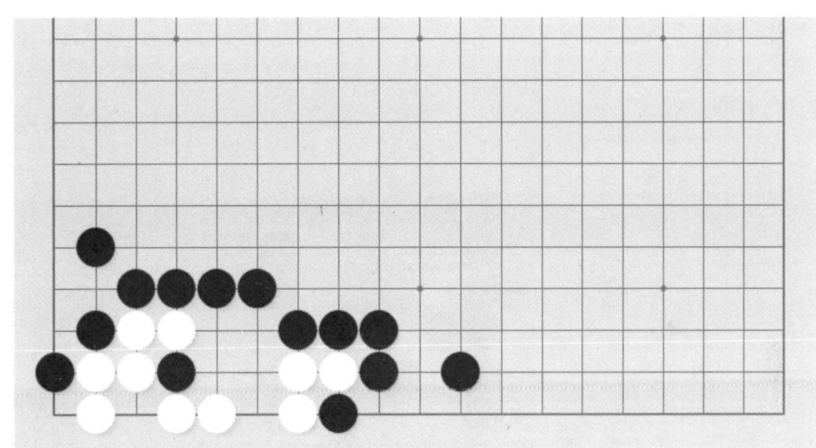

检查

2429

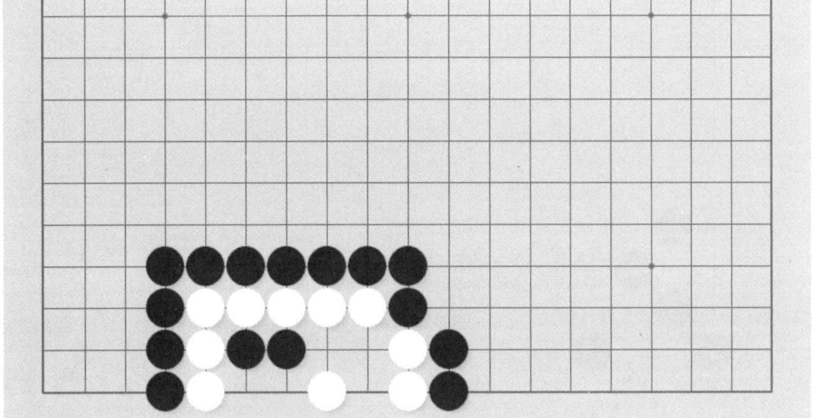

检查

2430

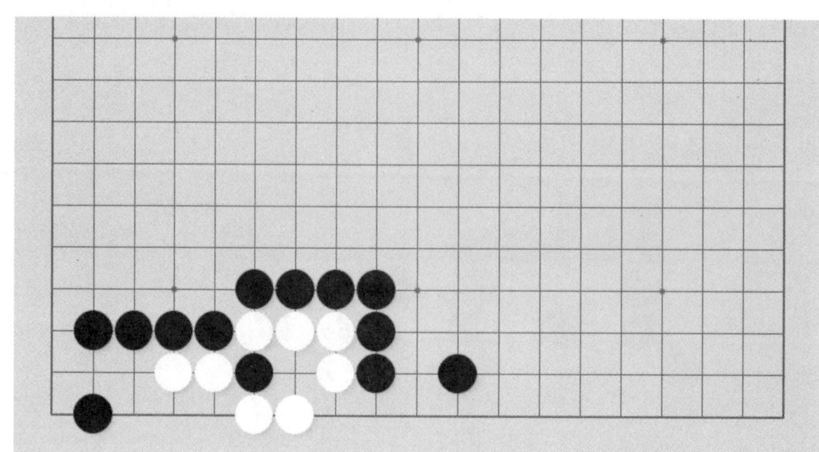

检查

2431

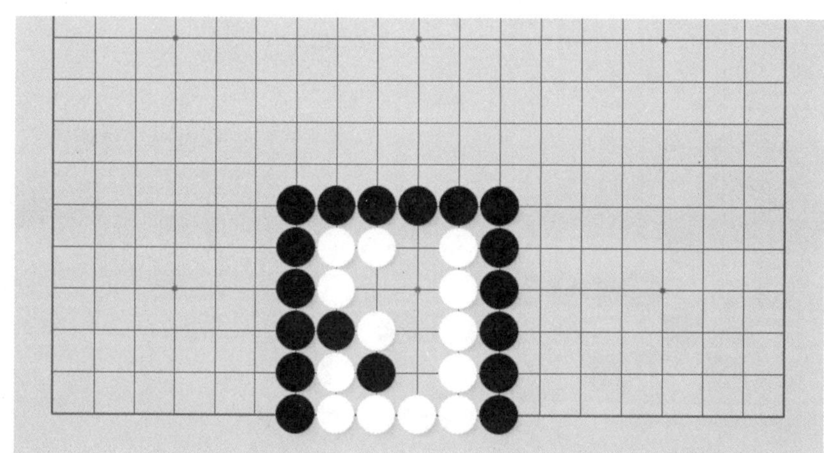

检查

2432

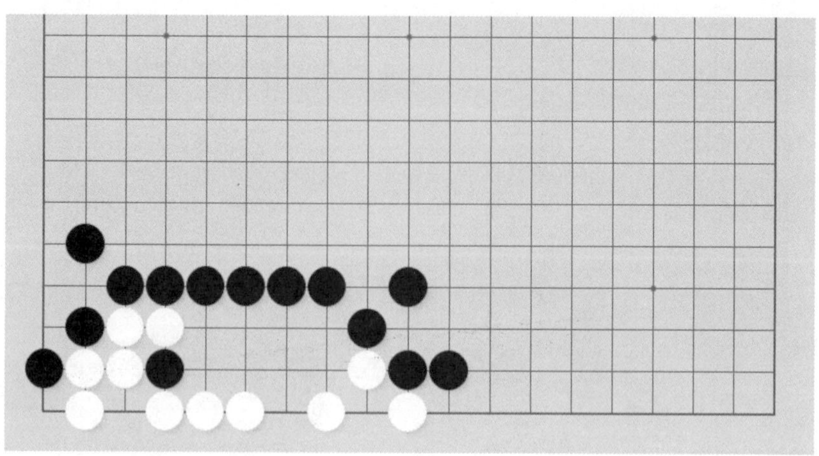

检查

2433

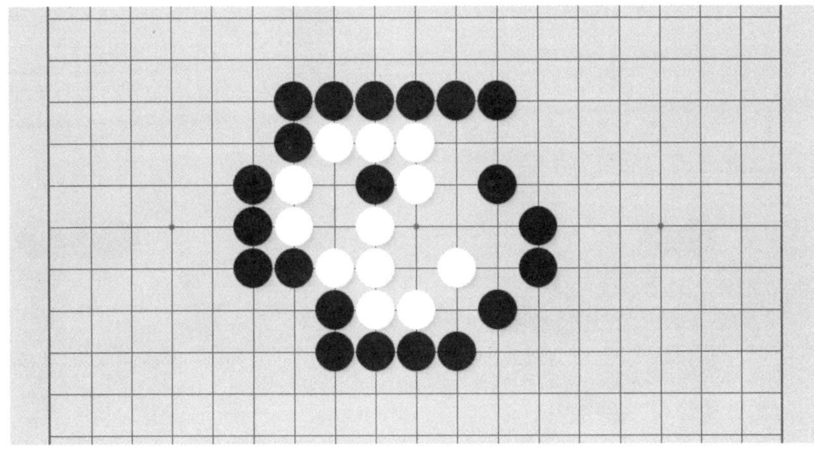

检查

2434

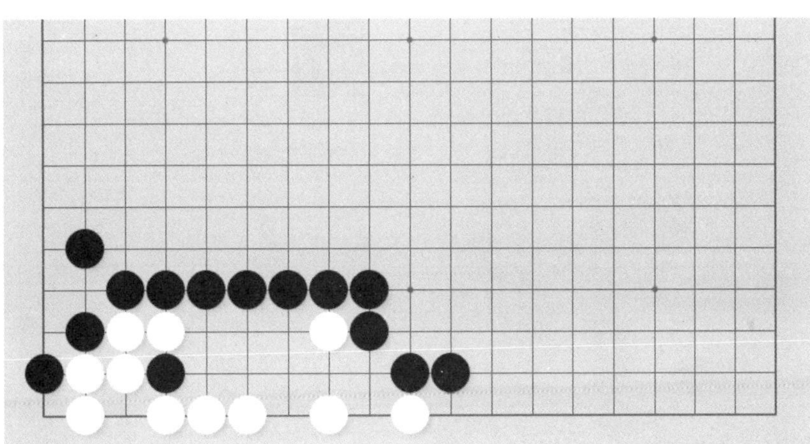

检查

对弈

围棋训练方法可以大致区分成三块：打谱、诘棋、对弈。

这三块缺一不可，我们现在就来谈谈对弈的重要性。

对弈就是实战应用，我们从老师身上学到各种理论与技巧，是否能付诸实施，就要倚靠对弈来确认自己的运用能力，然后认真地检讨每一盘棋，才能进步。

——陈禧

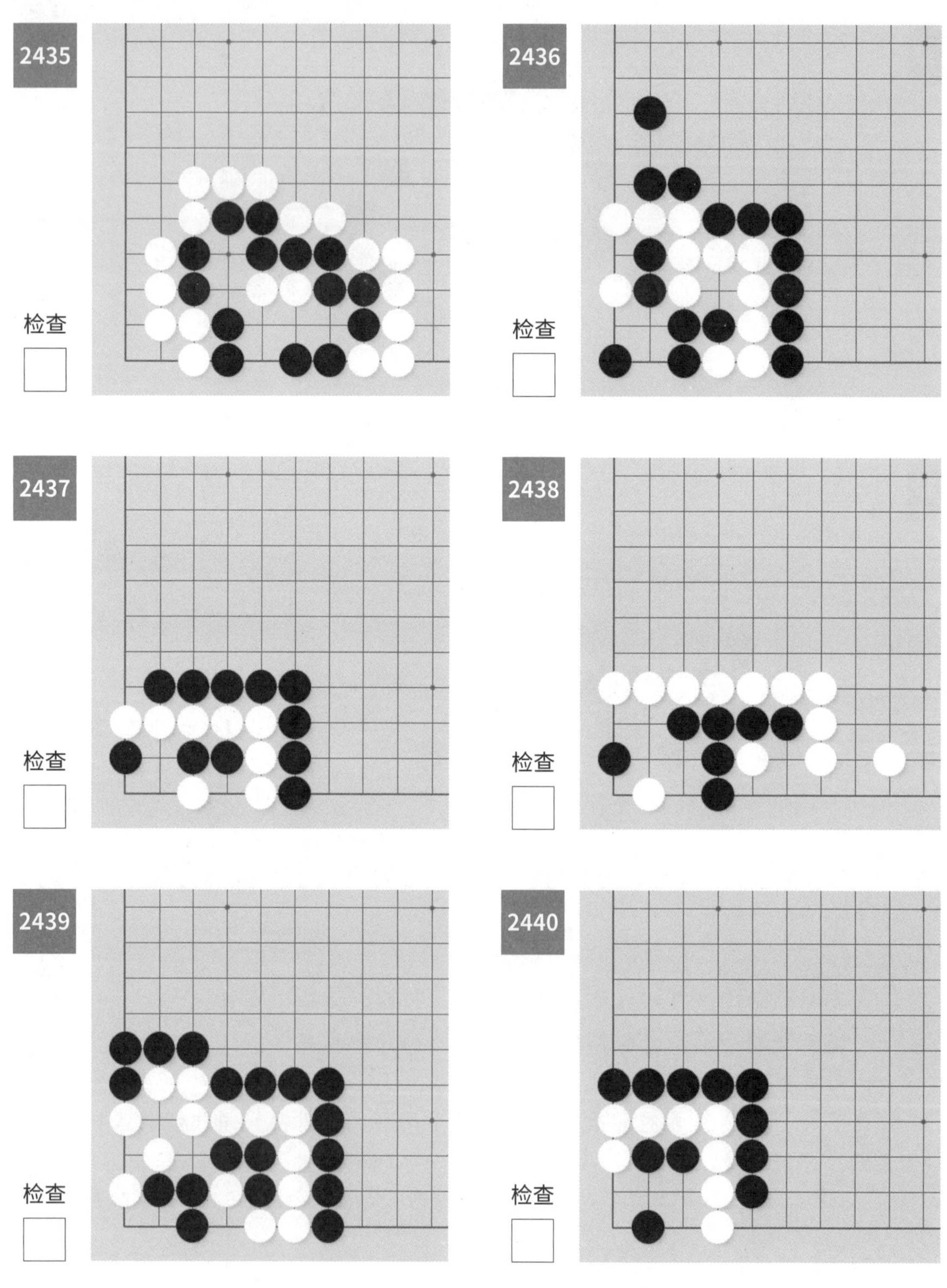
2435
检查
2436
检查
2437
检查
2438
检查
2439
检查
2440
检查

2441

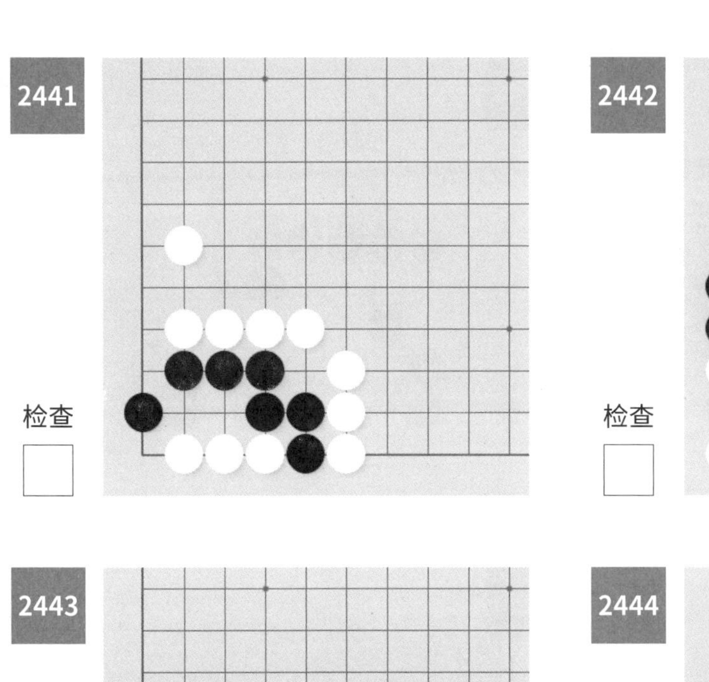

检查

2442

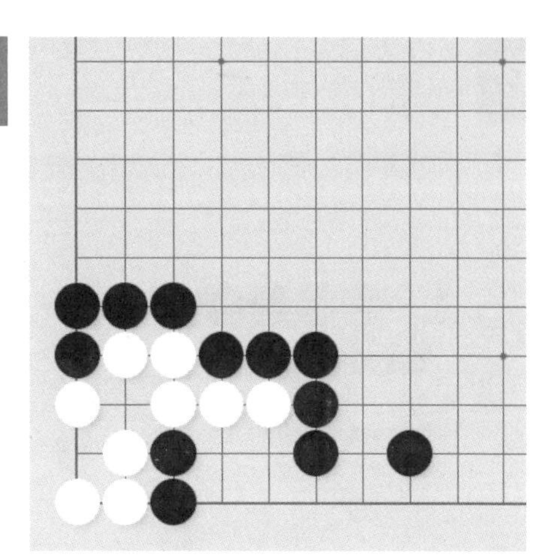

检查

2443

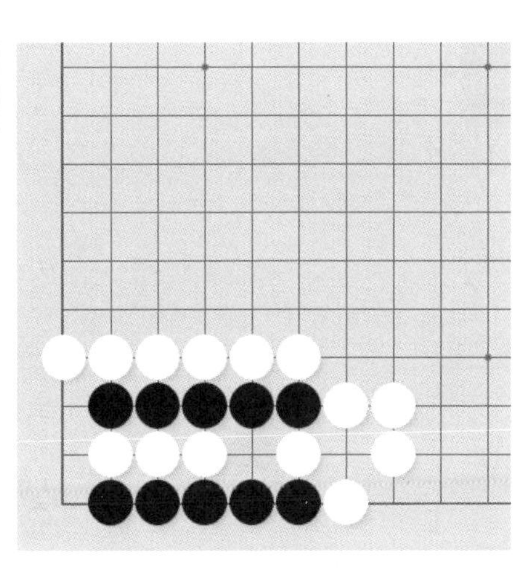

检查

2444

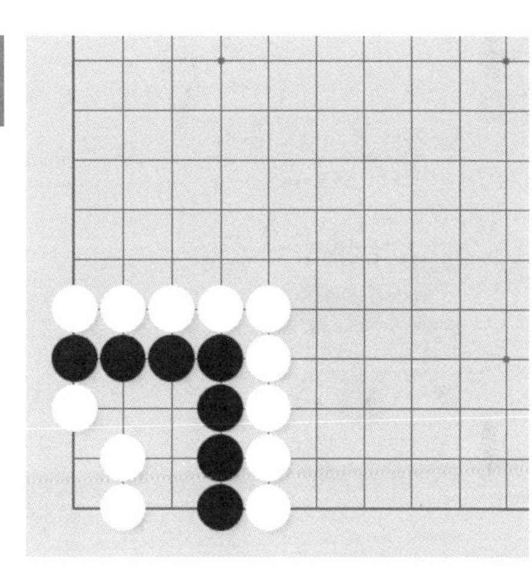

检查

2445

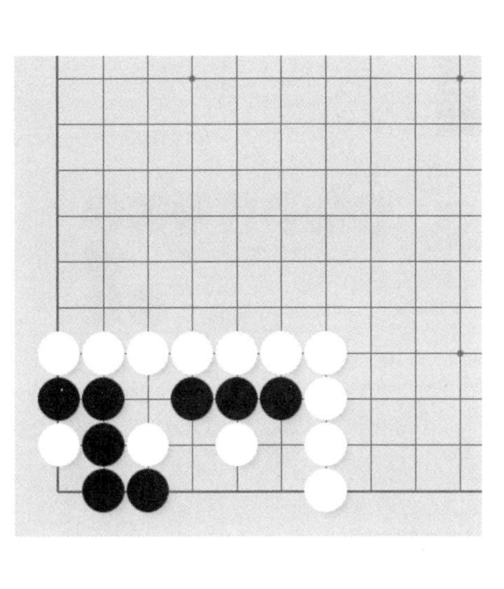

检查

2446

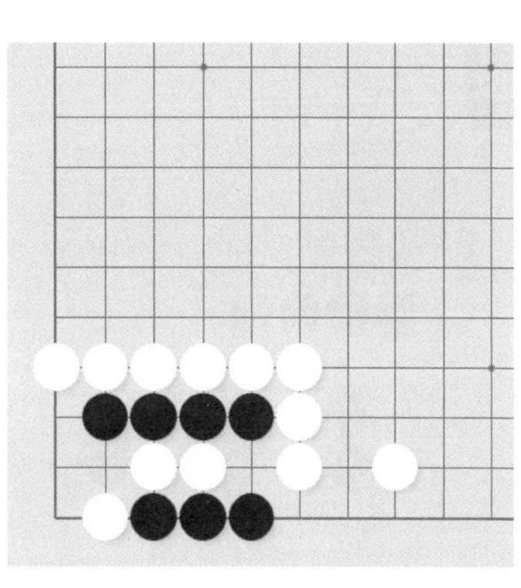

检查

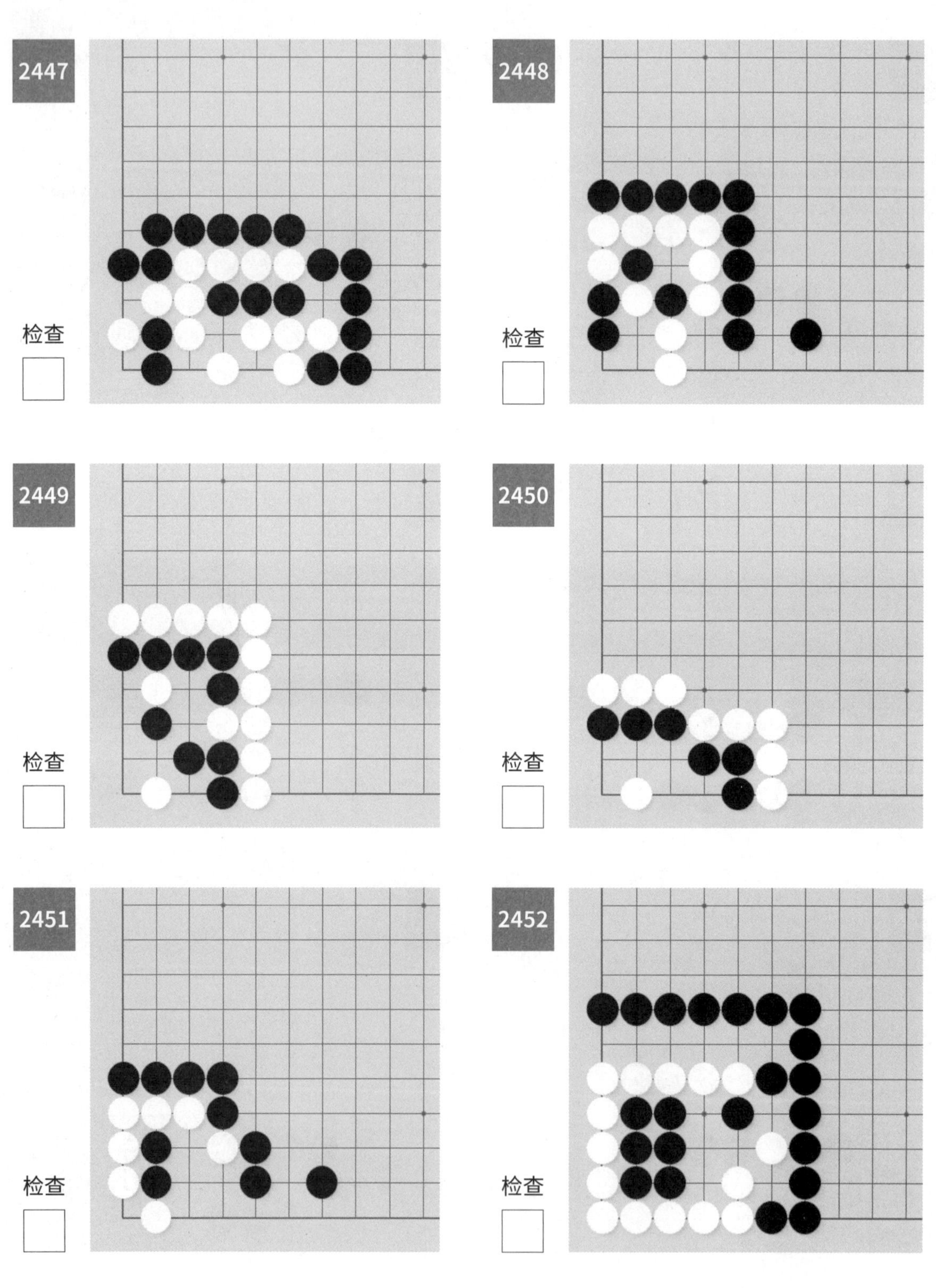
2447
检查
2448
检查
2449
检查
2450
检查
2451
检查
2452
检查

2453

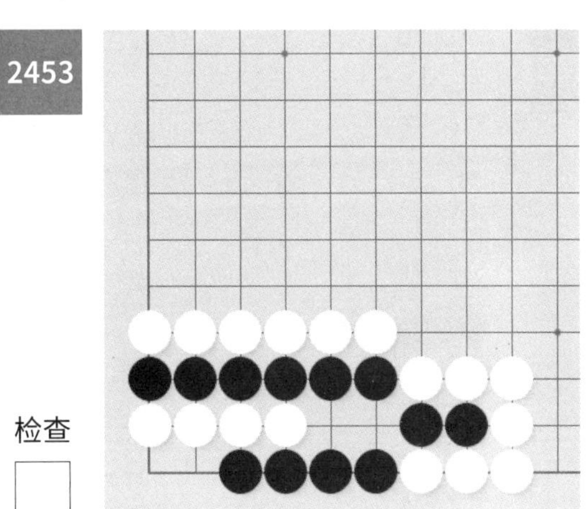

检查

2454

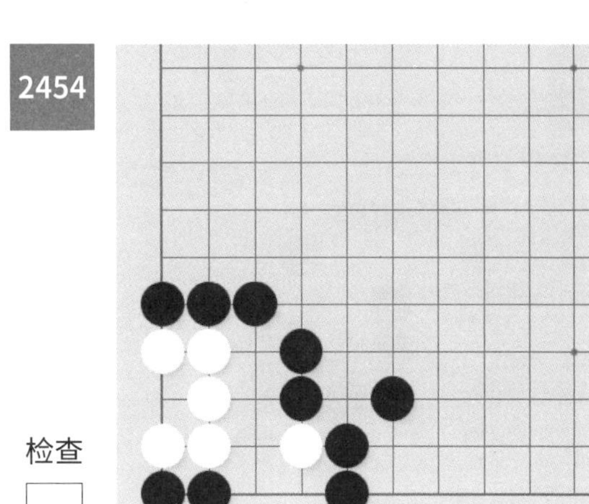

检查

2455

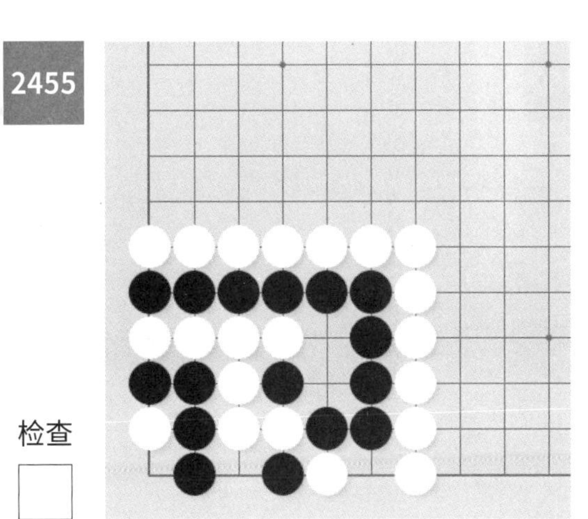

检查

2456

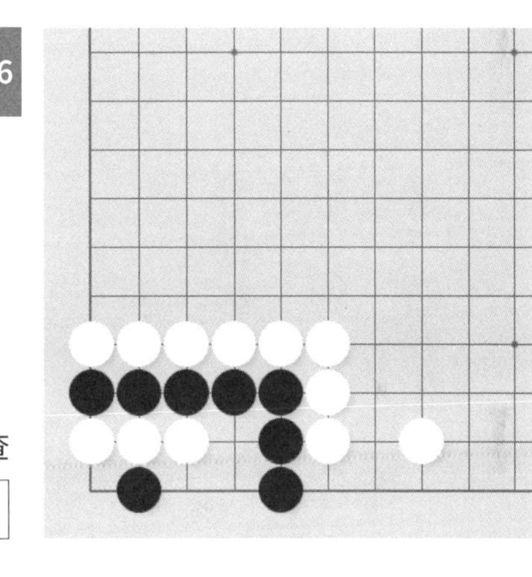

检查

2457

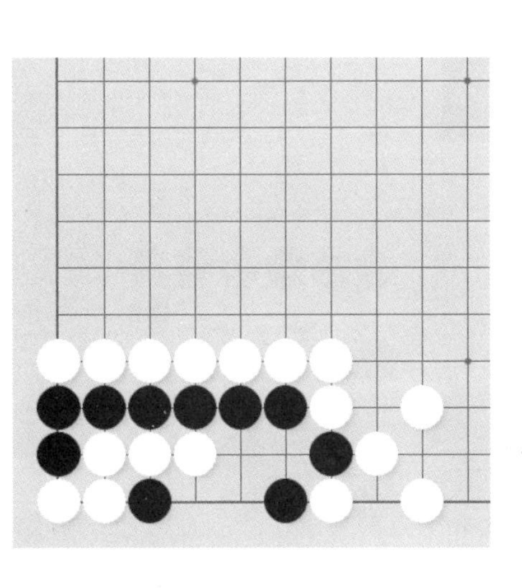

检查

2458

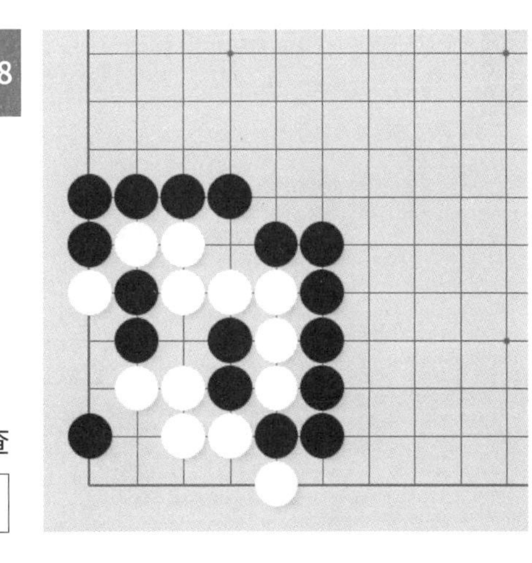

检查

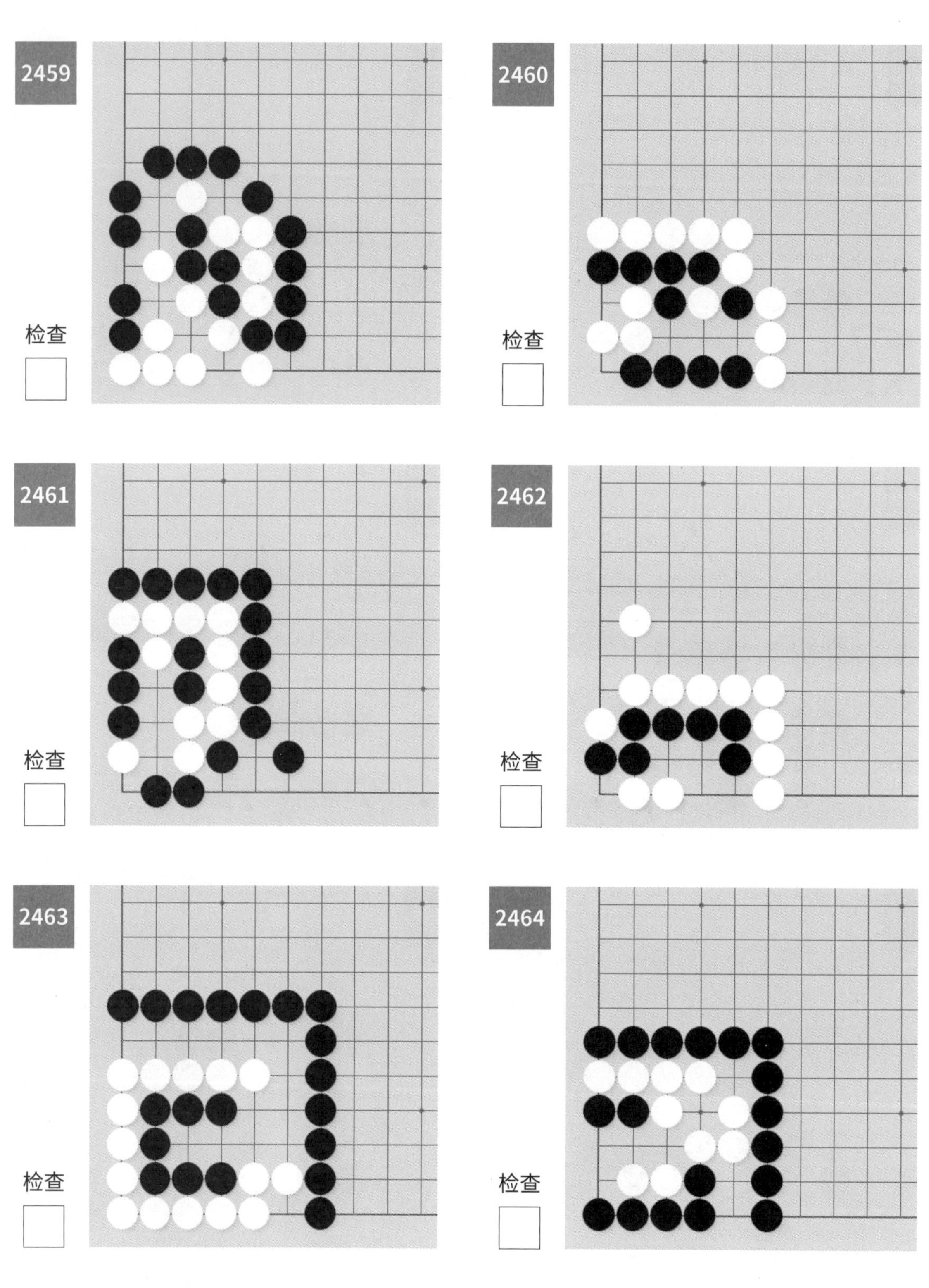
2459
检查
2460
检查
2461
检查
2462
检查
2463
检查
2464
检查

2465

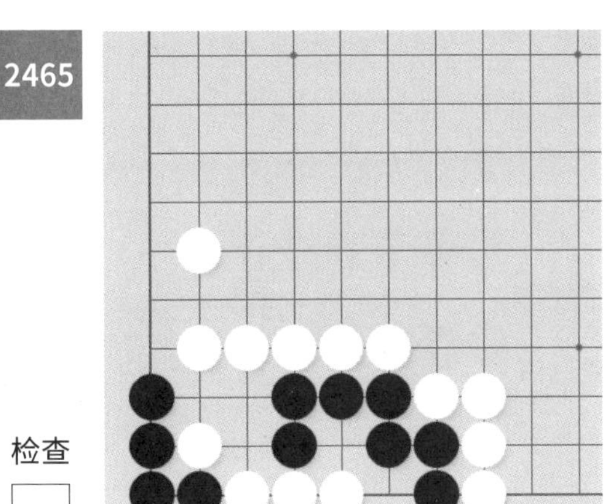
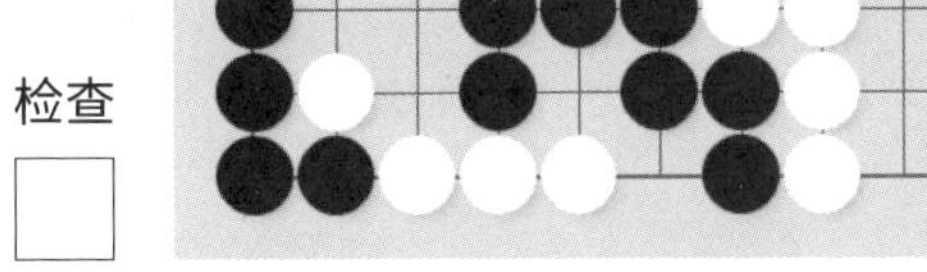

检查

2466

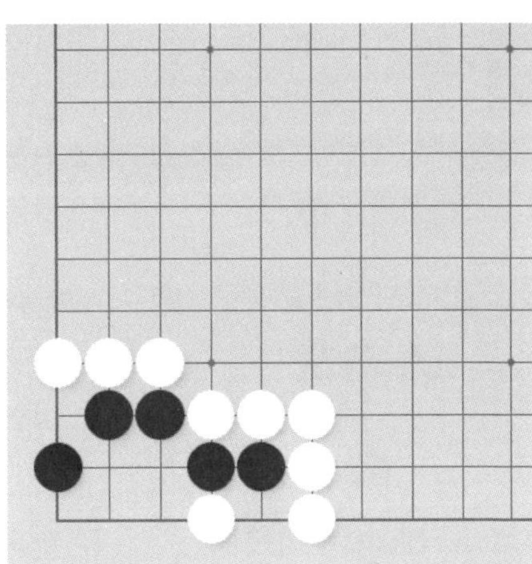
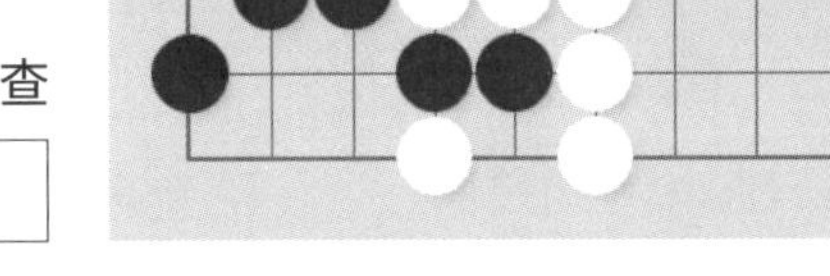

检查

2467

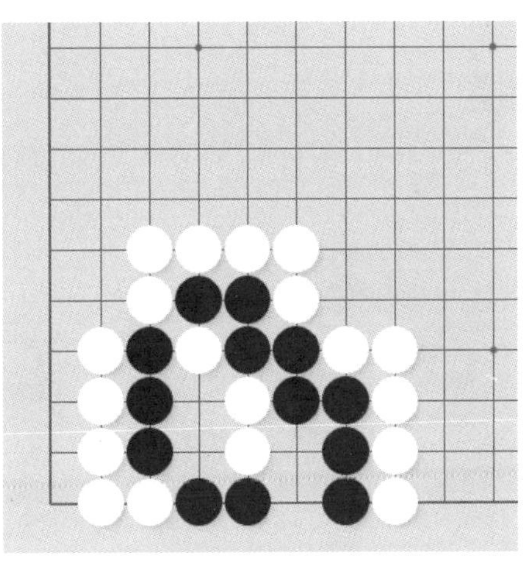

检查

2468

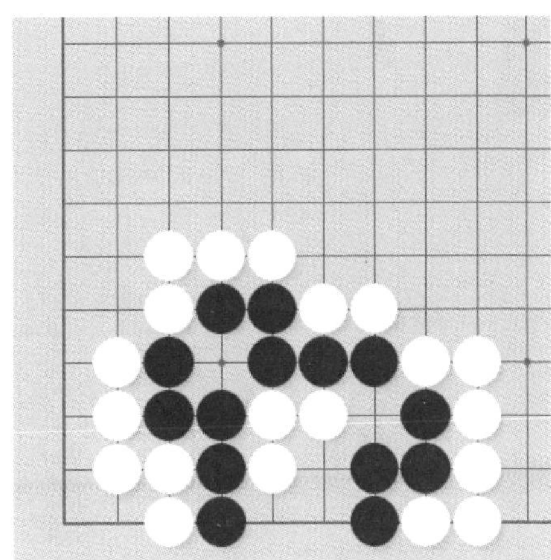

检查

2469

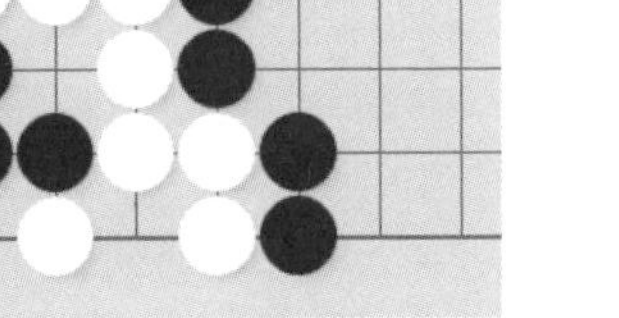

检查

2470

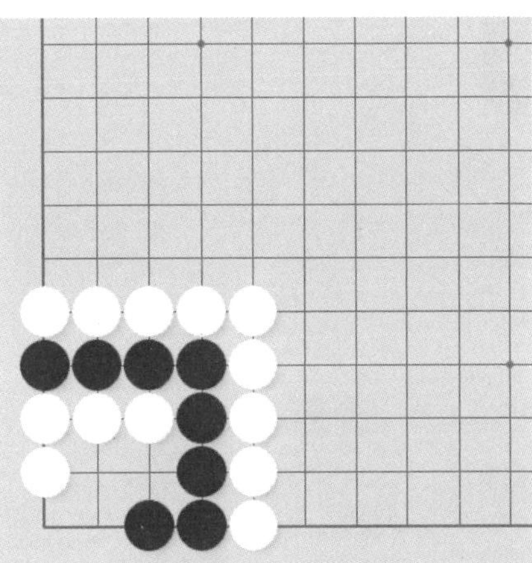

检查

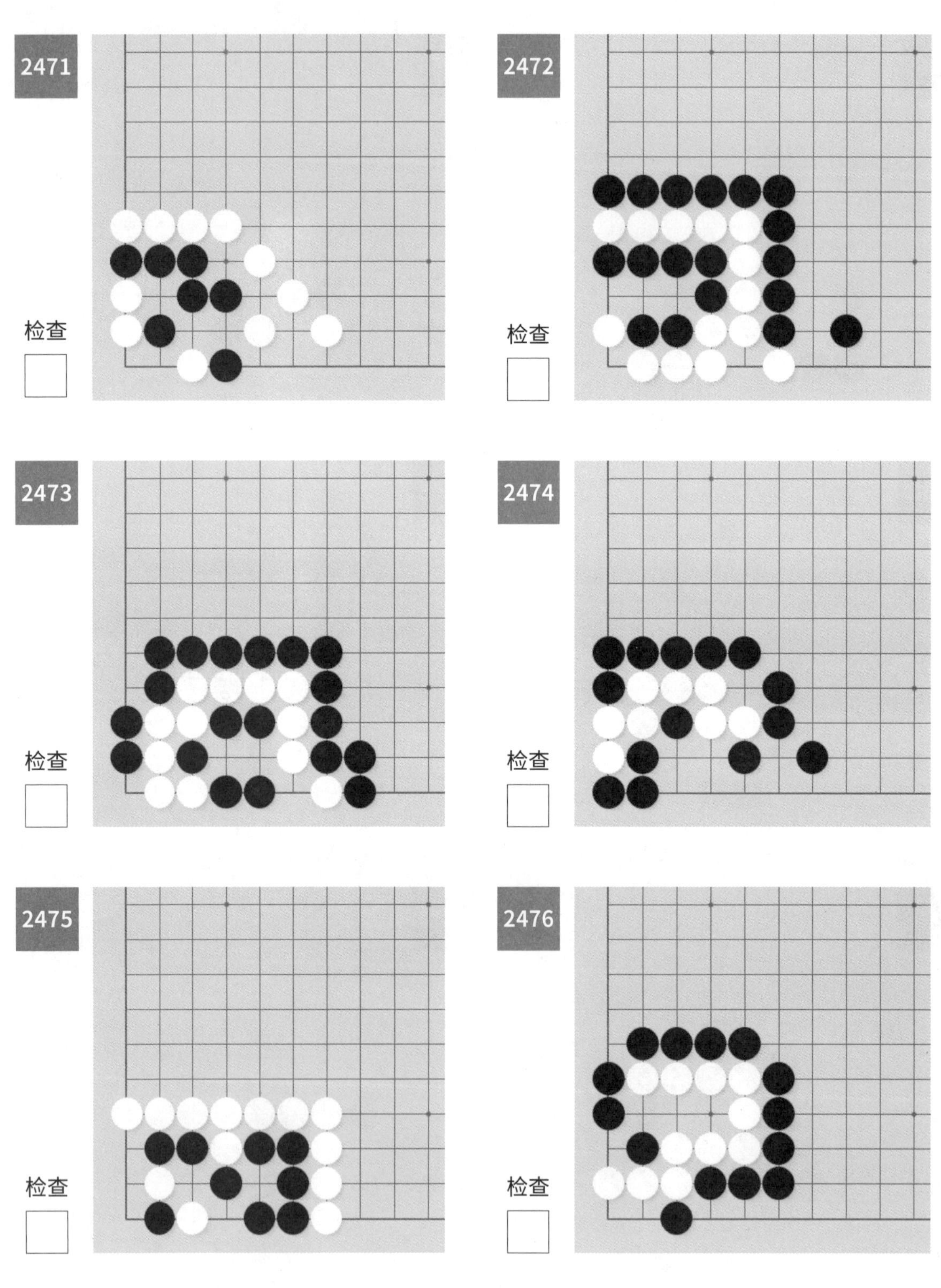
2471
检查
2472
检查
2473
检查
2474
检查
2475
检查
2476
检查

2477

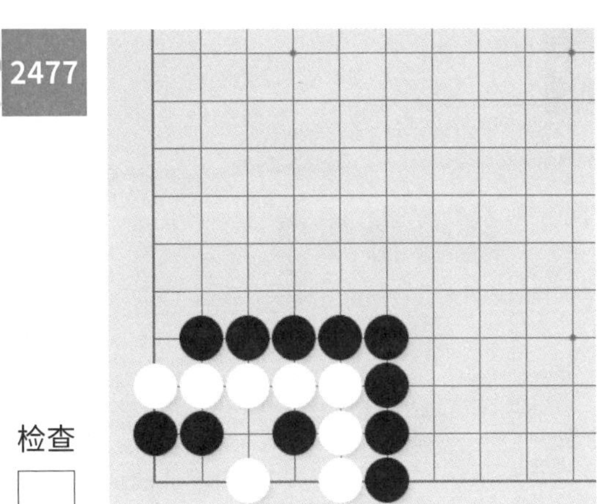

检查 □

2478

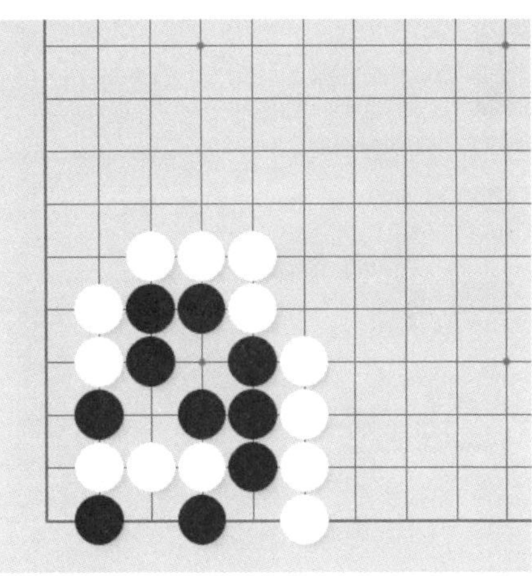

检查 □

2479

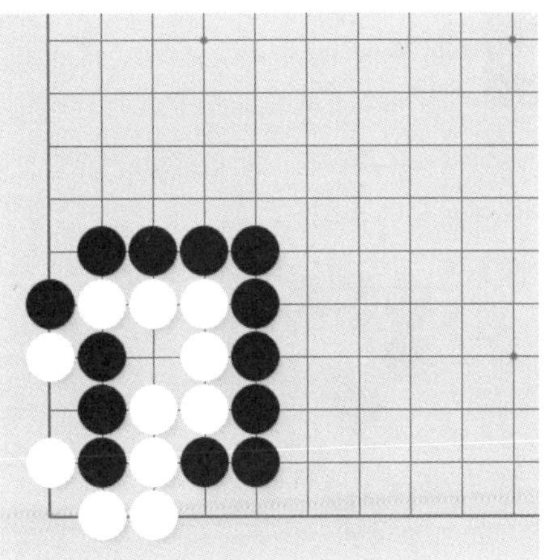

检查 □

2480

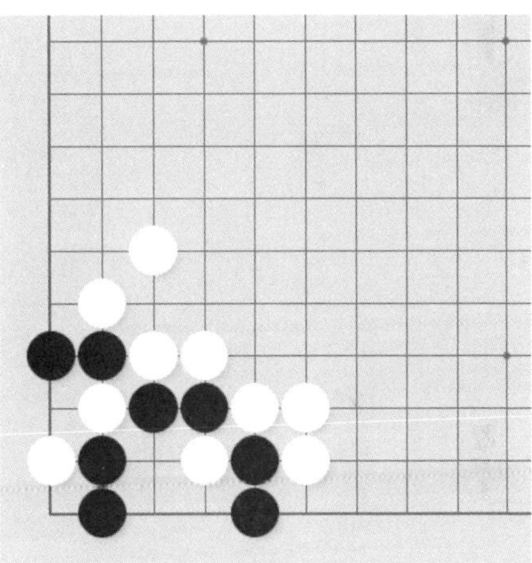

检查 □

2481

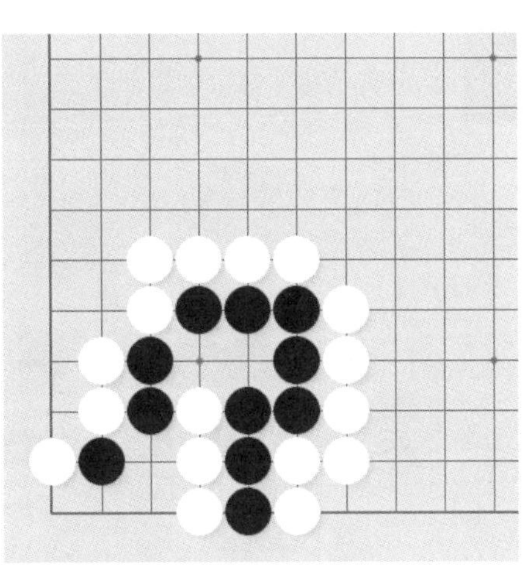

检查 □

2482

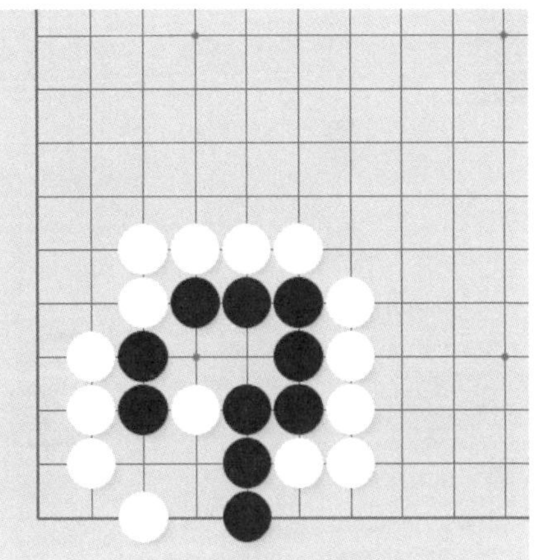

检查 □

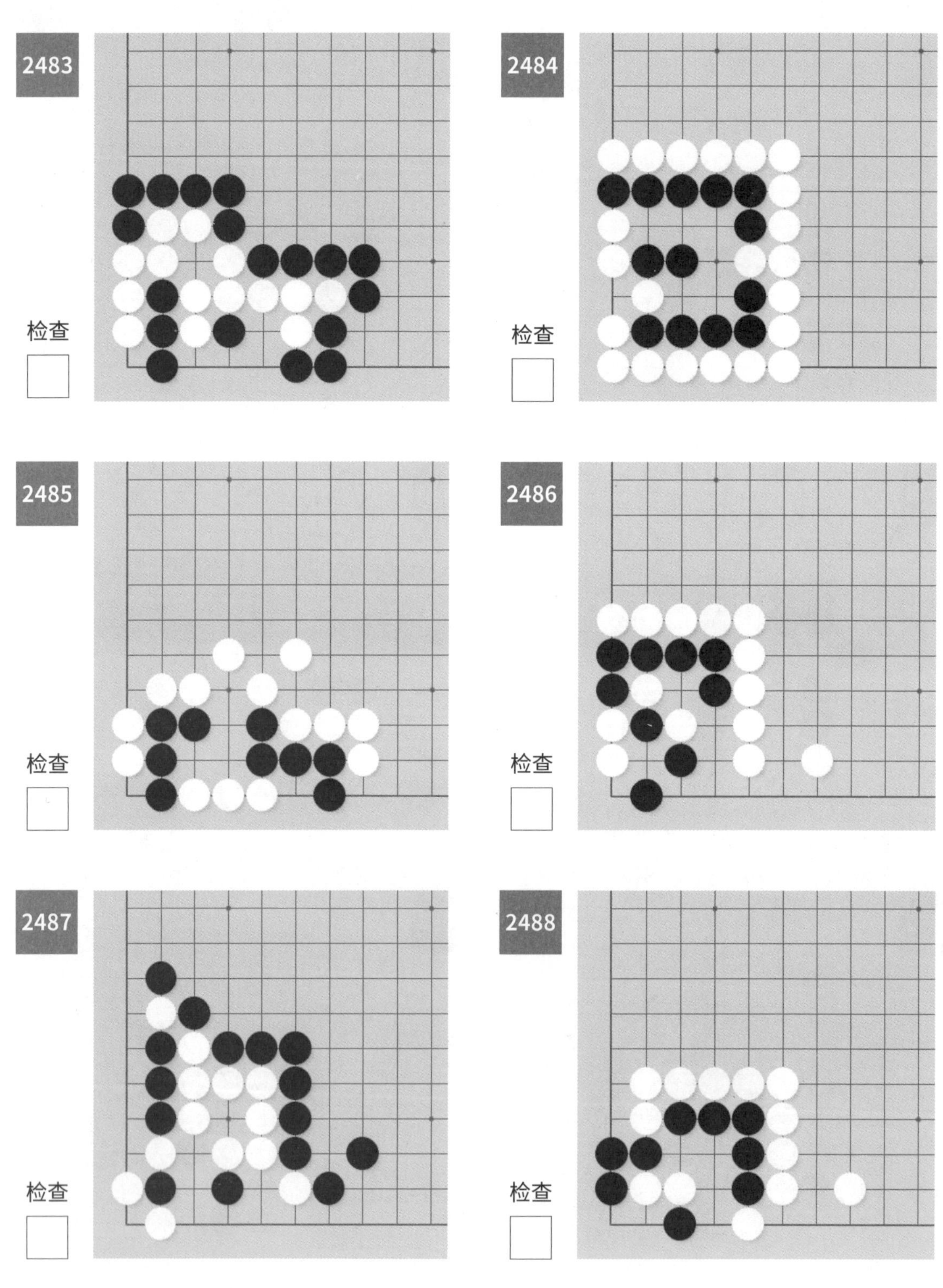
2483
检查
2484
检查
2485
检查
2486
检查
2487
检查
2488
检查

2489

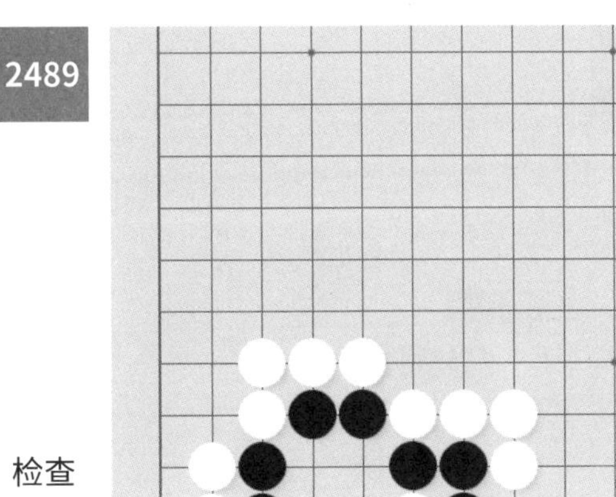

检查

2490

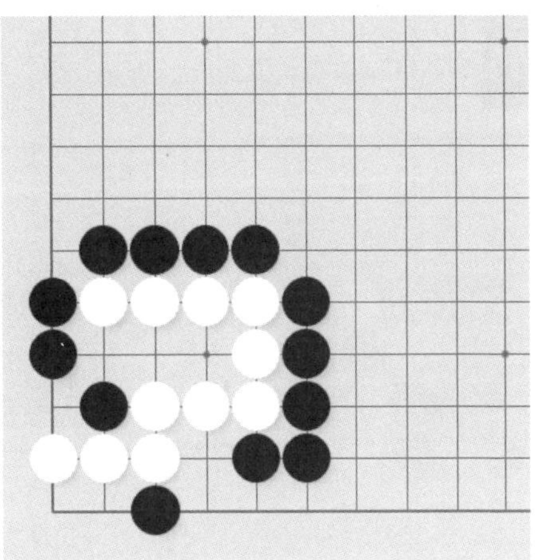

检查

2491

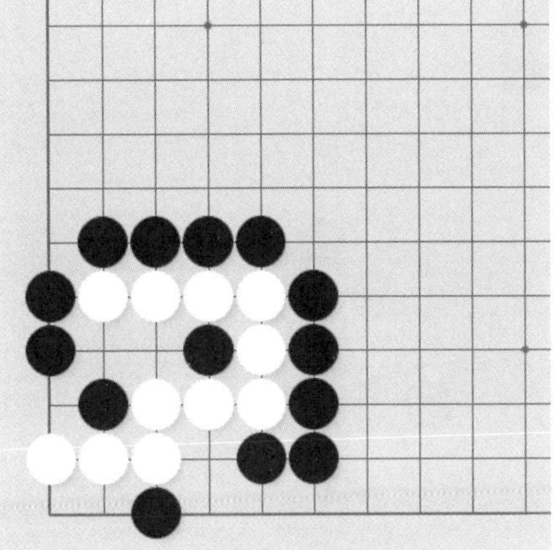

检查

2492

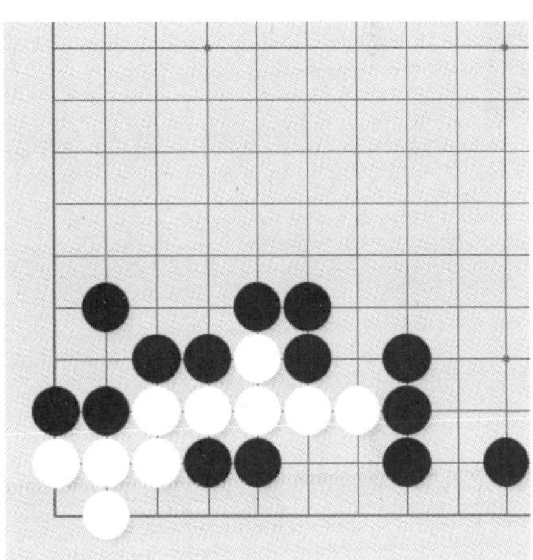

检查

2493

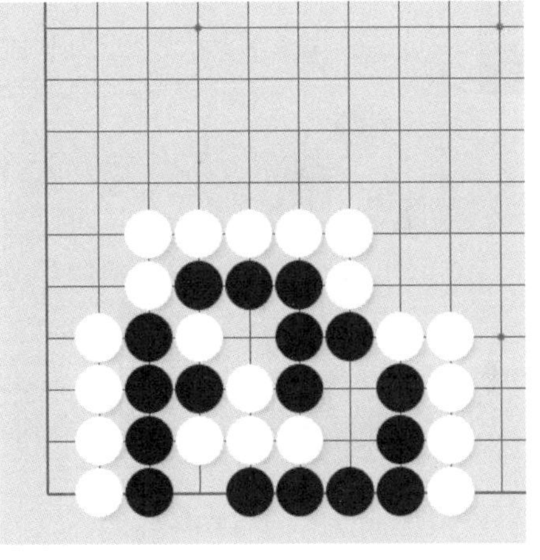

检查

2494

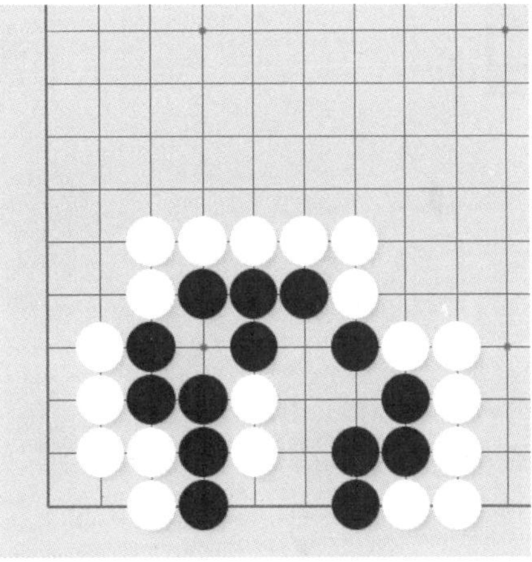

检查

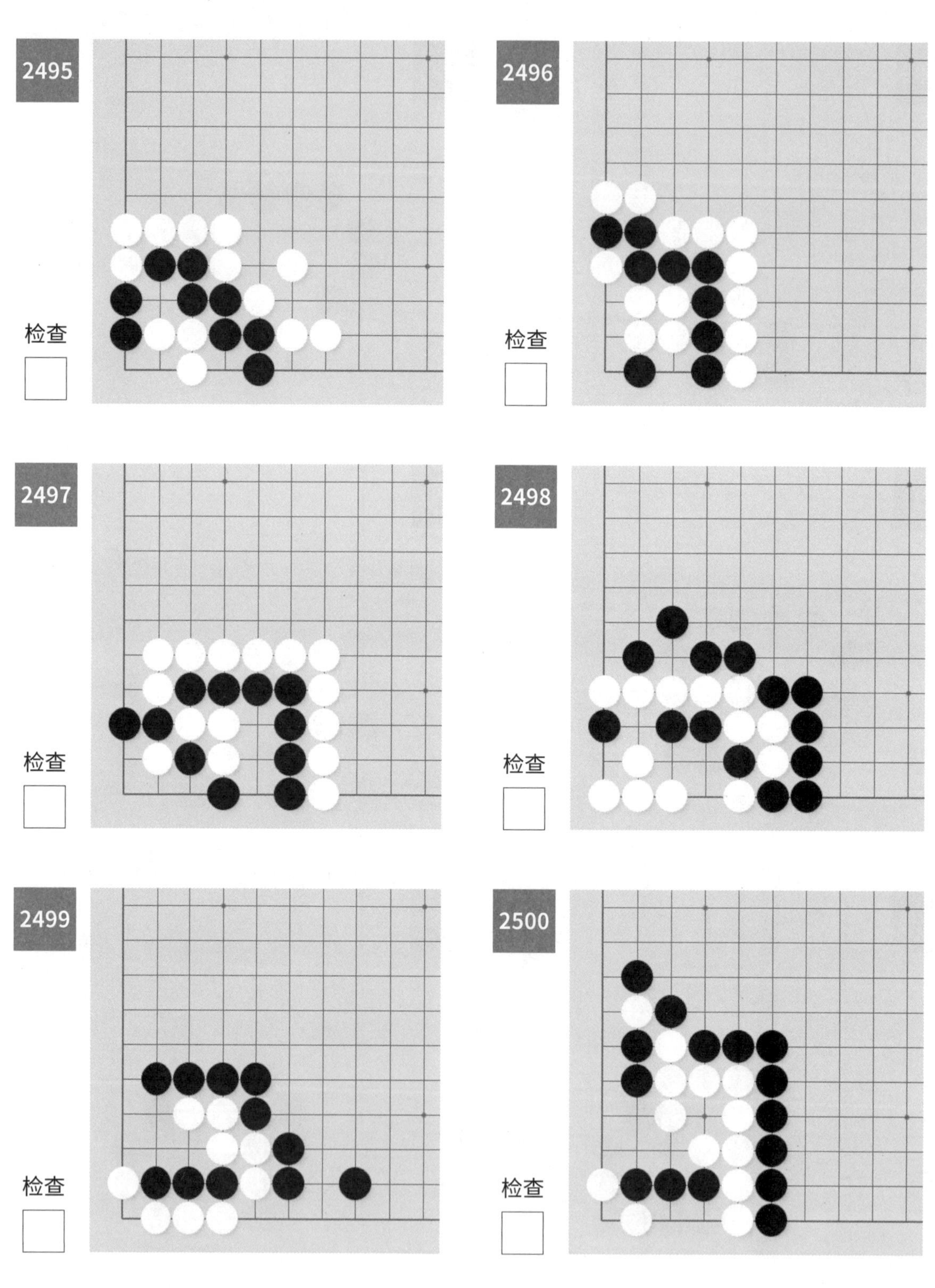
2495
检查
2496
检查
2497
检查
2498
检查
2499
检查
2500
检查

2501

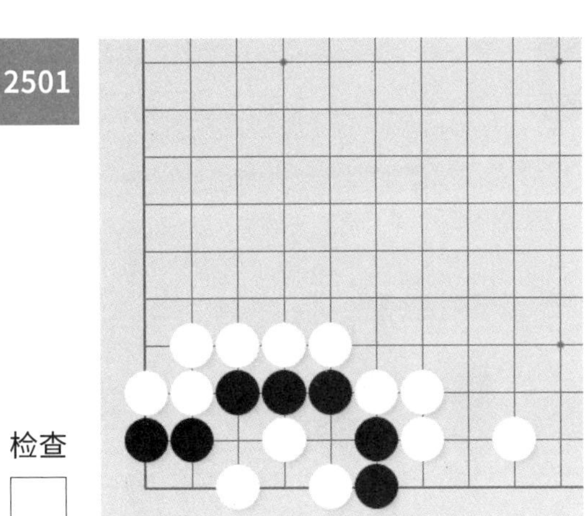

检查 □

2502

检查 □

2503

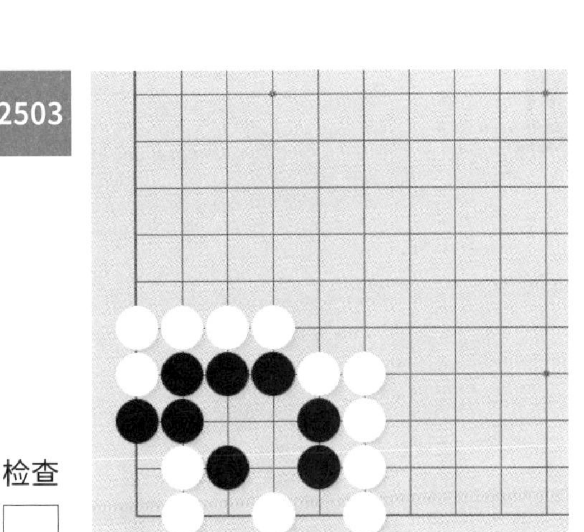

检查 □

2504

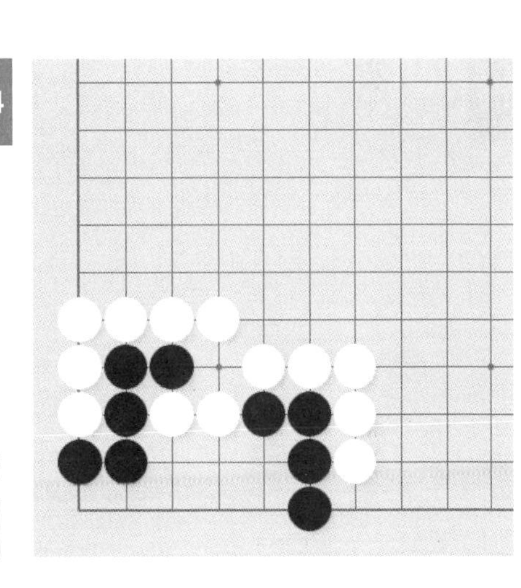

检查 □

2505

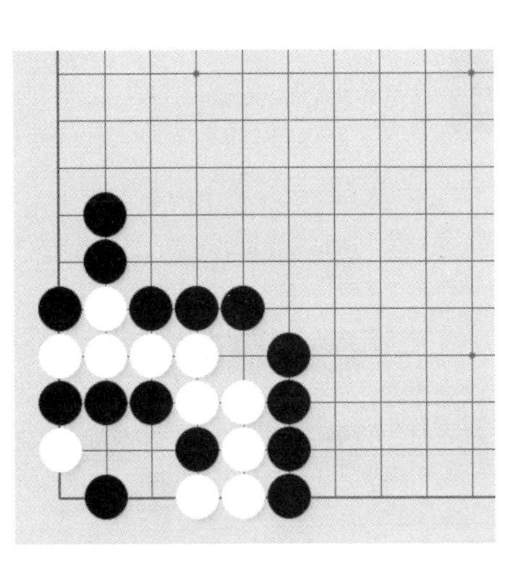

检查 □

2506

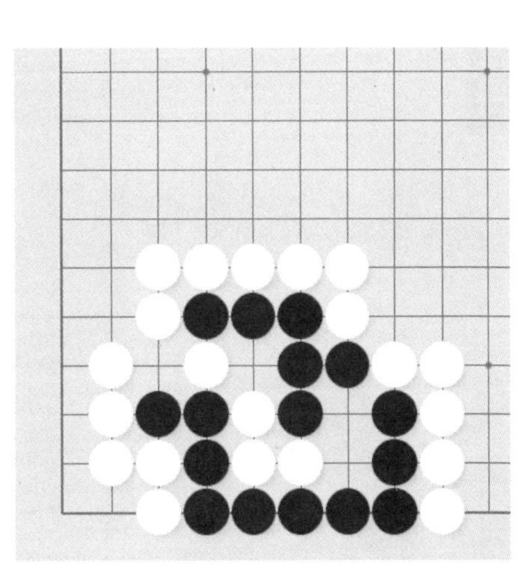

检查 □

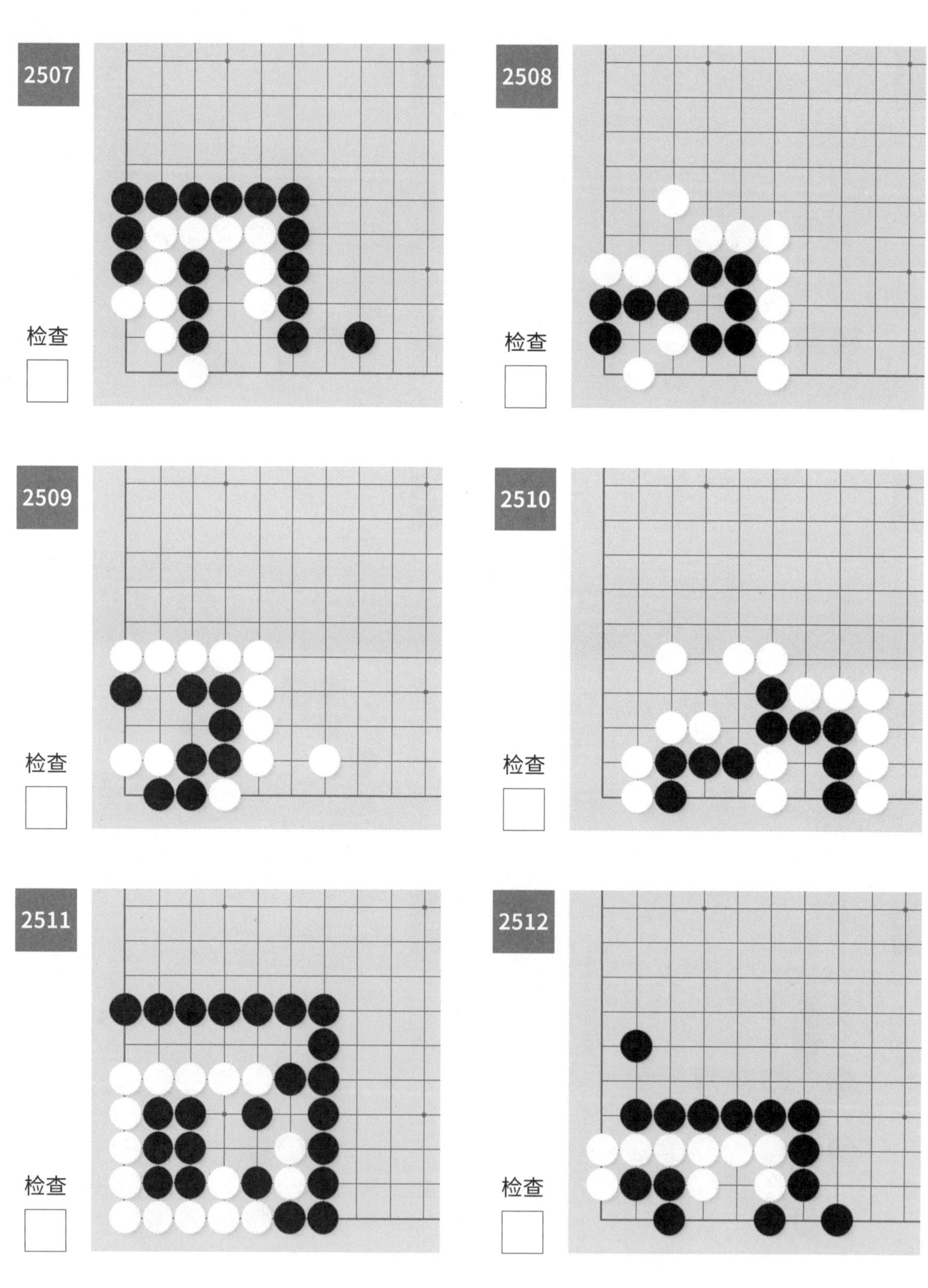
2507
检查
2508
检查
2509
检查
2510
检查
2511
检查
2512
检查

2513

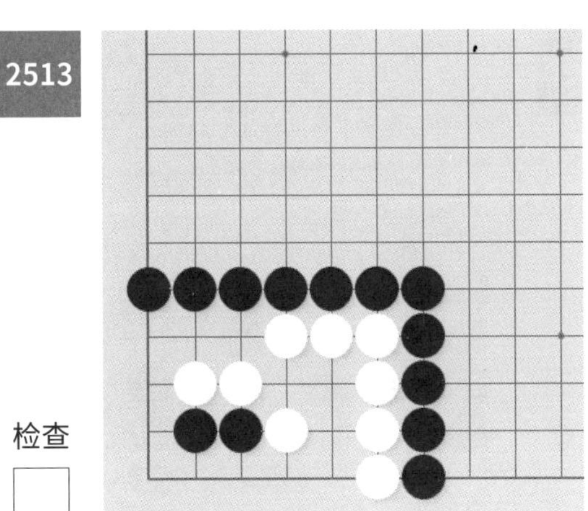

检查

2514

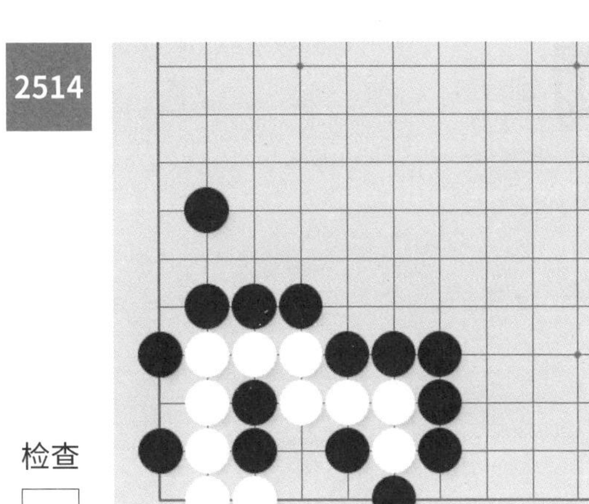

检查

2515

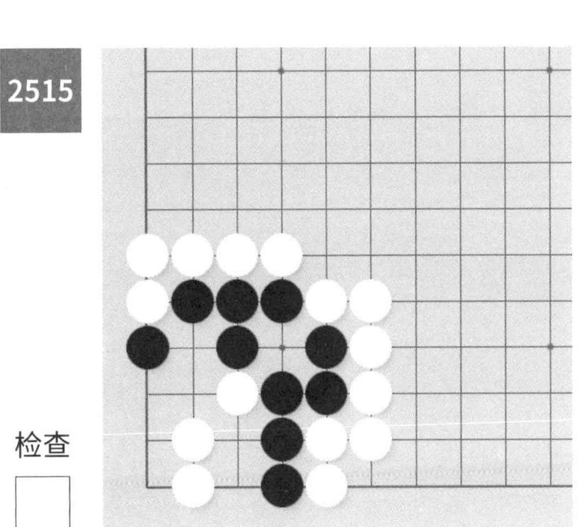

检查

2516

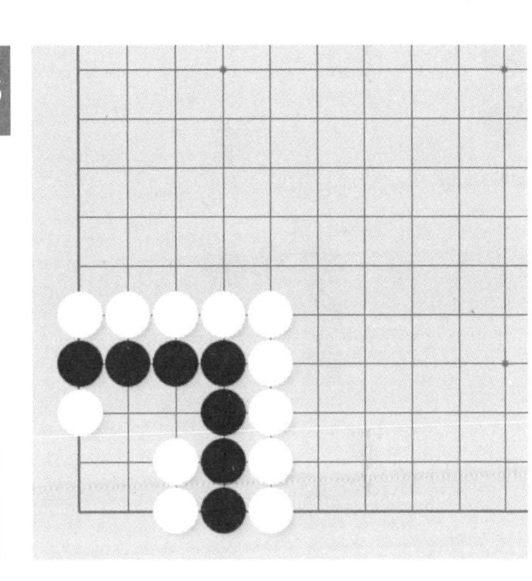

检查

2517

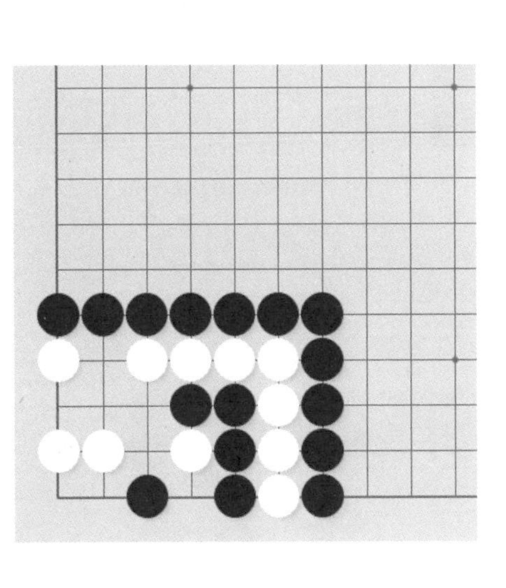

检查

2518

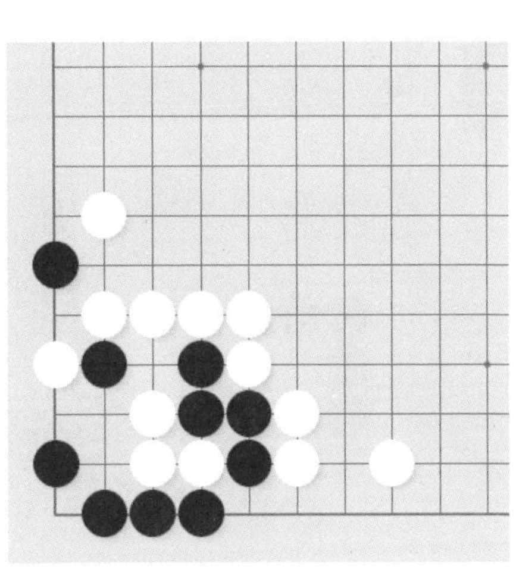

检查

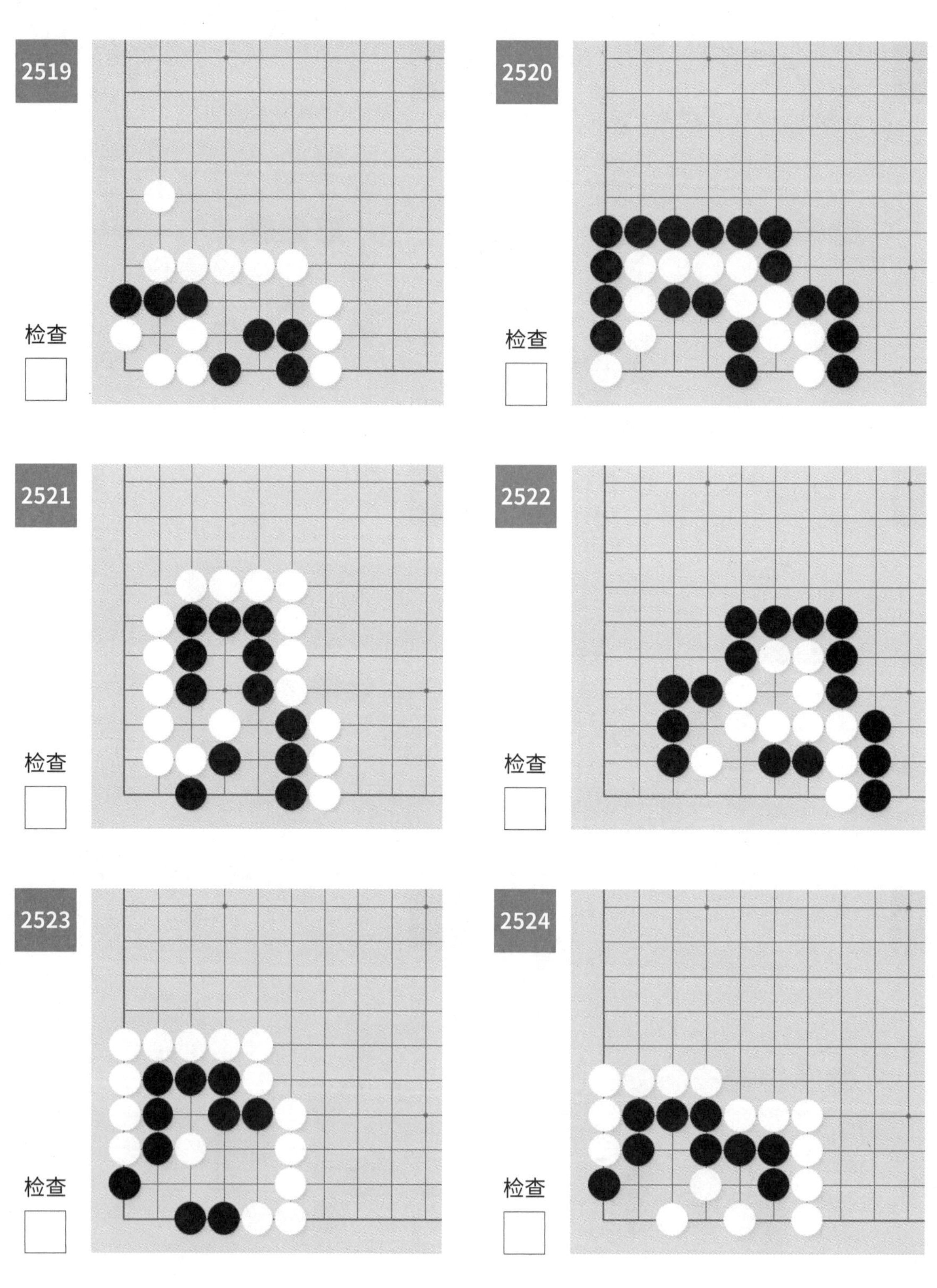
2519
检查
2520
检查
2521
检查
2522
检查
2523
检查
2524
检查

2525

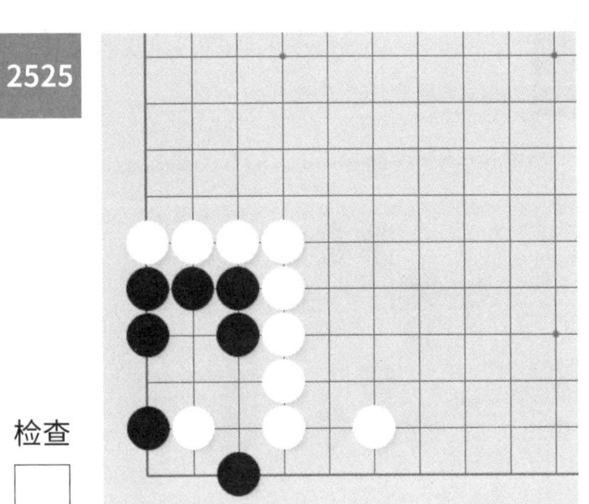

检查 □

2526

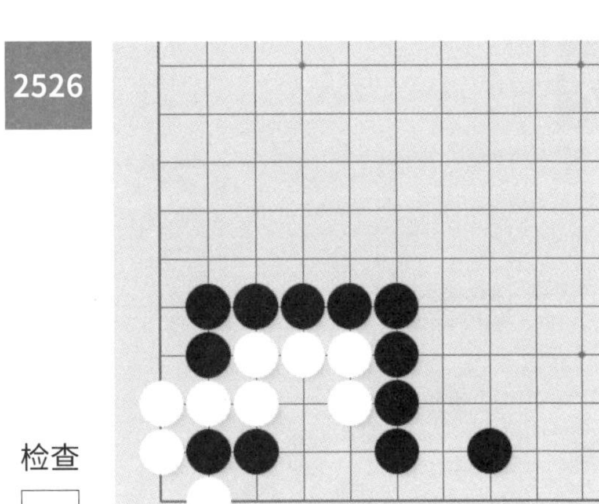

检查 □

2527

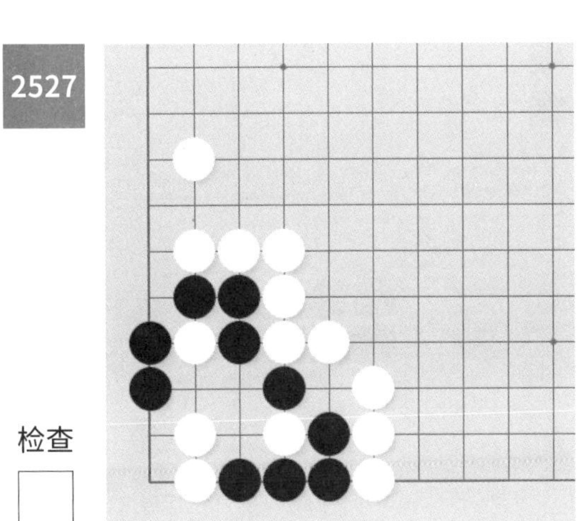

检查 □

2528

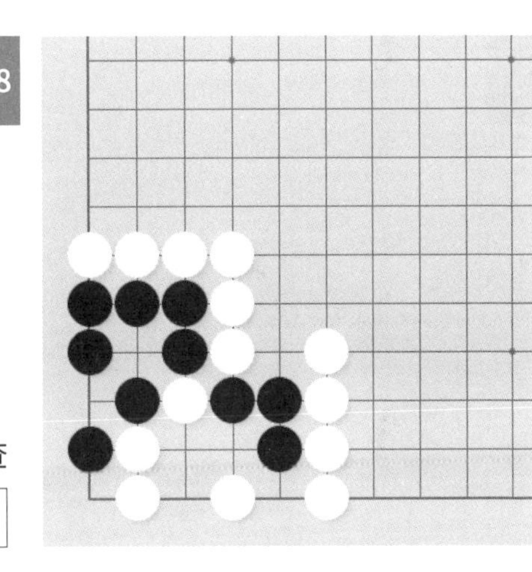

检查 □

2529

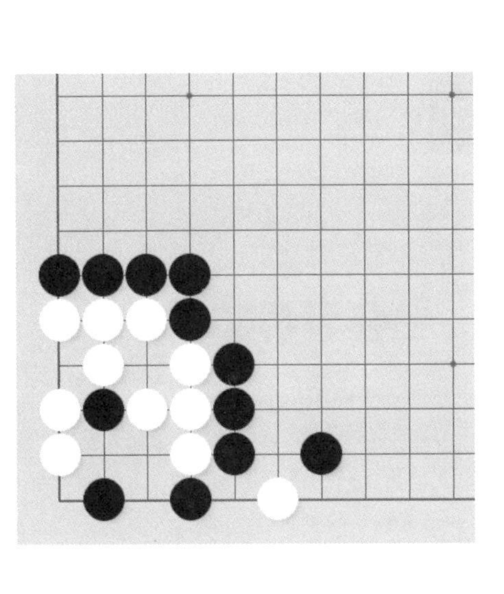

检查 □

2530

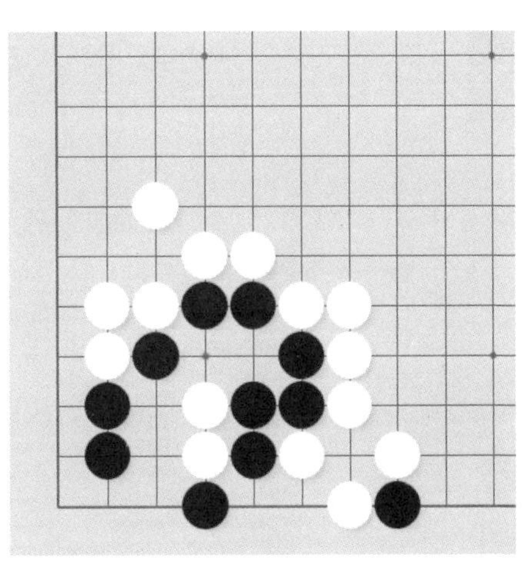

检查 □

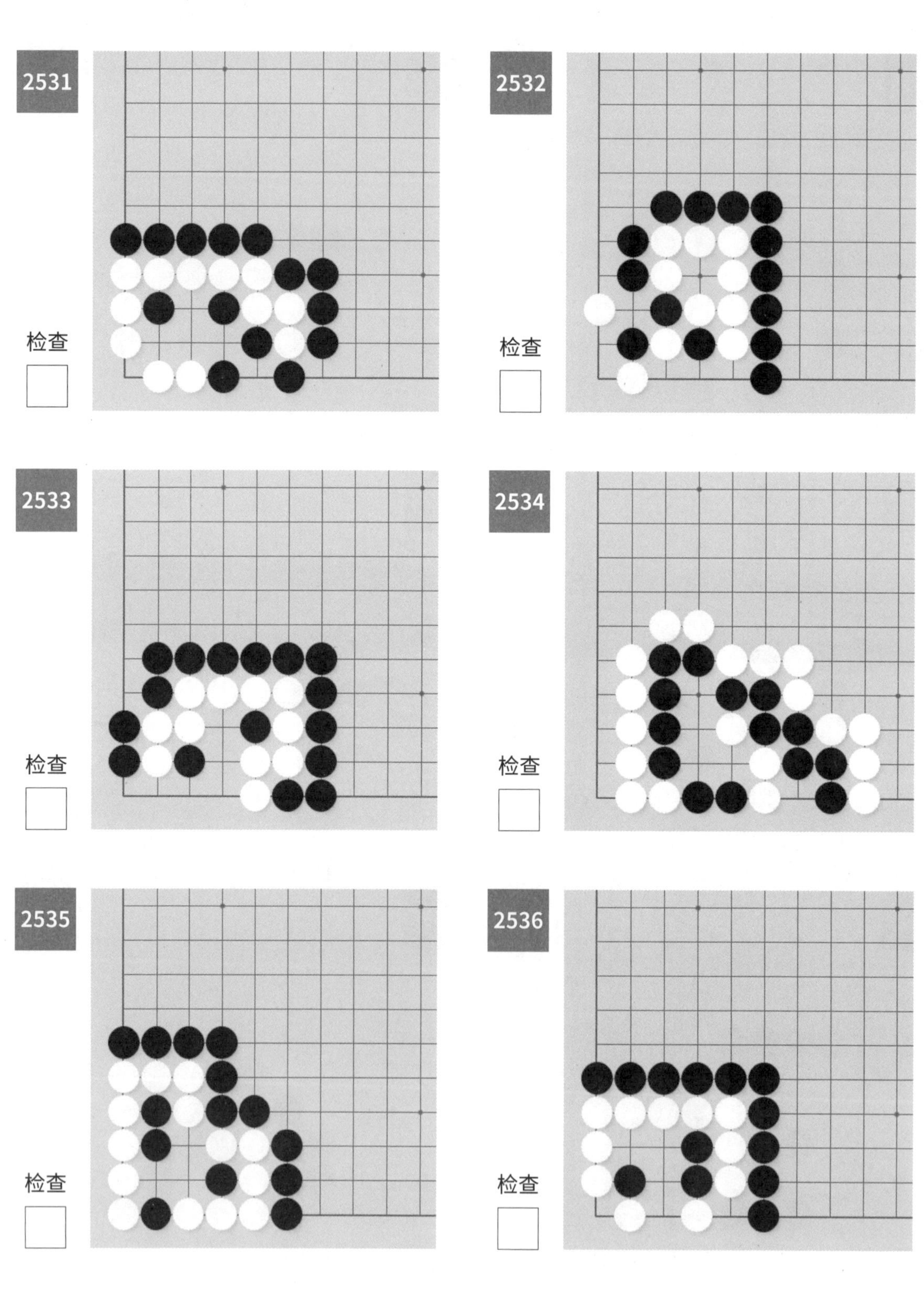
2531
检查
2532
检查
2533
检查
2534
检查
2535
检查
2536
检查

2537

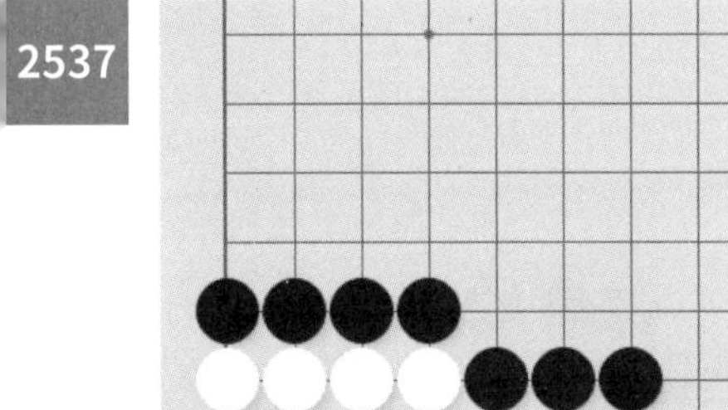

检查 □

2538

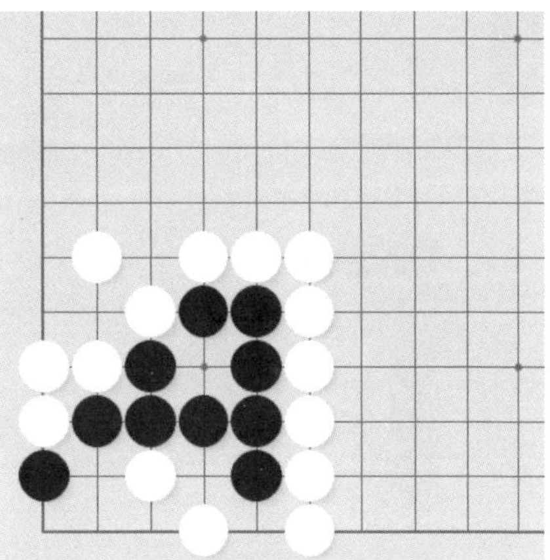

检查 □

2539

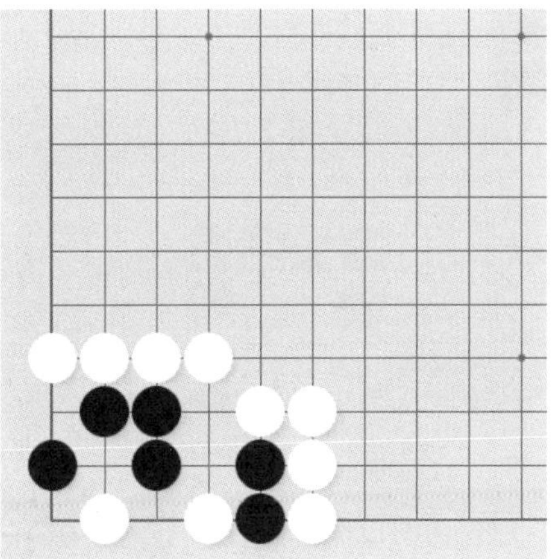

检查 □

2540

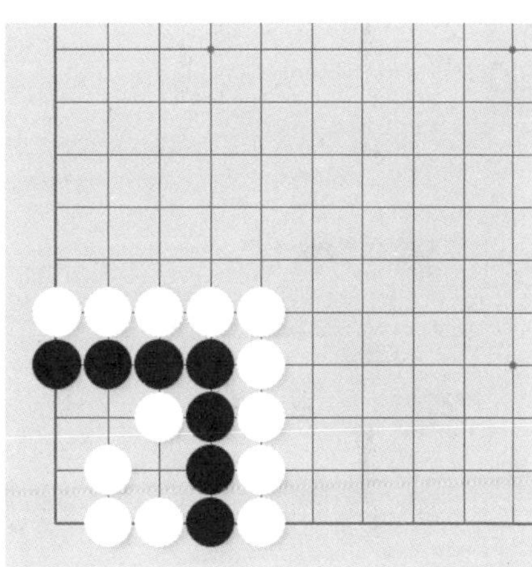

检查 □

2541

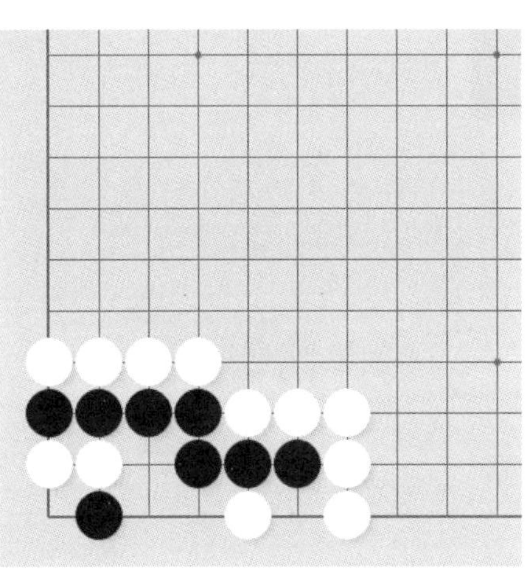

检查 □

2542

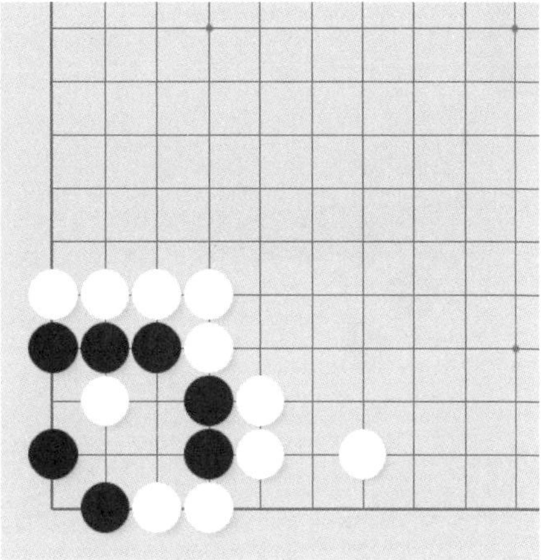

检查 □

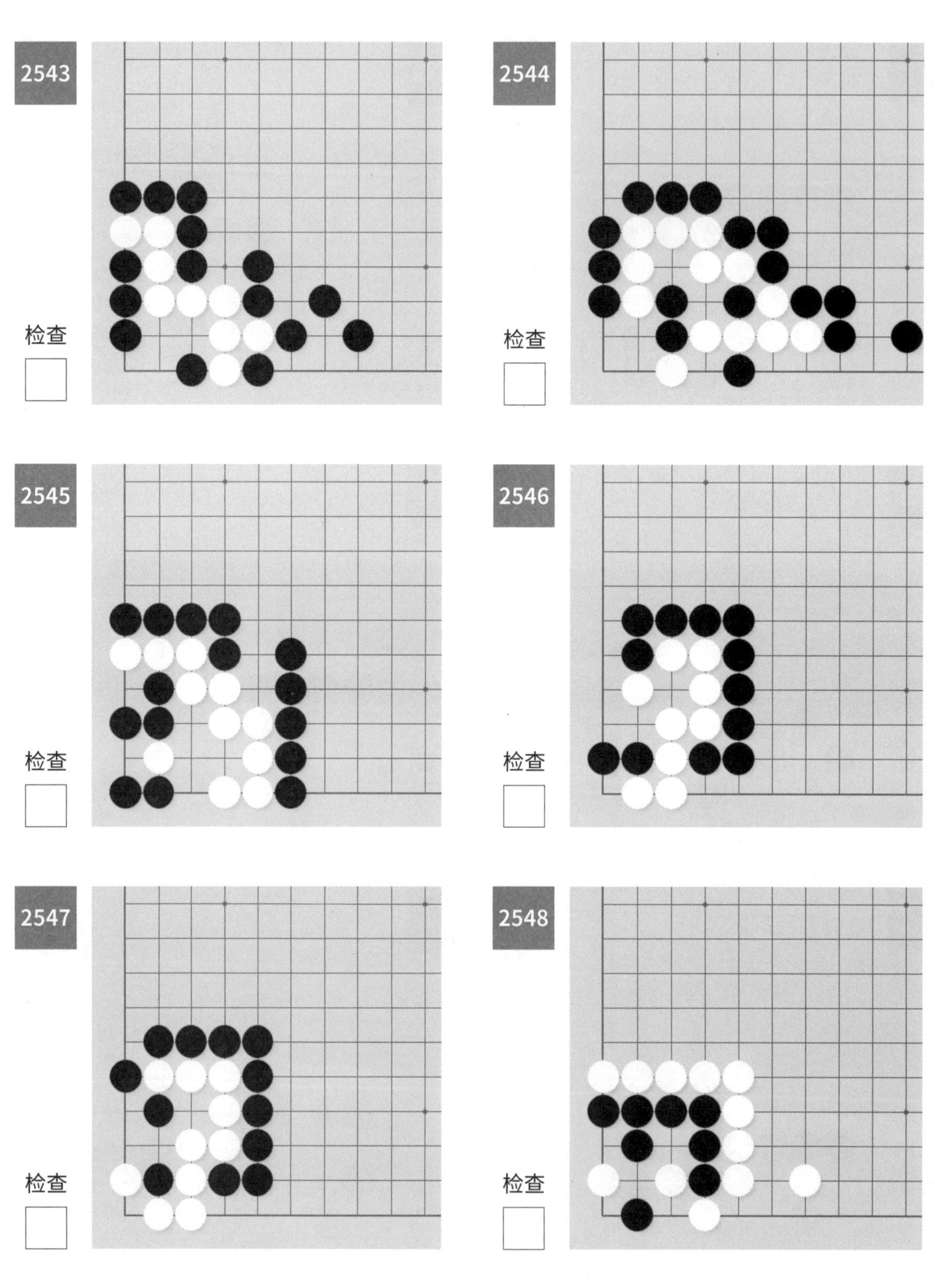
2543
检查
2544
检查
2545
检查
2546
检查
2547
检查
2548
检查

2549
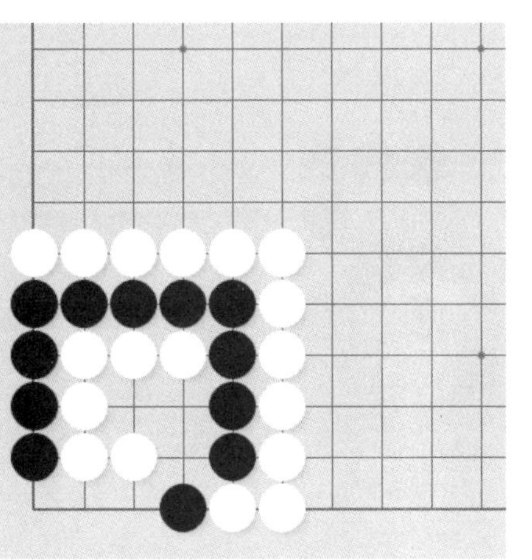
检查

2550
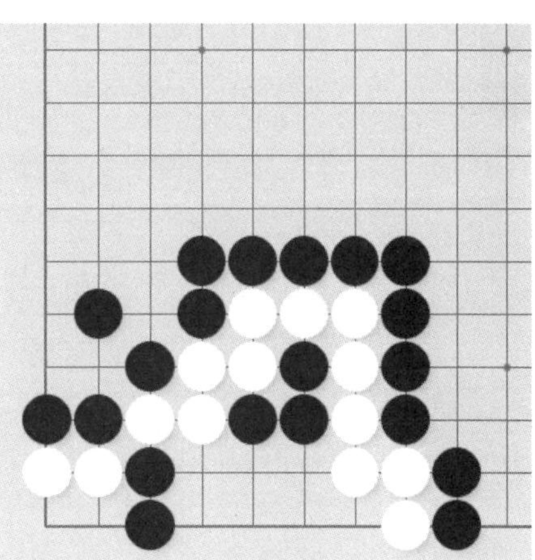
检查

2551
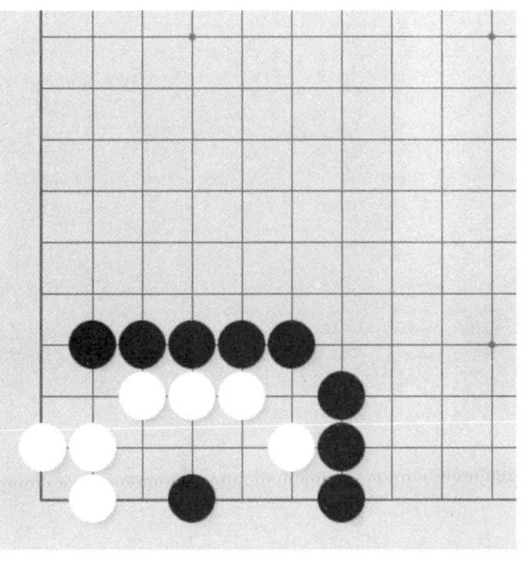
检查

2552
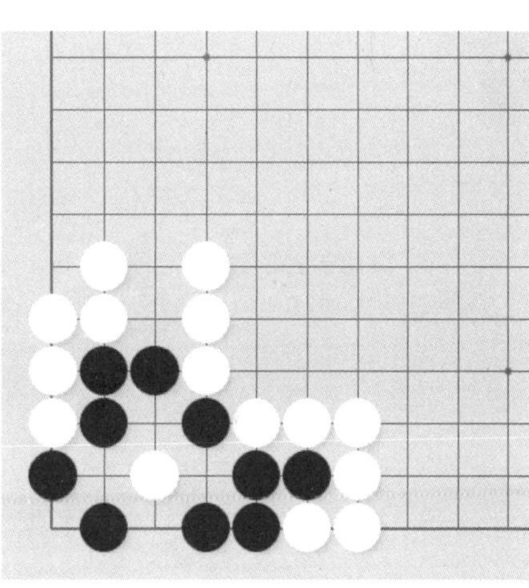
检查

2553
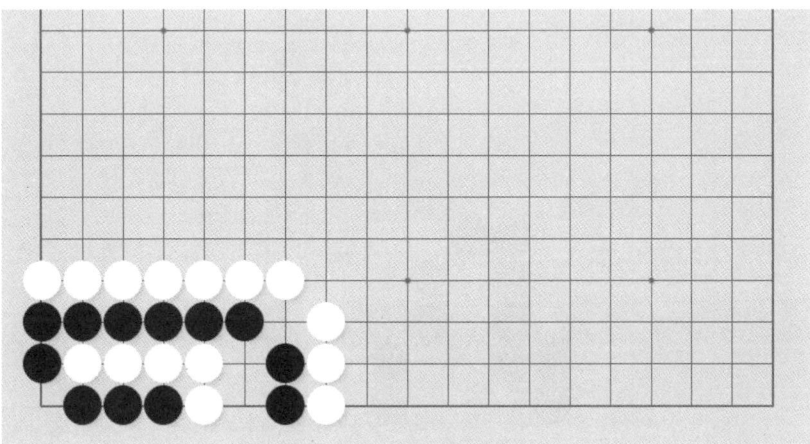
检查

2554

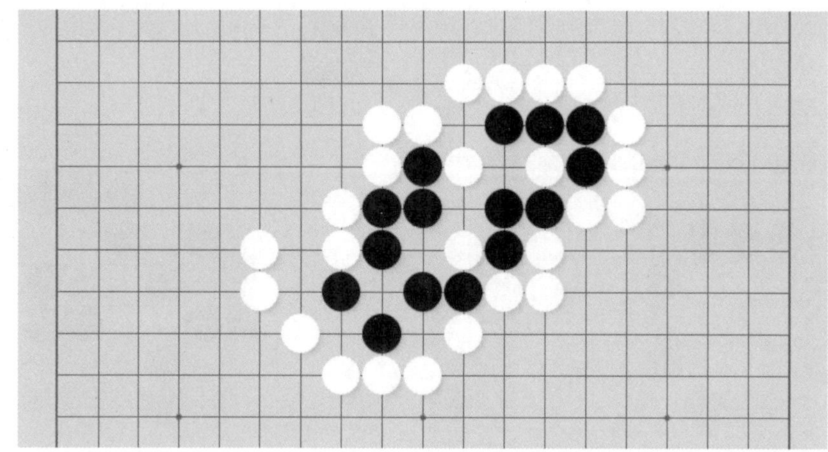

检查

2555

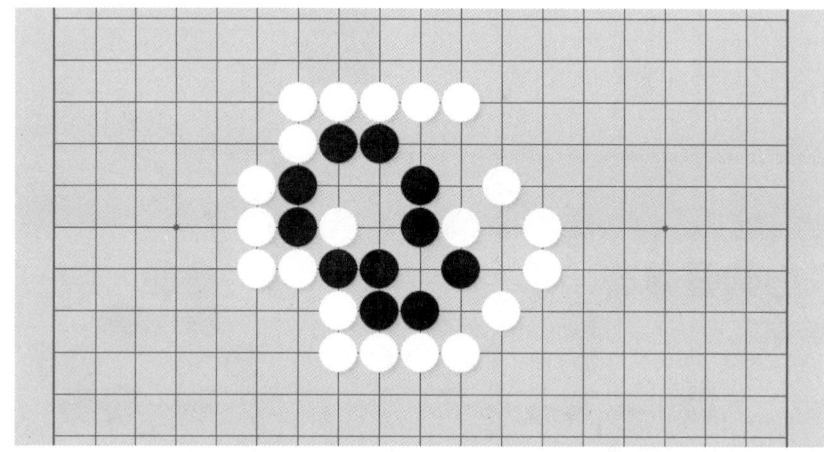

检查

2556

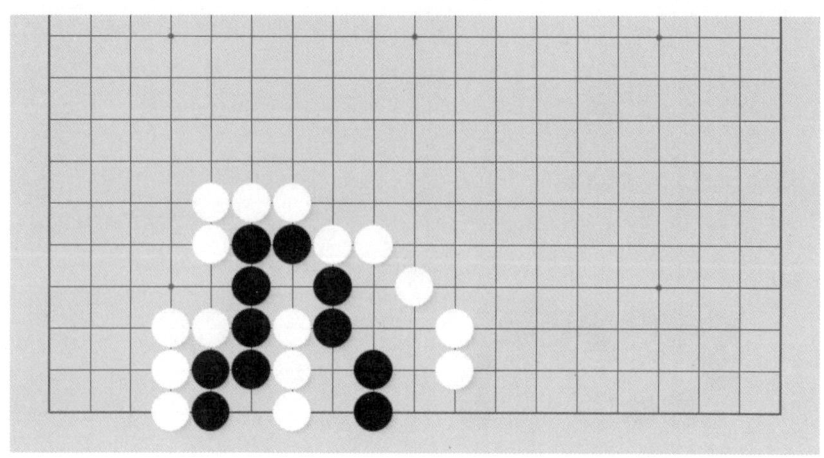

检查

2557

检查

2558

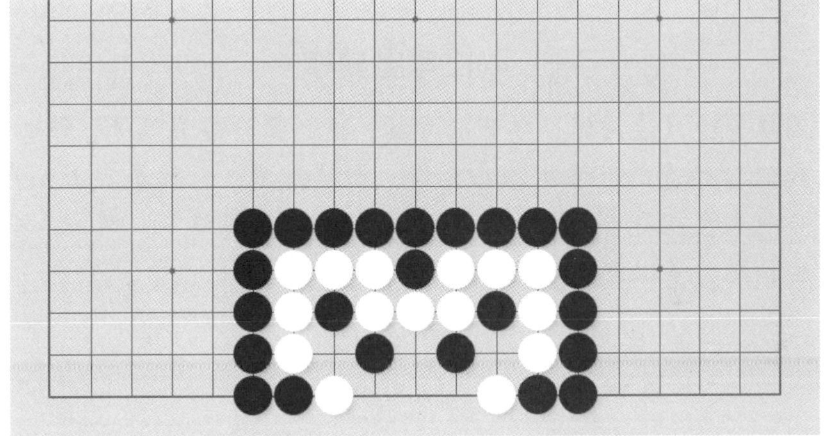

检查

2559

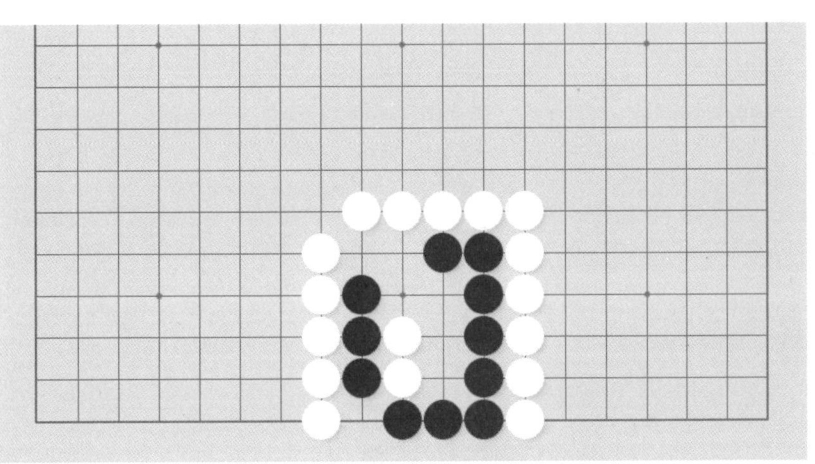

检查

2560

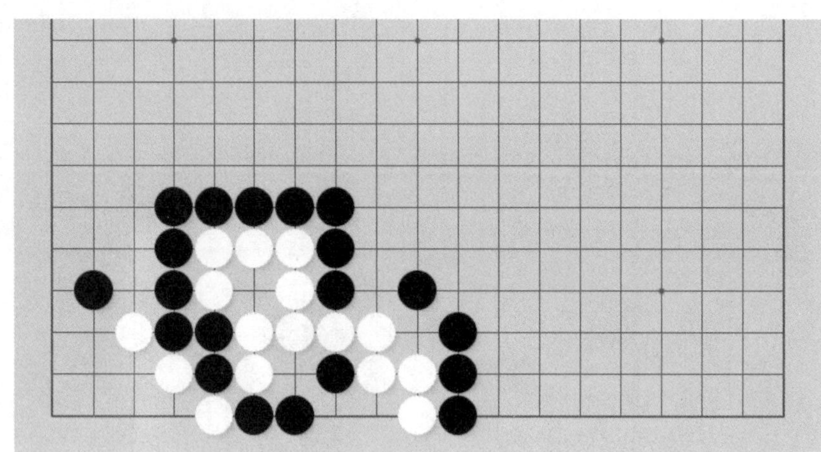

检查

长考出臭棋

围棋有速战速决派，亦有长考派，这两派中各有高手，谁也不让谁。

我们都知道，下得快容易出错，即“打勺”。但事实上，在不必要的地方想太久也是会出错的，那正是“长考出臭棋”。所以，我们平常要多加训练，多做题，以培养强烈的第一感。

——胡啸城

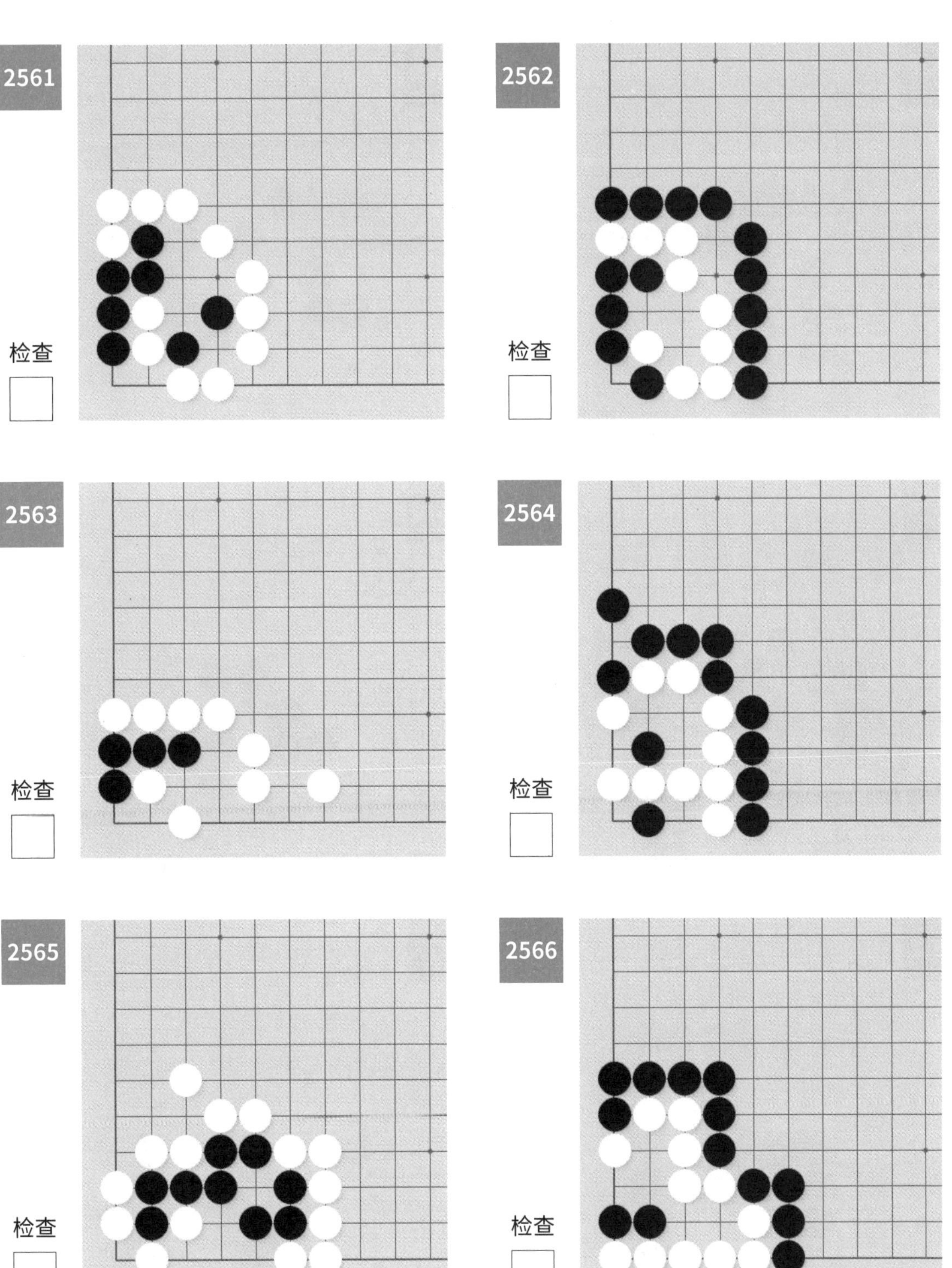
2561
检查
2562
检查
2563
检查
2564
检查
2565
检查
2566
检查

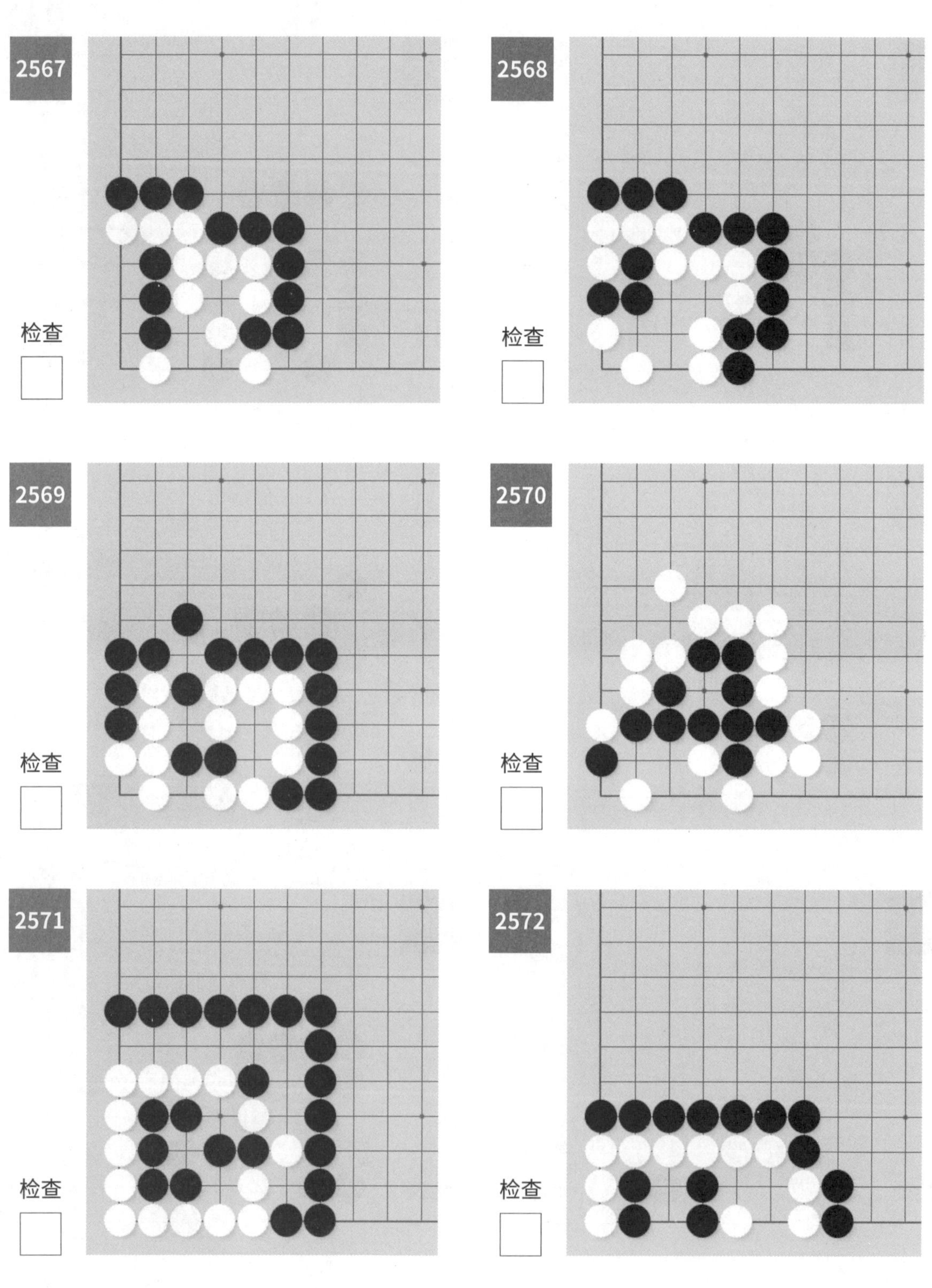
2567
检查
2568
检查
2569
检查
2570
检查
2571
检查
2572
检查

2573

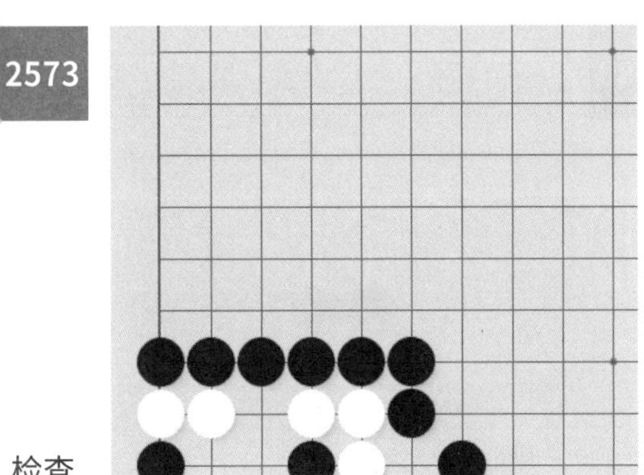

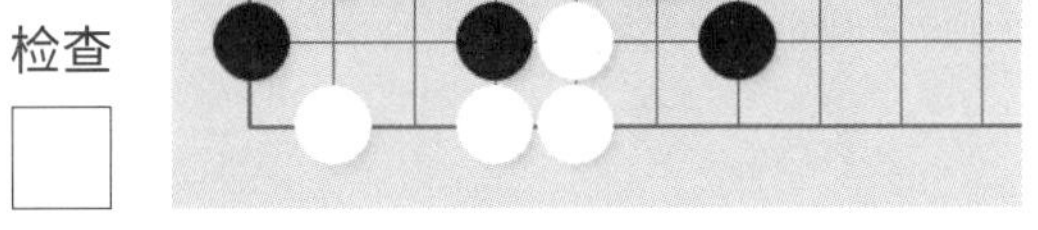

检查

2574

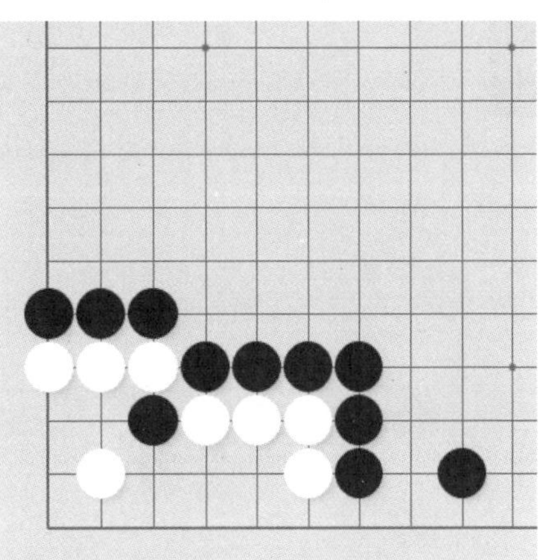

检查

2575

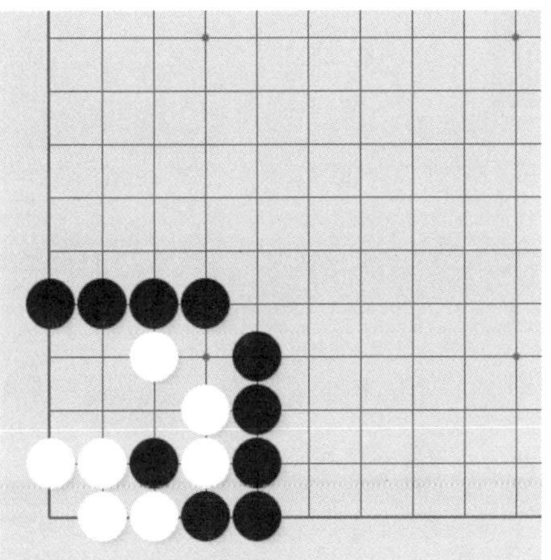

检查

2576

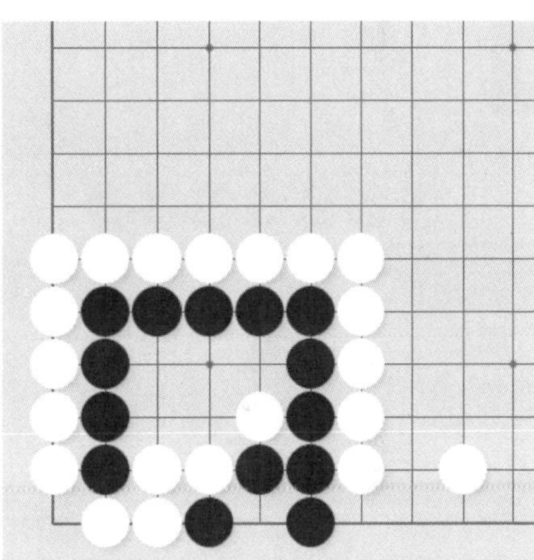

检查

2577

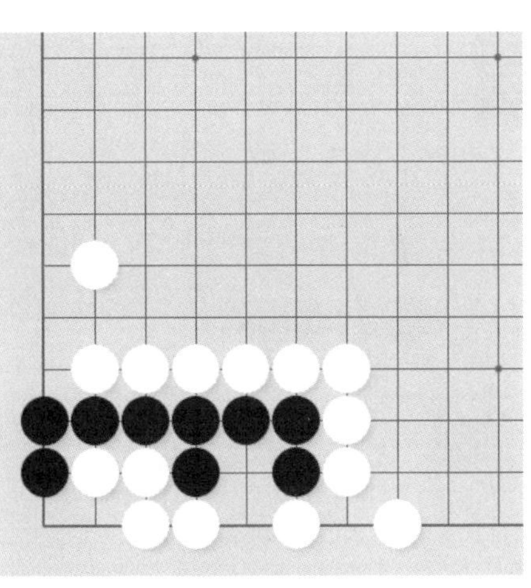

检查

2578

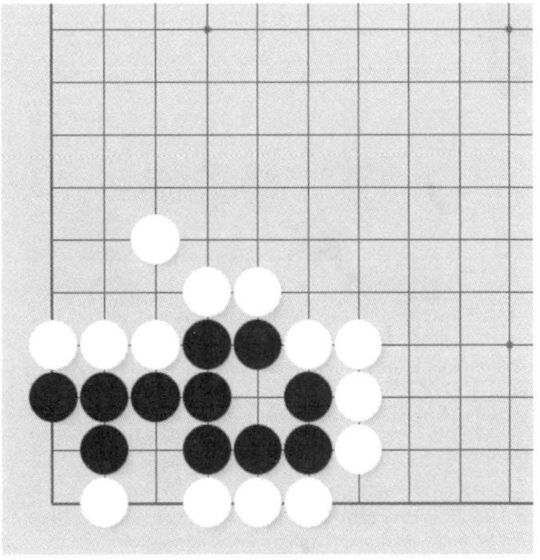

检查

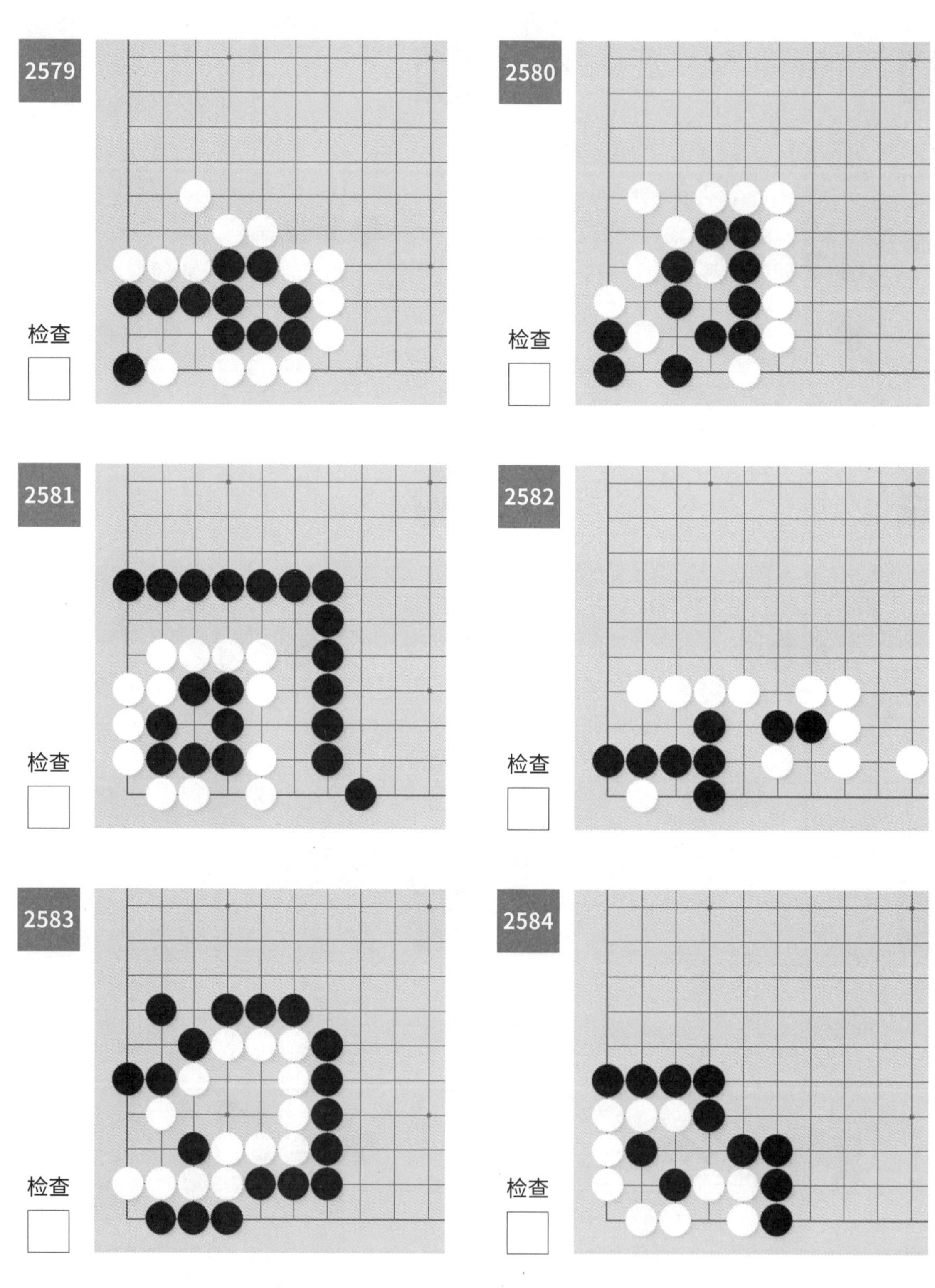
2579
检查
2580
检查
2581
检查
2582
检查
2583
检查
2584
检查

2585

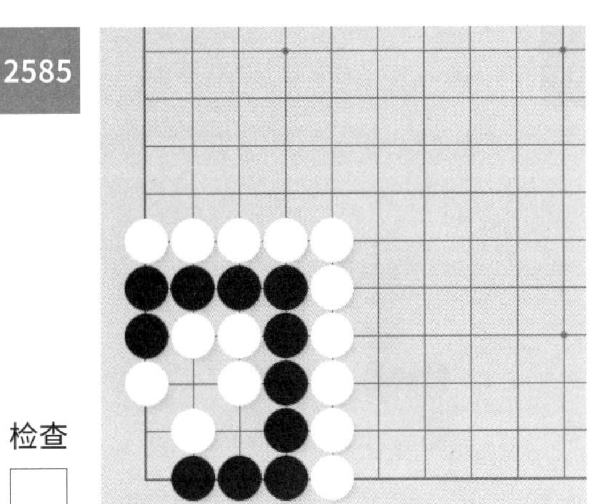

检查

2586

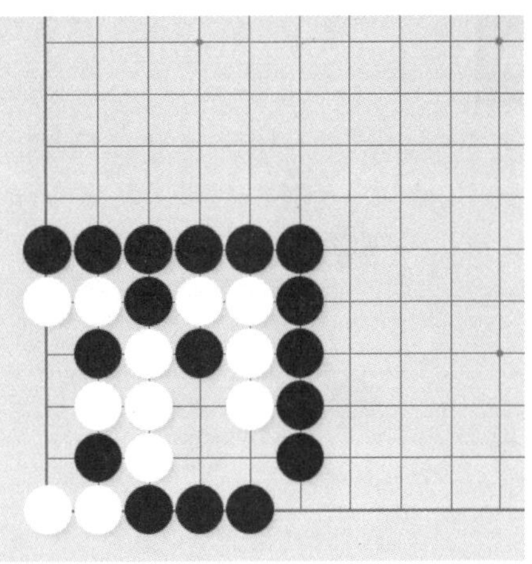

检查

2587

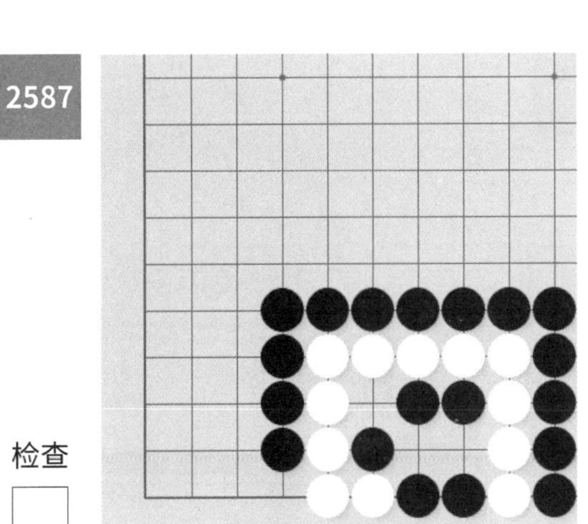

检查

2588

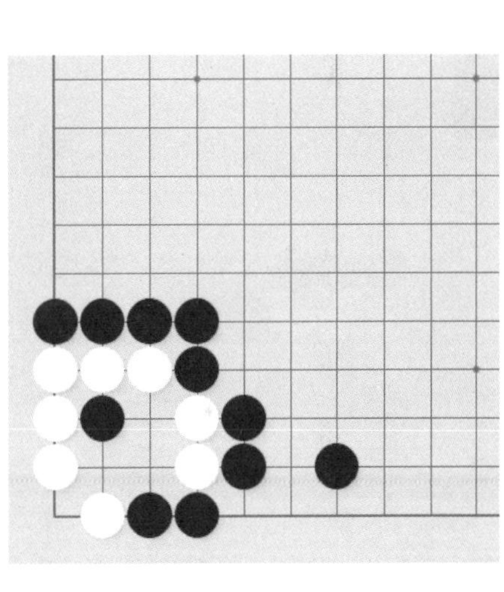

检查

2589

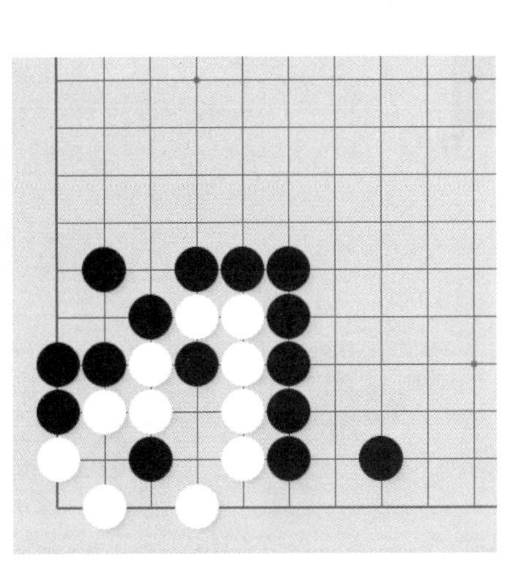

检查

2590

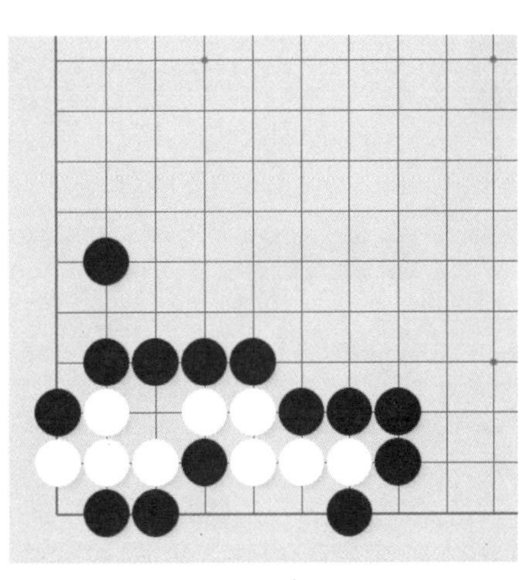

检查

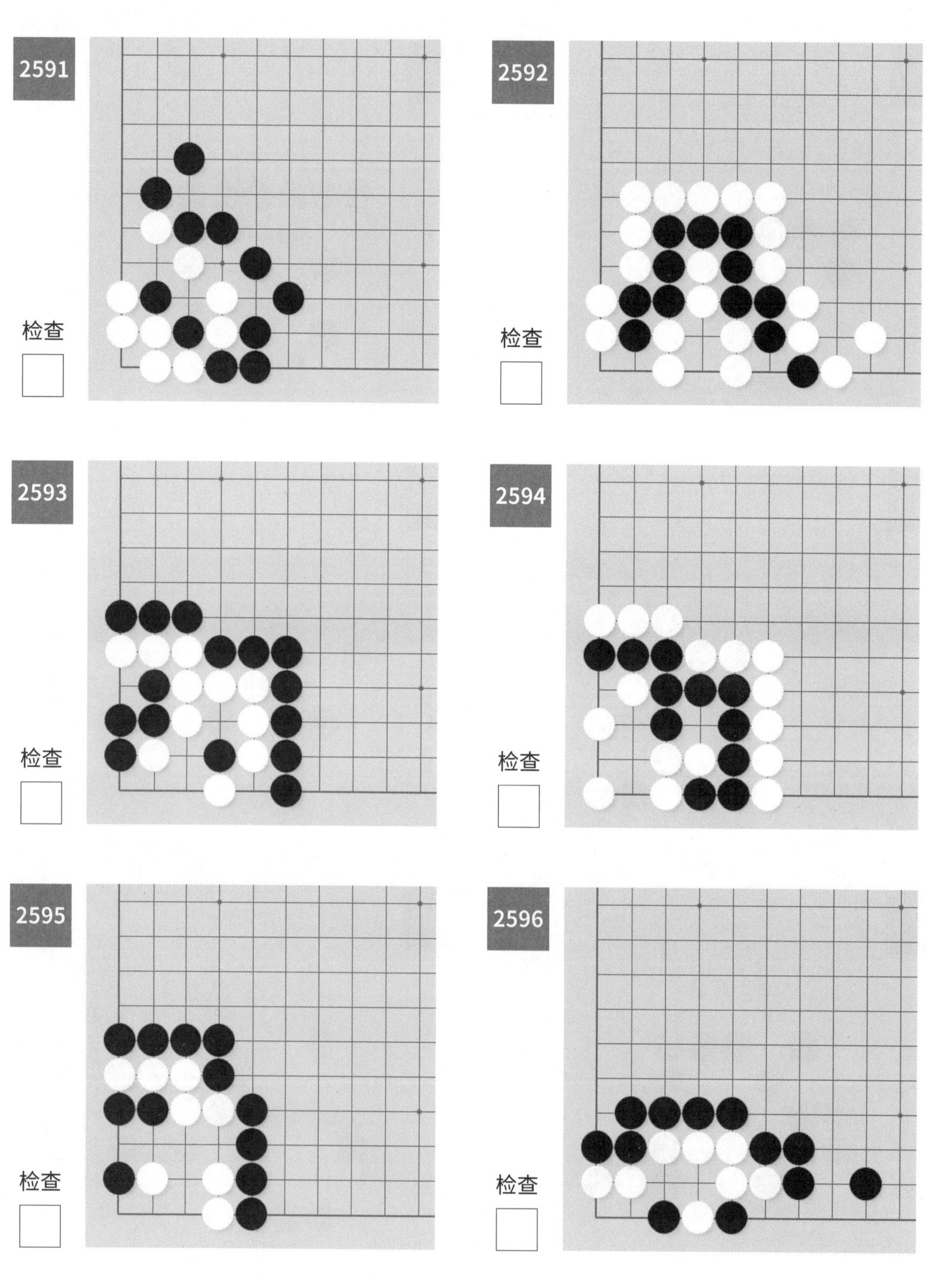
2591
检查
2592
检查
2593
检查
2594
检查
2595
检查
2596
检查

2597

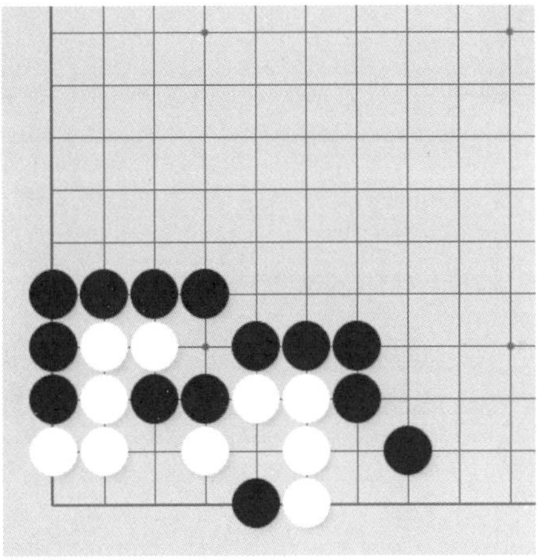

检查 □

2598

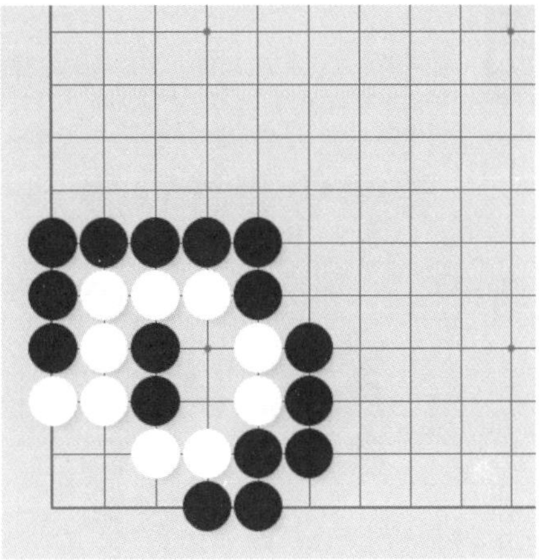

检查 □

2599

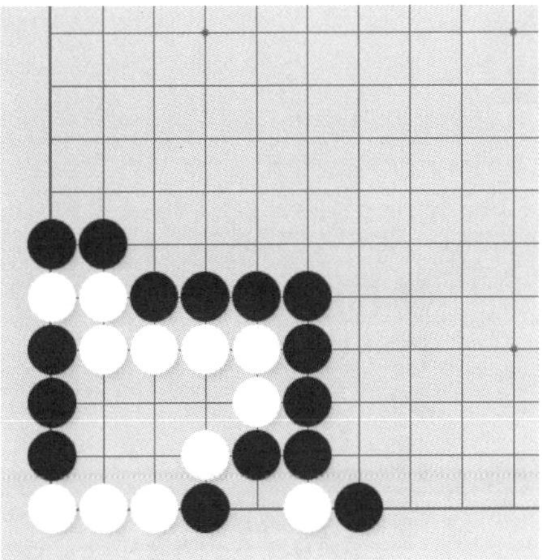

检查 □

2600

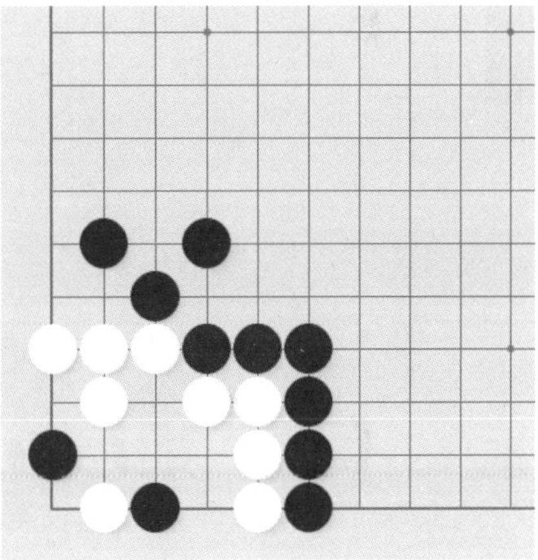

检查 □

2601

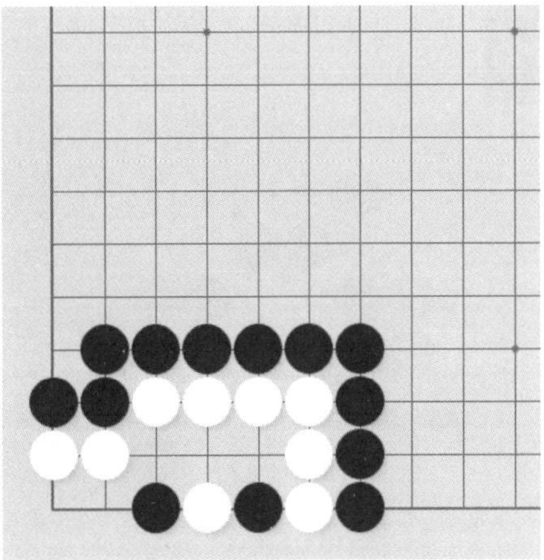

检查 □

2602

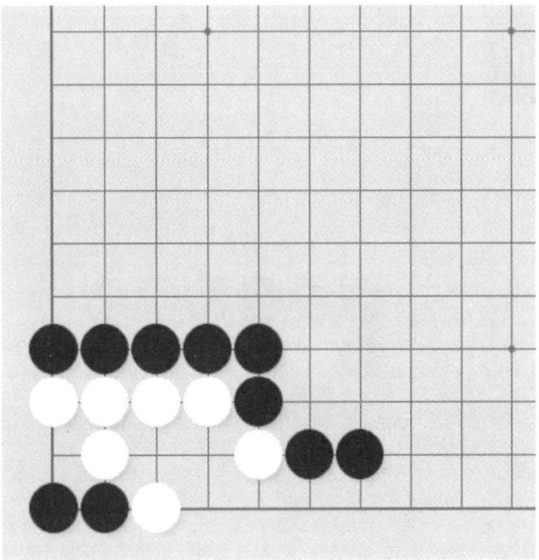

检查 □

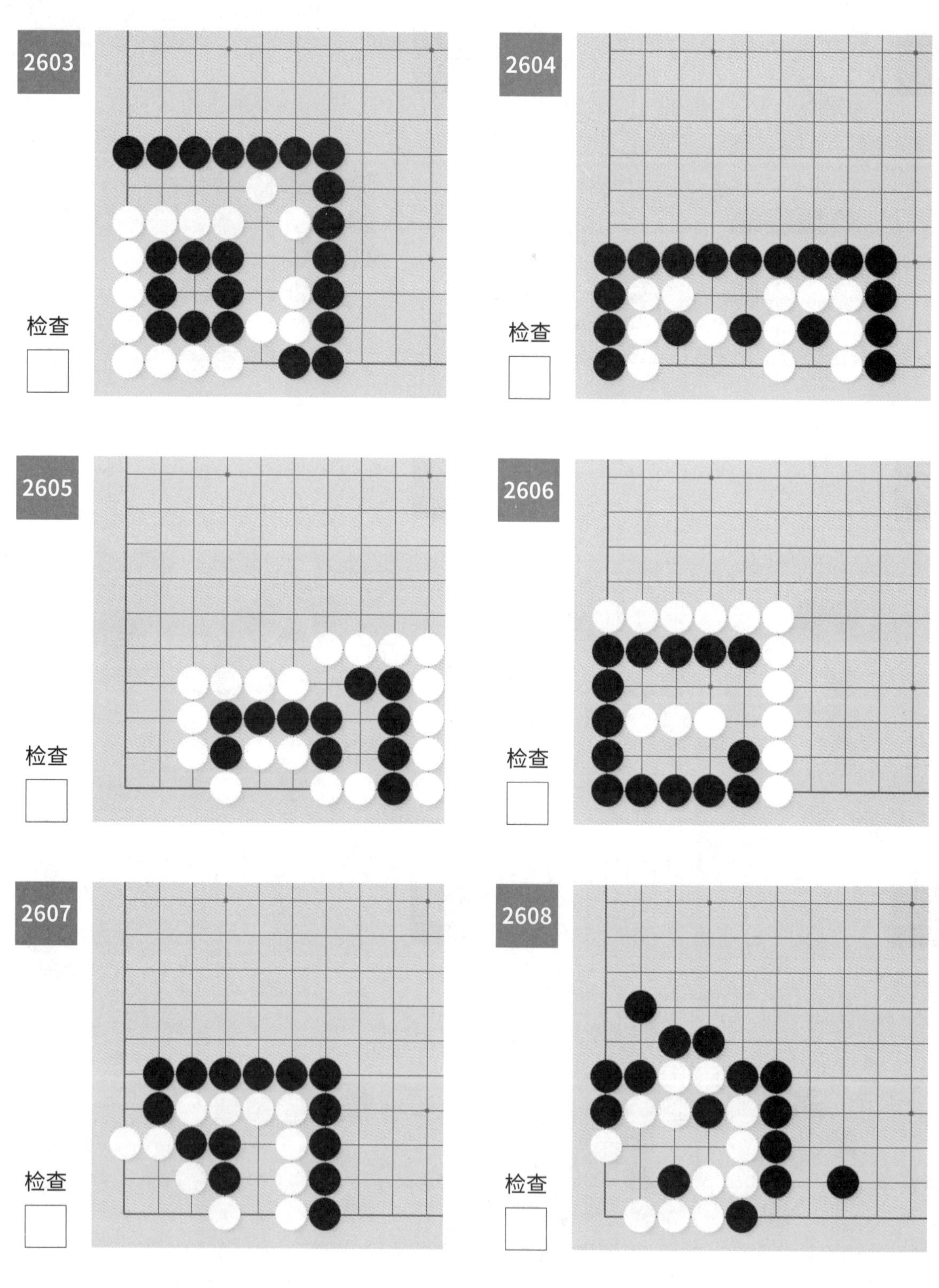
2603
检查
2604
检查
2605
检查
2606
检查
2607
检查
2608
检查

2609

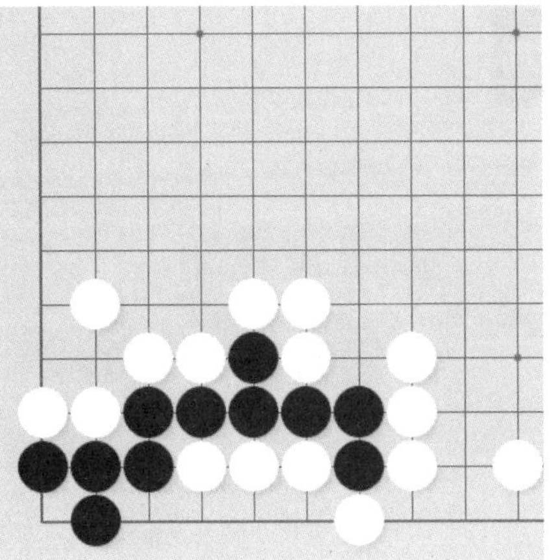

检查

2610

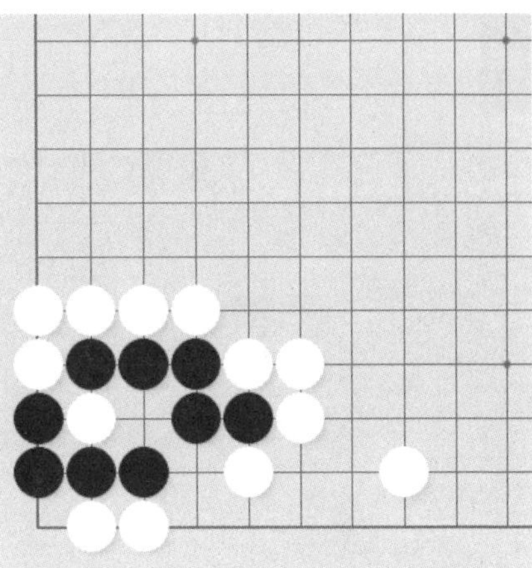

检查

2611

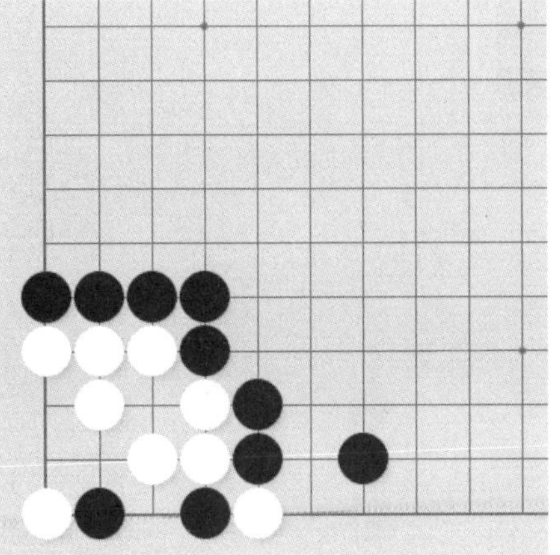

检查

2612

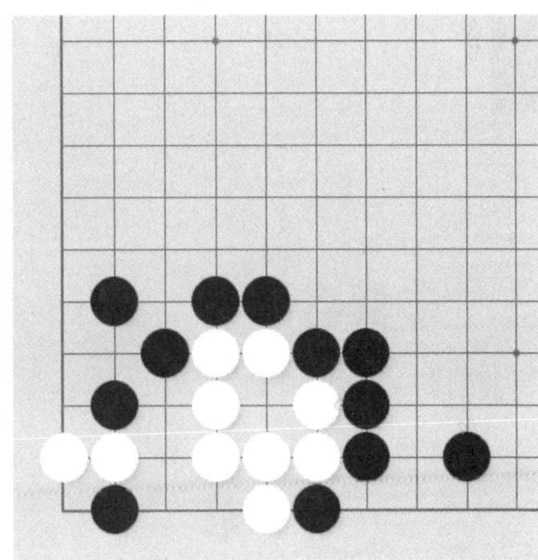

检查

2613

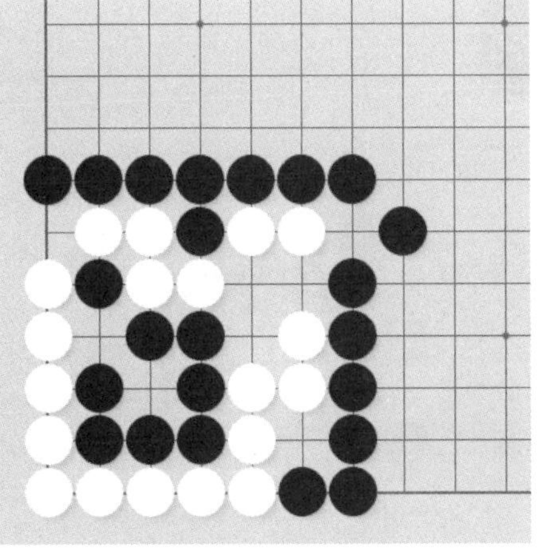

检查

2614

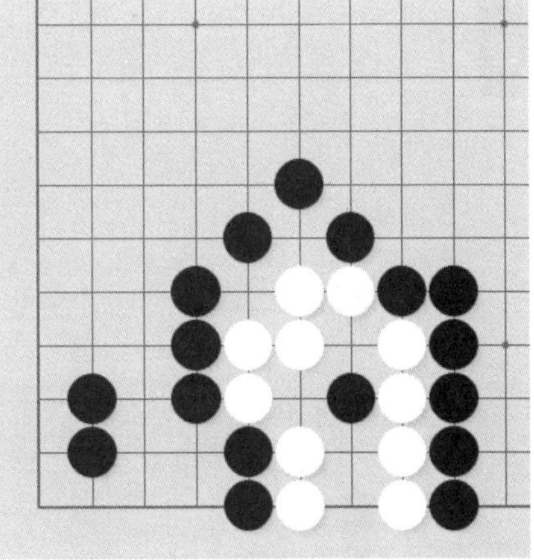

检查

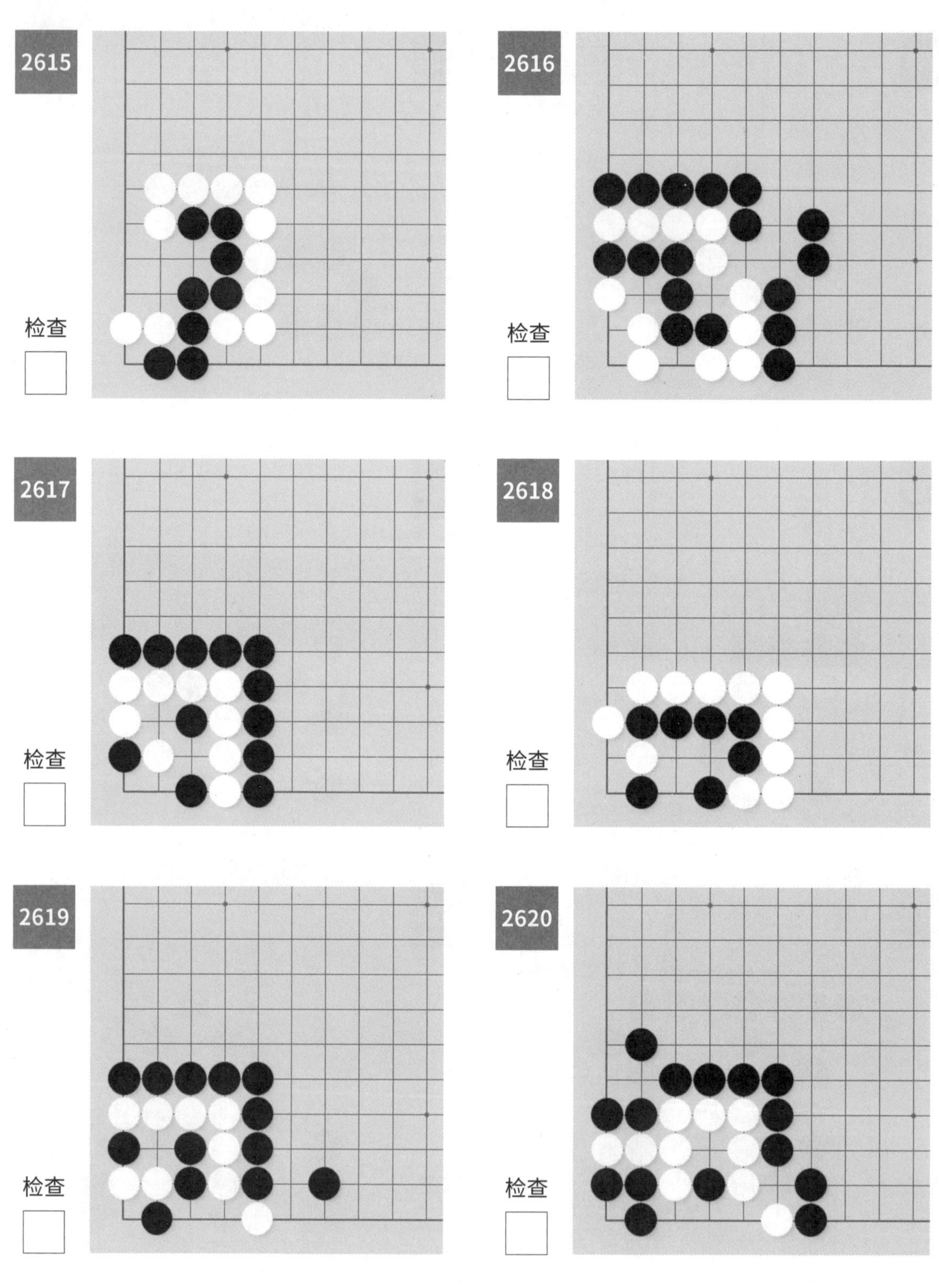
2615
检查
2616
检查
2617
检查
2618
检查
2619
检查
2620
检查

2621

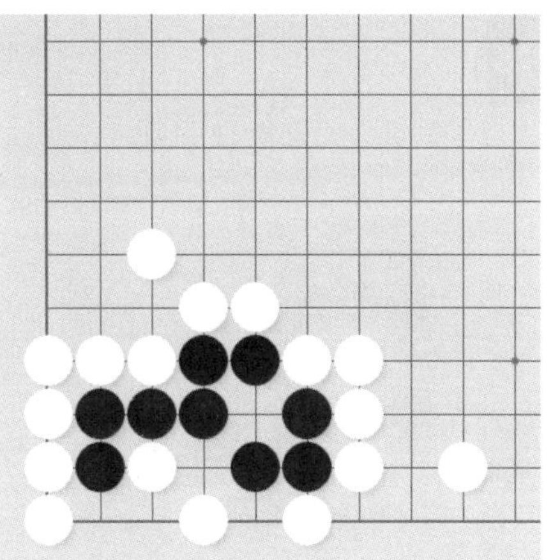

检查

2622

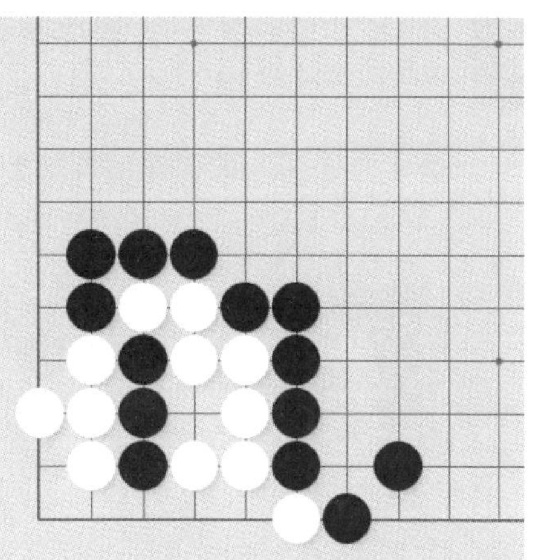

检查

2623

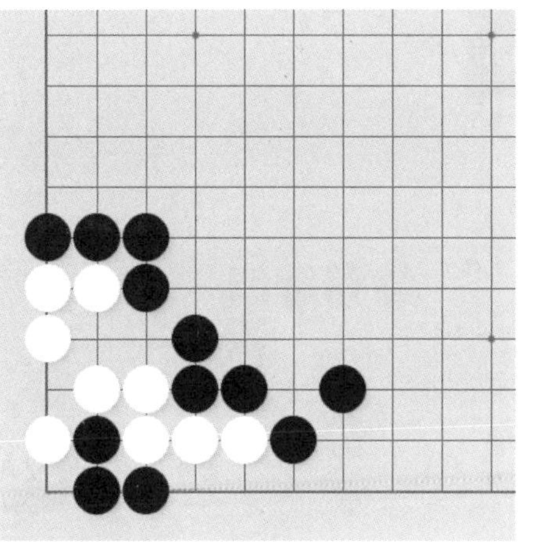

检查

2624

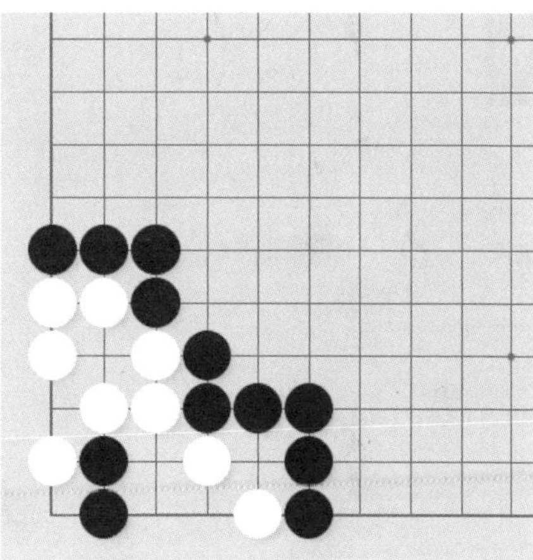

检查

2625

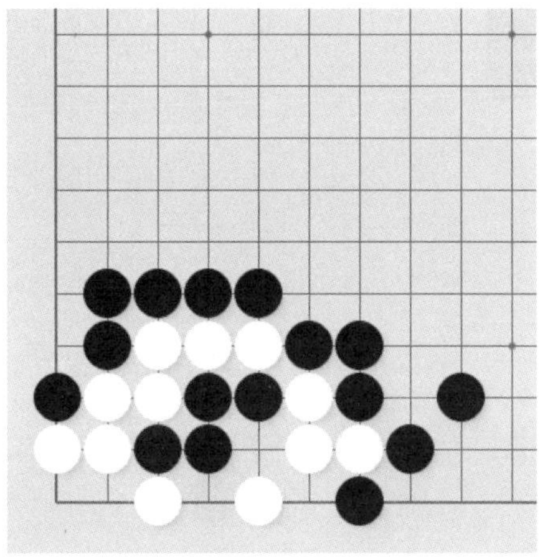

检查

2626

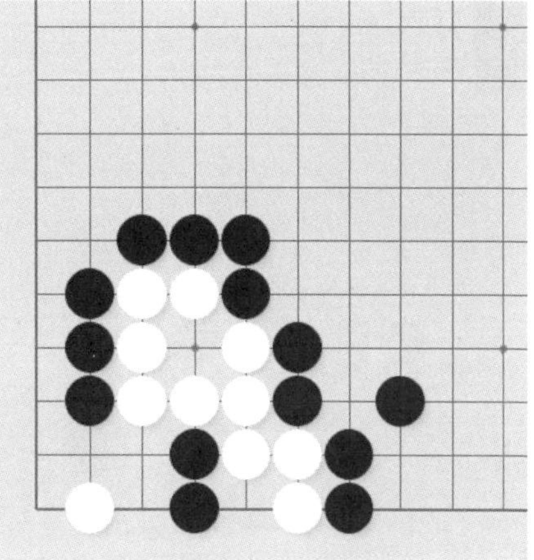

检查

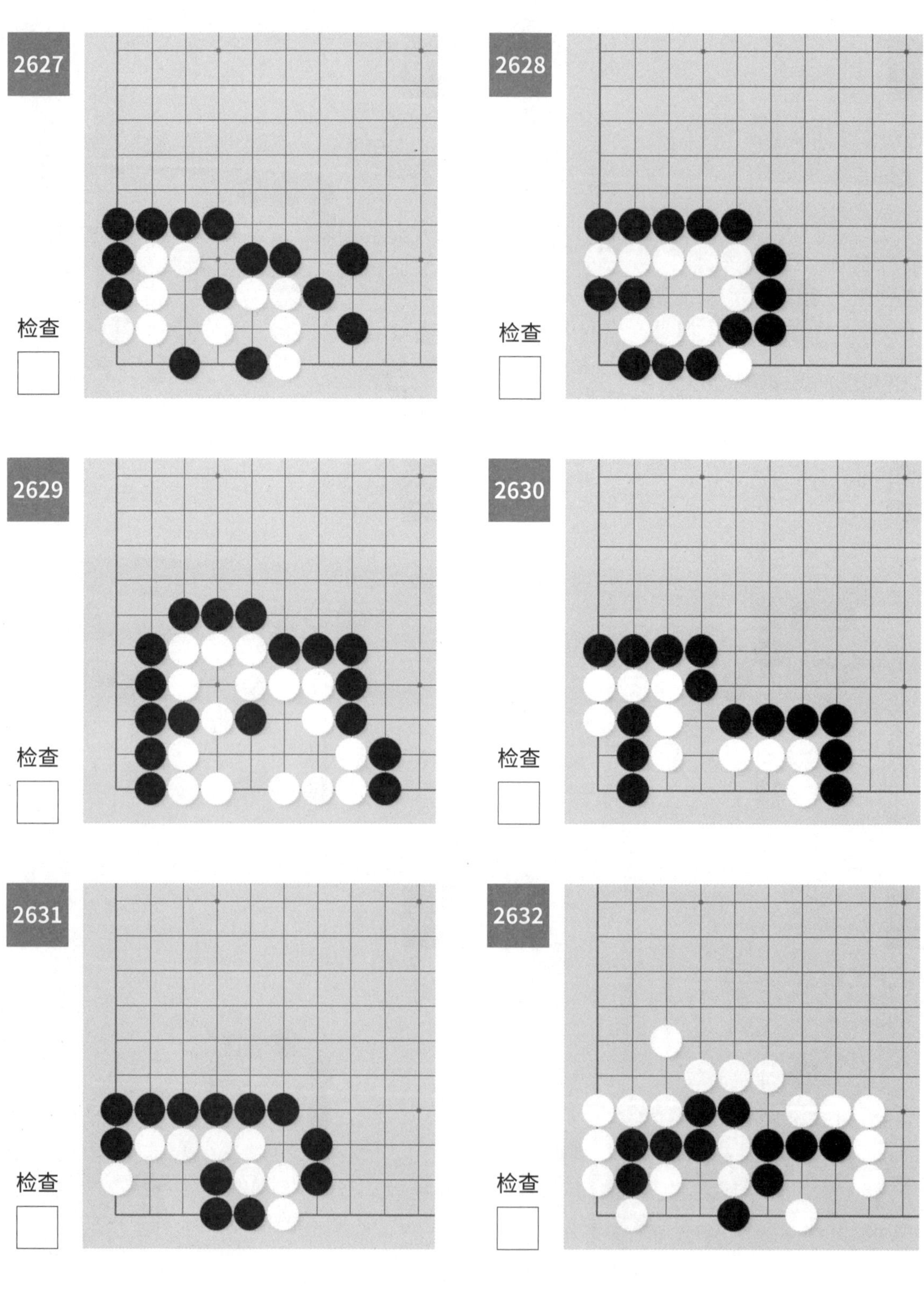
2627
检查
2628
检查
2629
检查
2630
检查
2631
检查
2632
检查

2633

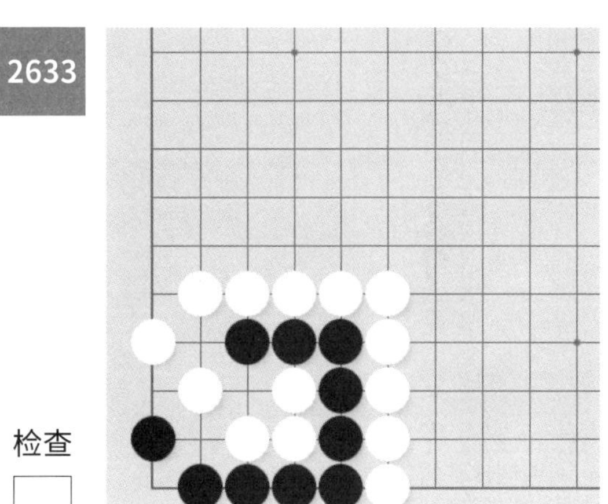

检查

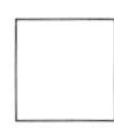

2634

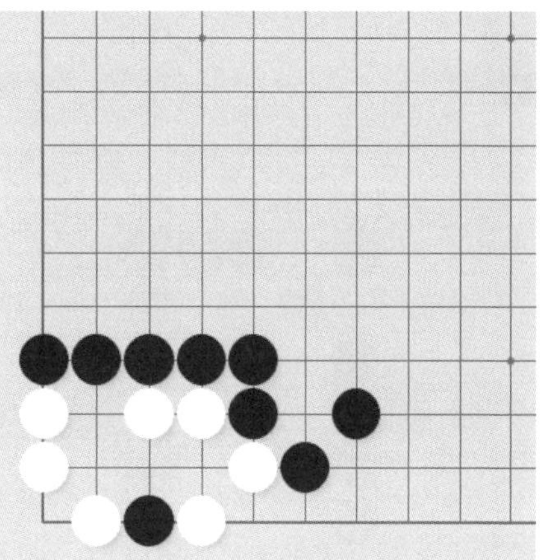

检查

2635

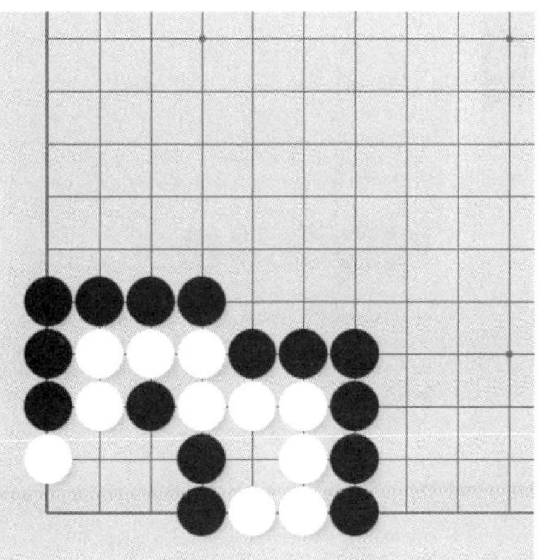

检查

2636

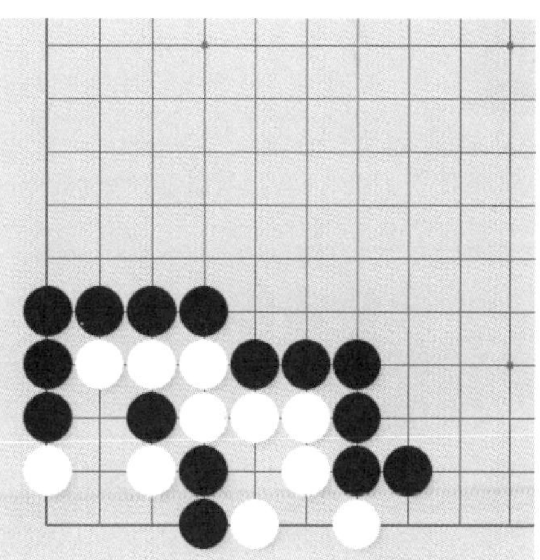

检查

2637

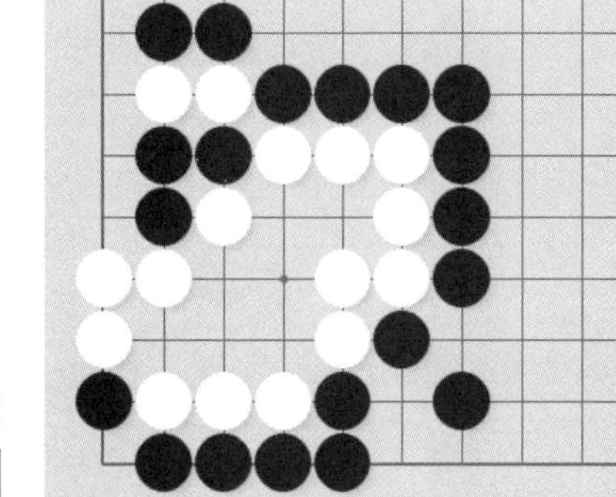

检查

2638

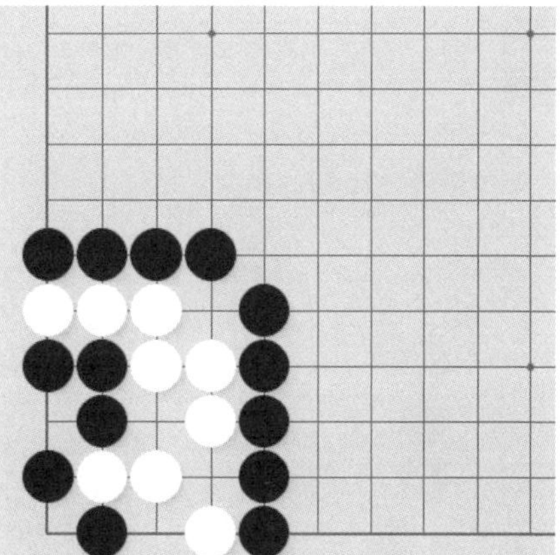

检查

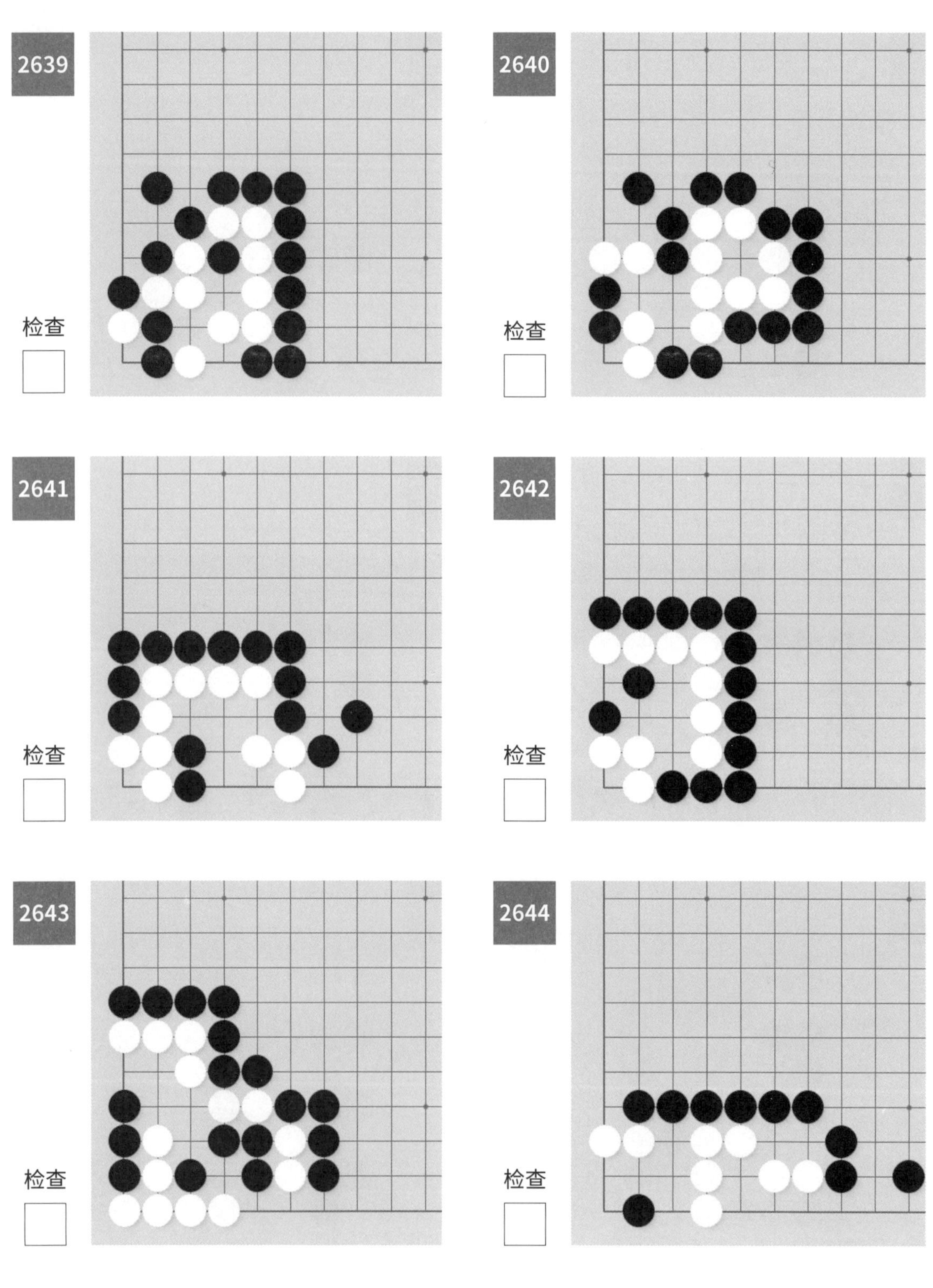
2639
检查
2640
检查
2641
检查
2642
检查
2643
检查
2644
检查

2645

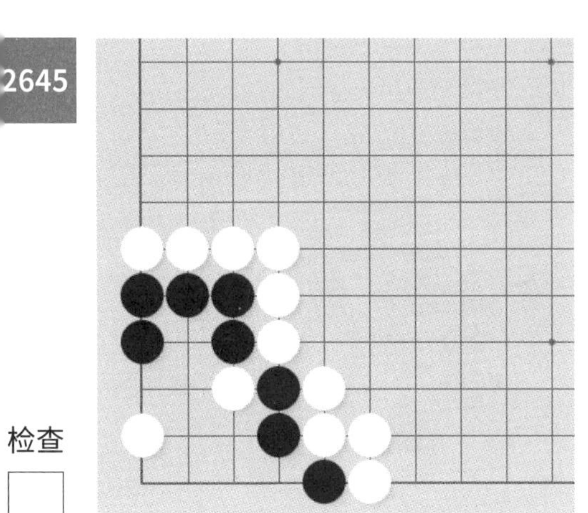

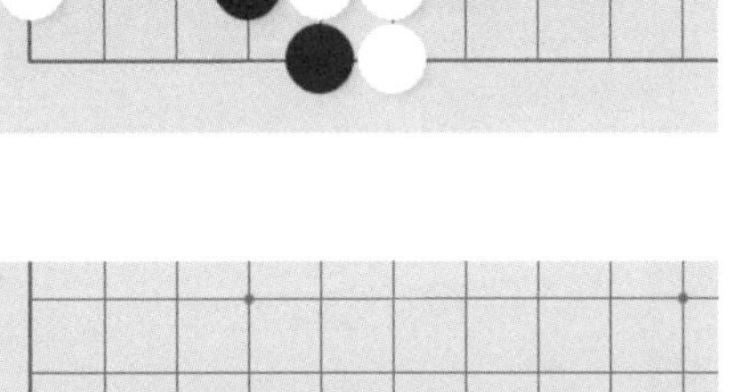

检查 □

2646

检查 □

2647

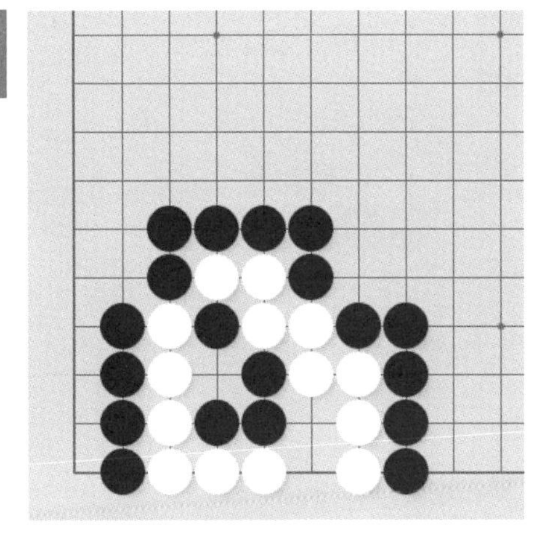

检查 □

2648

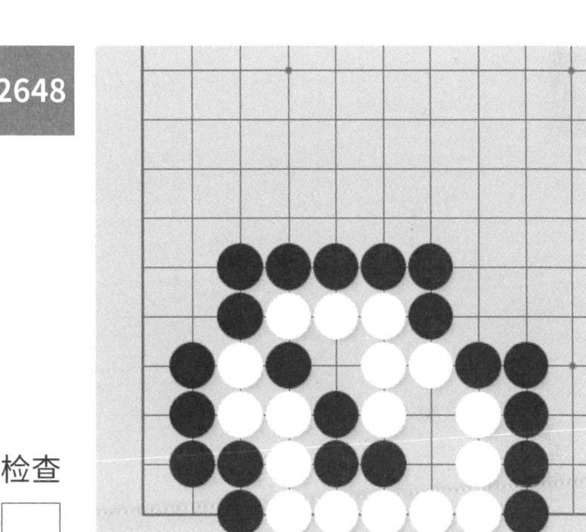

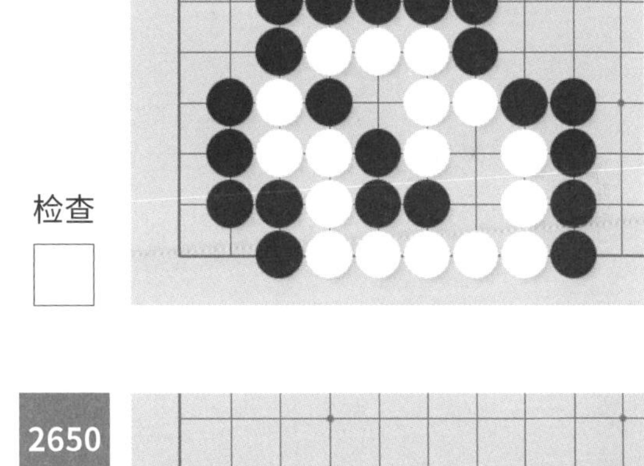

检查 □

2649

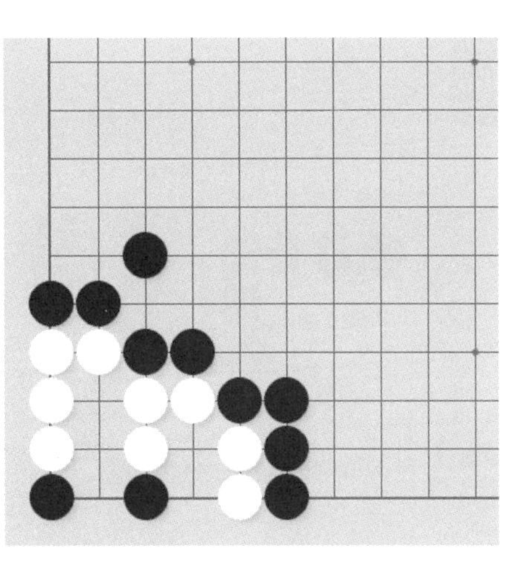

检查 □

2650

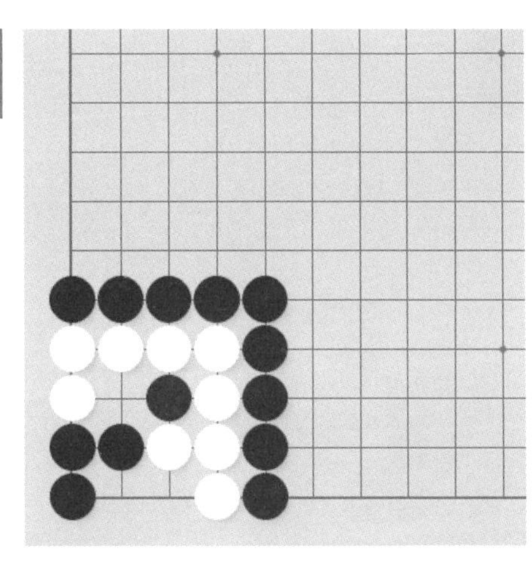

检查 □

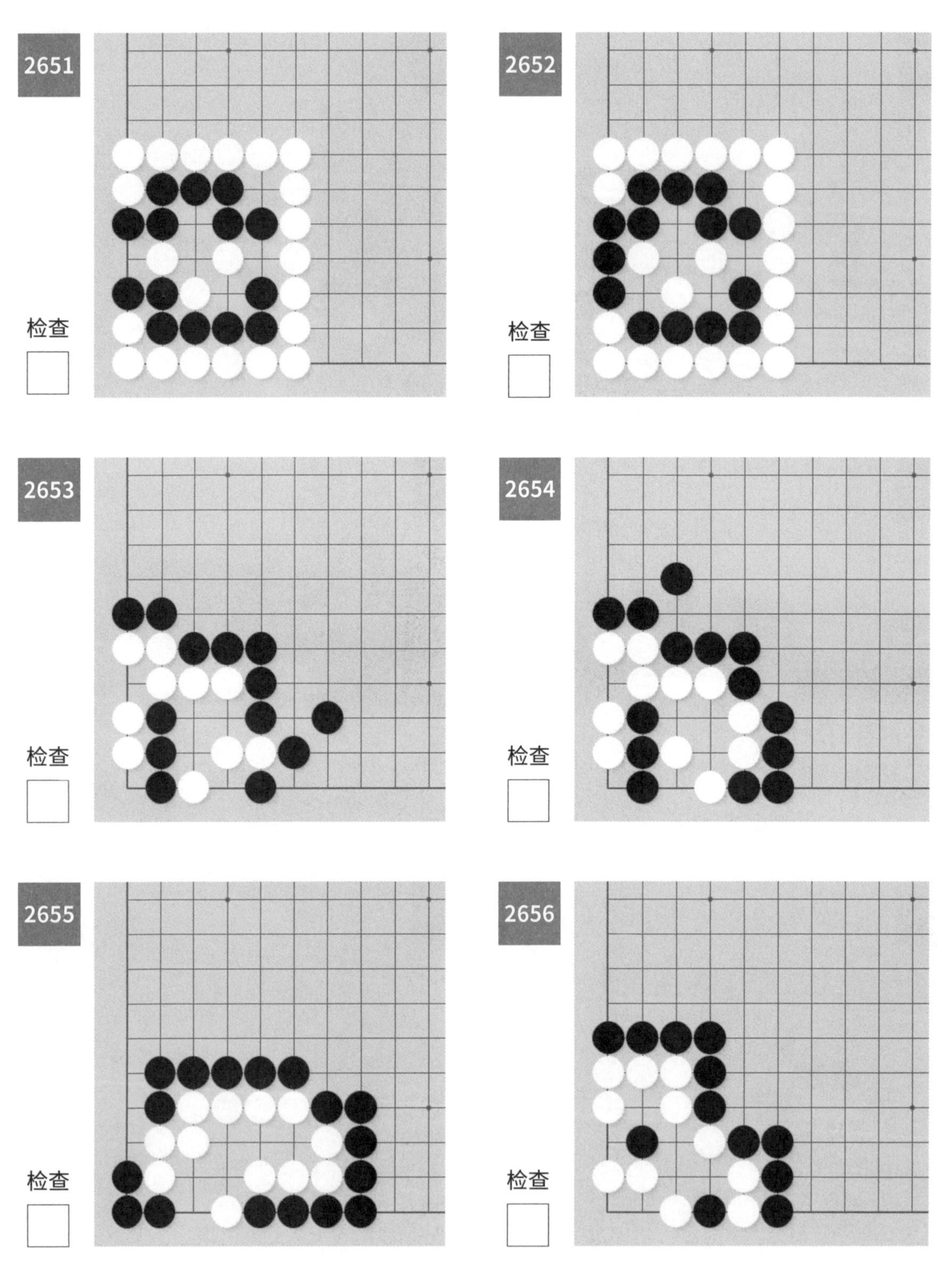
2651
检查
2652
检查
2653
检查
2654
检查
2655
检查
2656
检查

2657

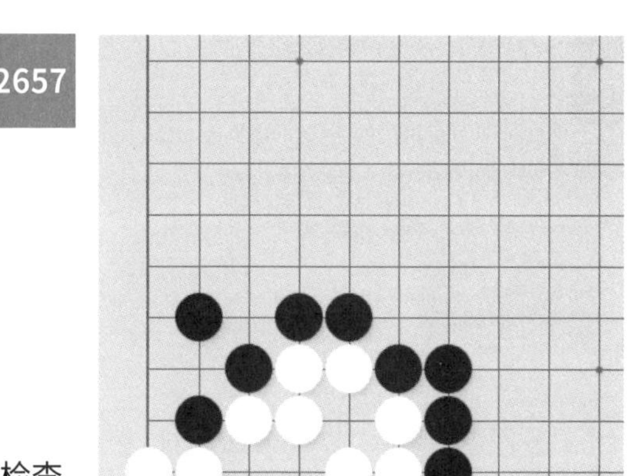

检查

2658

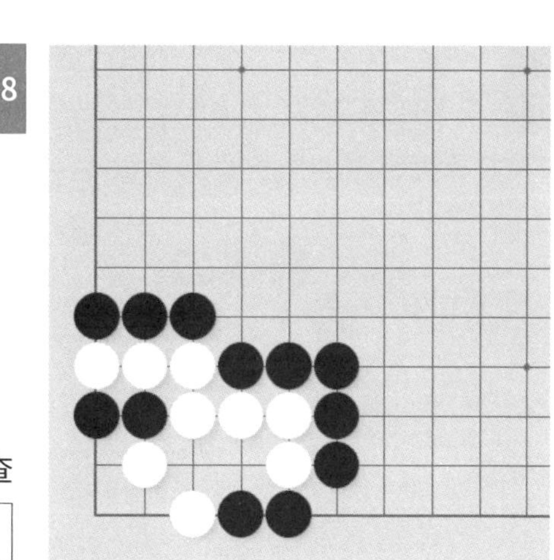

检查

2659

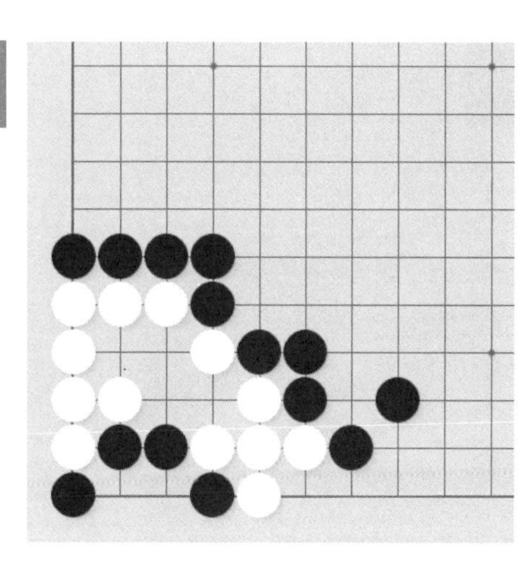

检查

2660

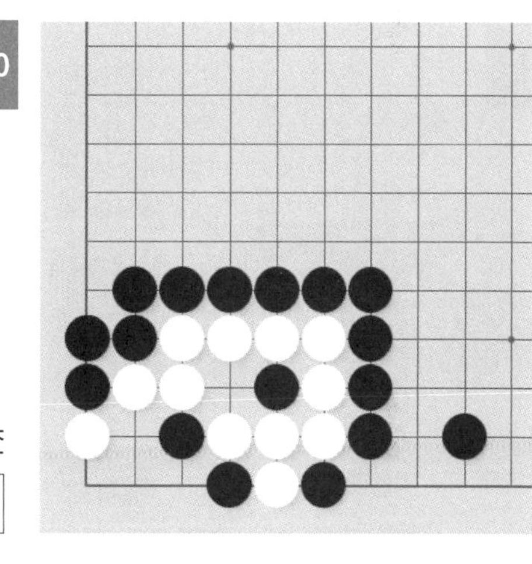

检查

2661

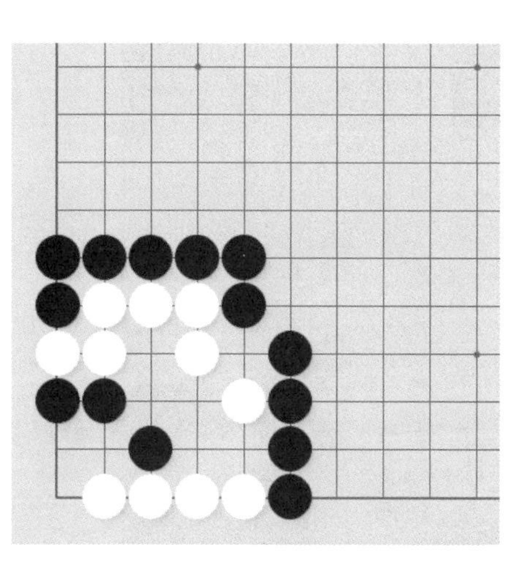

检查

2662

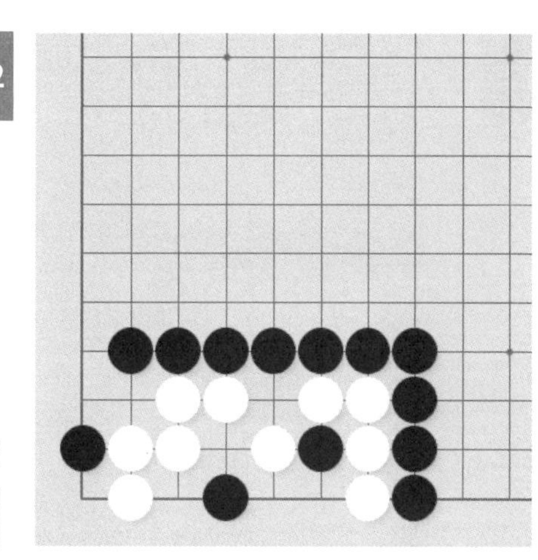

检查

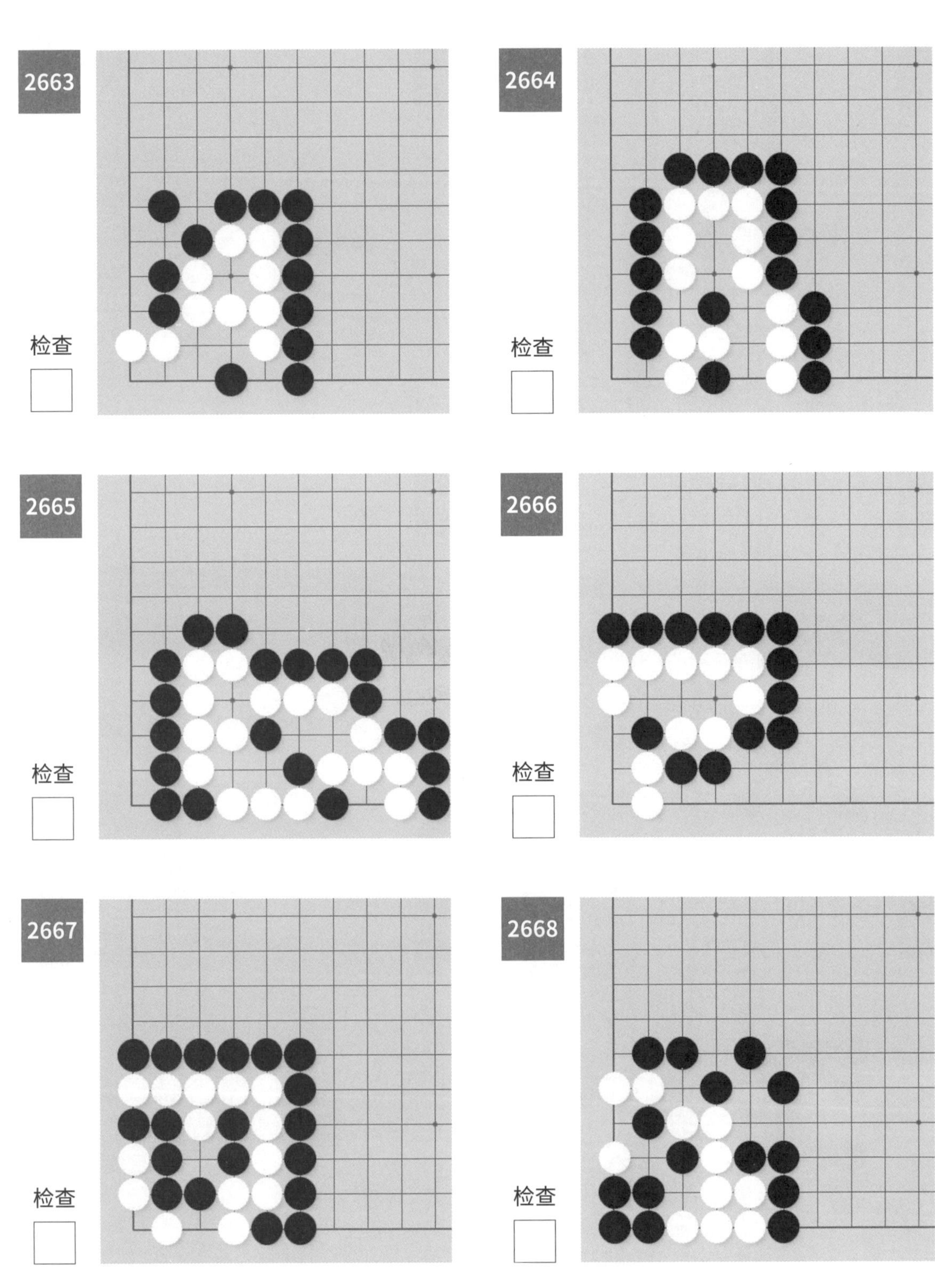
2663
检查
2664
检查
2665
检查
2666
检查
2667
检查
2668
检查

2669

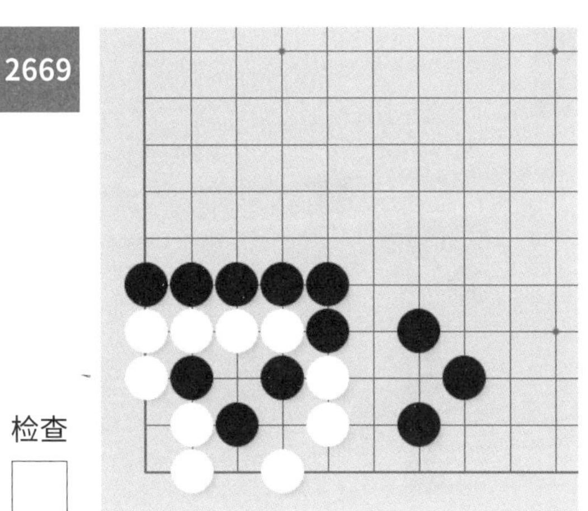

检查 □

2670

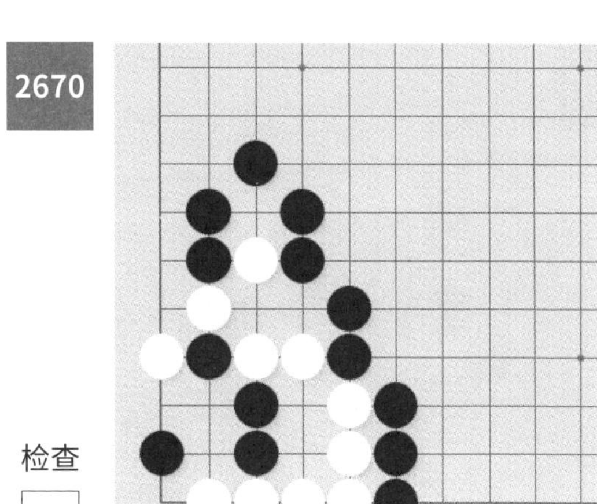

检查 □

2671

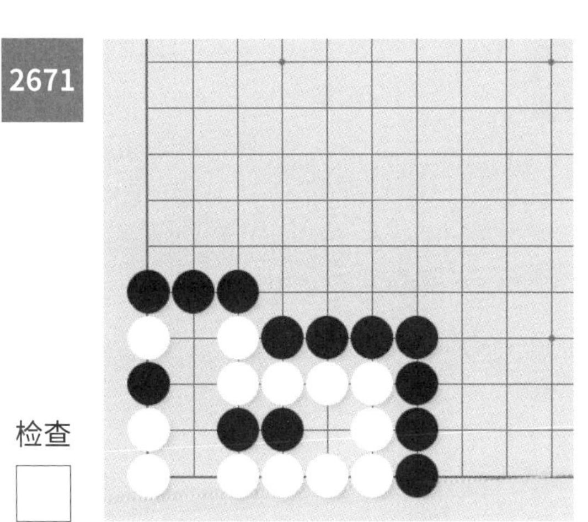

检查 □

2672

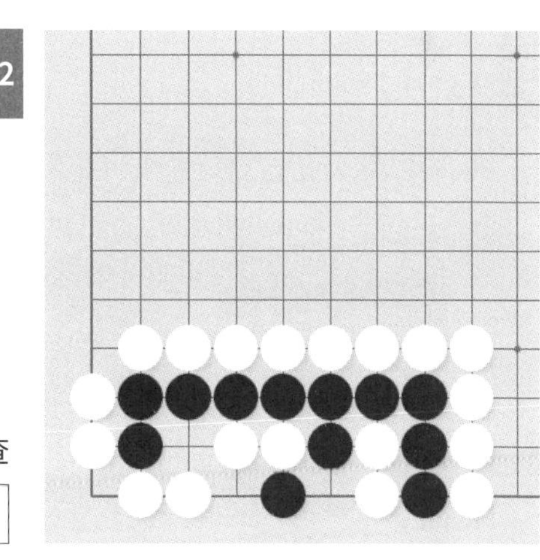

检查 □

2673

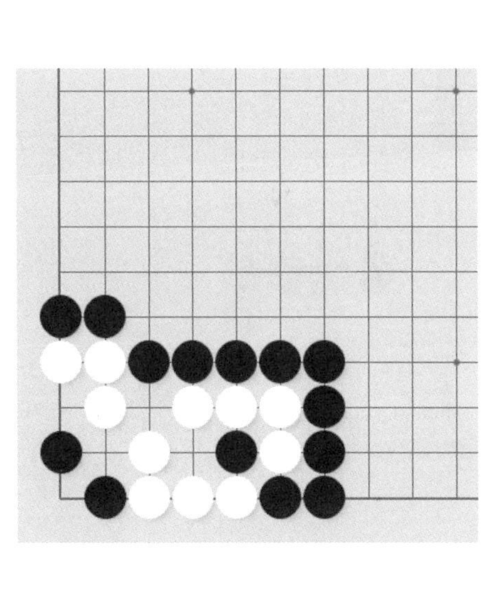

检查 □

2674

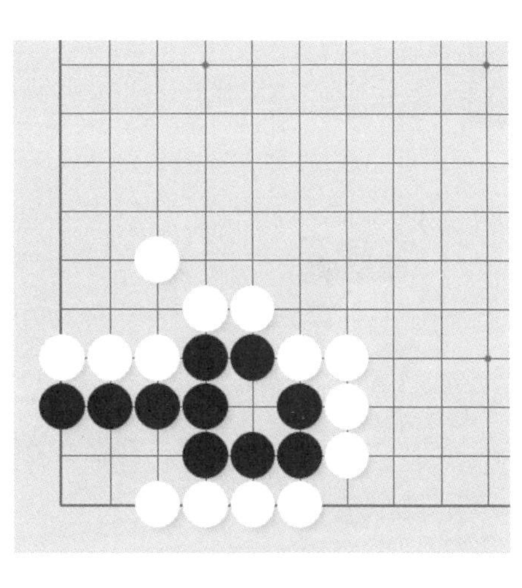

检查 □

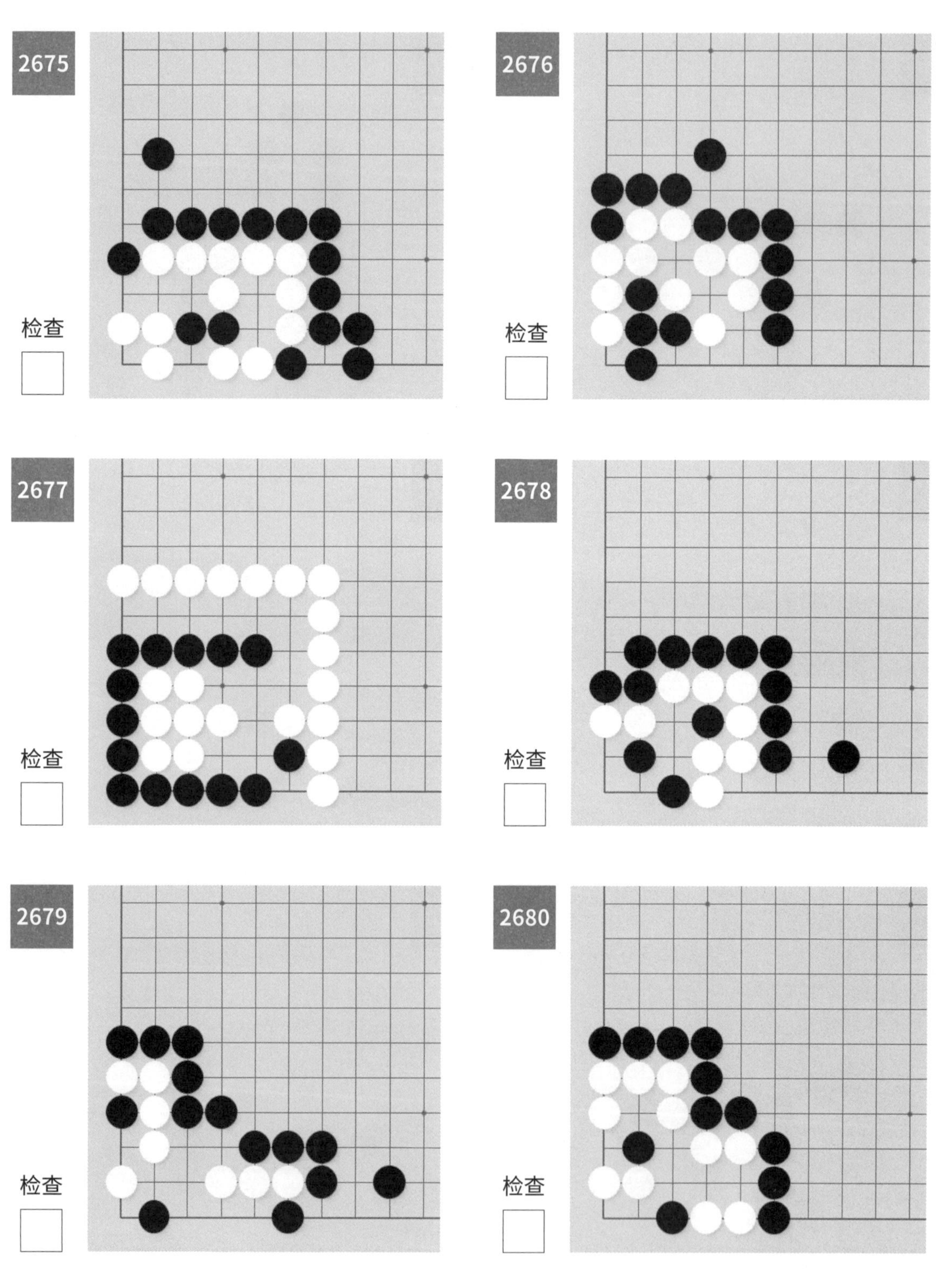
2675
检查
2676
检查
2677
检查
2678
检查
2679
检查
2680
检查

2681

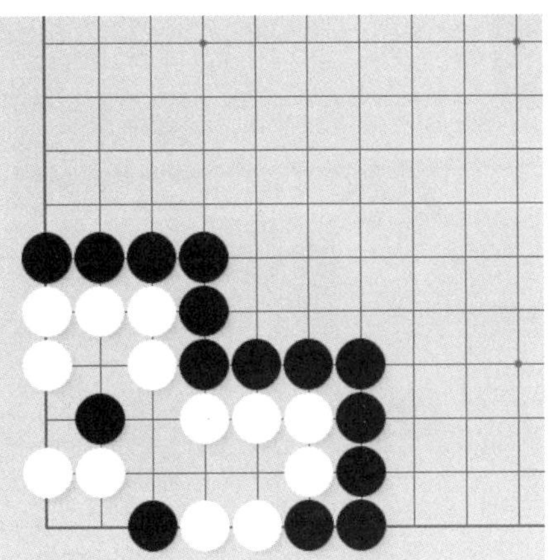

检查

2682

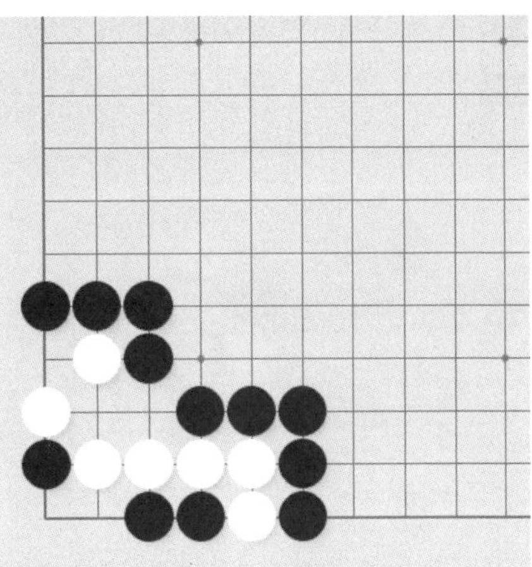

检查

2683

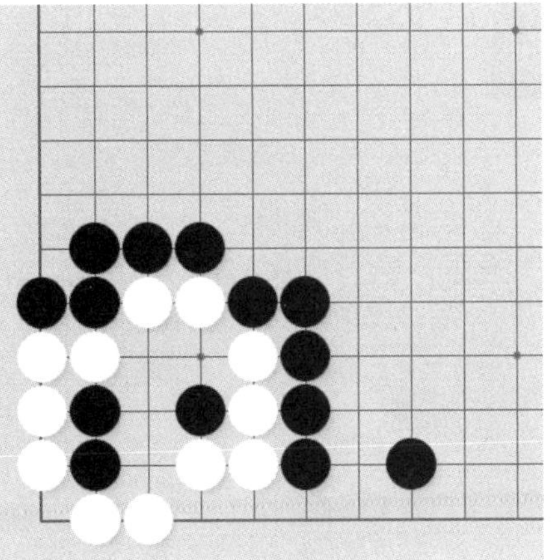

检查

2684

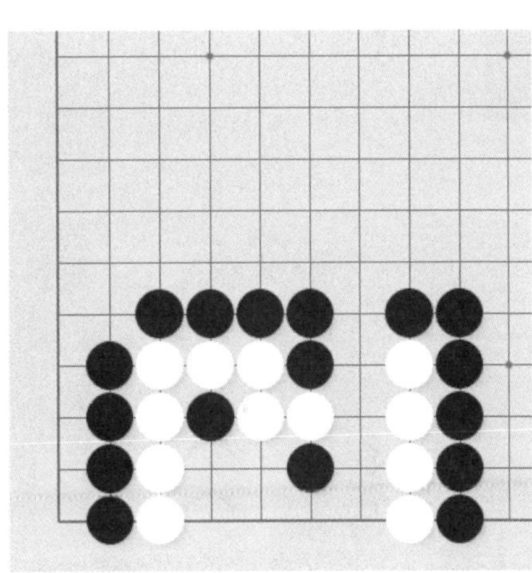

检查

2685

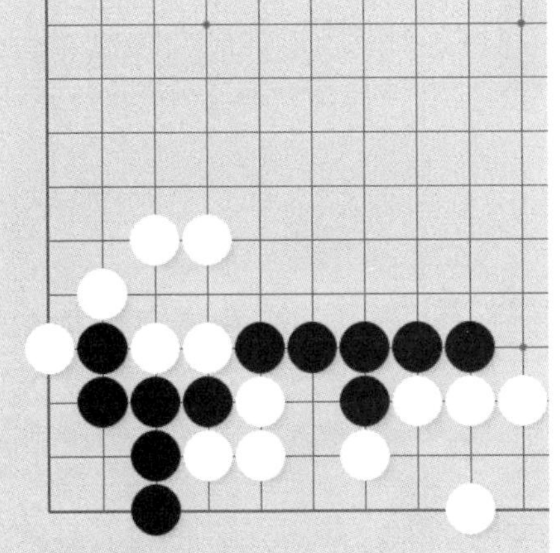

检查

2686

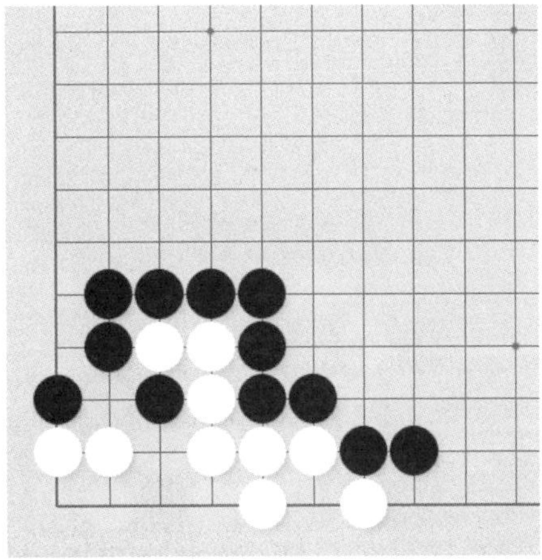

检查

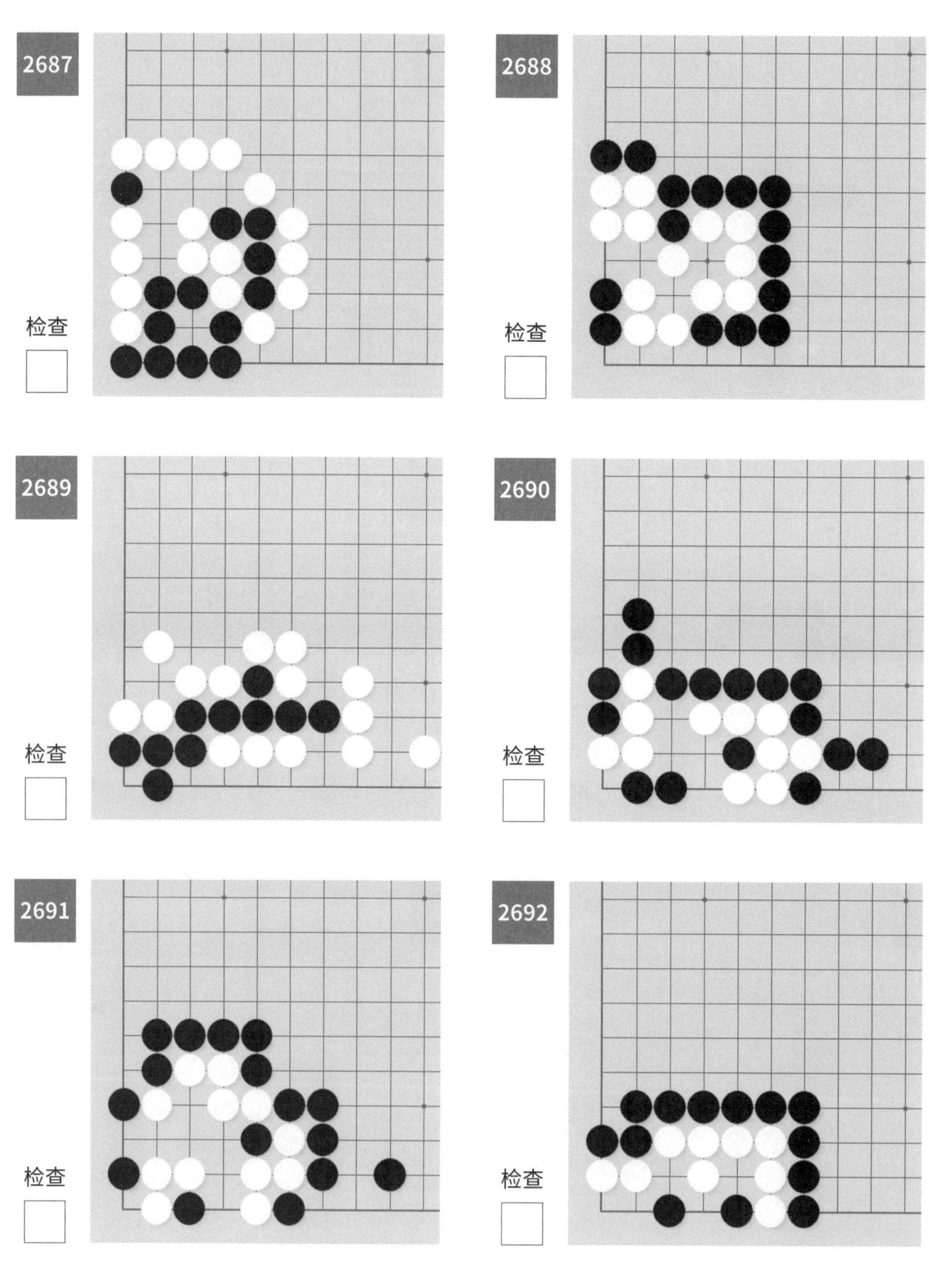
2687
检查
2688
检查
2689
检查
2690
检查
2691
检查
2692
检查

2693

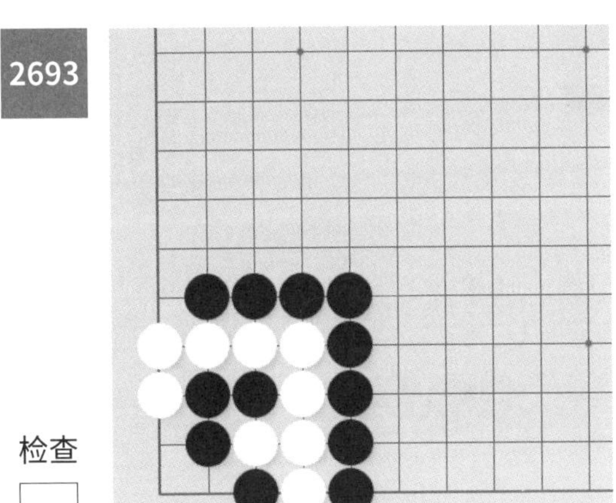

检查

2694

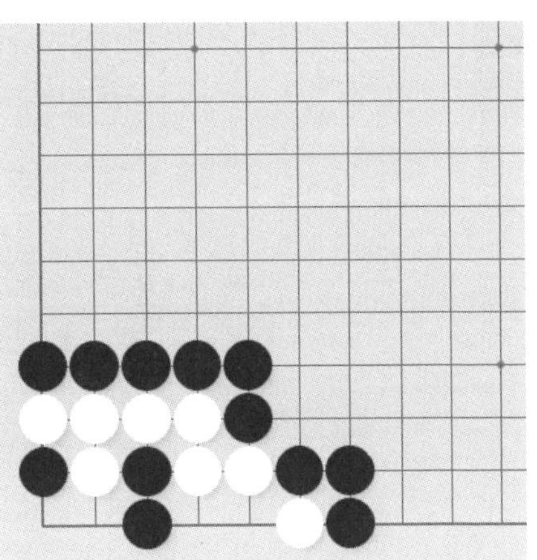

检查

2695

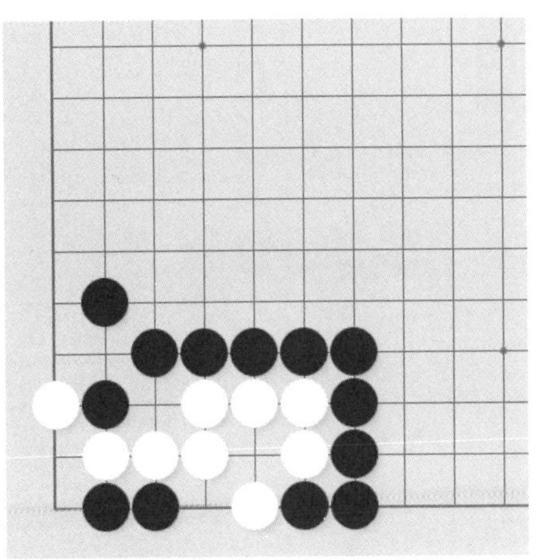

检查

2696

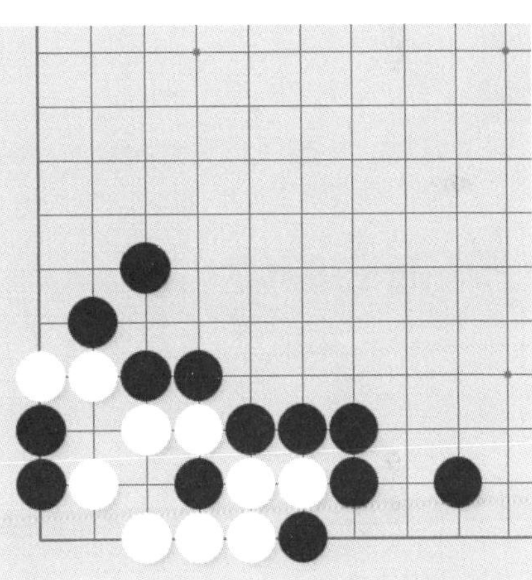

检查

2697

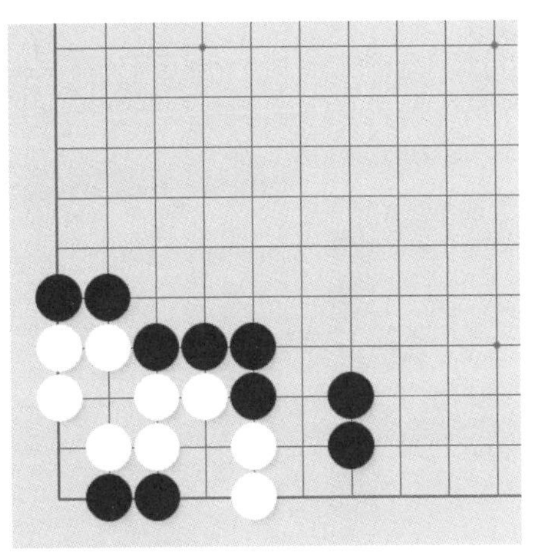

检查

2698

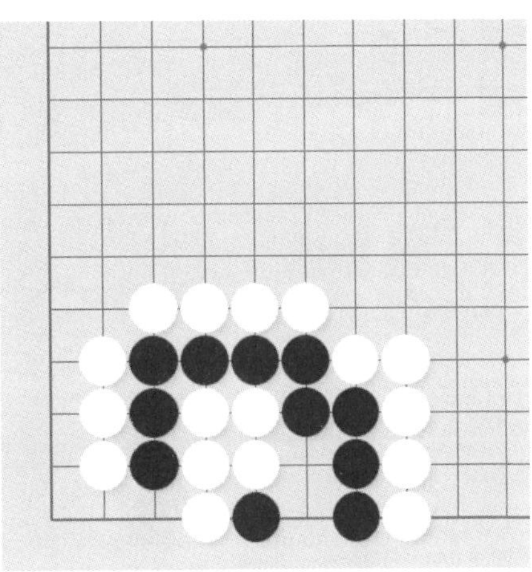

检查

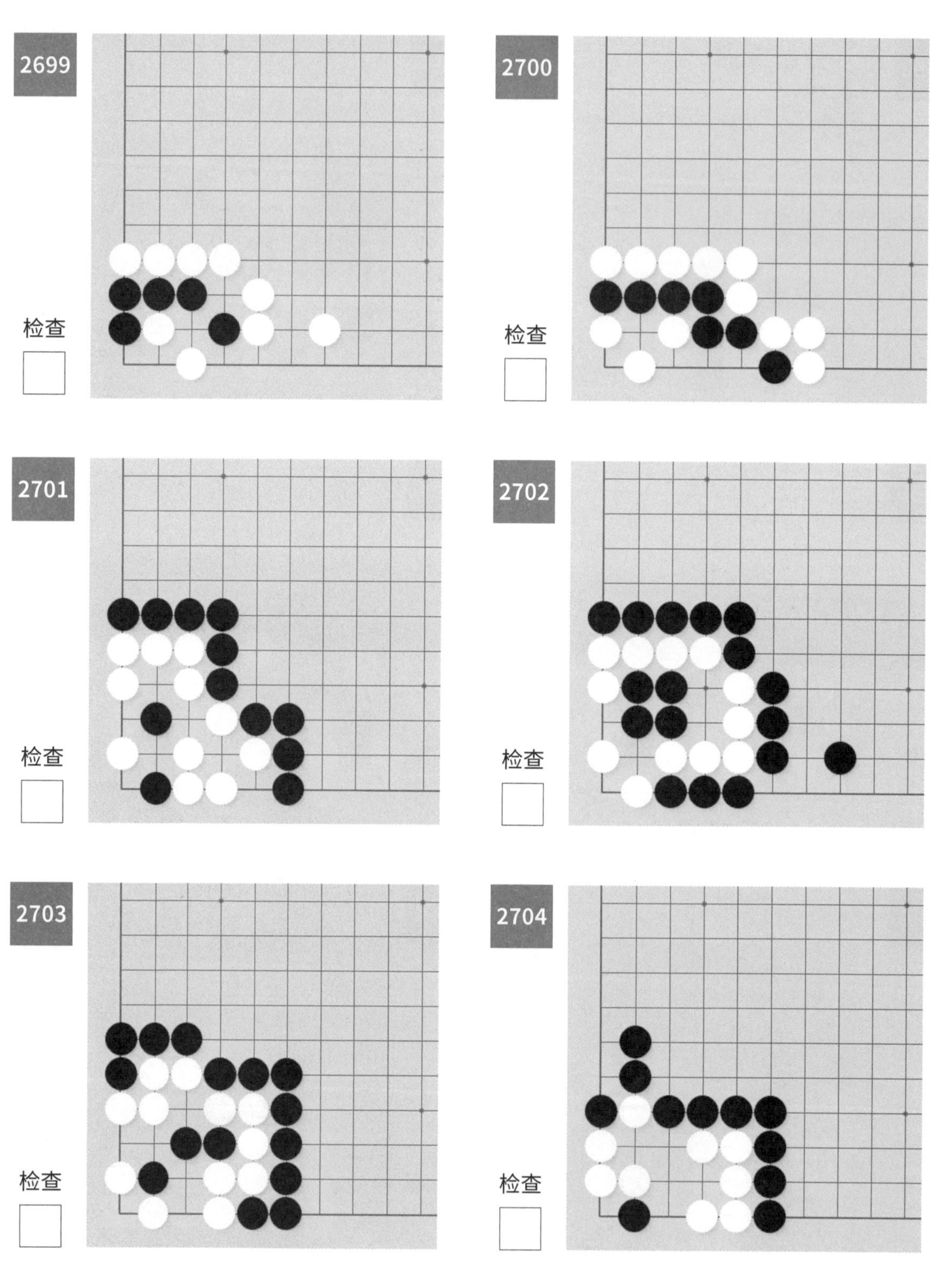
2699
检查
2700
检查
2701
检查
2702
检查
2703
检查
2704
检查

2705

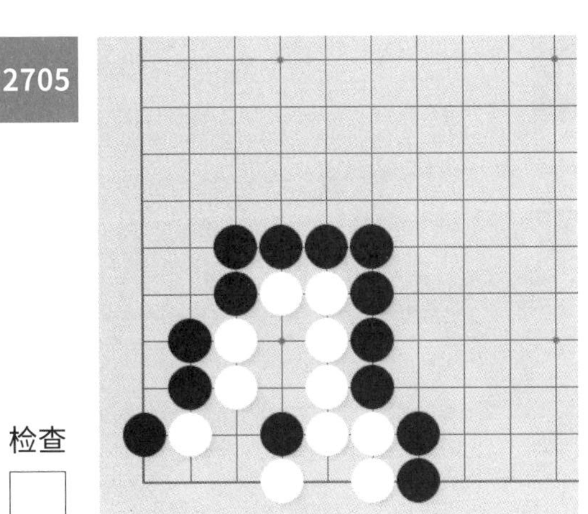

检查

2706

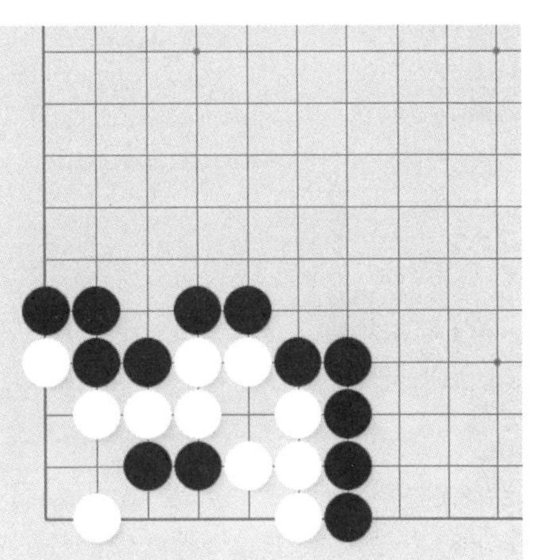

检查

2707

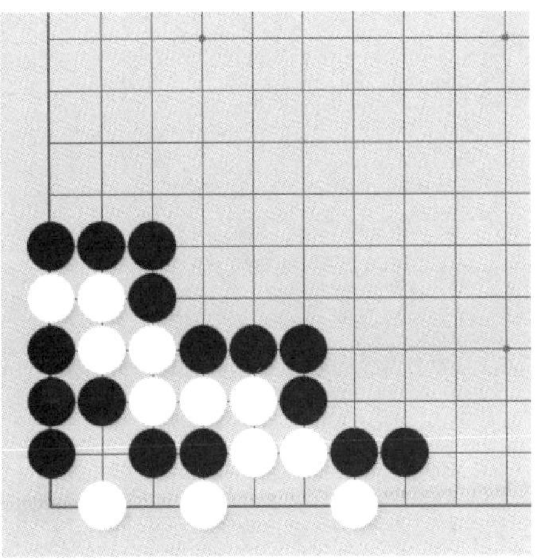

检查

2708

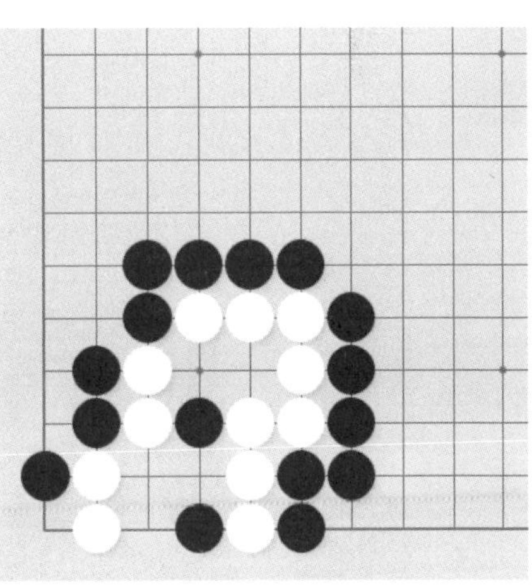

检查

2709

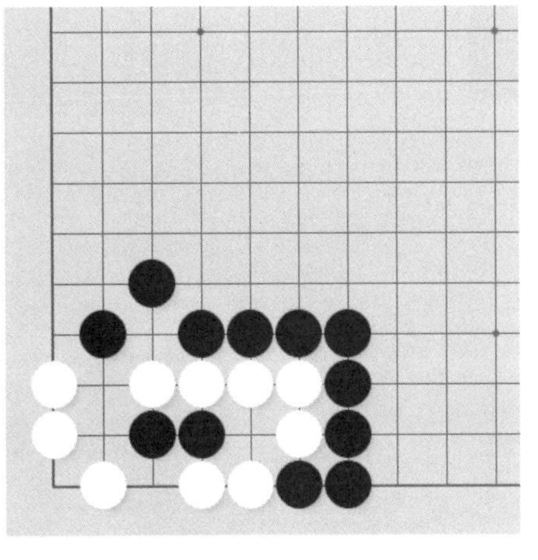

检查

2710

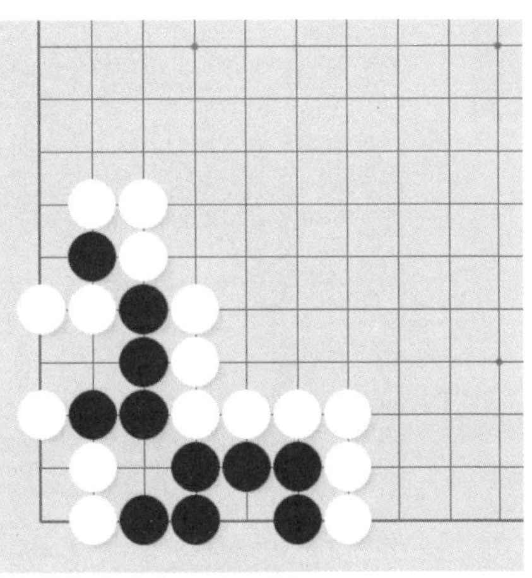

检查

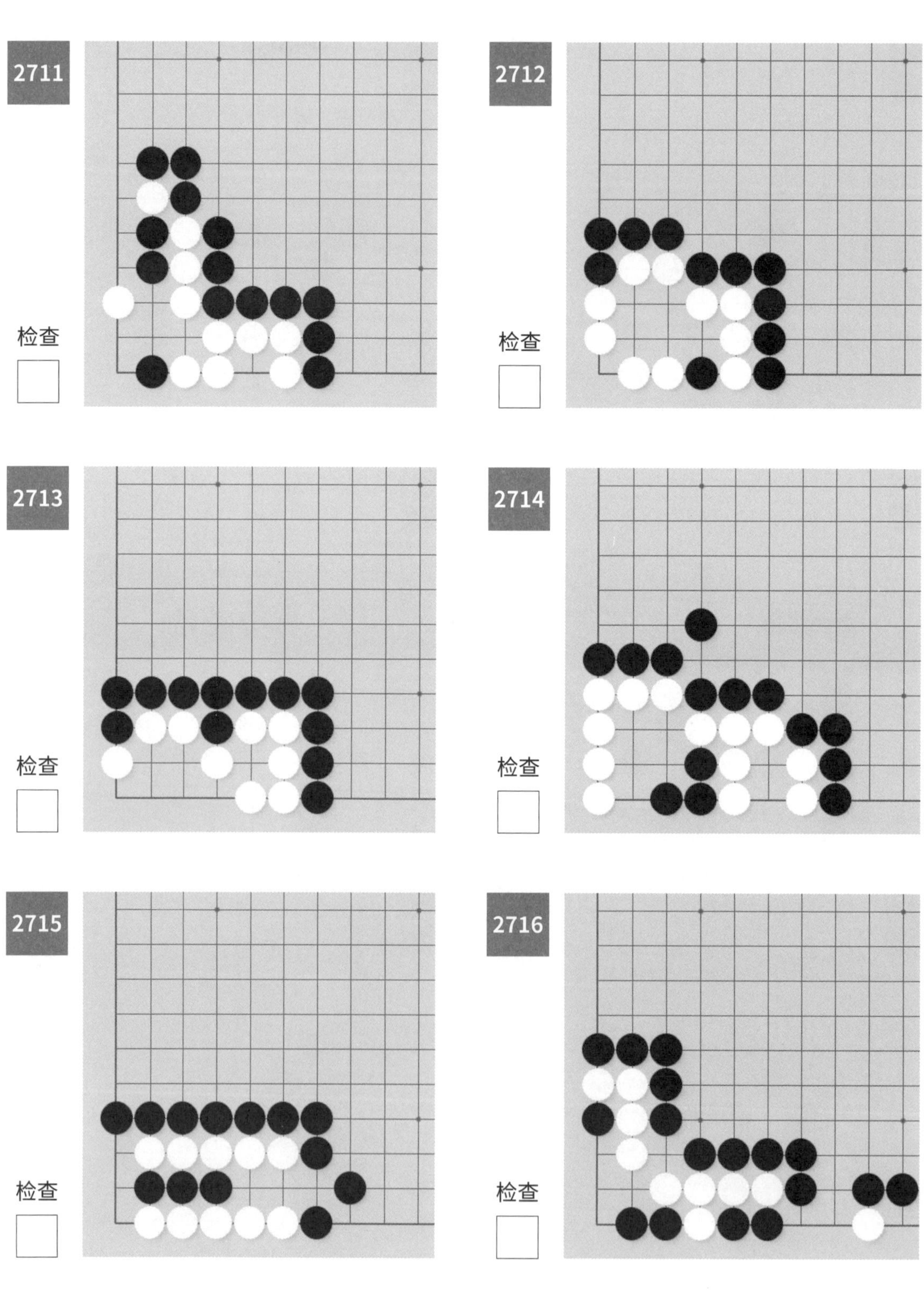
2711
检查
2712
检查
2713
检查
2714
检查
2715
检查
2716
检查

2717

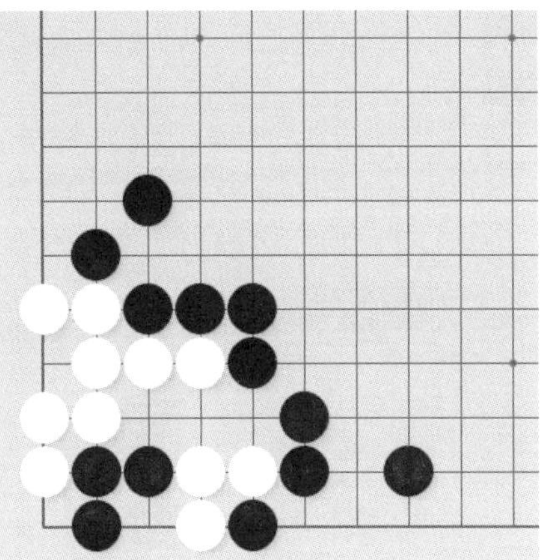

检查

2718

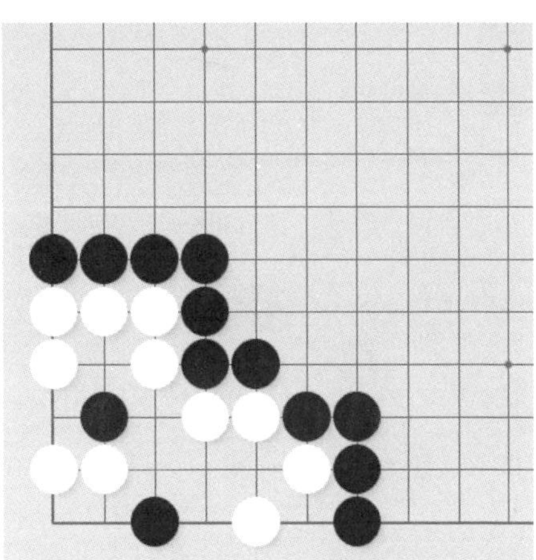

检查

2719

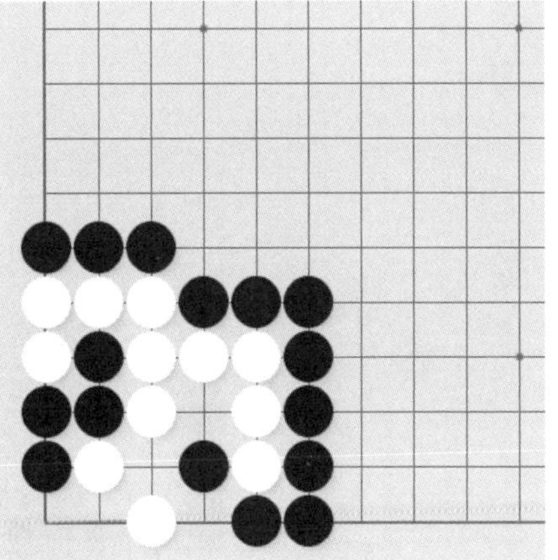

检查

2720

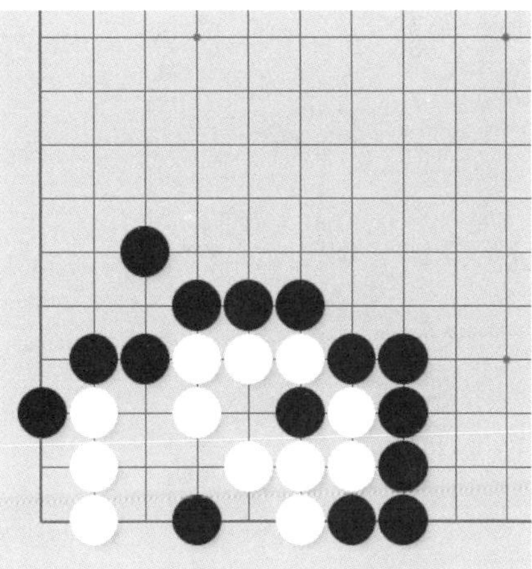

检查

2721

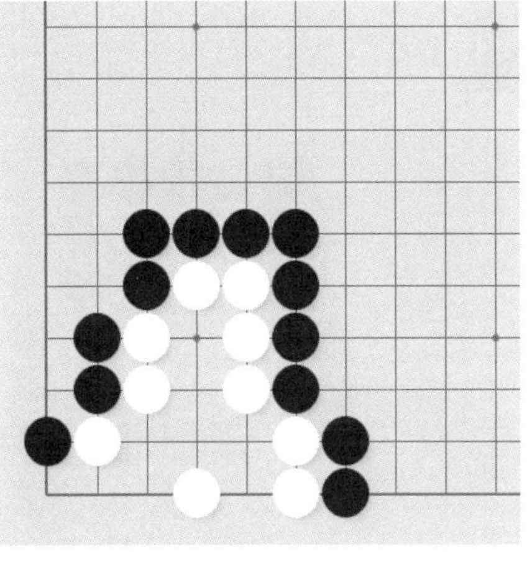

检查

2722

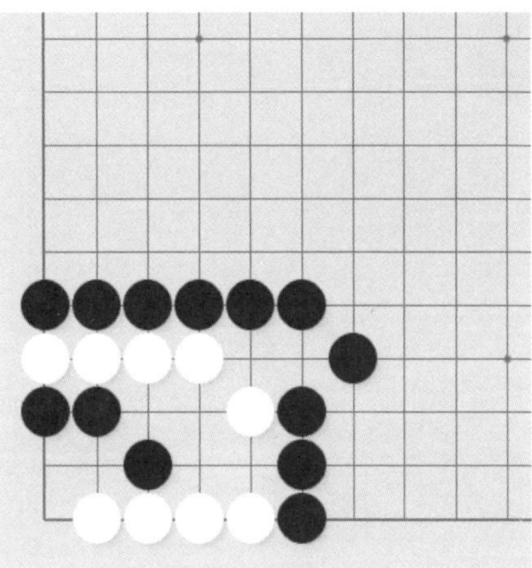

检查

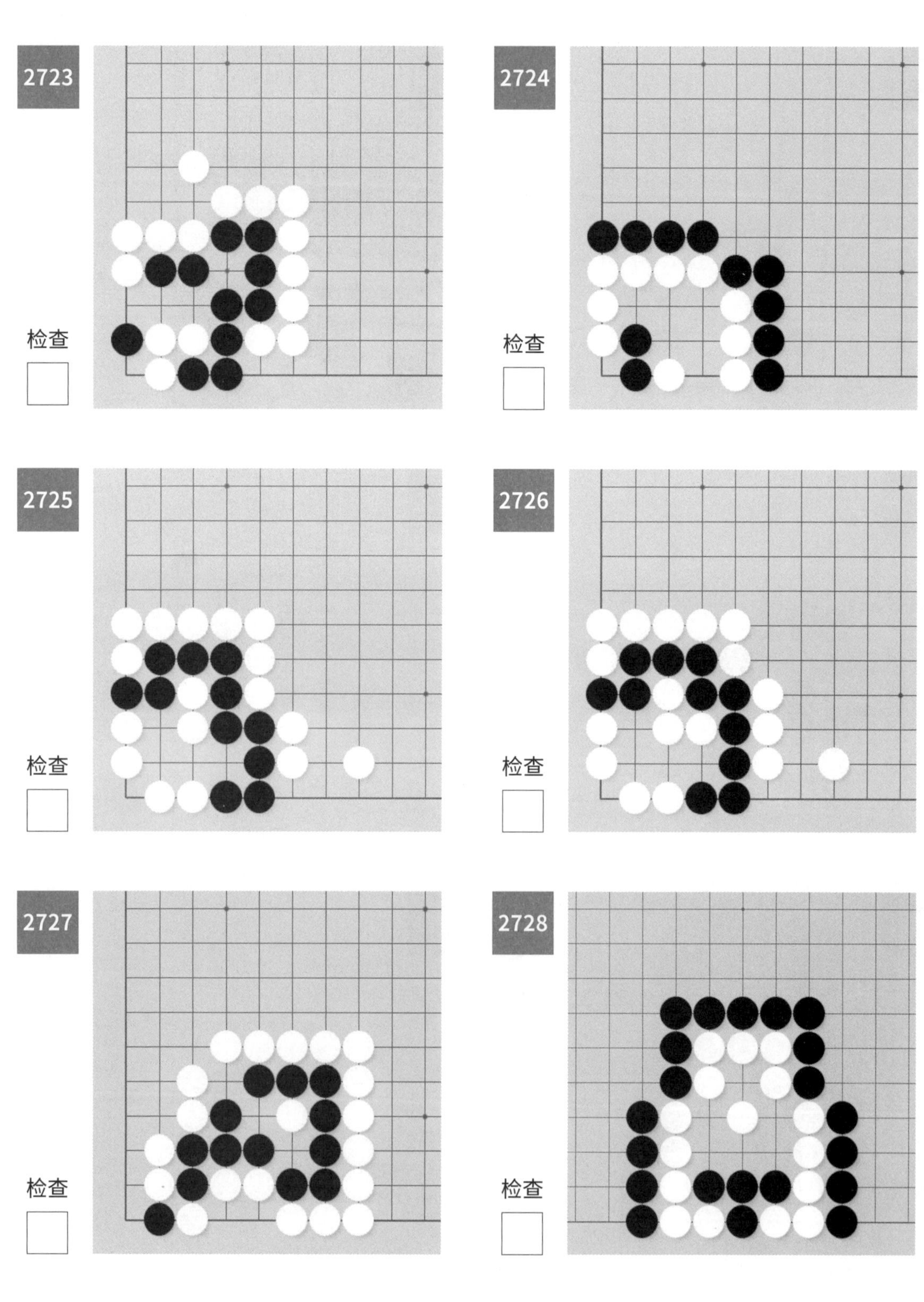
2723
检查
2724
检查
2725
检查
2726
检查
2727
检查
2728
检查

2729

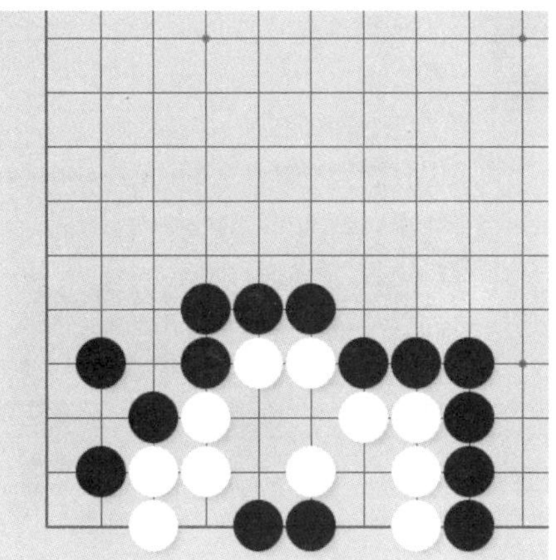

检查 □

2730

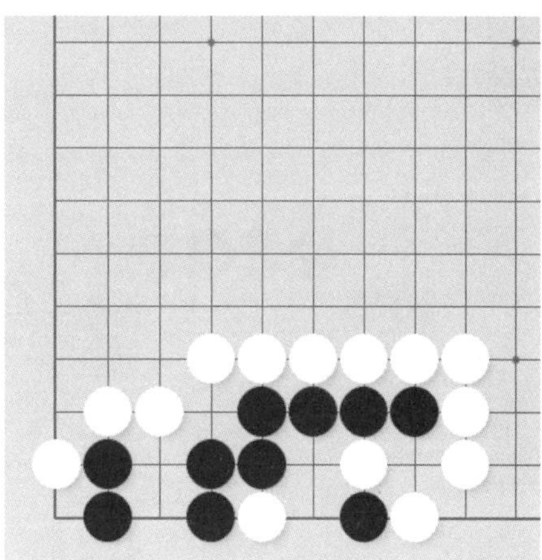

检查 □

2731

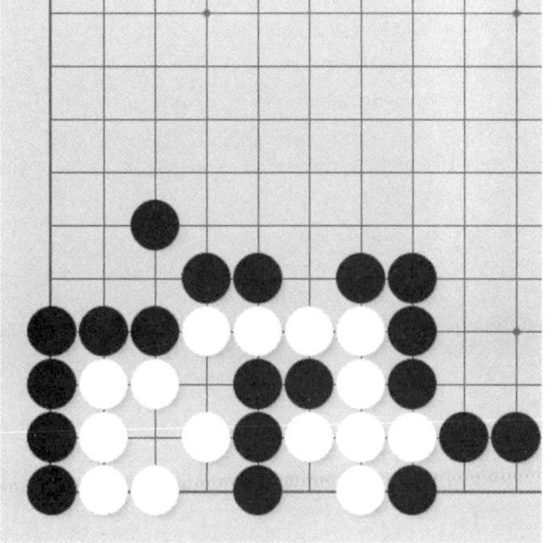

检查 □

2732

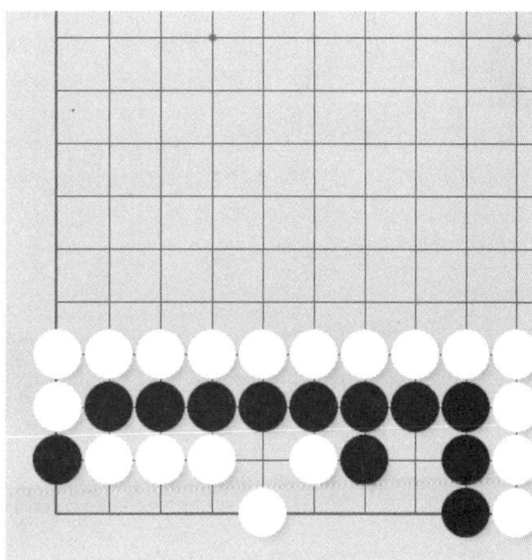

检查 □

2733

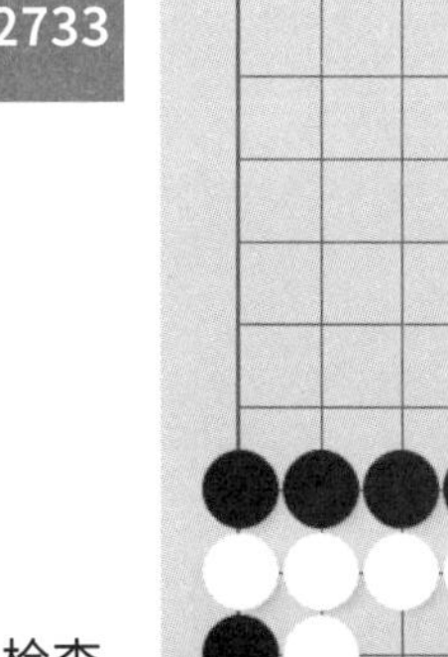

检查 □

2734

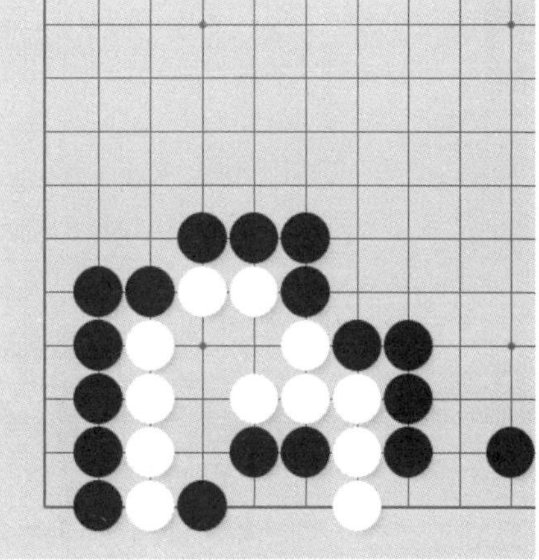

检查 □

2735

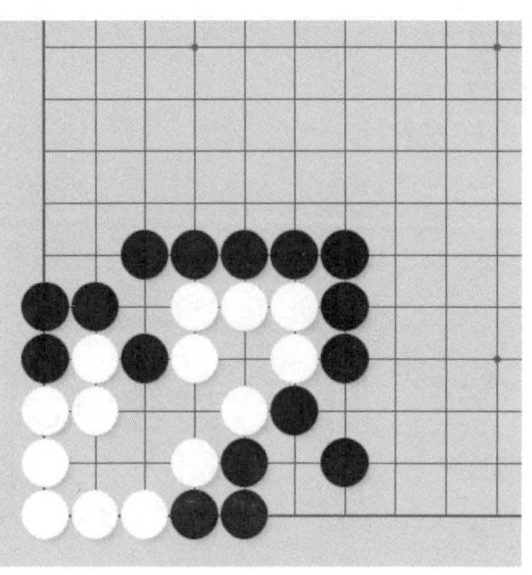

检查

2736

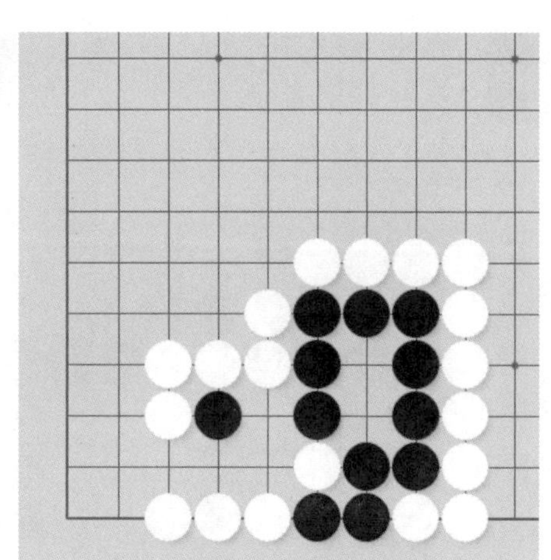

检查

2737

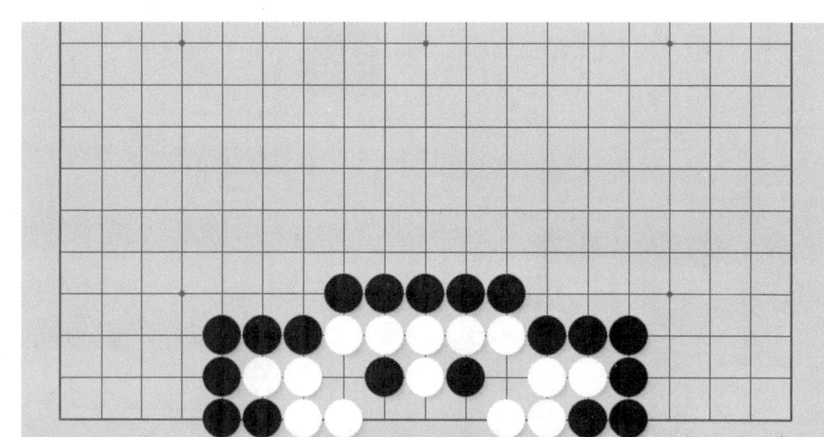

检查

2738

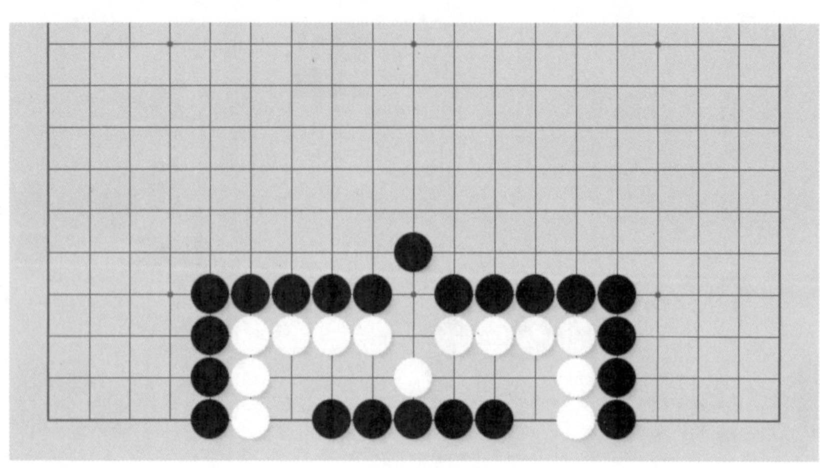

检查

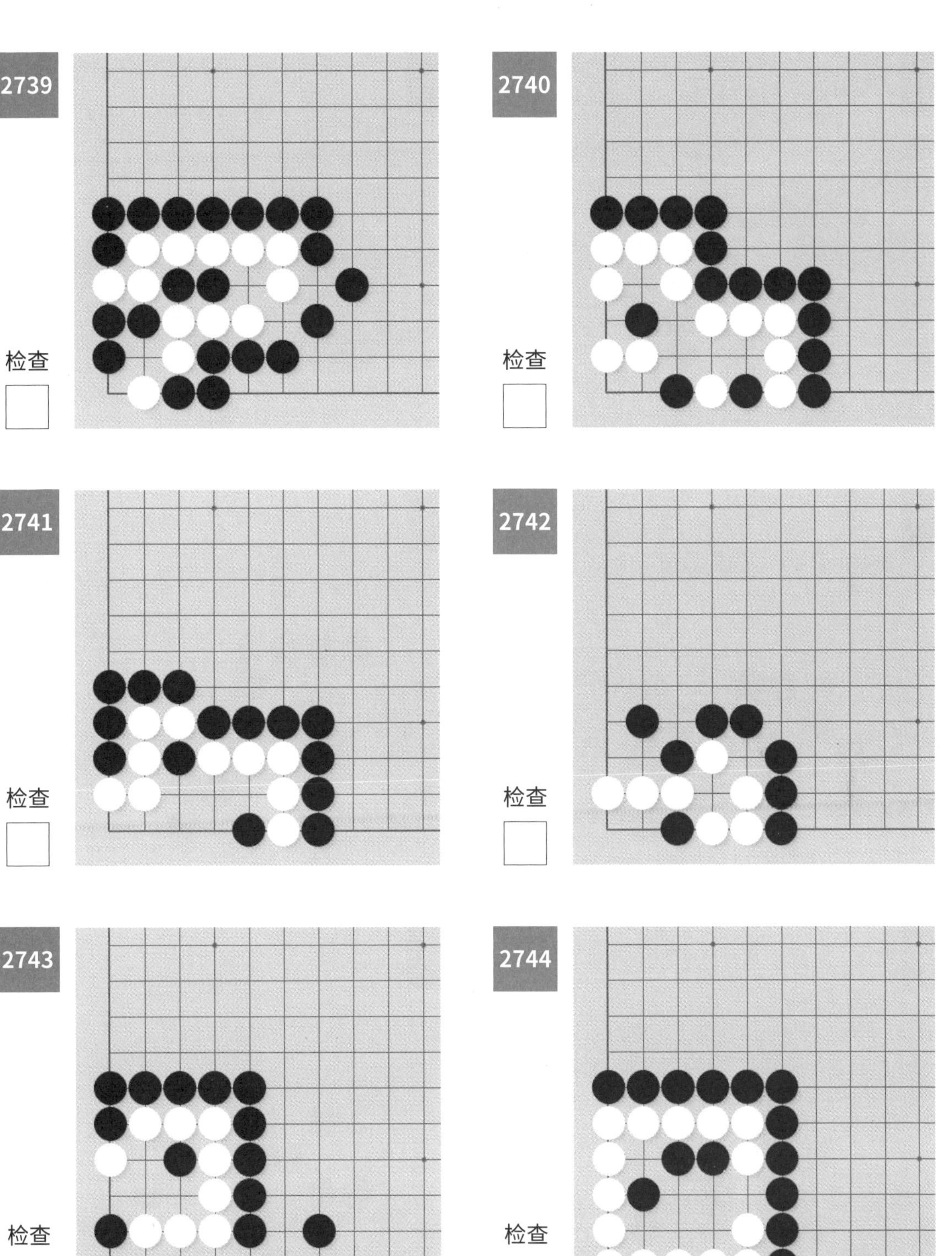
2739
检查
2740
检查
2741
检查
2742
检查
2743
检查
2744
检查

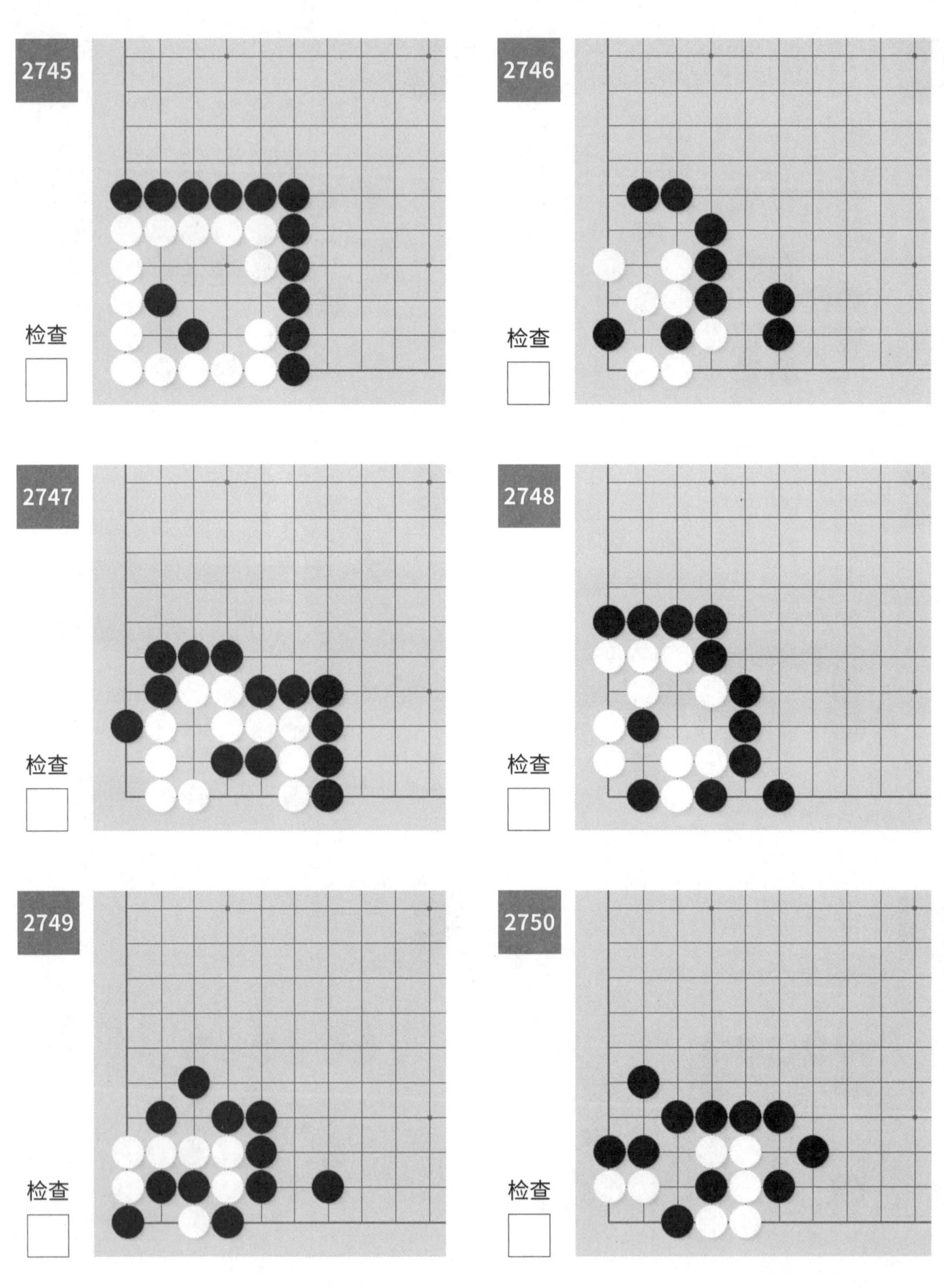
2745
检查
2746
检查
2747
检查
2748
检查
2749
检查
2750
检查

2751

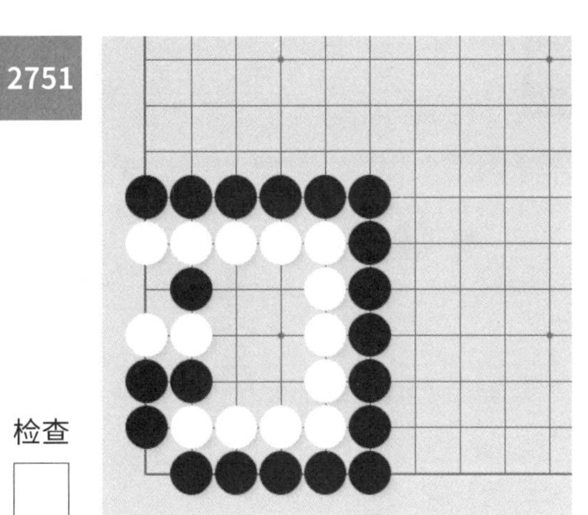

检查

2752

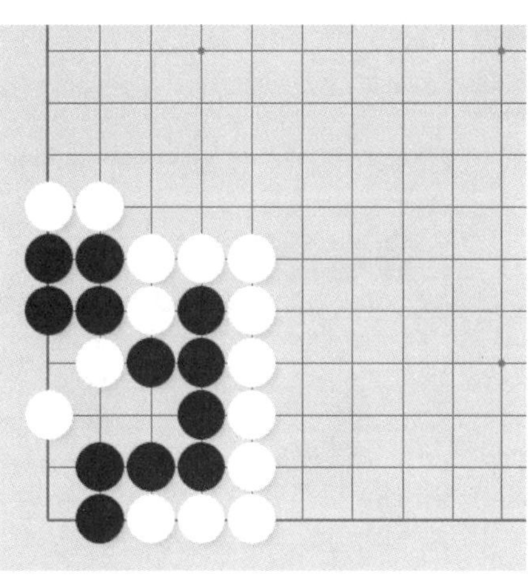

检查

2753

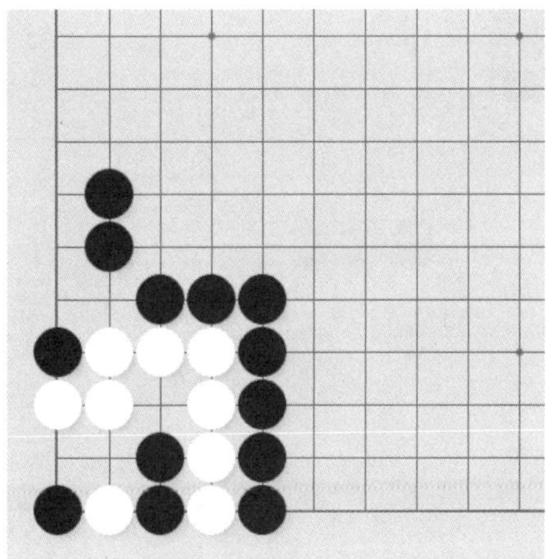

检查

2754

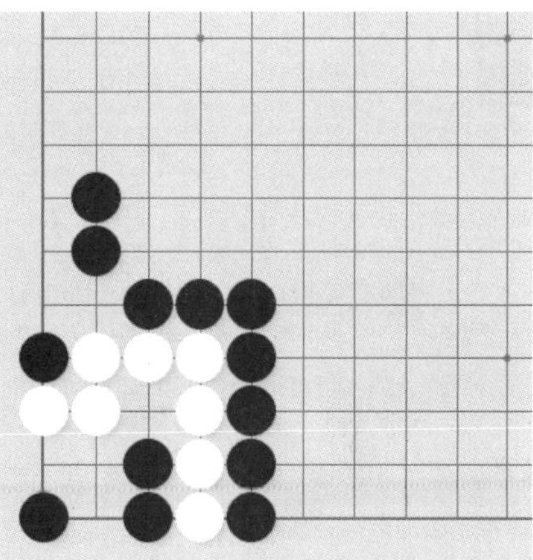

检查

2755

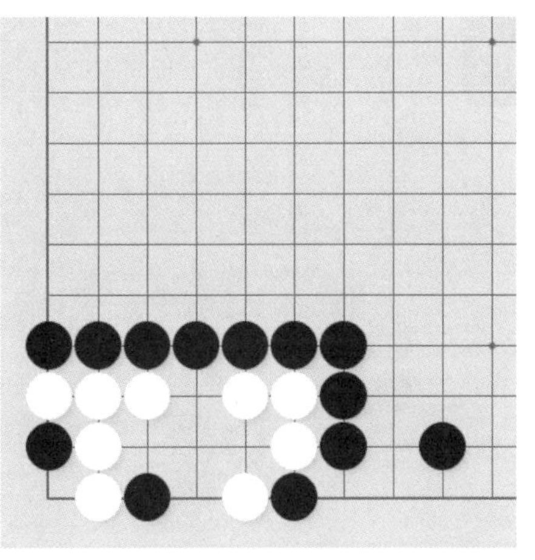

检查

2756

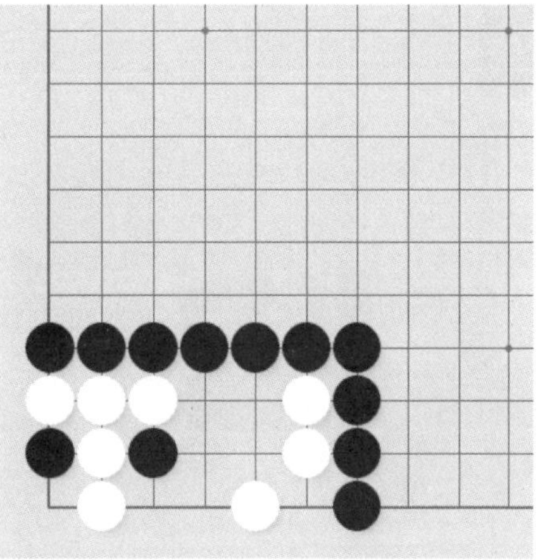

检查

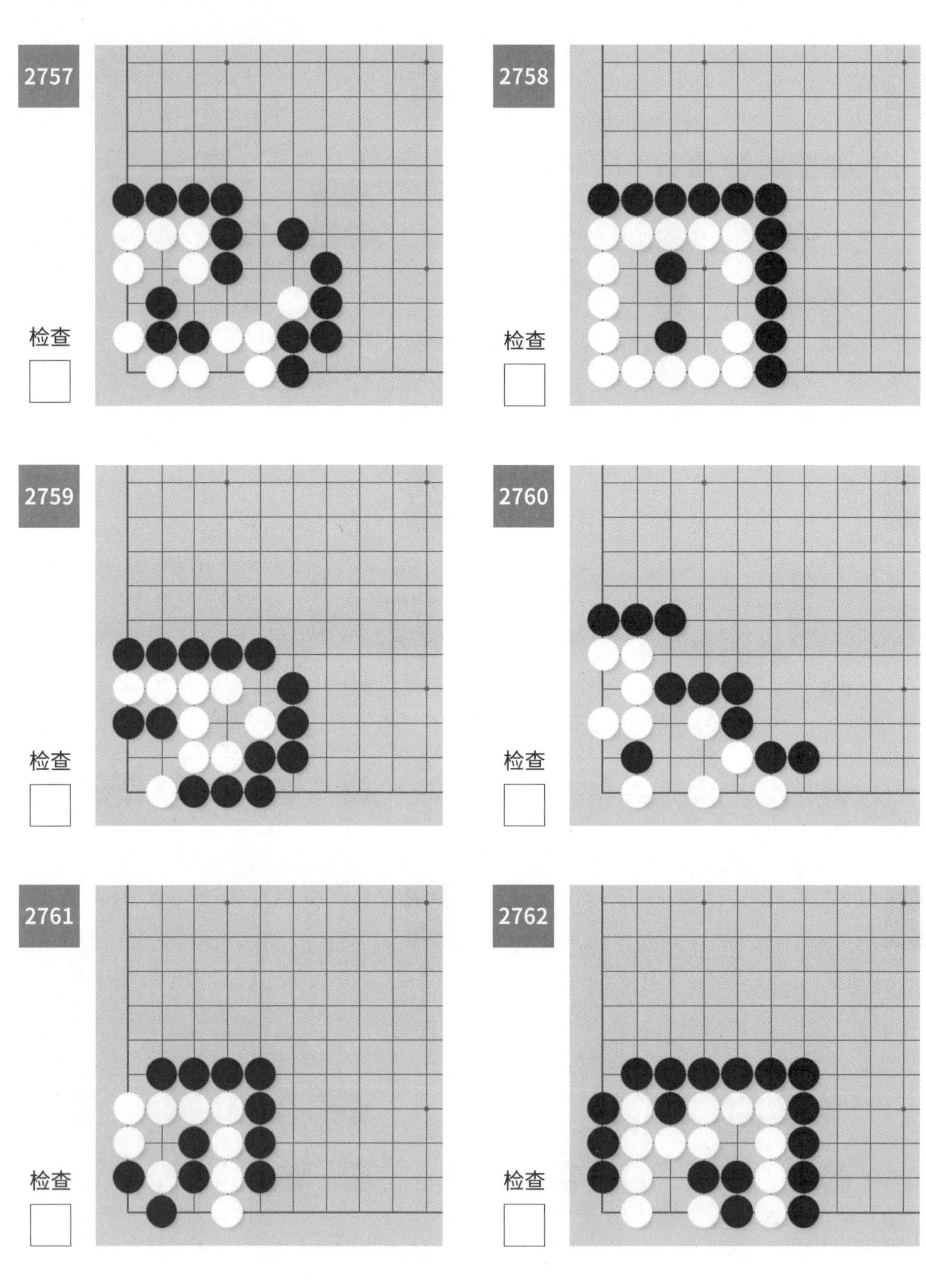
2757
检查
2758
检查
2759
检查
2760
检查
2761
检查
2762
检查

2763

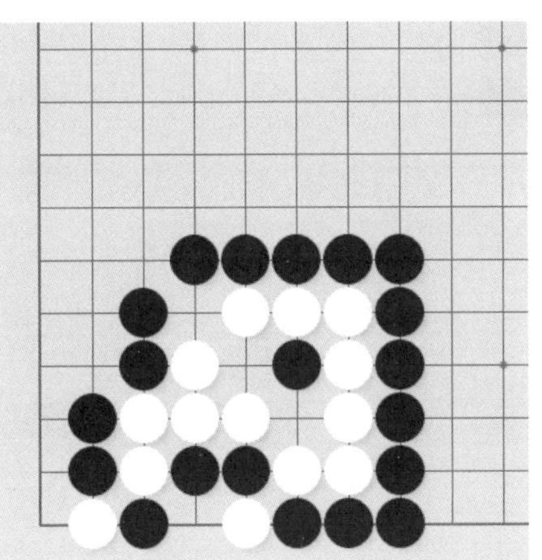

检查

2764

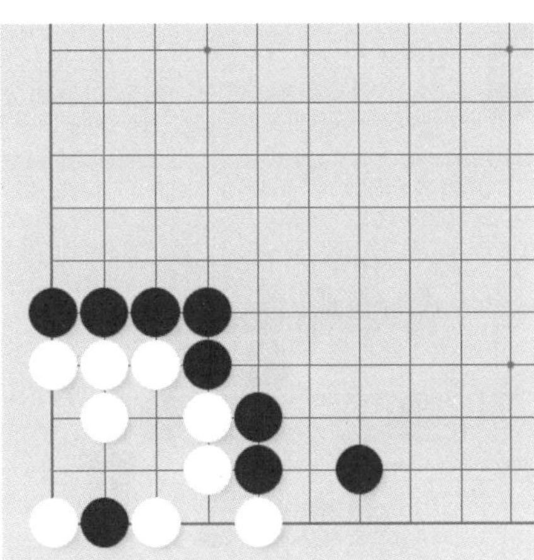

检查

2765

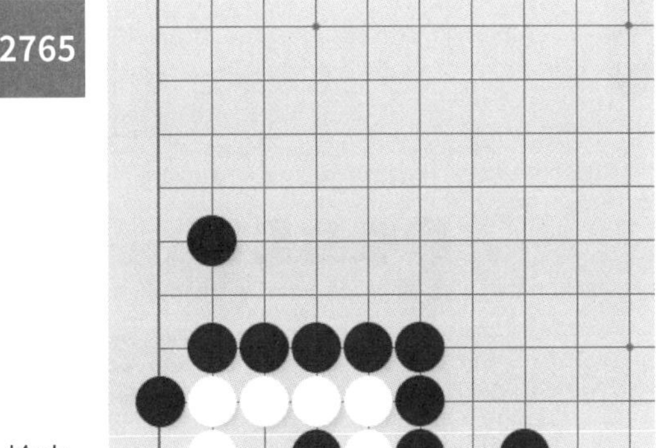

检查

2766

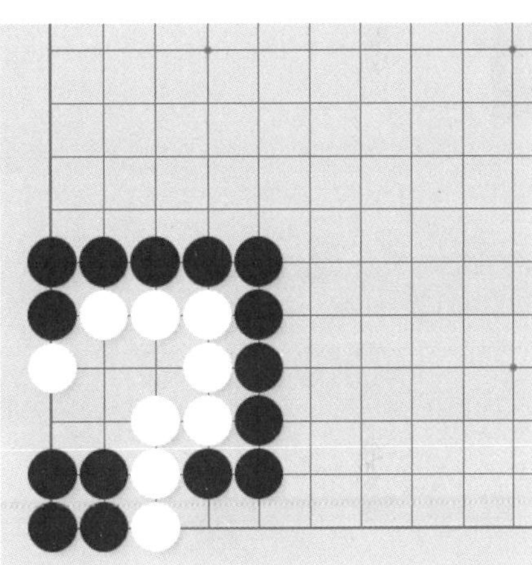

检查

2767

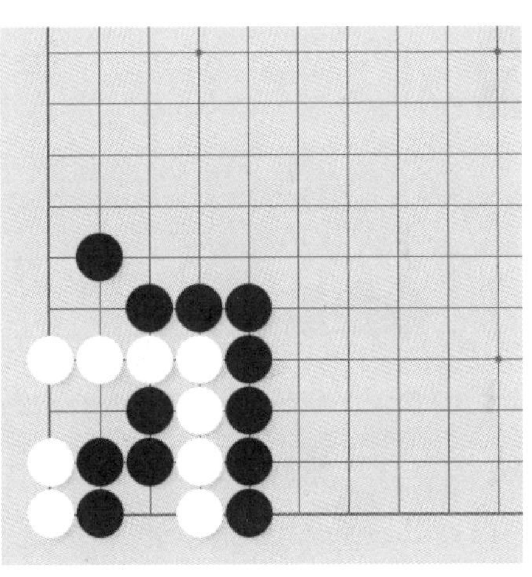

检查

2768

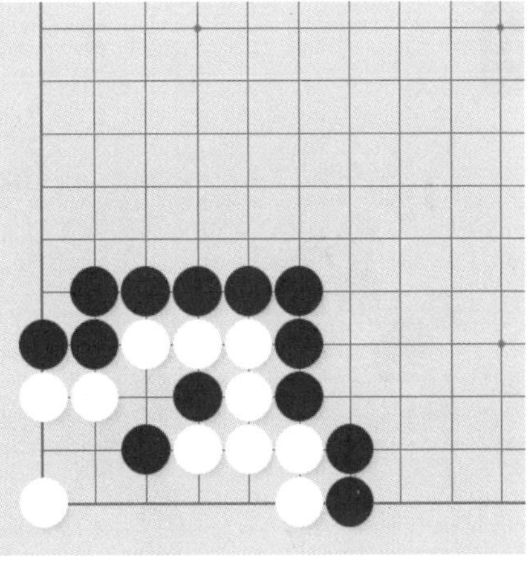

检查

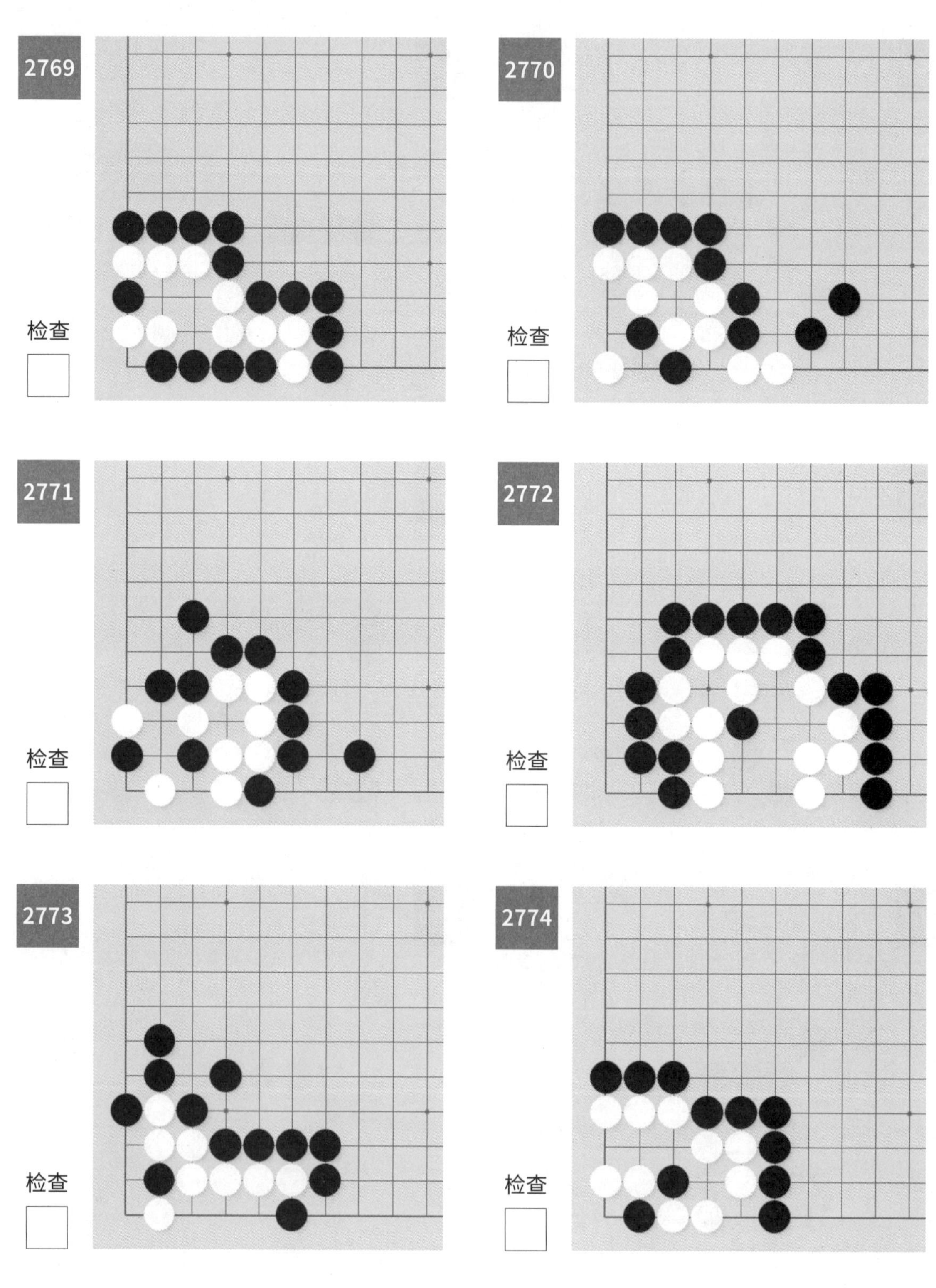
2769
检查
2770
检查
2771
检查
2772
检查
2773
检查
2774
检查

2775

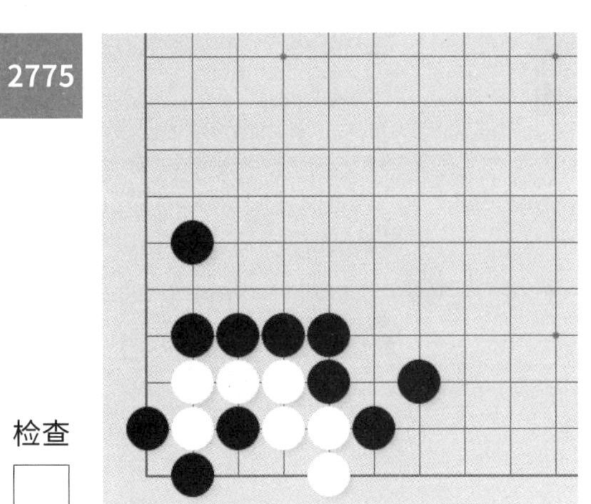

检查

2776

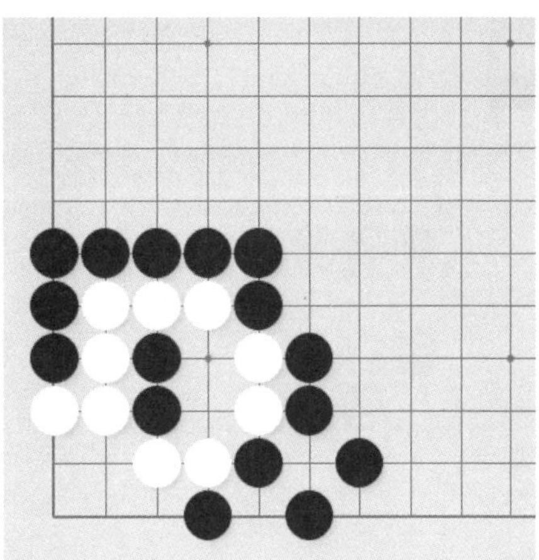

检查

2777

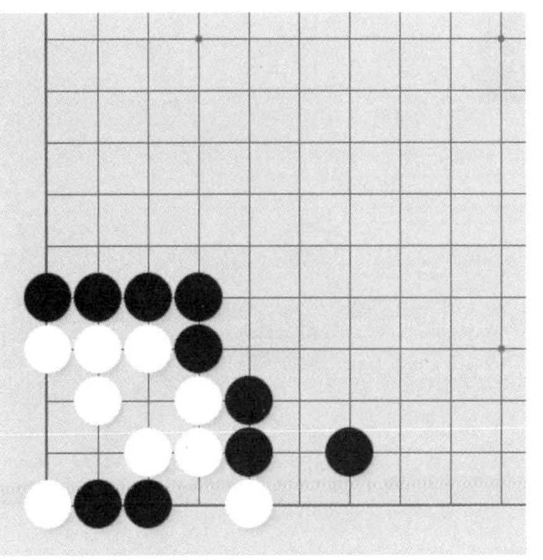

检查

2778

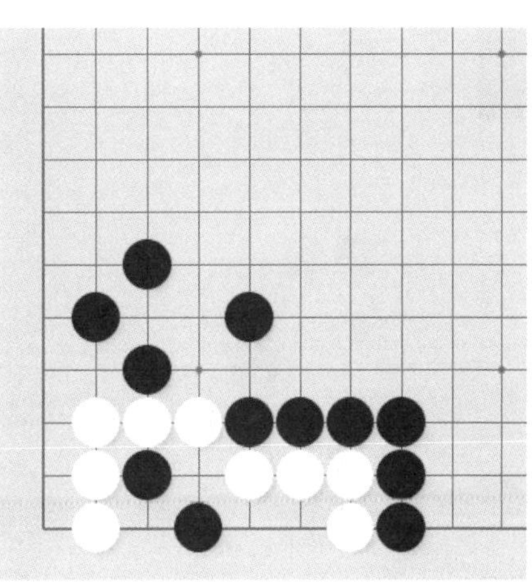

检查

2779

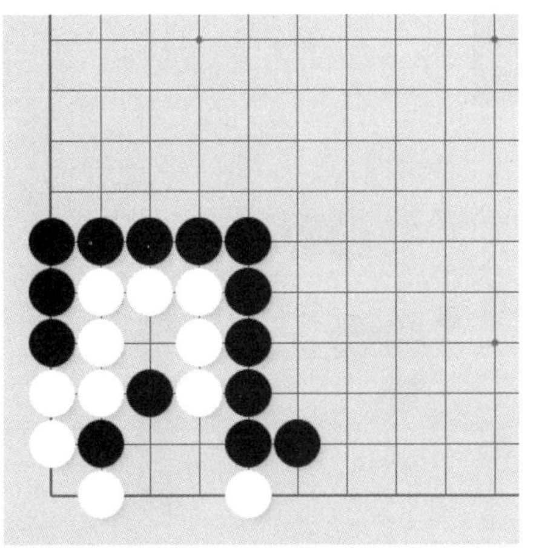

检查

2780

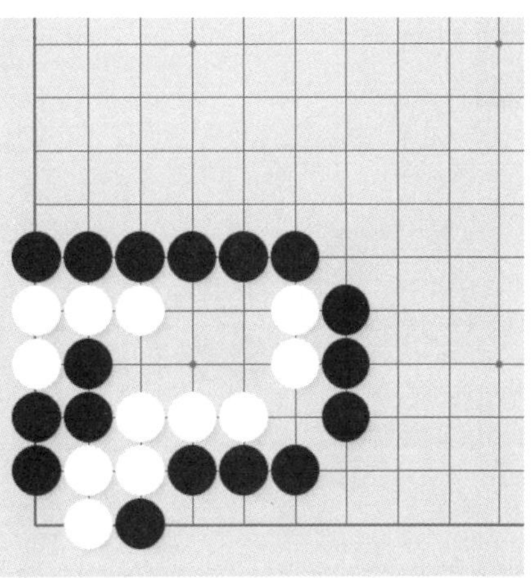

检查

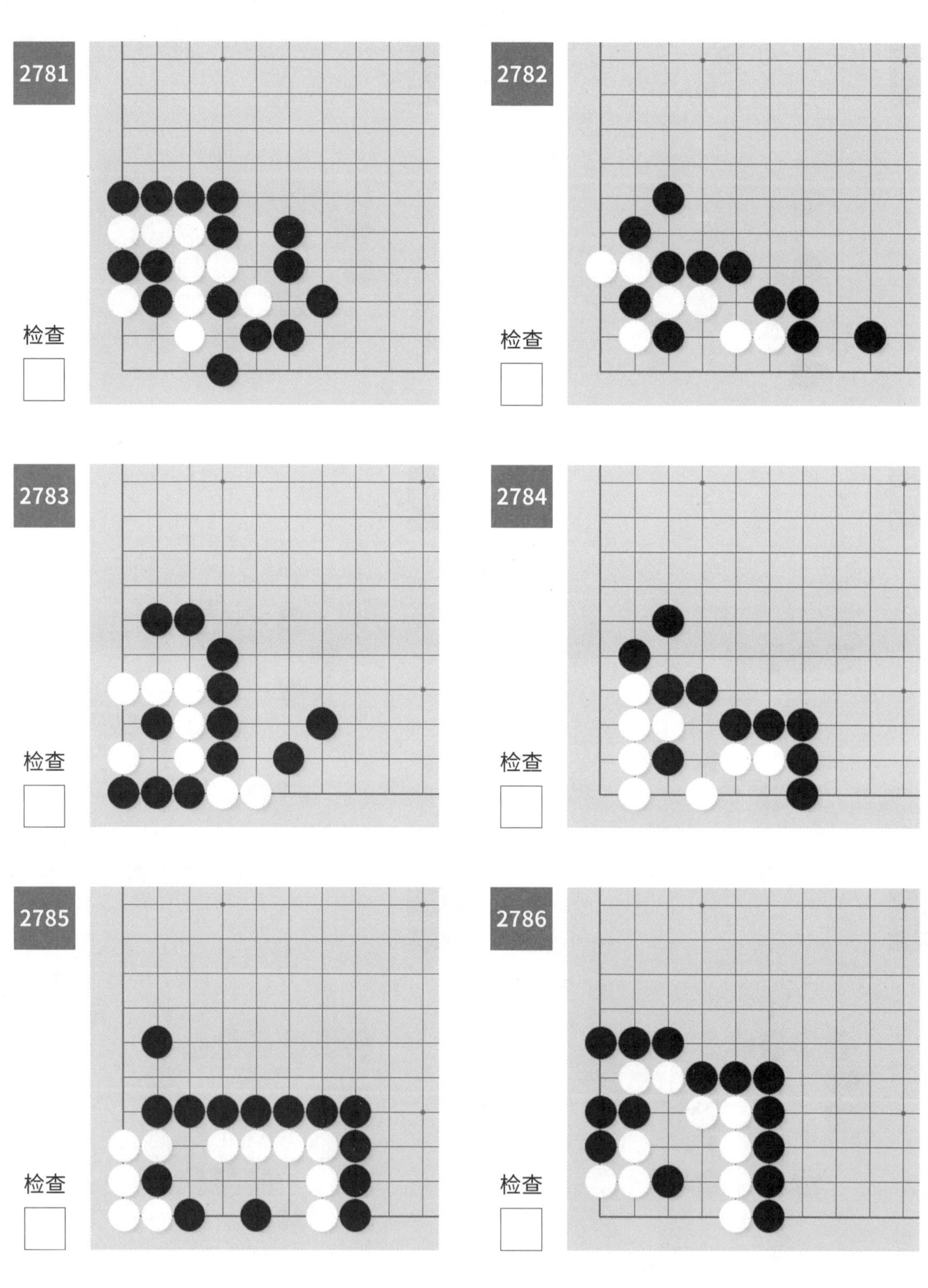
2781
检查
2782
检查
2783
检查
2784
检查
2785
检查
2786
检查

2787

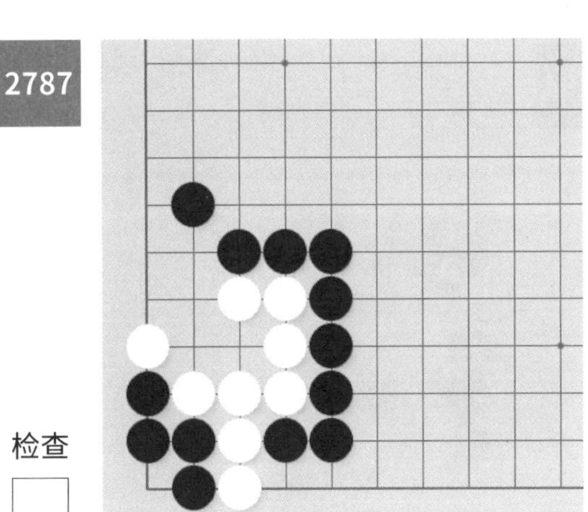

检查 □

2788

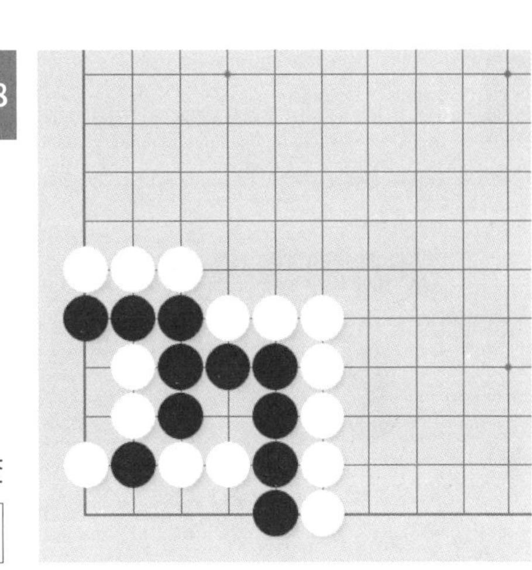

检查 □

2789

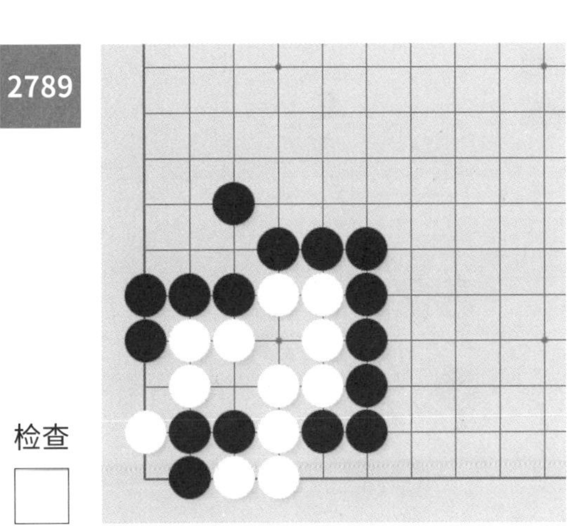

检查 □

2790

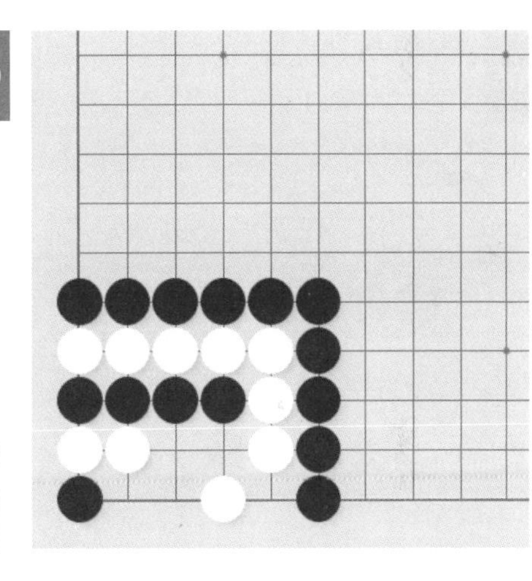

检查 □

2791

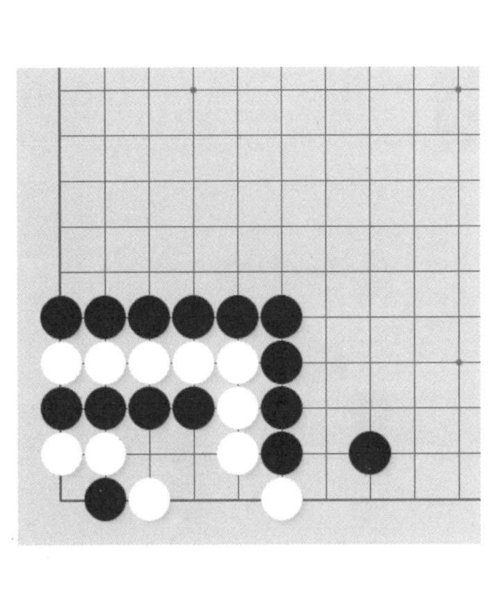

检查 □

2792

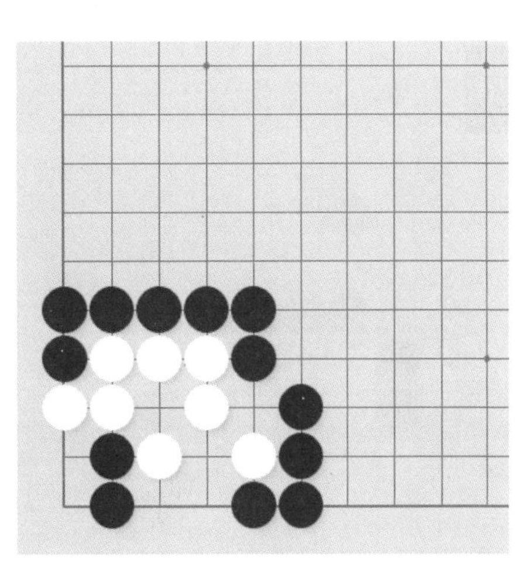

检查 □

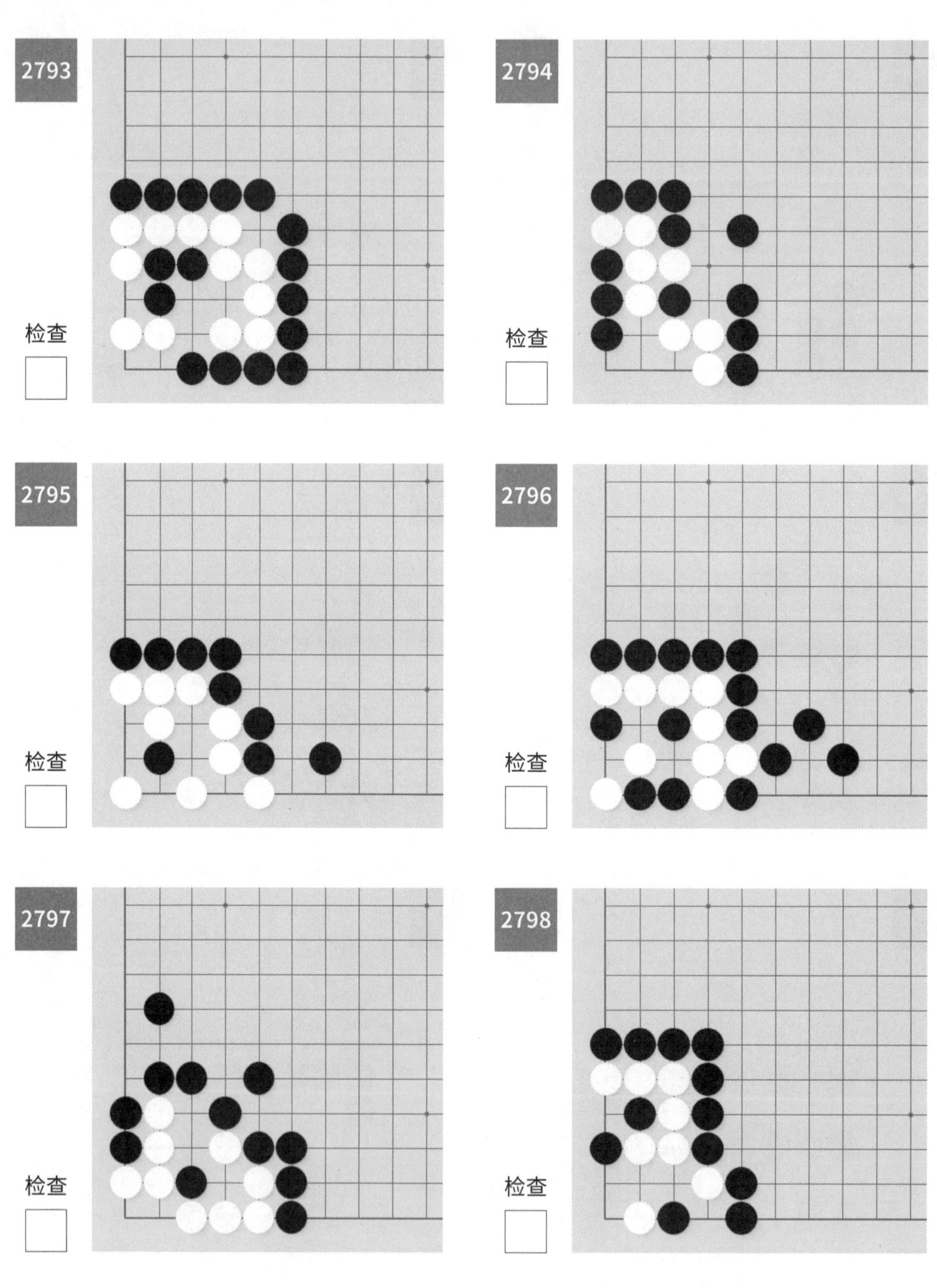
2793
检查
2794
检查
2795
检查
2796
检查
2797
检查
2798
检查

2799

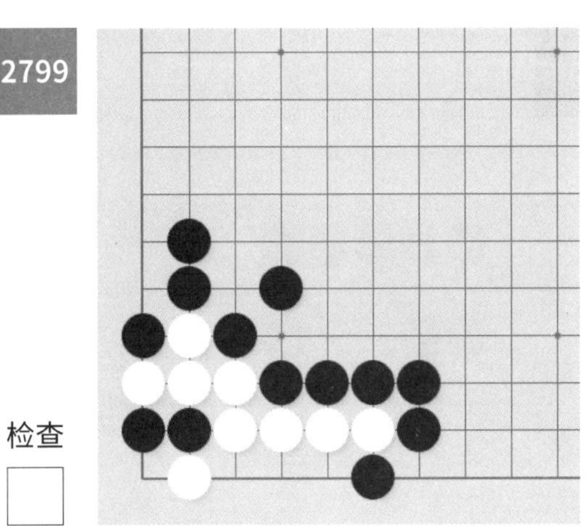

检查 □

2800

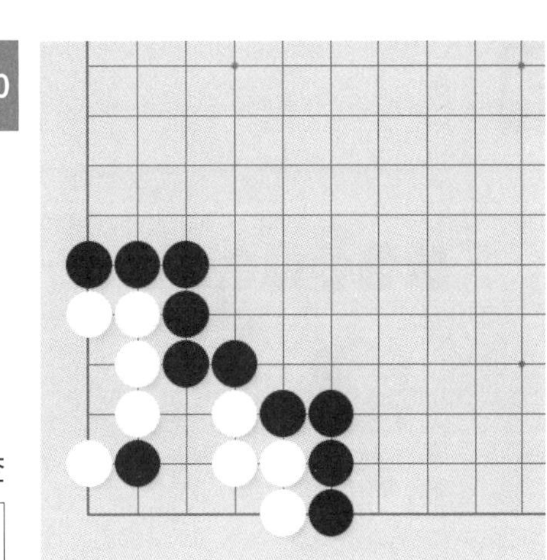

检查 □

2801

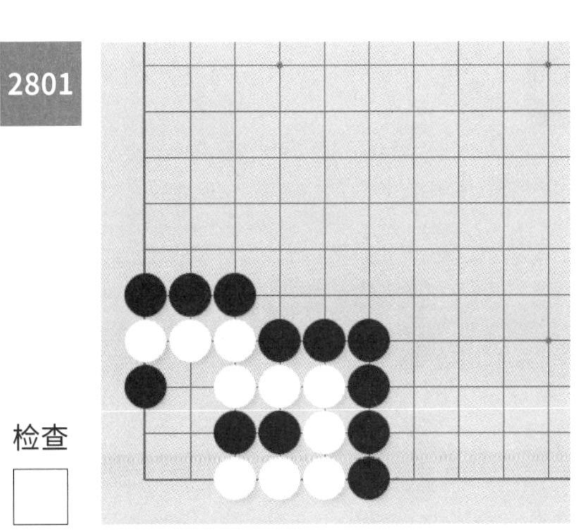

检查 □

2802

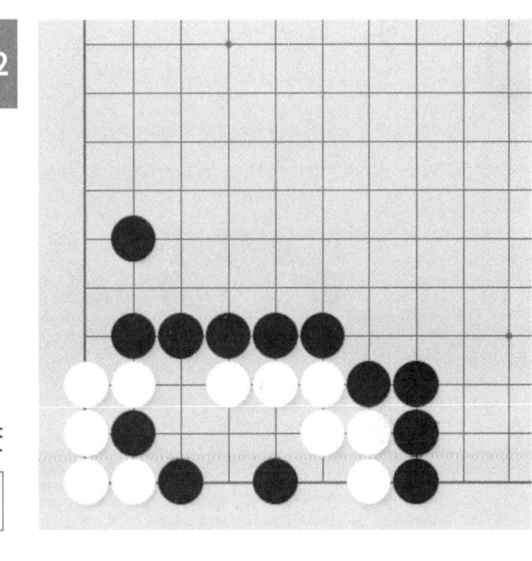

检查 □

2803

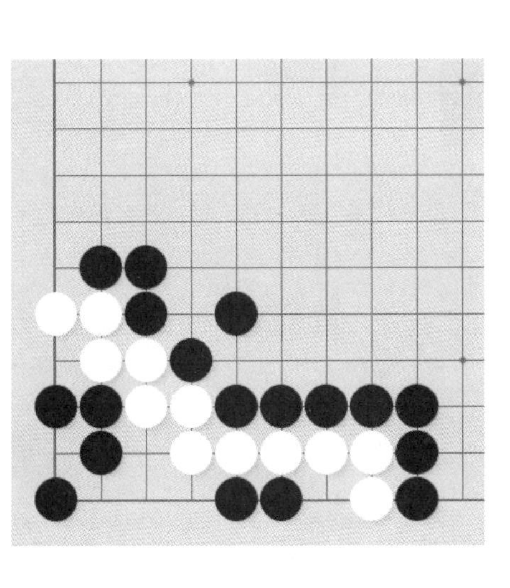

检查 □

2804

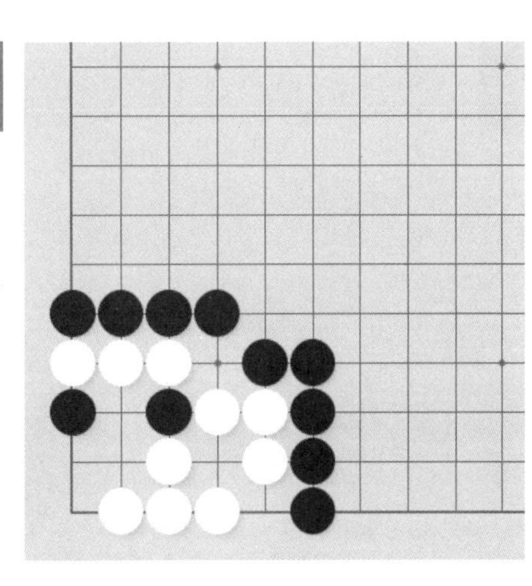

检查 □

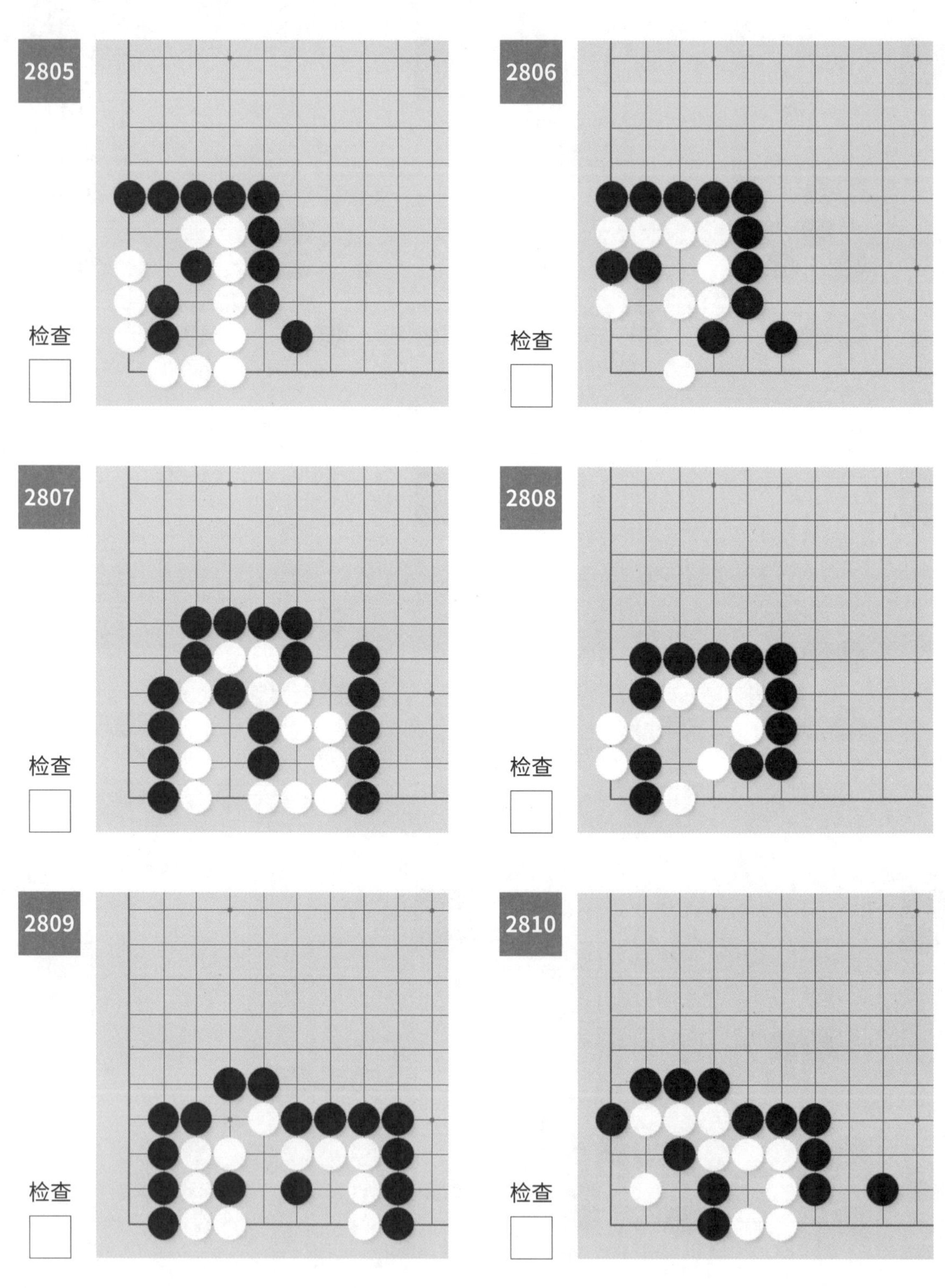
2805
检查
2806
检查
2807
检查
2808
检查
2809
检查
2810
检查

2811

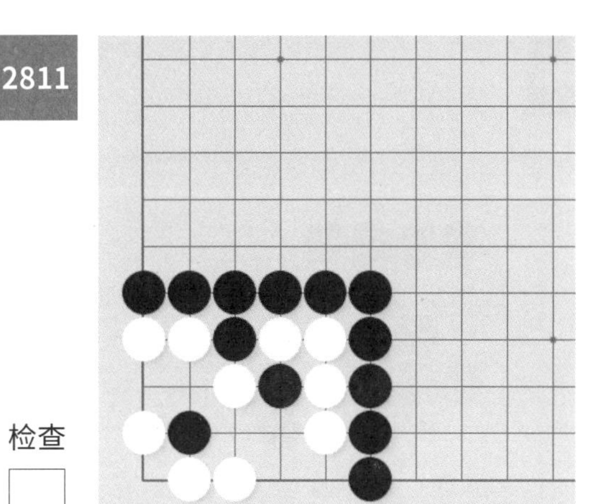

检查 □

2812

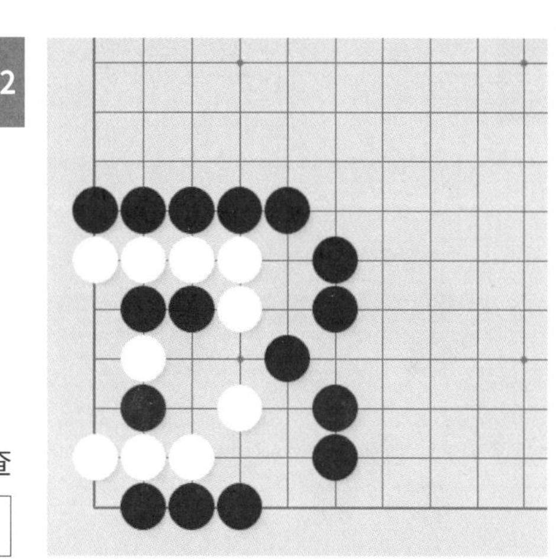

检查 □

2813

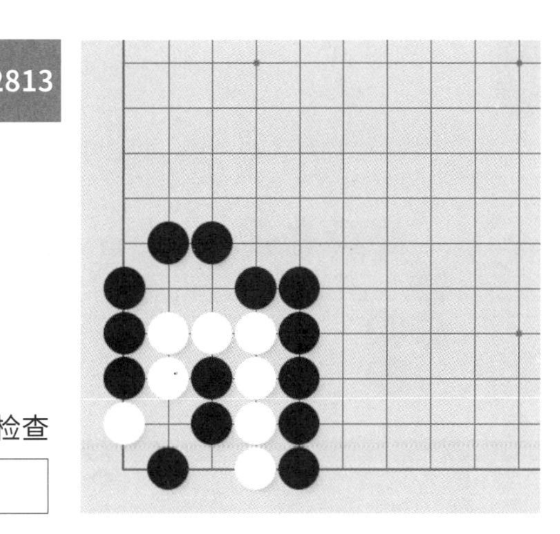

检查 □

2814

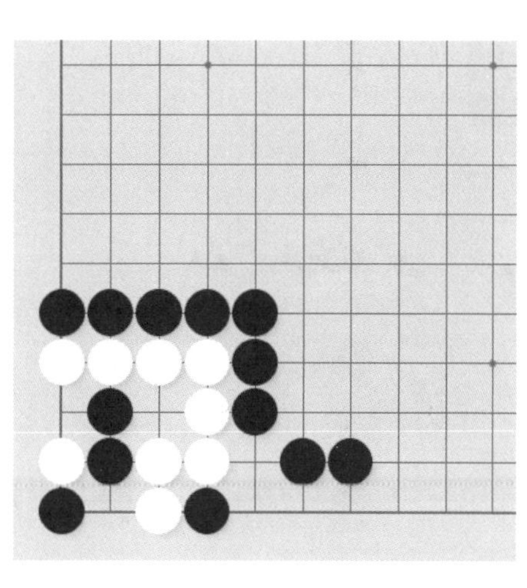

检查 □

2815

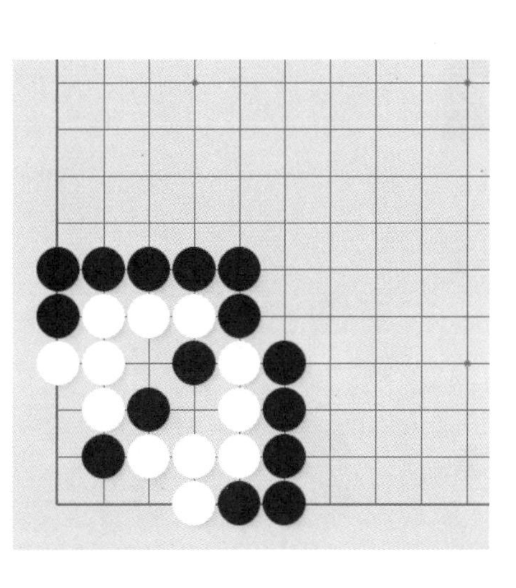

检查 □

2816

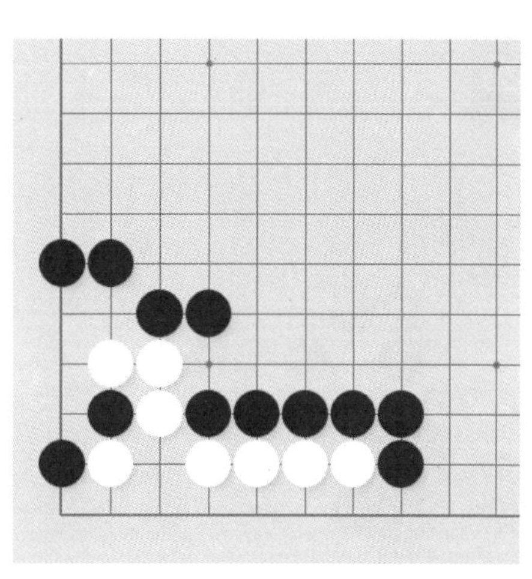

检查 □

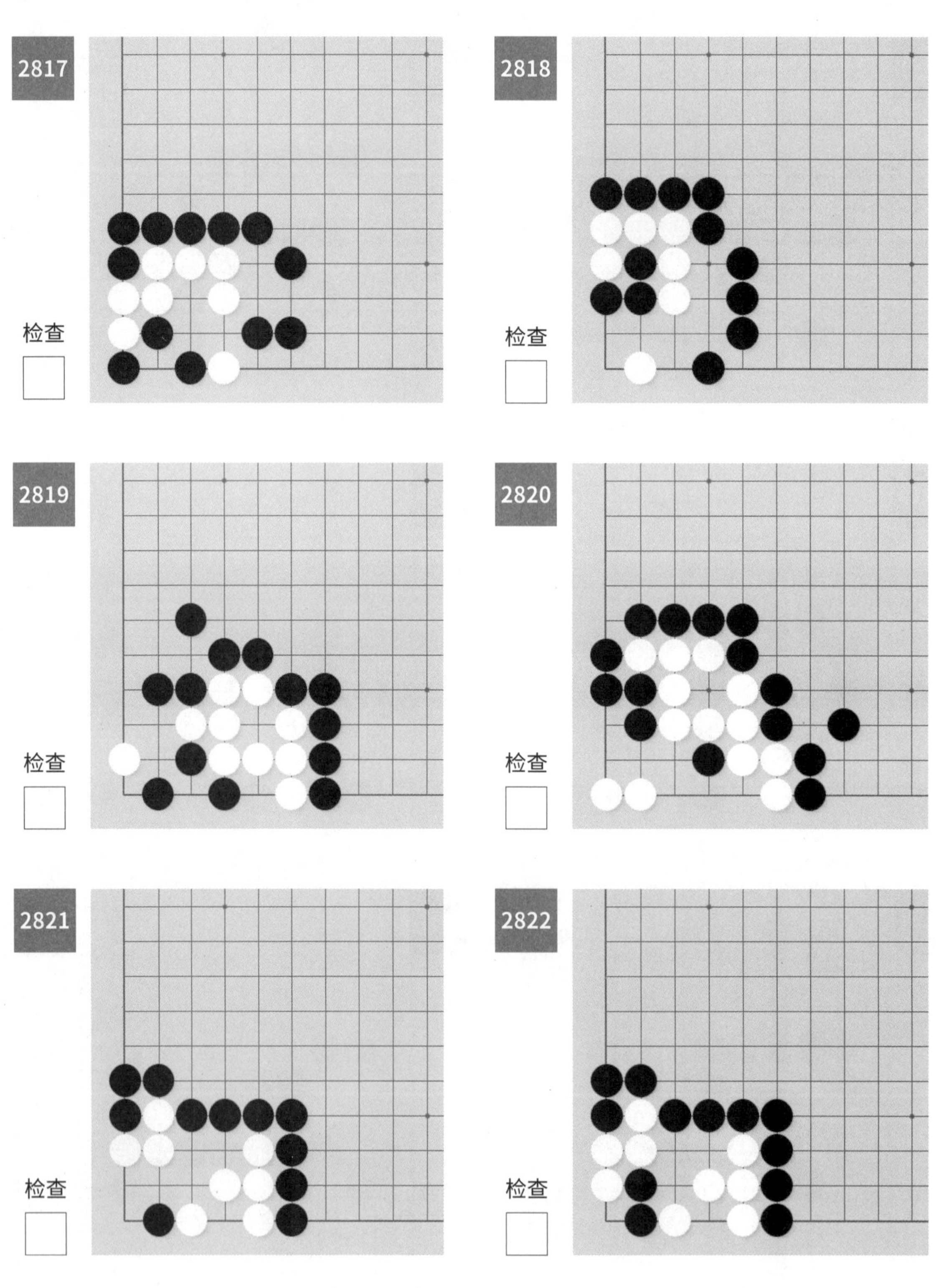
2817
检查
2818
检查
2819
检查
2820
检查
2821
检查
2822
检查

2823

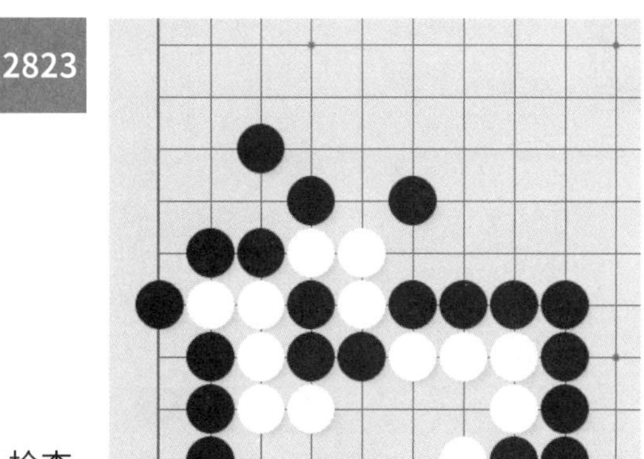

检查 □

2824

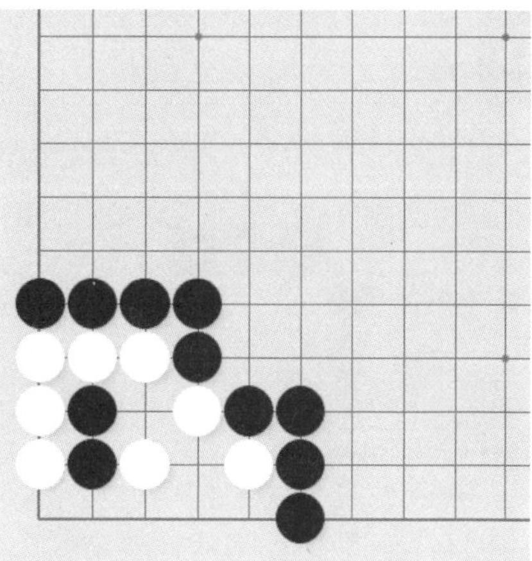

检查 □

2825

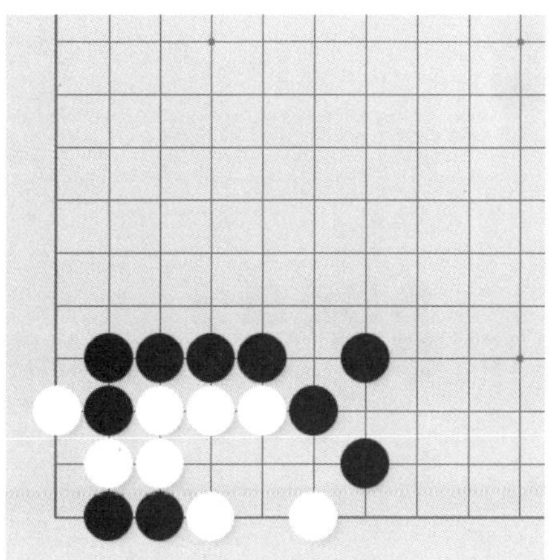

检查 □

2826

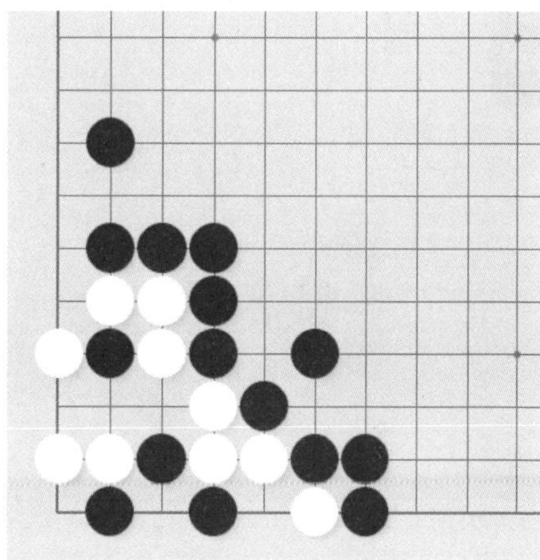

检查 □

2827

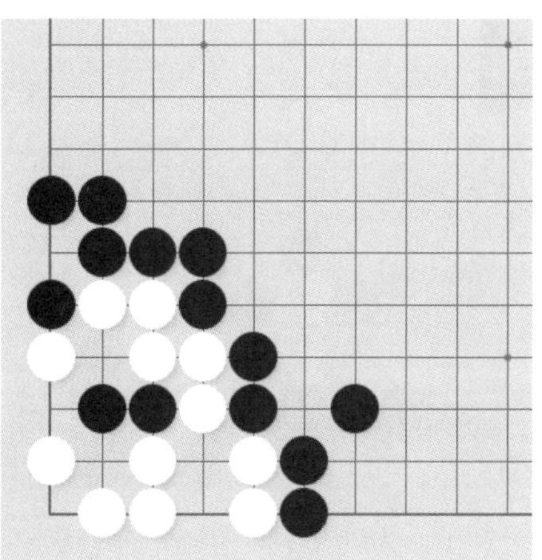

检查 □

2828

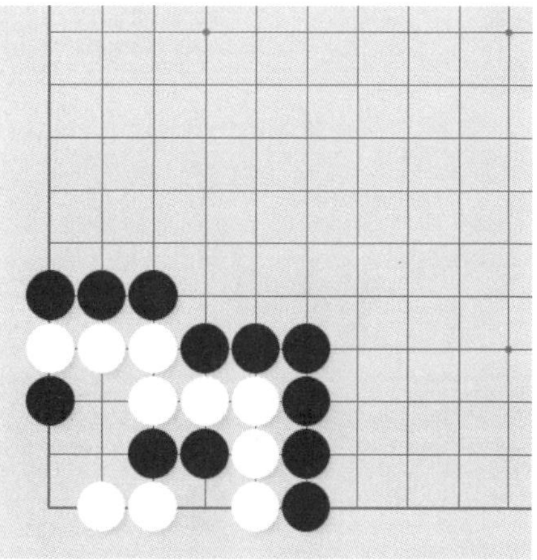

检查 □

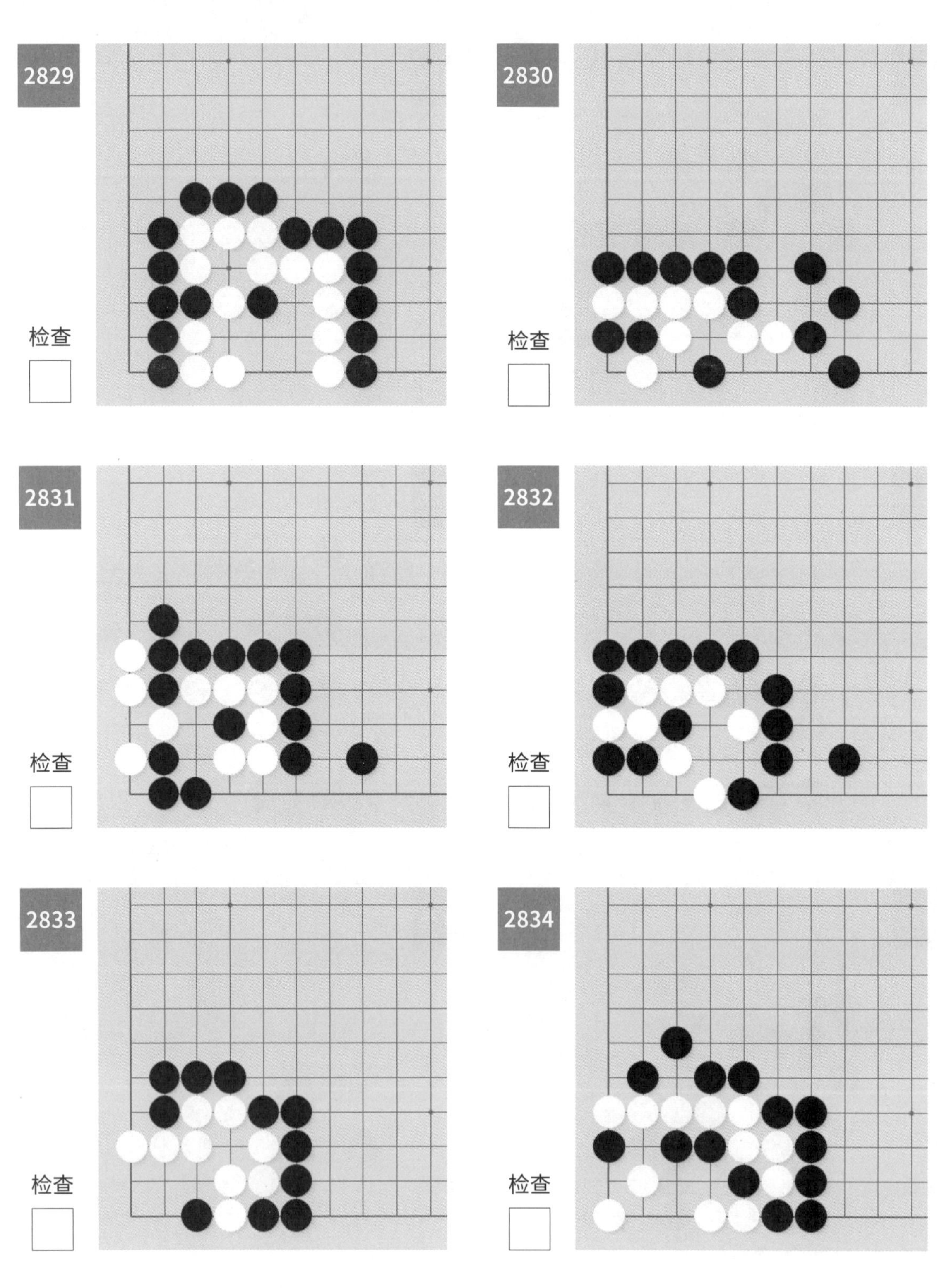
2829
检查
2830
检查
2831
检查
2832
检查
2833
检查
2834
检查

2835

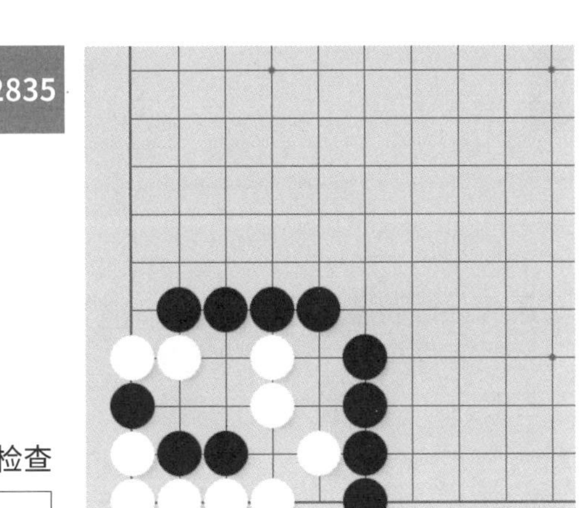

检查 □

2836

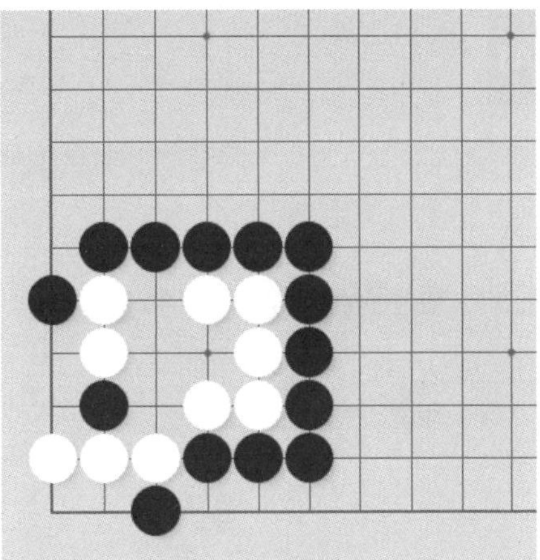

检查 □

2837

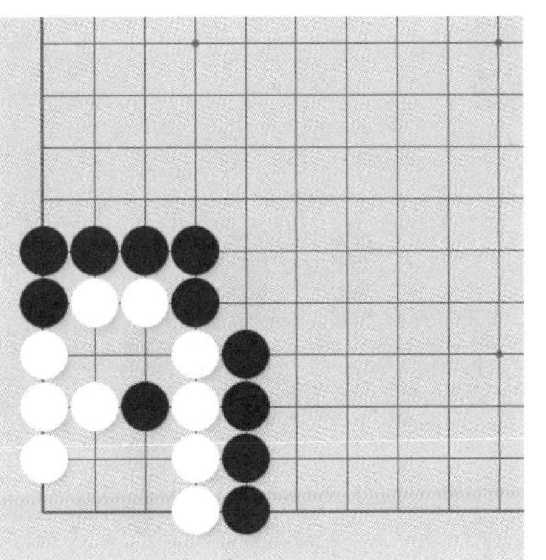

检查 □

2838

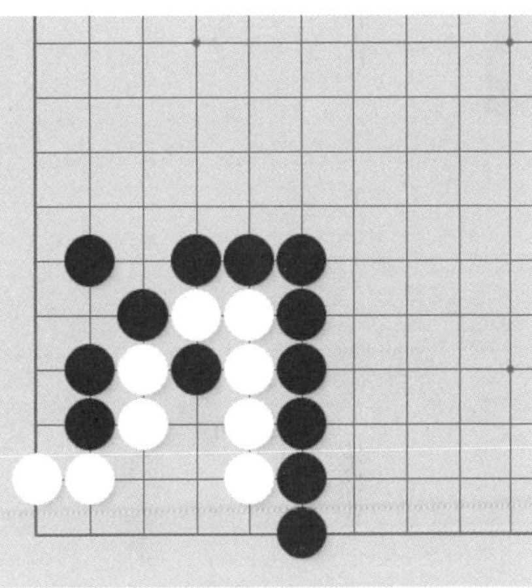

检查 □

2839

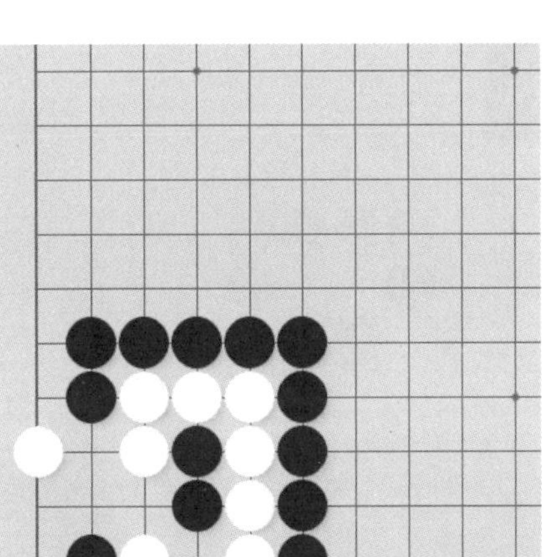

检查 □

2840

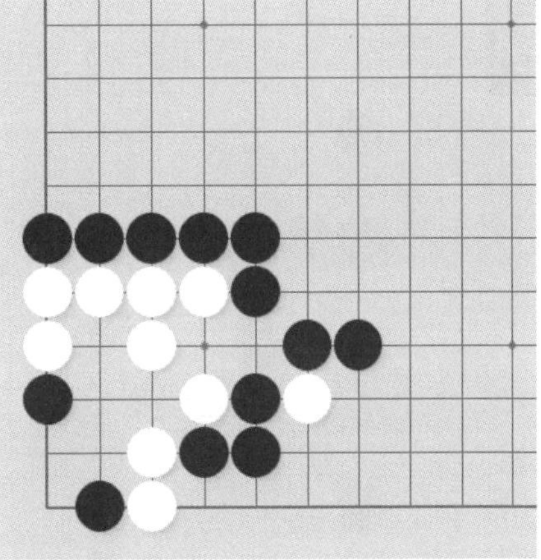

检查 □

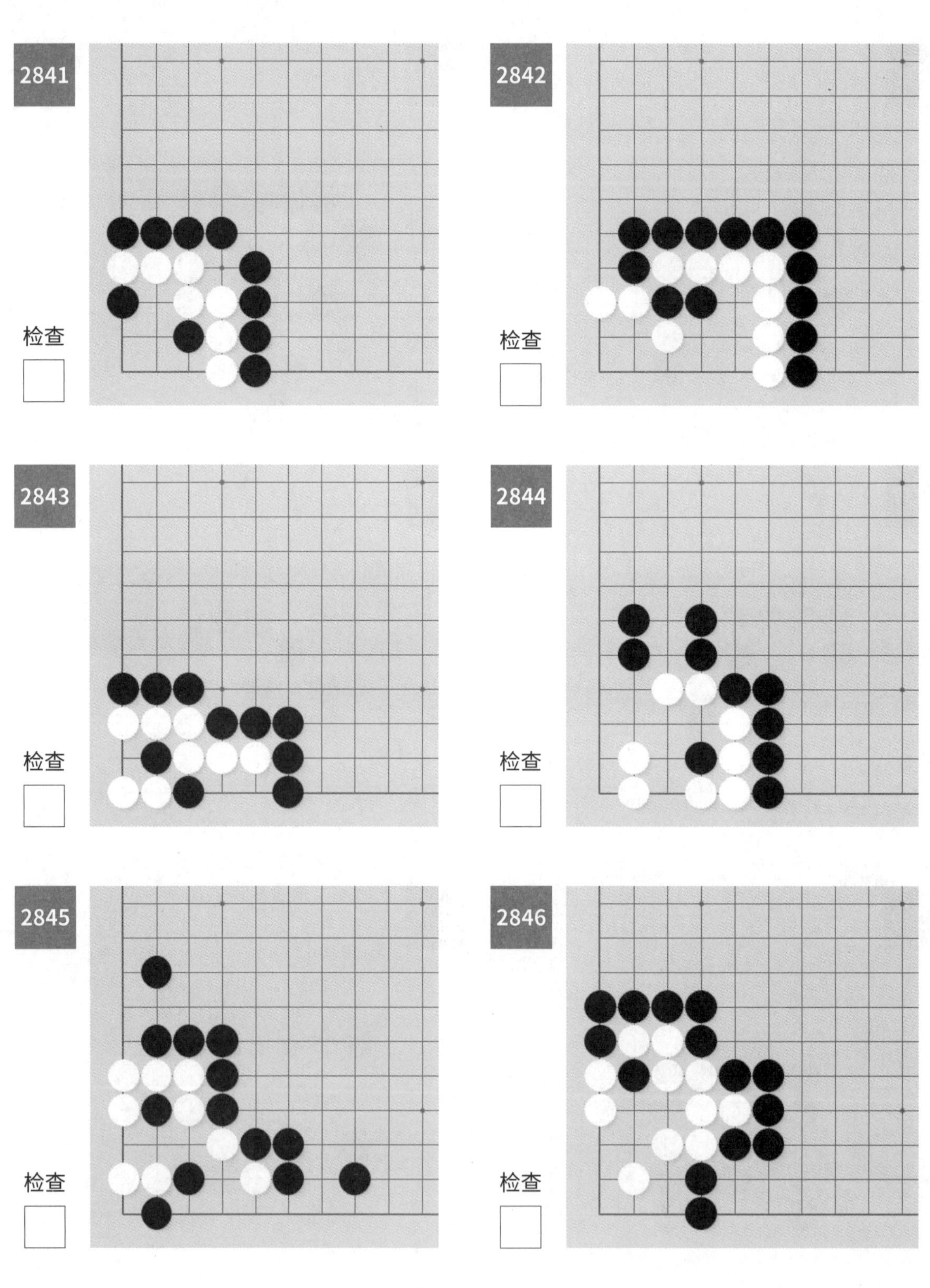
2841
检查
2842
检查
2843
检查
2844
检查
2845
检查
2846
检查

2847

检查

2848

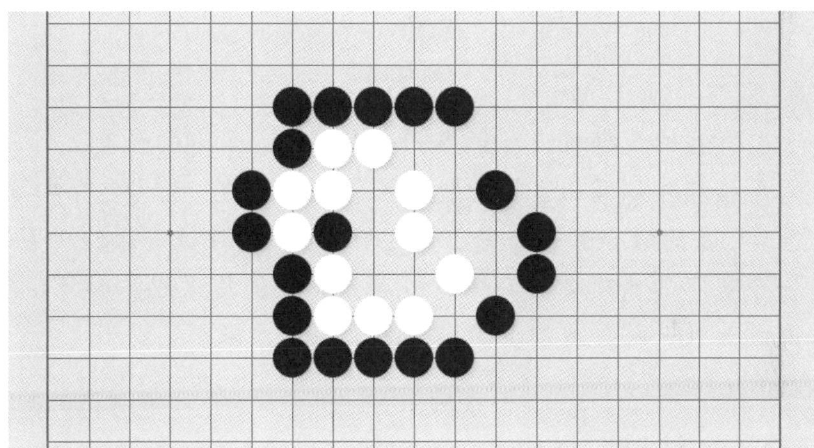

检查

2849

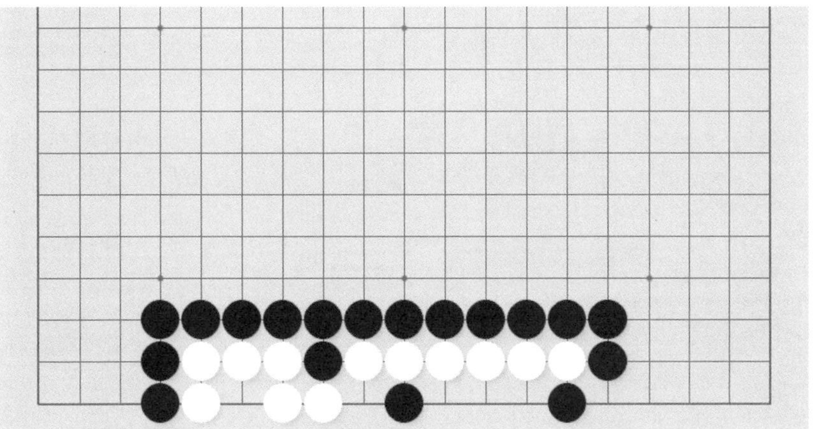

检查

2850

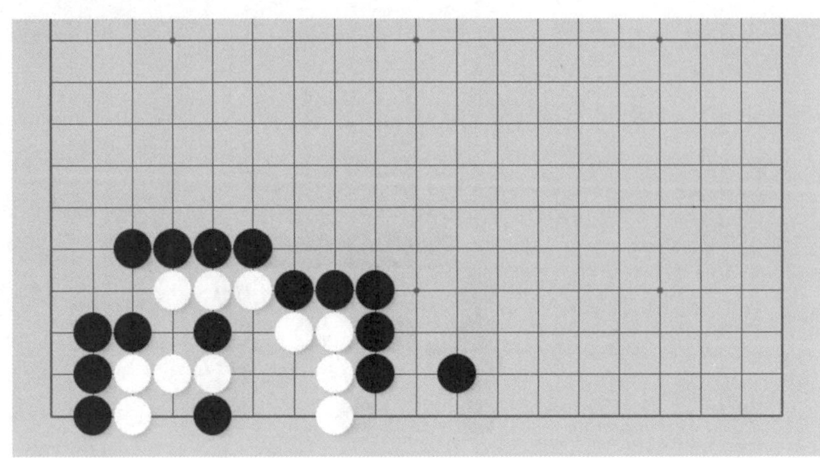

检查

失题

失题，指的是题目没有解答，或有双解、多解的情况。

对于诘棋创作家而言，失题是很令人头痛的，尤其是有双解的题目。

通常，我们都会有一个自己设定好的解答（往往有比较厉害的手筋），但另一个解答的出现会打乱节奏，导致诘棋创作者绞尽脑汁，思考如何使原解成为唯一解，我的多数脑细胞都耗损于此。

——陈禧

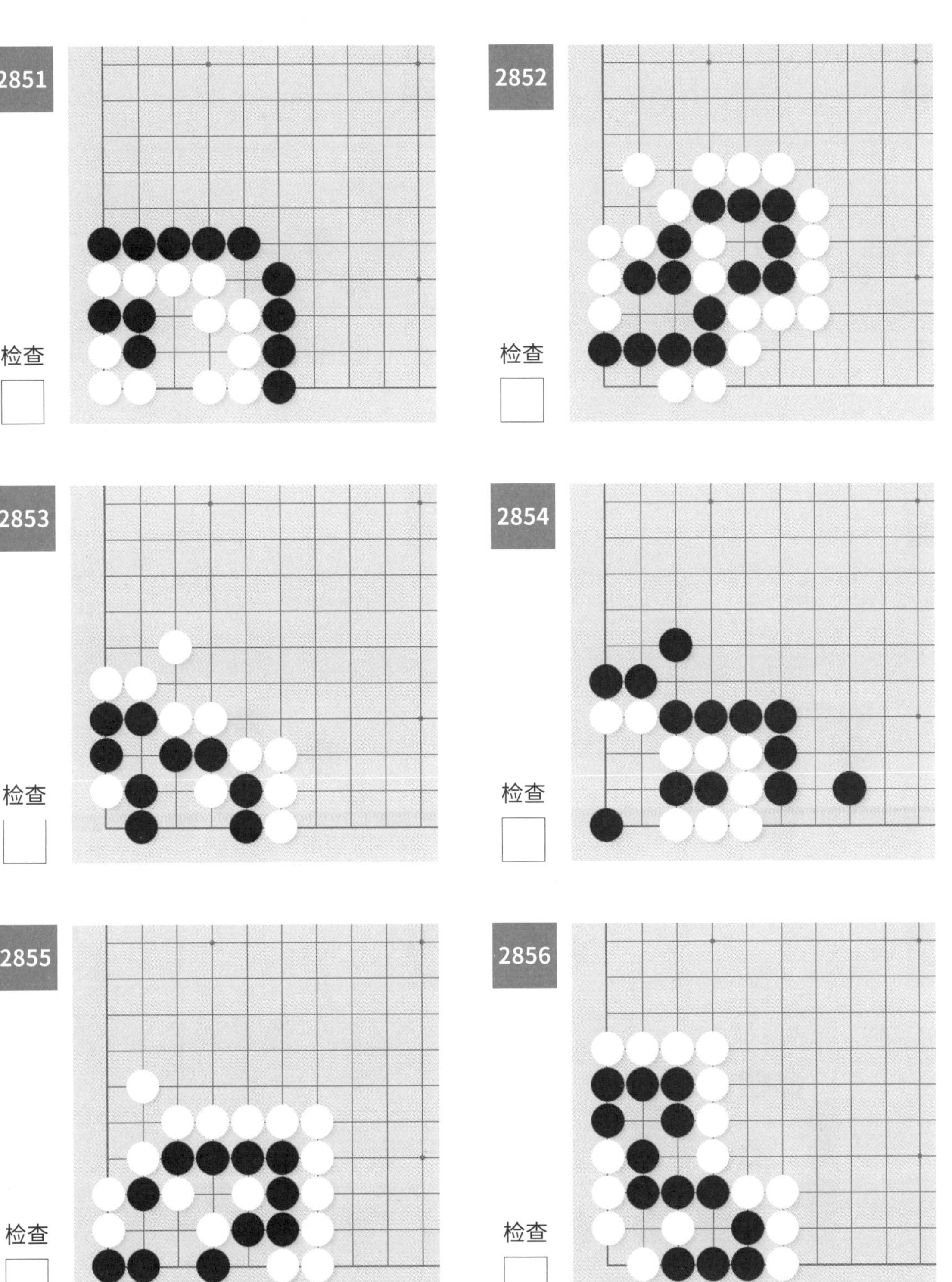
2851
检查
2852
检查
2853
检查
2854
检查
2855
检查
2856
检查

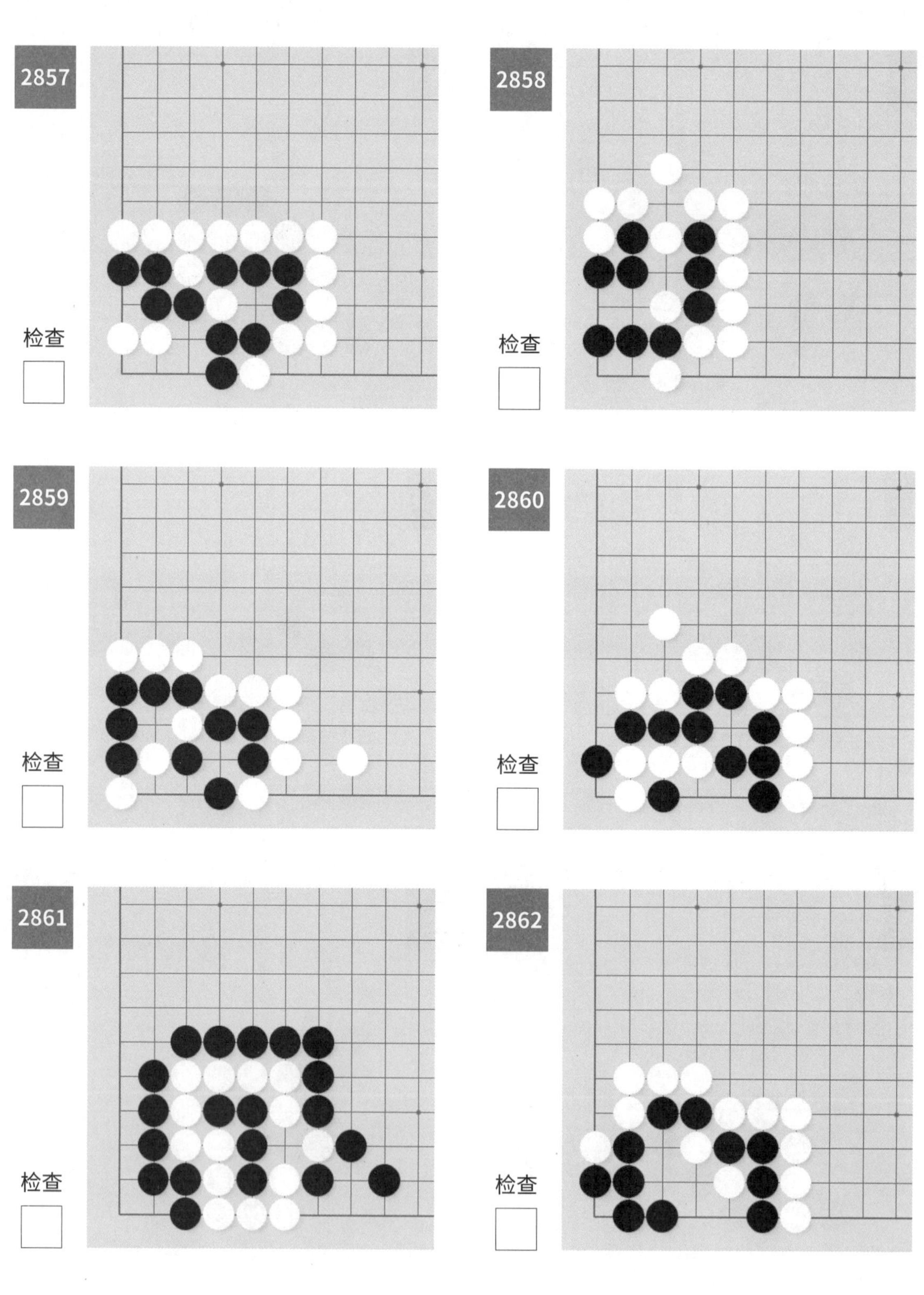
2857
检查
2858
检查
2859
检查
2860
检查
2861
检查
2862
检查

2863

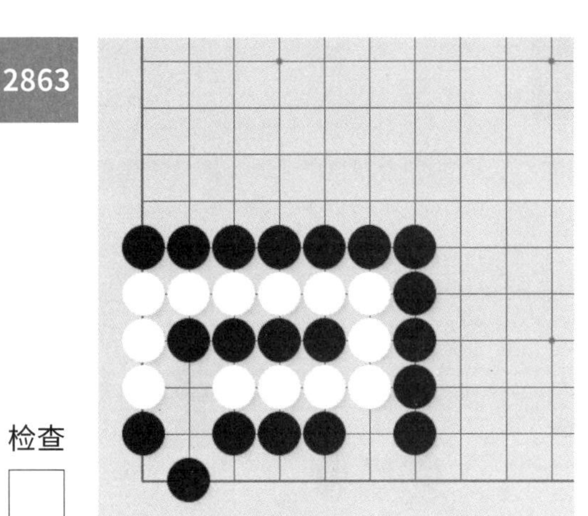

检查

2864

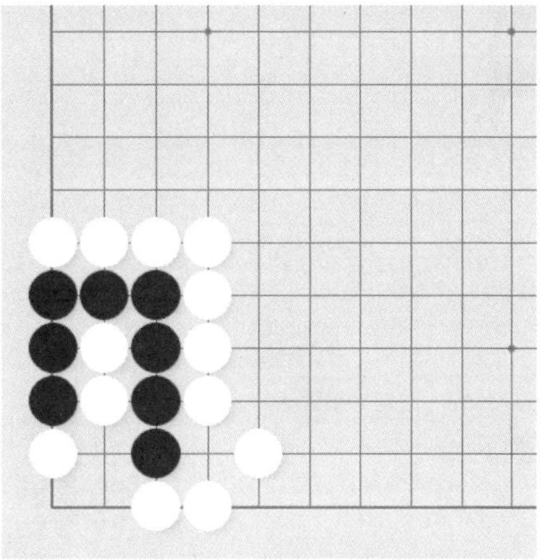

检查

2865

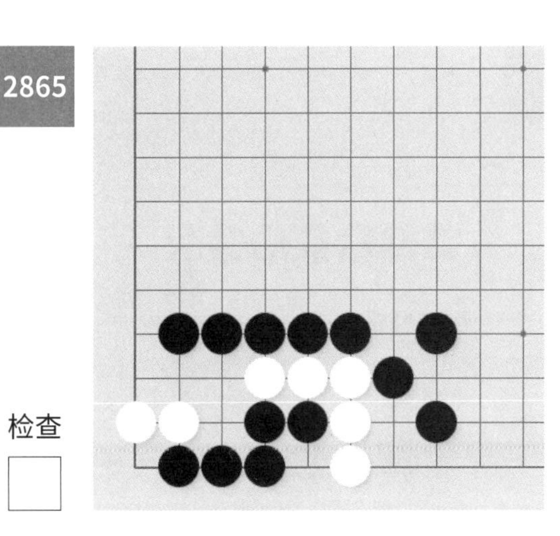

检查

2866

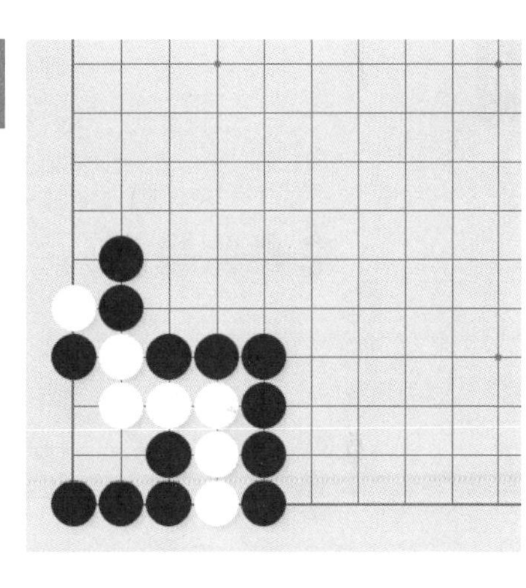

检查

2867

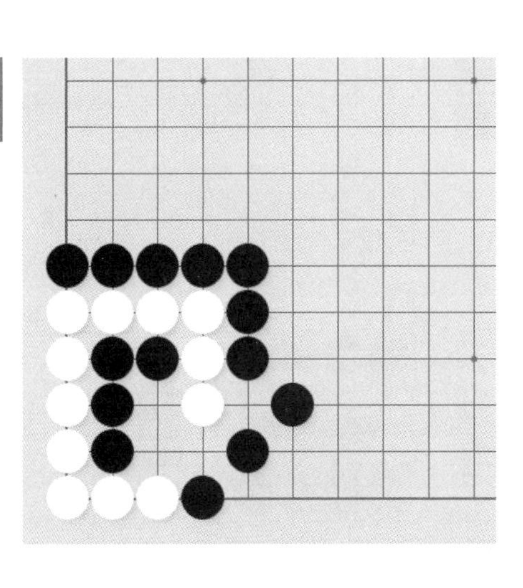

检查

2868

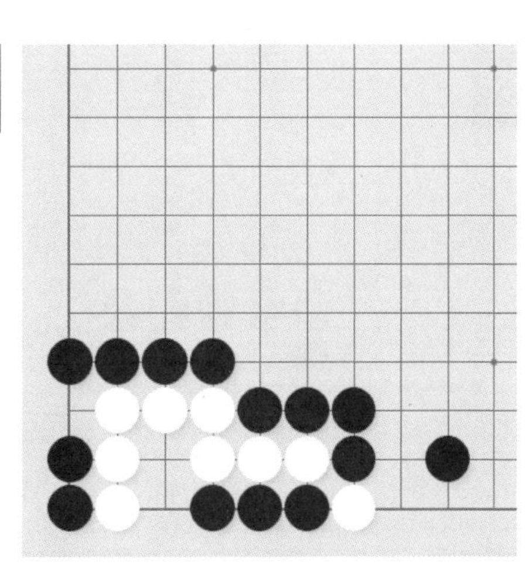

检查

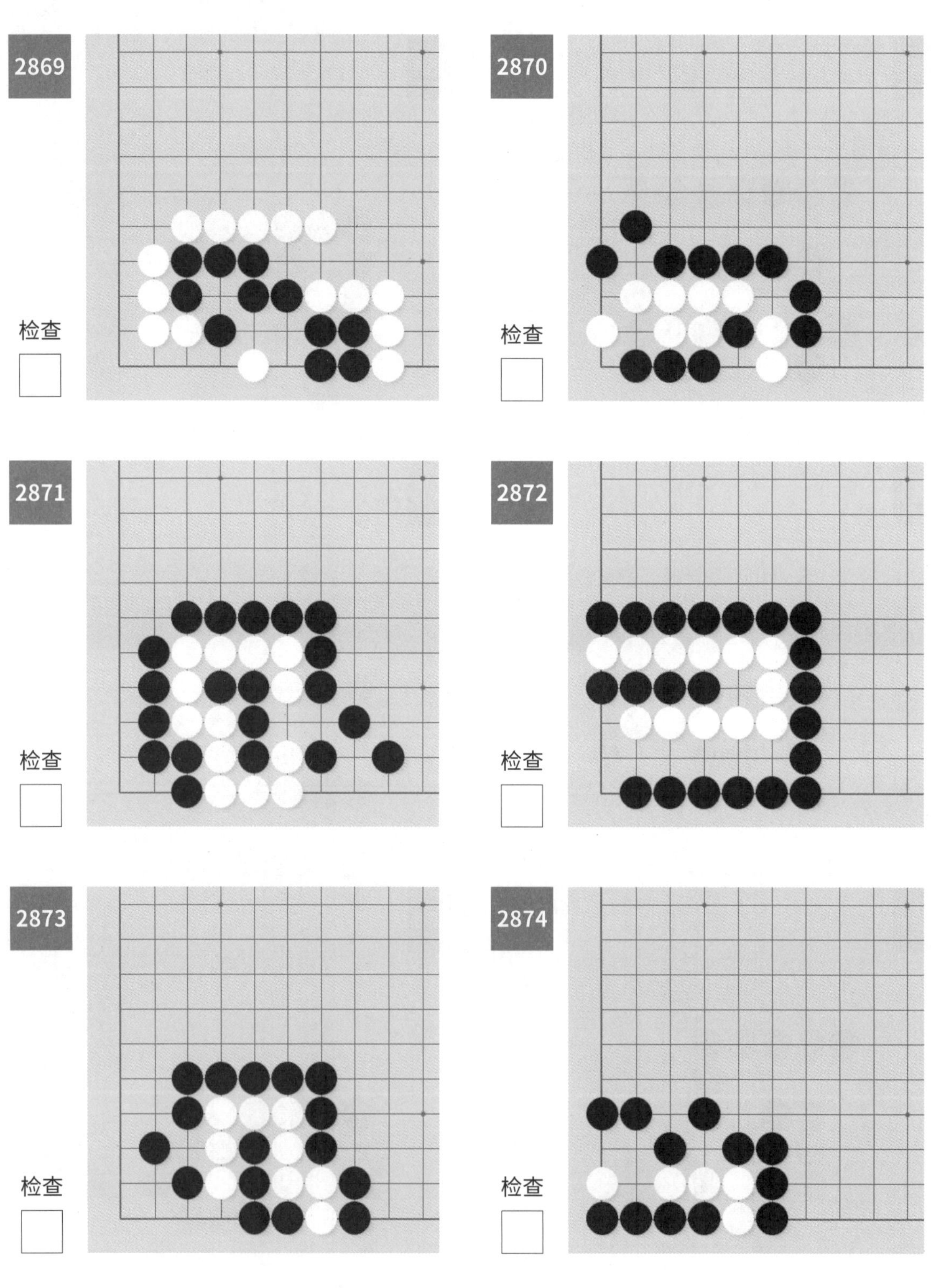
2869
检查
2870
检查
2871
检查
2872
检查
2873
检查
2874
检查

2875

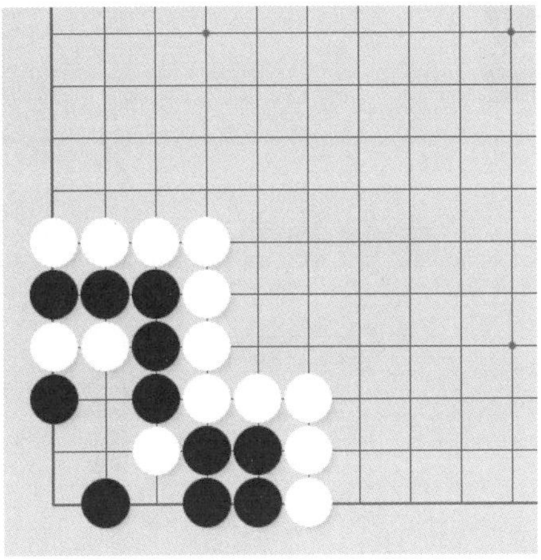

检查

2876

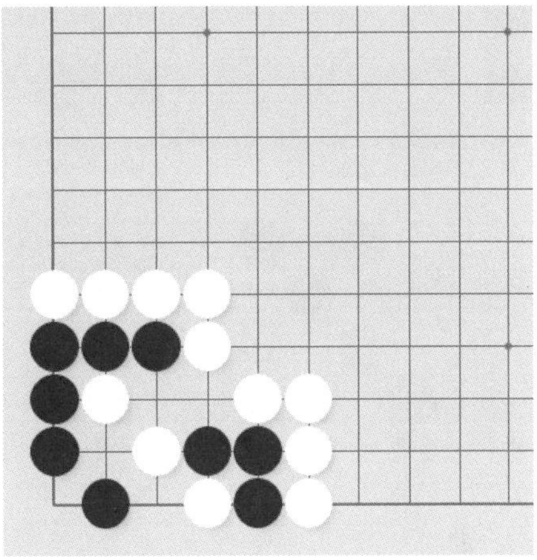

检查

2877

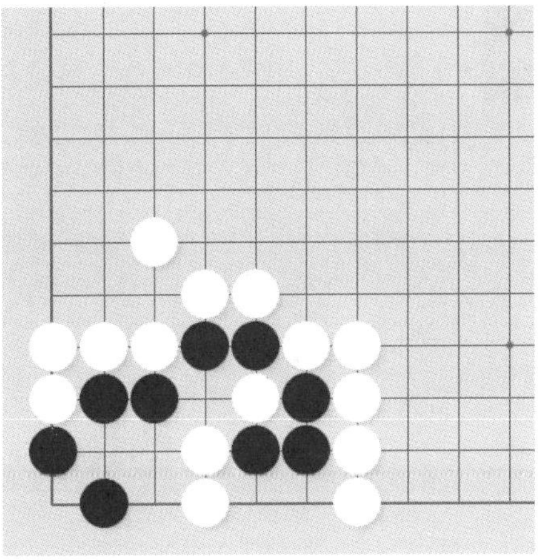

检查

2878

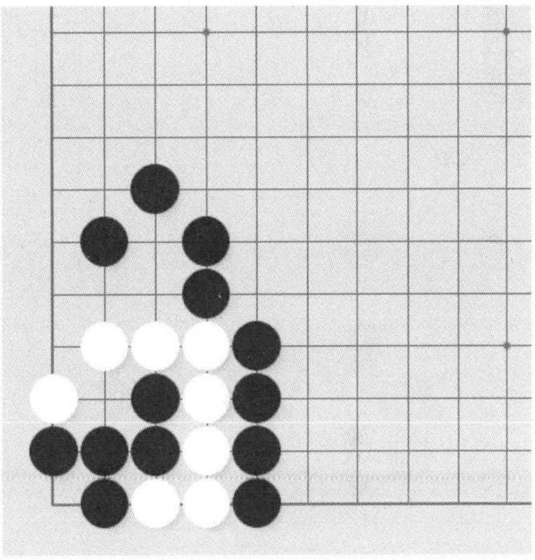

检查

2879

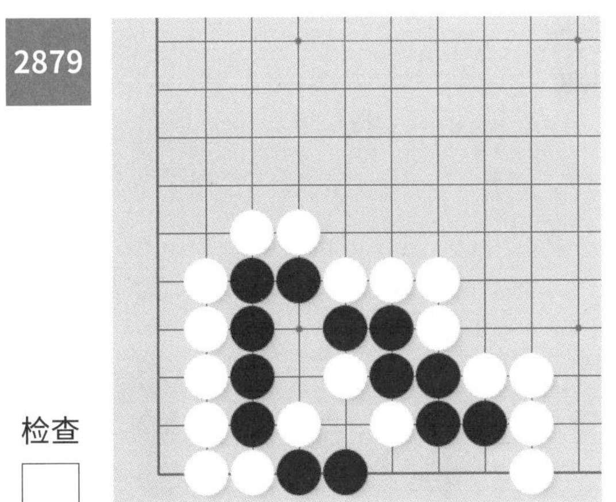

检查

2880

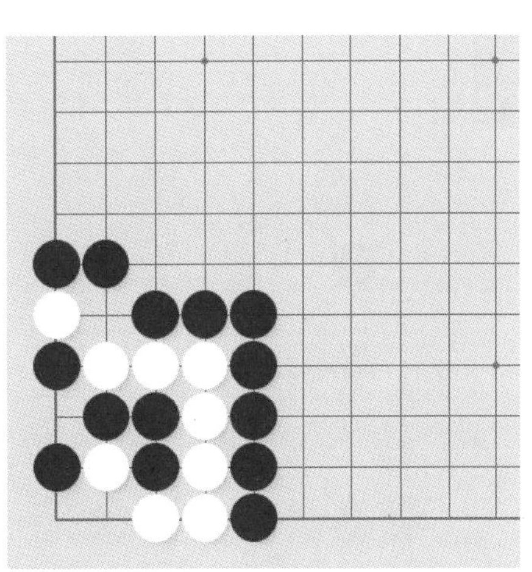

检查

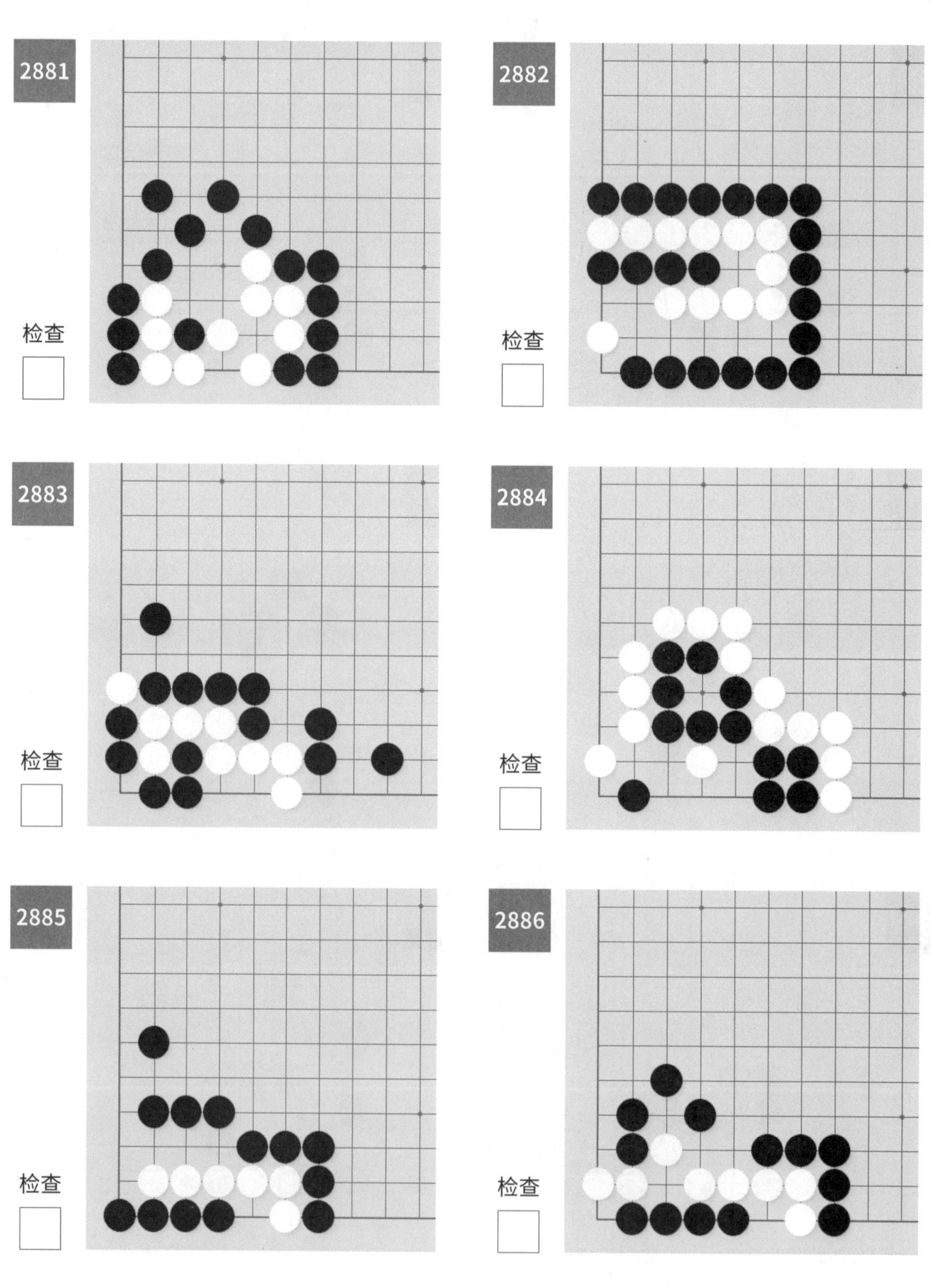
2881
检查
2882
检查
2883
检查
2884
检查
2885
检查
2886
检查

2887

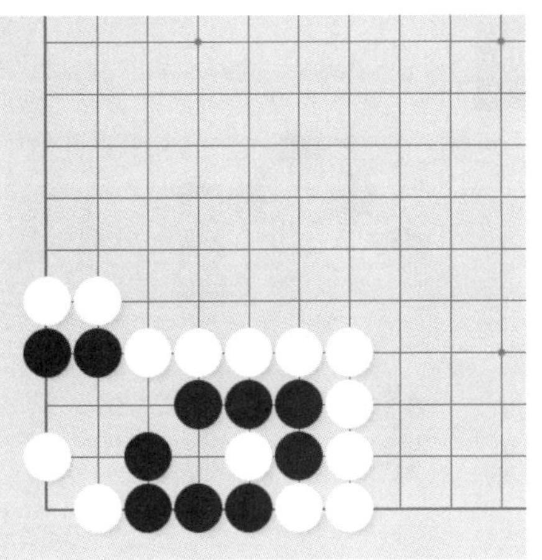

检查

2888

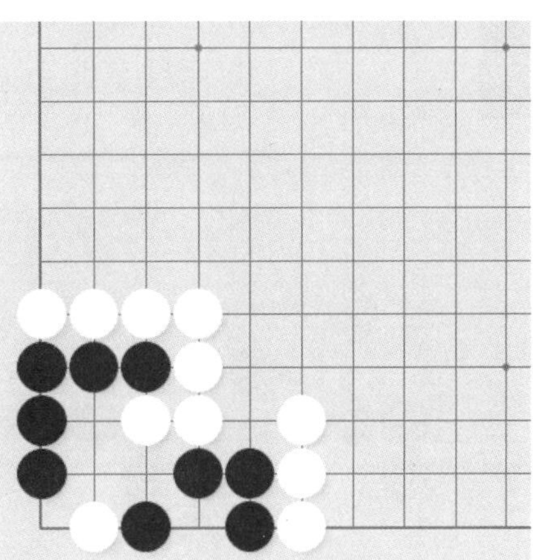

检查

2889

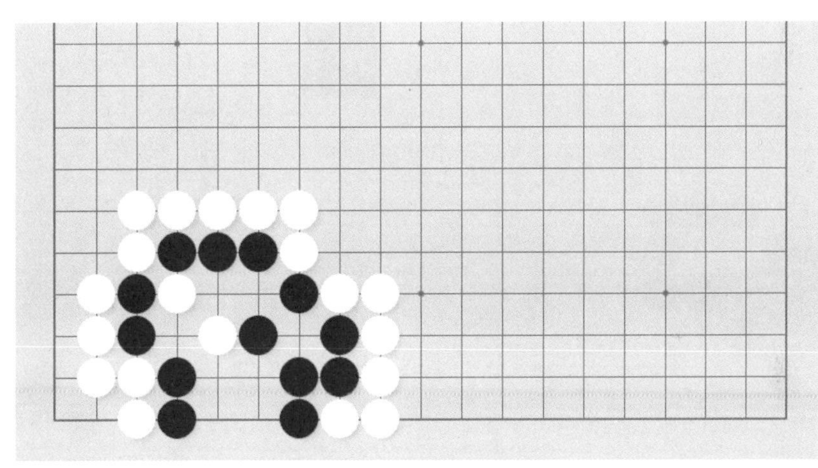

检查

2890

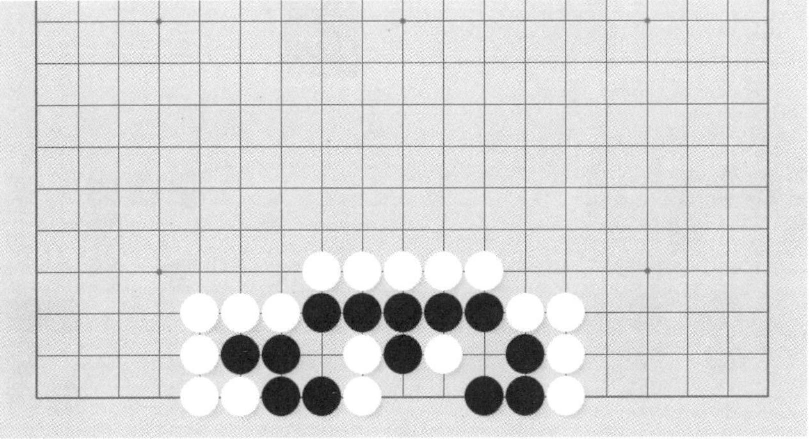

检查

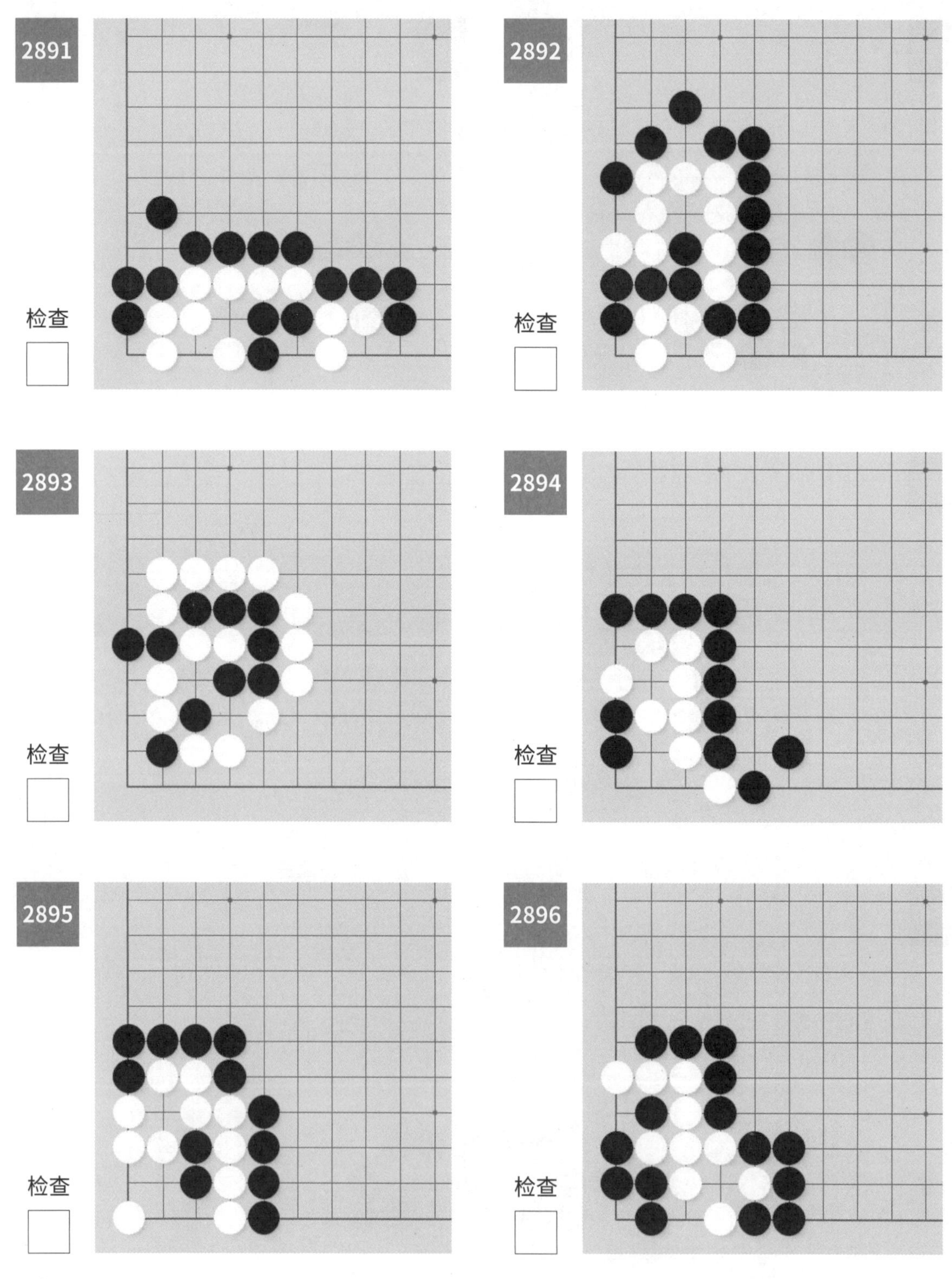
2891
检查
2892
检查
2893
检查
2894
检查
2895
检查
2896
检查

2897

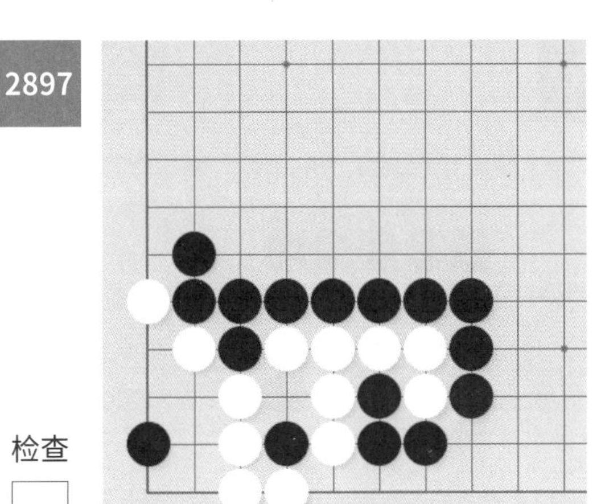

检查 □

2898

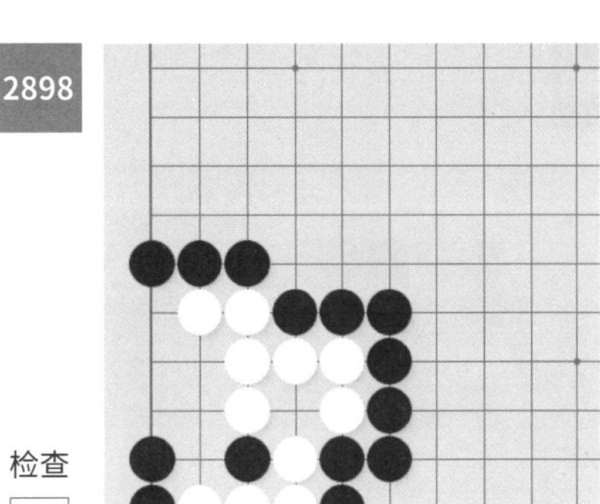

检查 □

2899

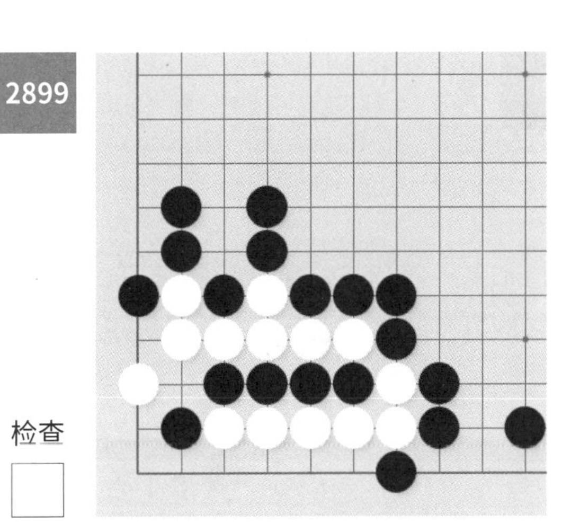

检查 □

2900

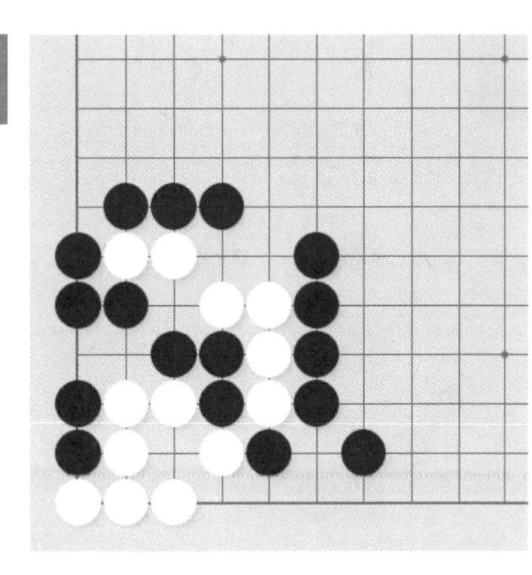

检查 □

2901

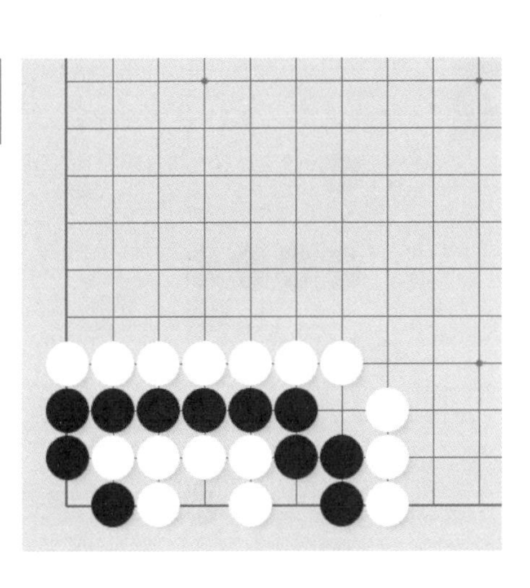

检查 □

2902

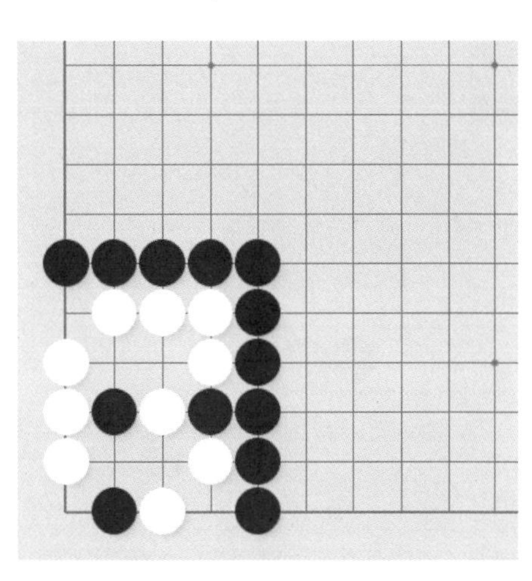

检查 □

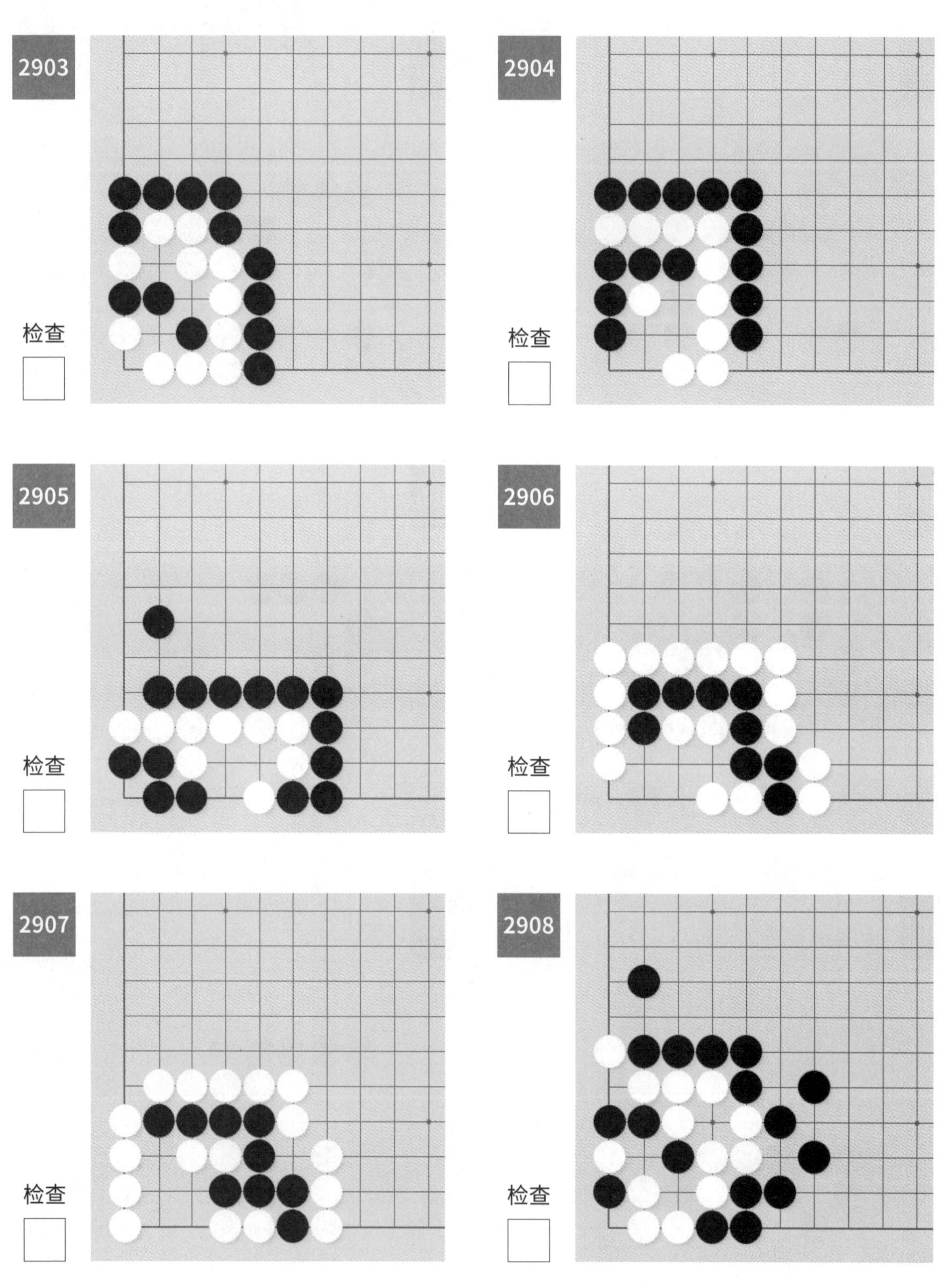
2903
检查
2904
检查
2905
检查
2906
检查
2907
检查
2908
检查

2909

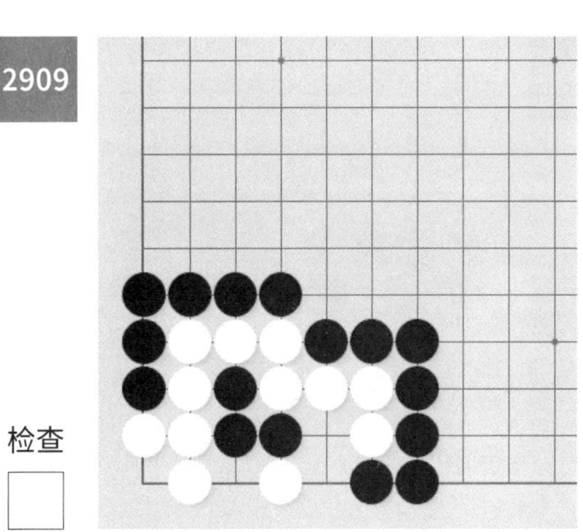

检查

2910

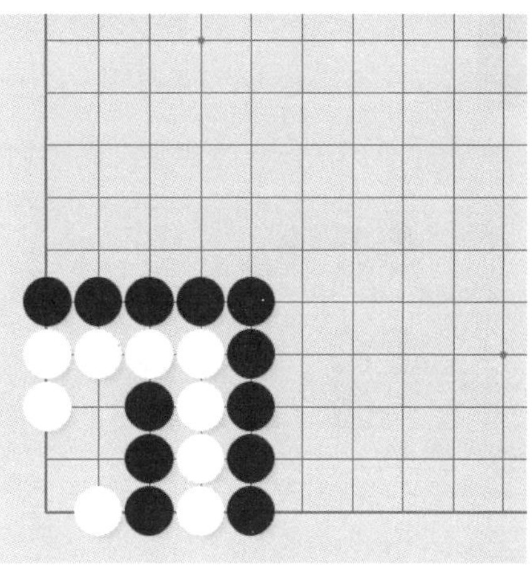

检查

2911

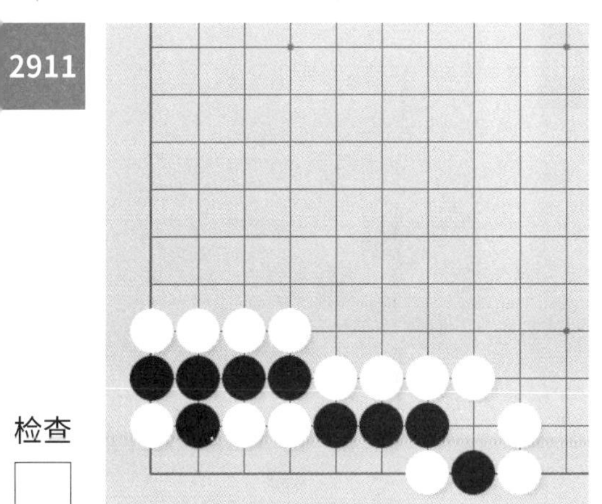

检查

2912

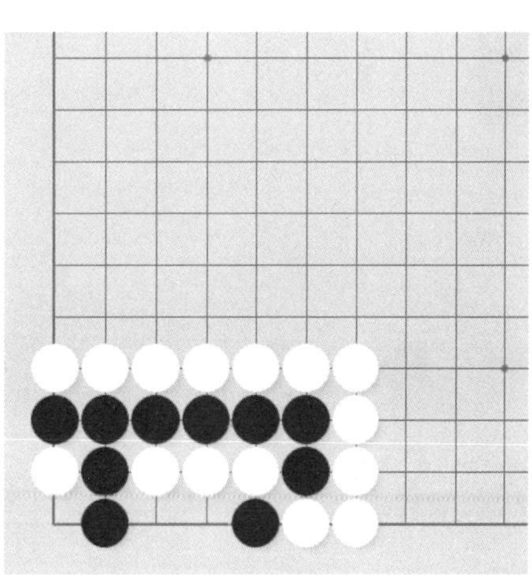

检查

2913

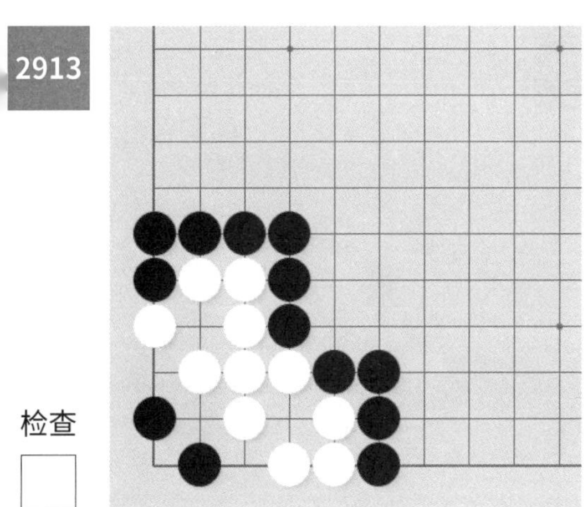

检查

2914

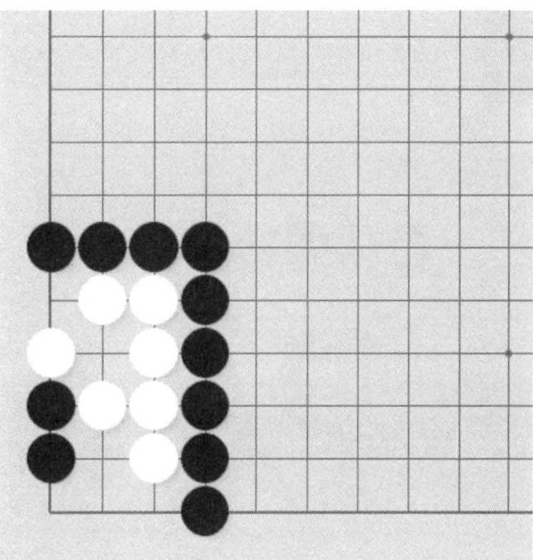

检查

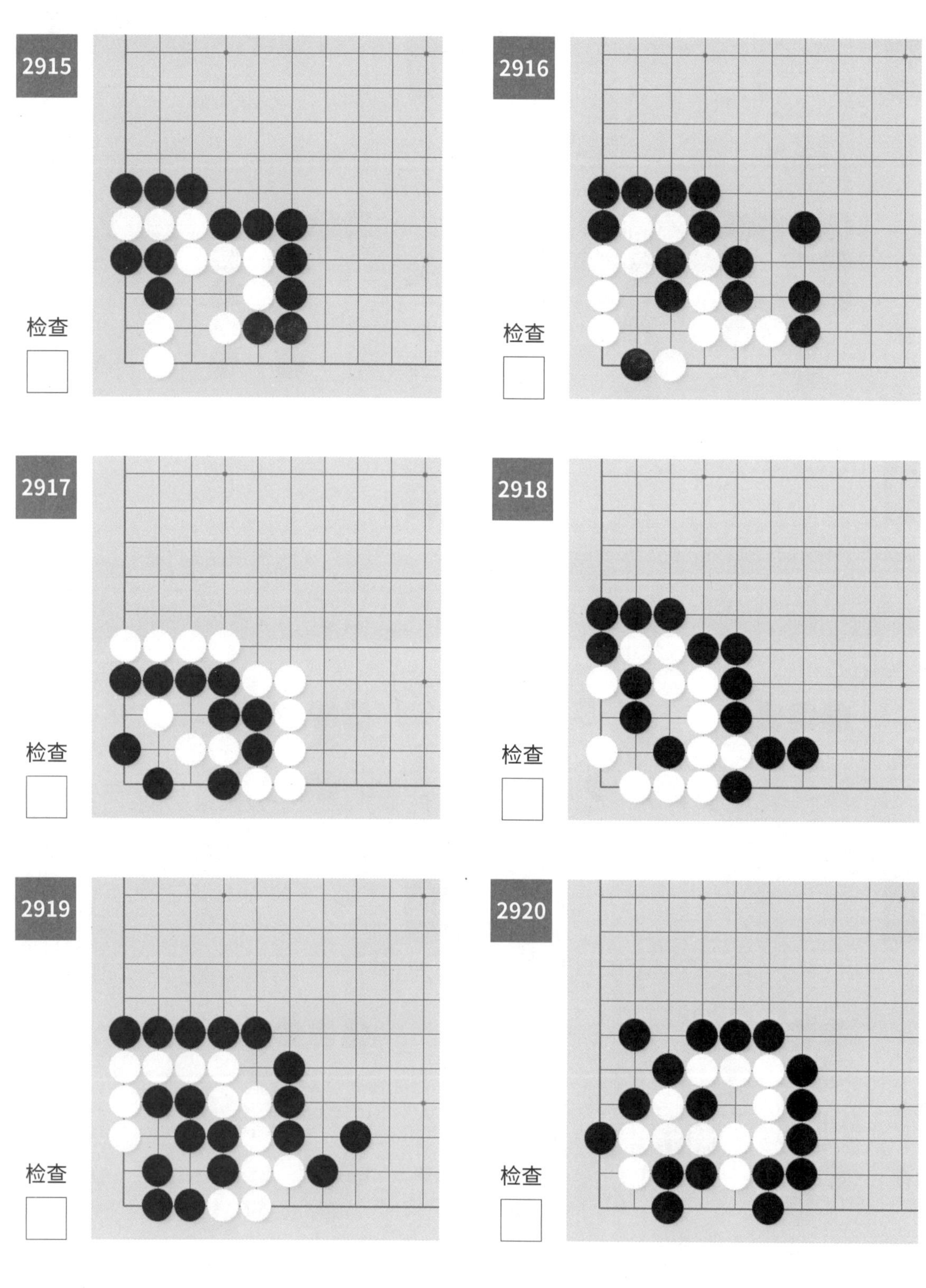
2915
检查
2916
检查
2917
检查
2918
检查
2919
检查
2920
检查

2921

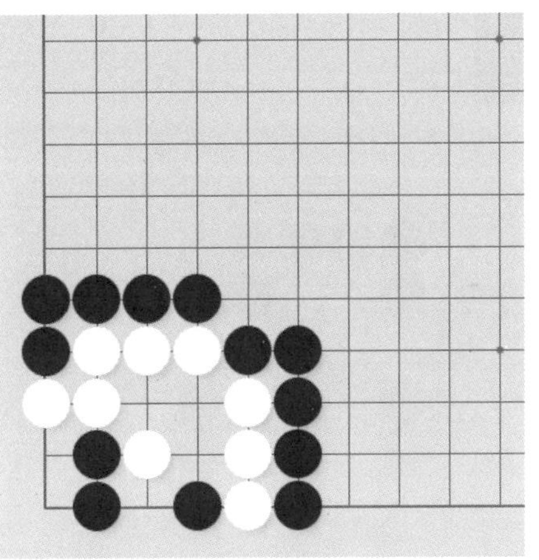

检查 □

2922

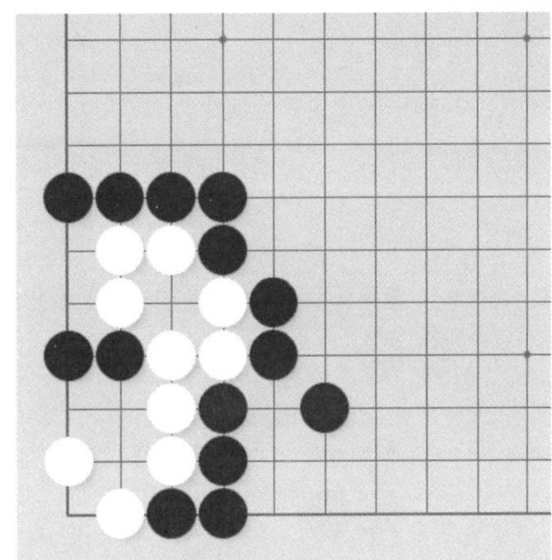

检查 □

2923

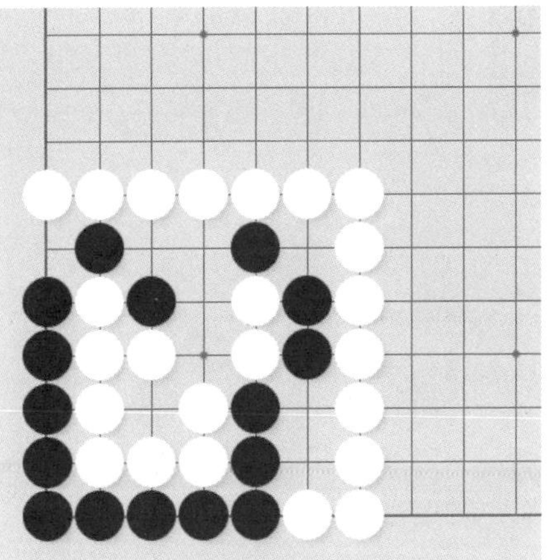

检查 □

2924

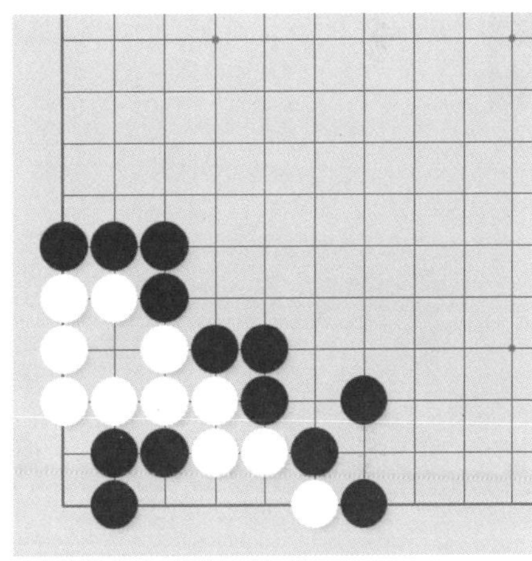

检查 □

2925

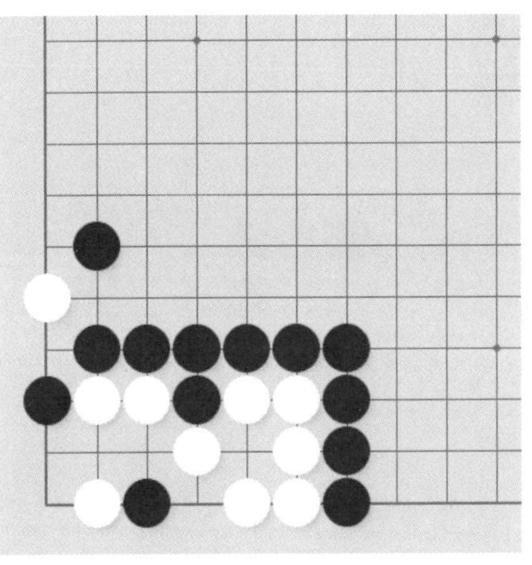

检查 □

2926

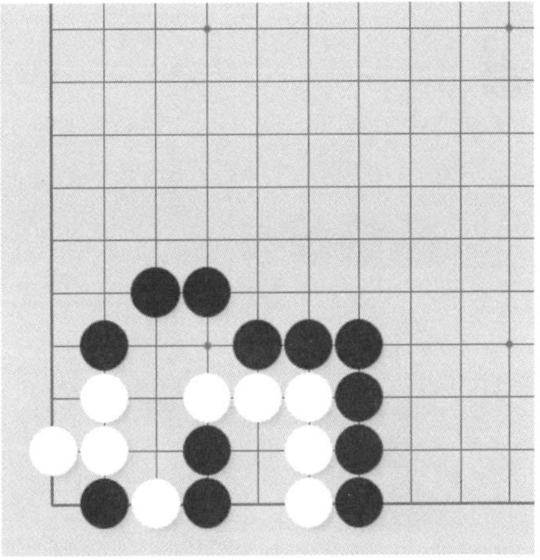

检查 □

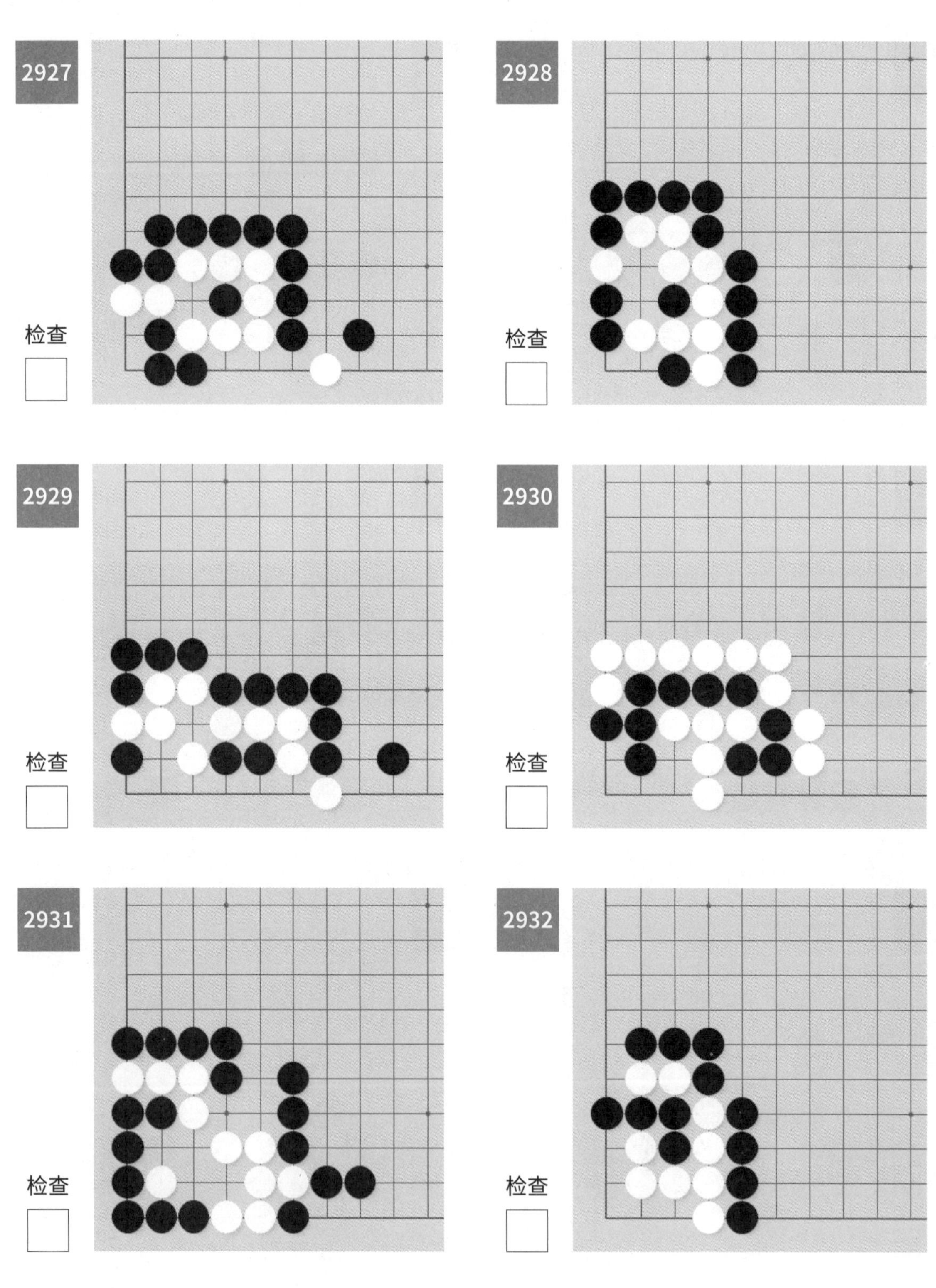
2927
检查
2928
检查
2929
检查
2930
检查
2931
检查
2932
检查

2933

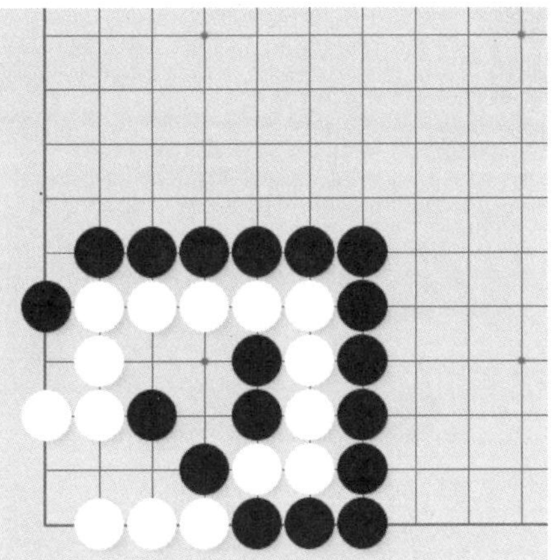

检查

2934

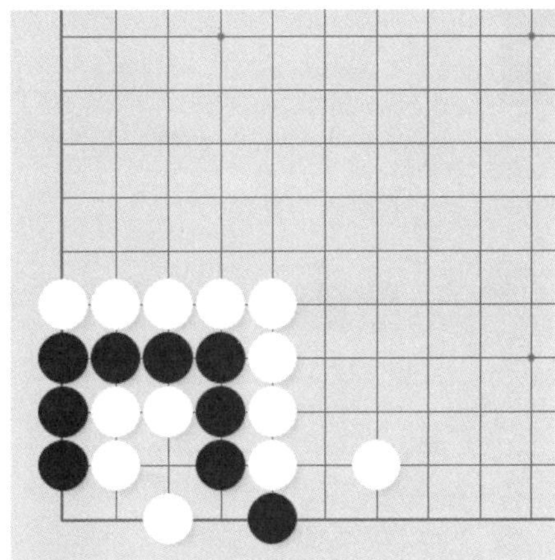

检查

2935

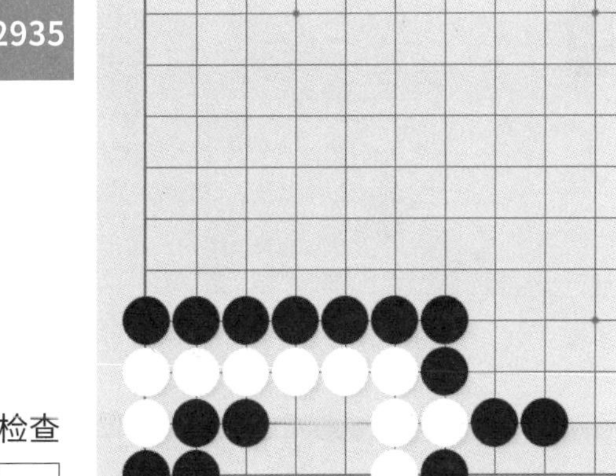

检查

2936

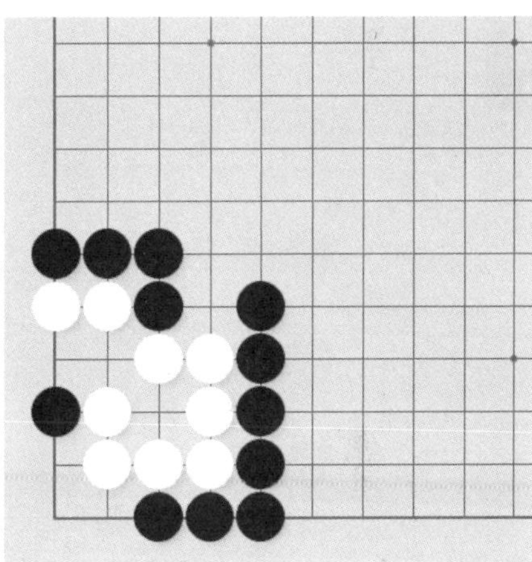

检查

2937

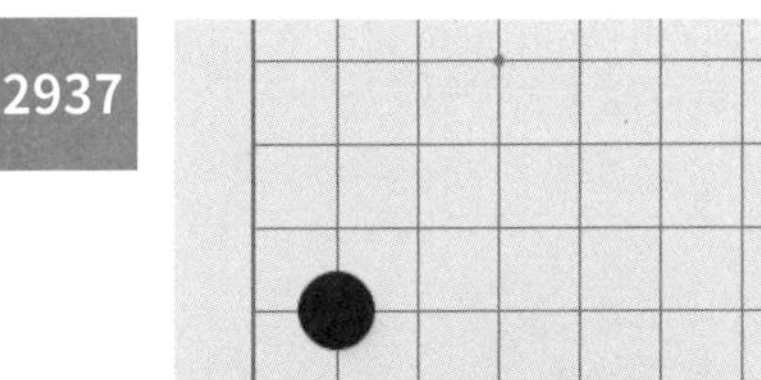

检查

2938

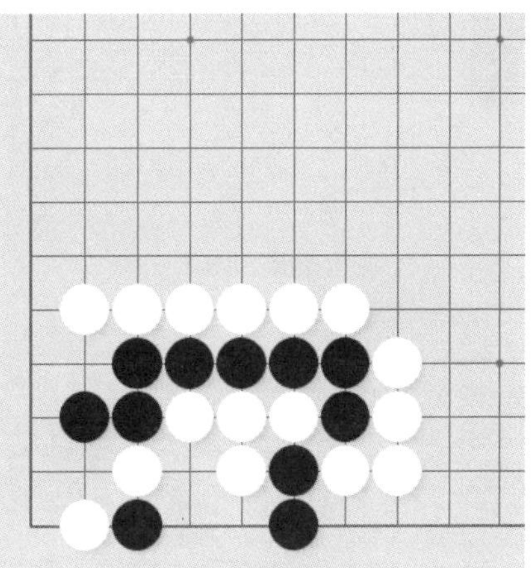

检查

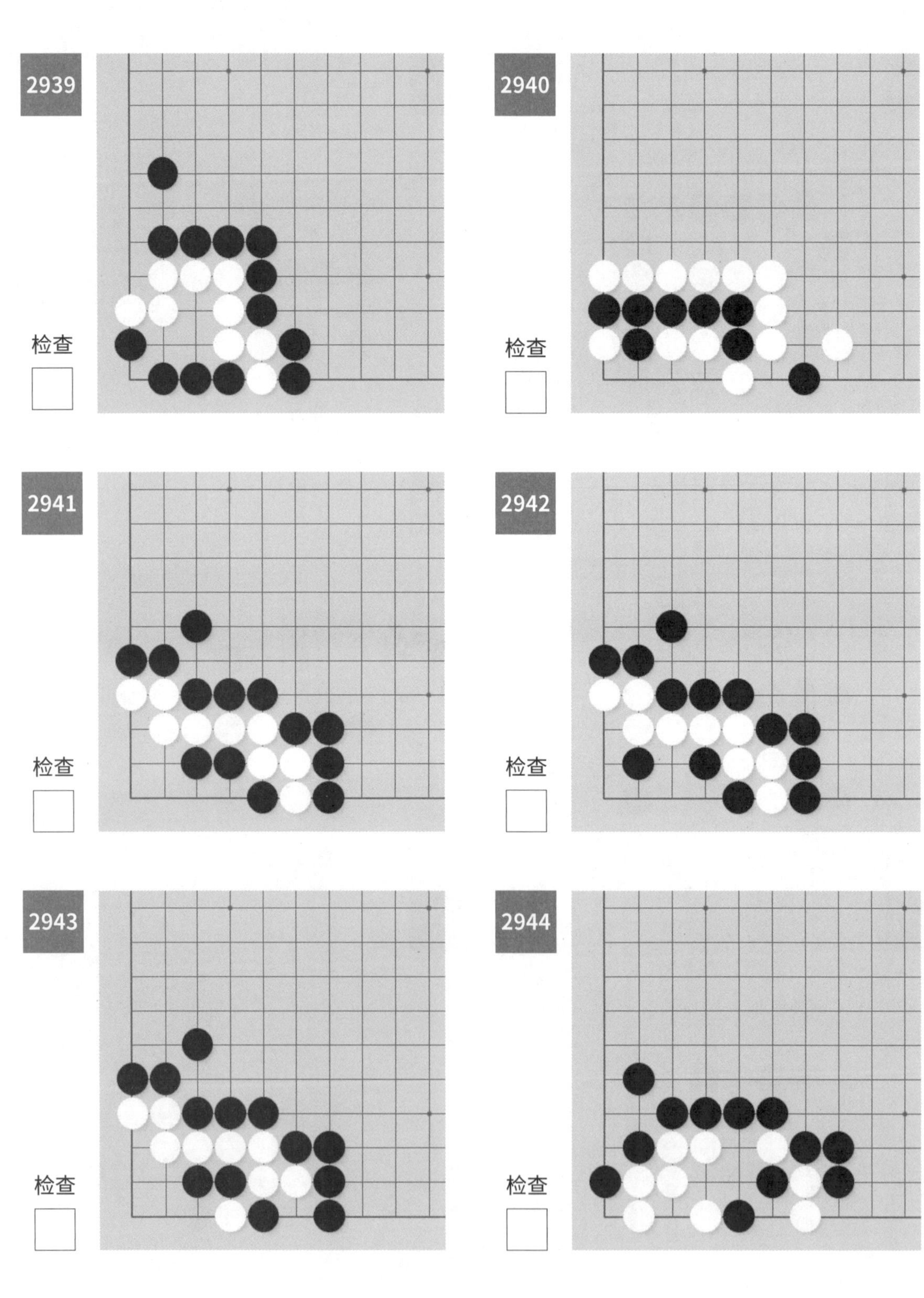
2939
检查
2940
检查
2941
检查
2942
检查
2943
检查
2944
检查

2945

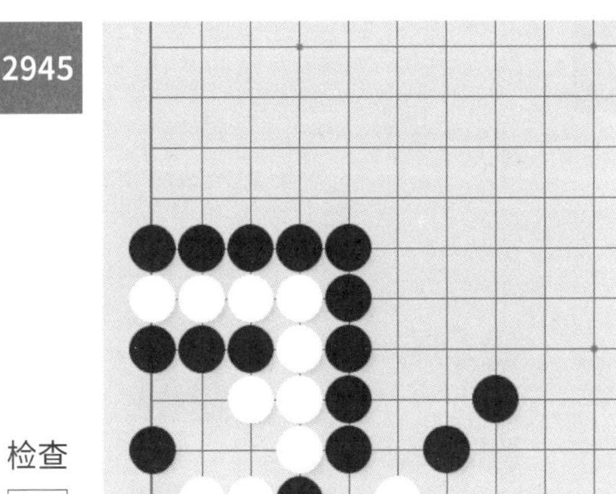

检查

2946

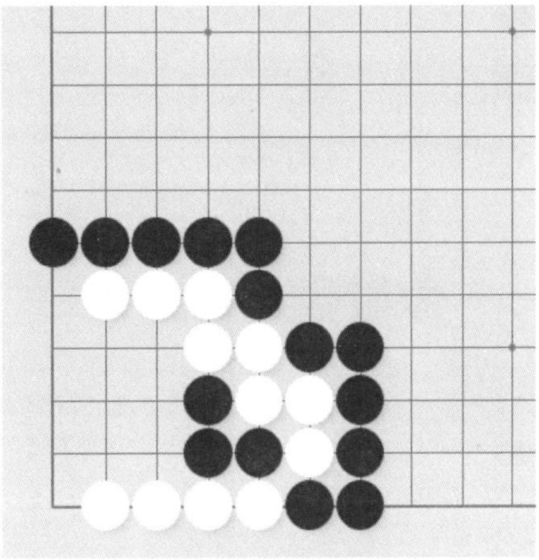

检查

2947

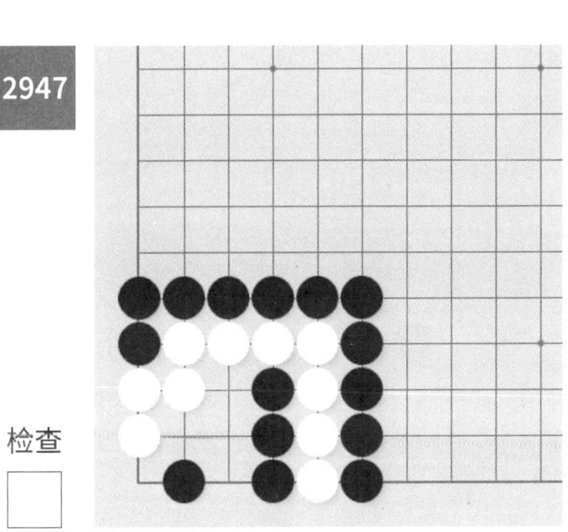

检查

2948

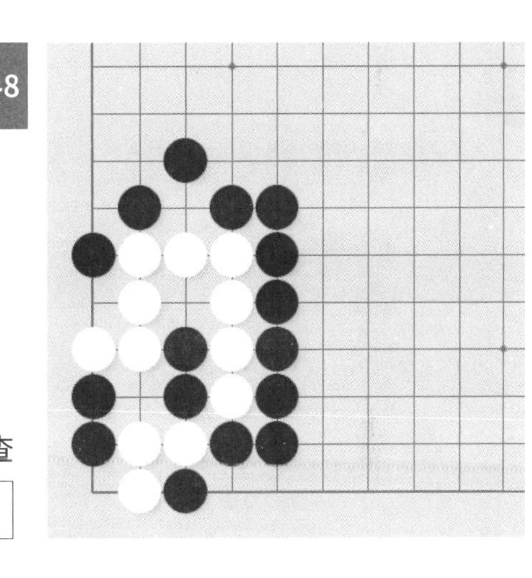

检查

2949

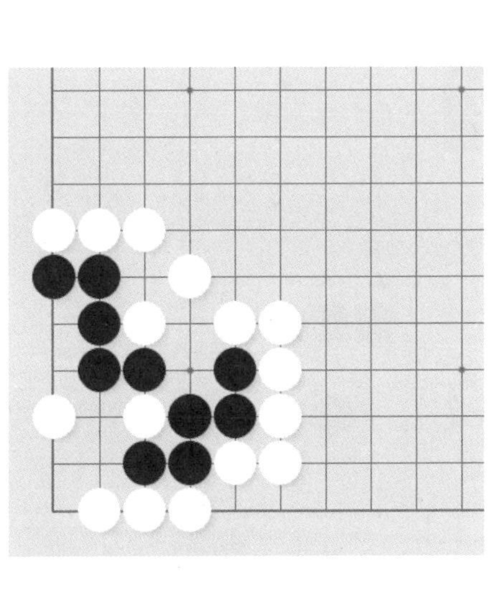

检查

2950

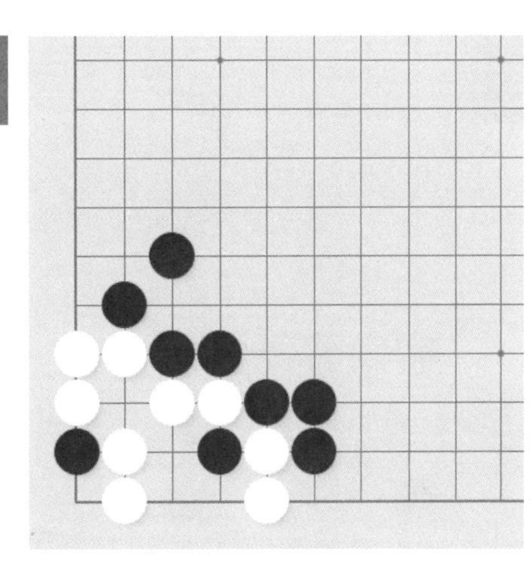

检查

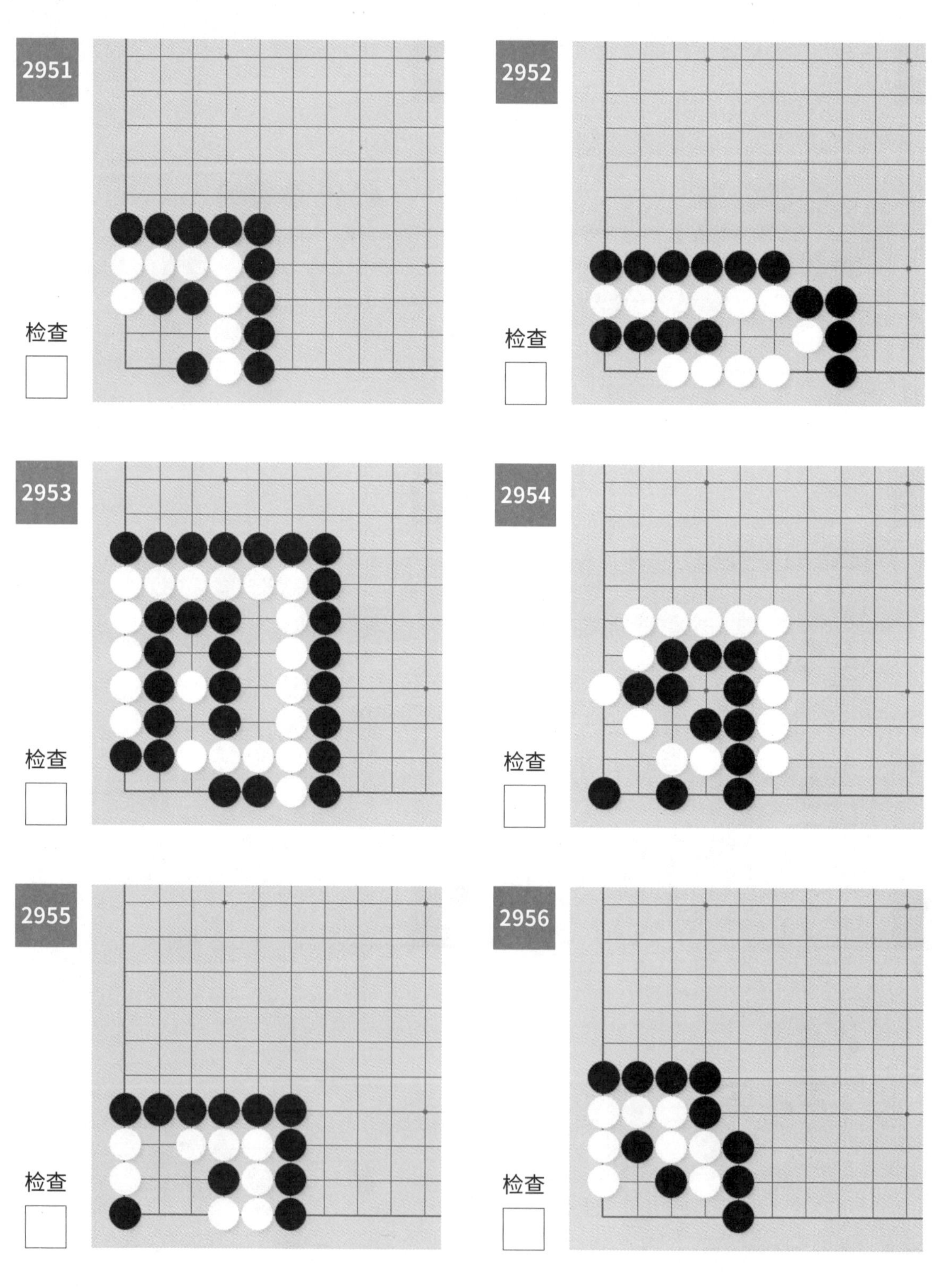
2951
检查
2952
检查
2953
检查
2954
检查
2955
检查
2956
检查

2957

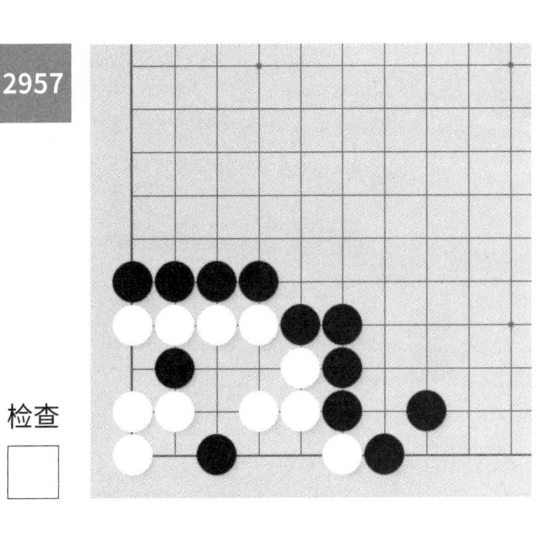

检查

2958

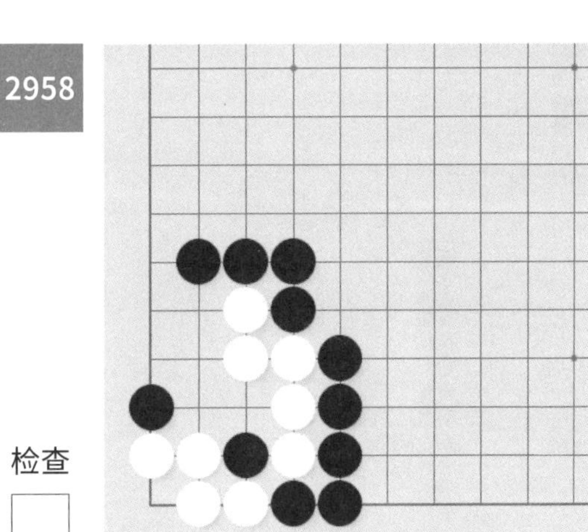

检查

2959

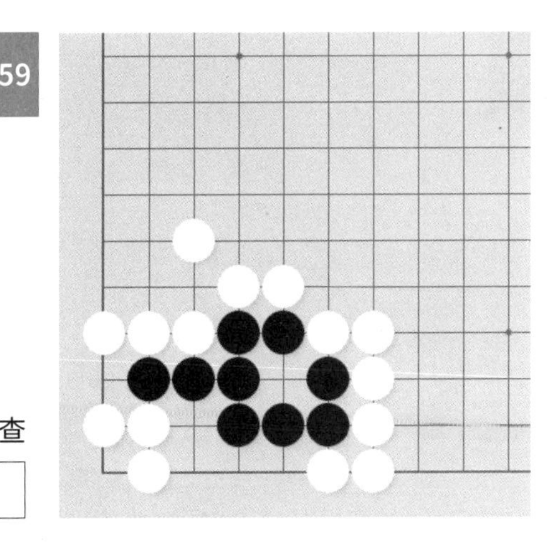

检查

2960

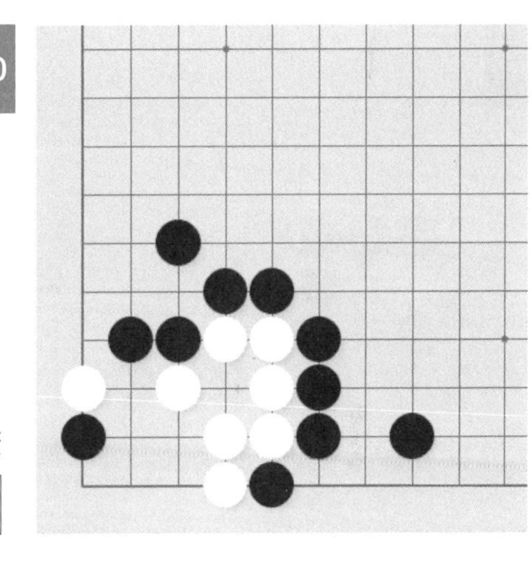

检查

2961

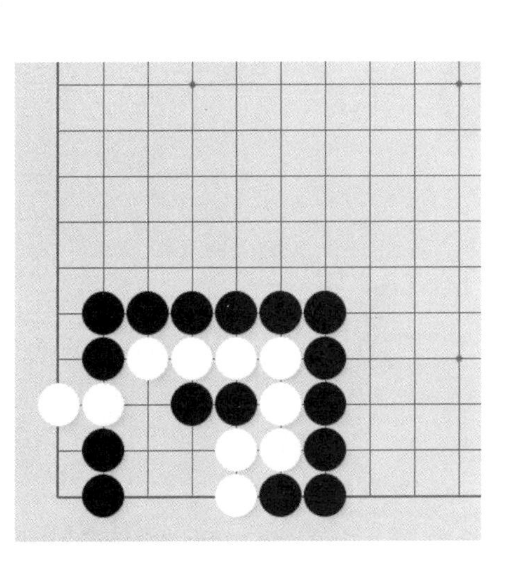

检查

2962

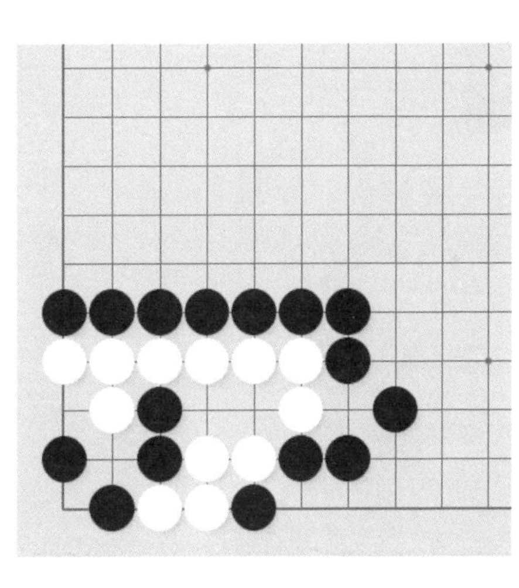

检查

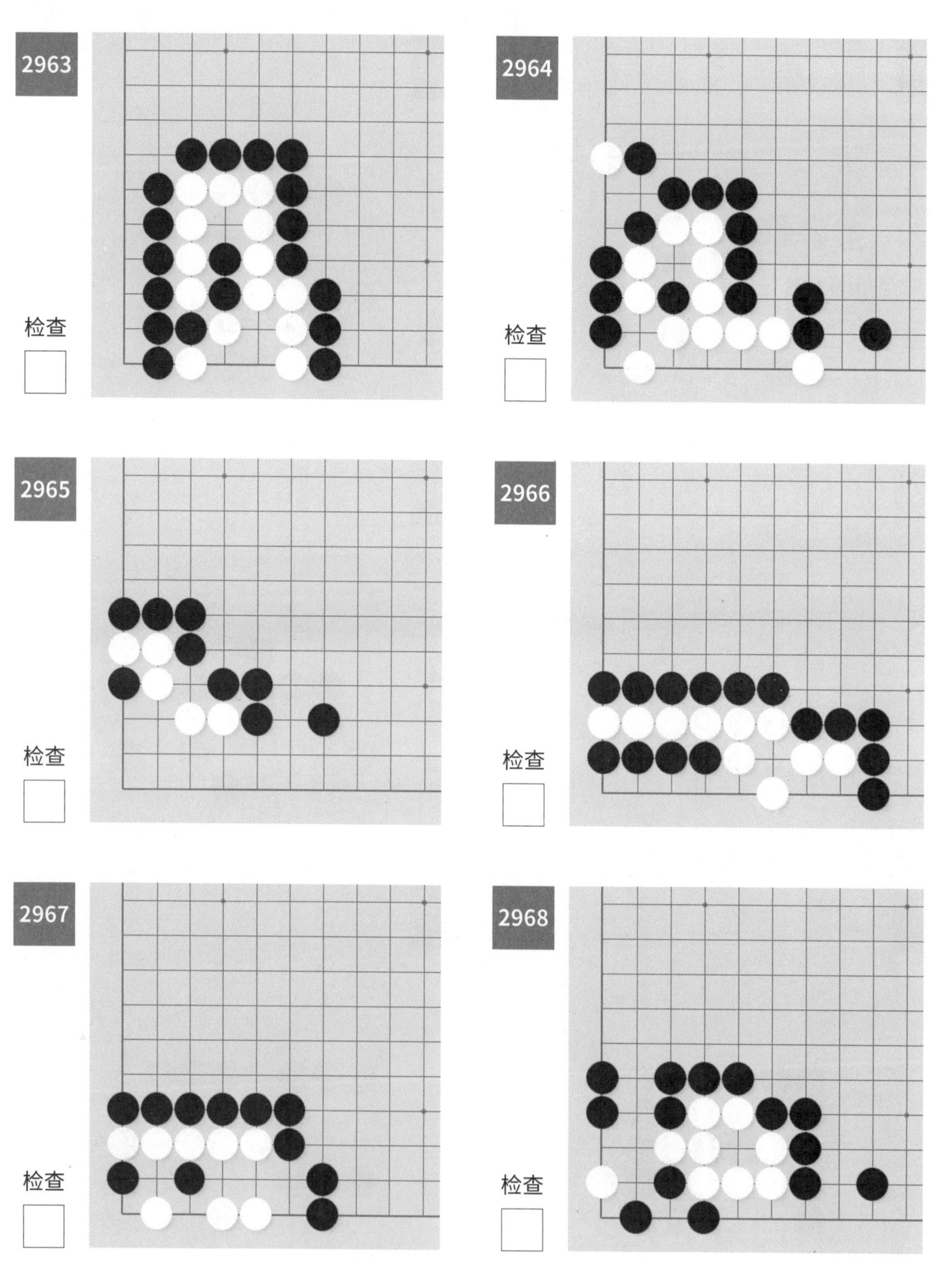
2963
检查
2964
检查
2965
检查
2966
检查
2967
检查
2968
检查

2969

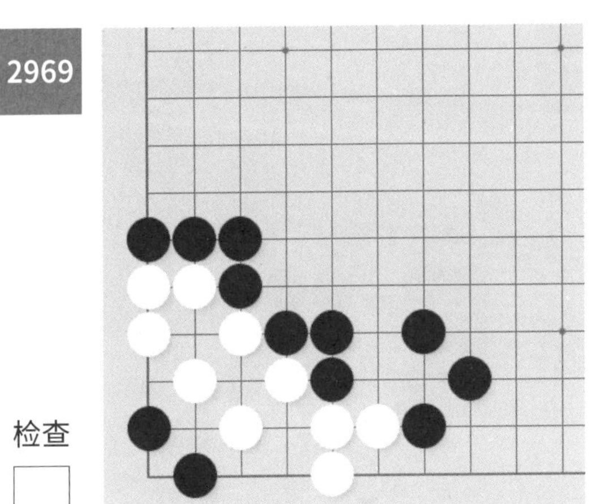

检查

2970

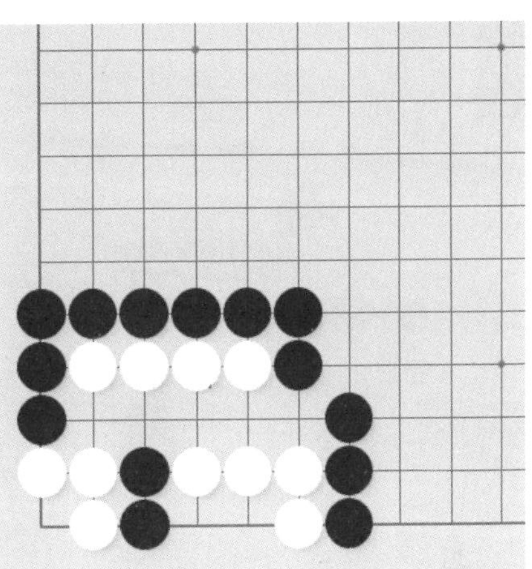

检查

2971

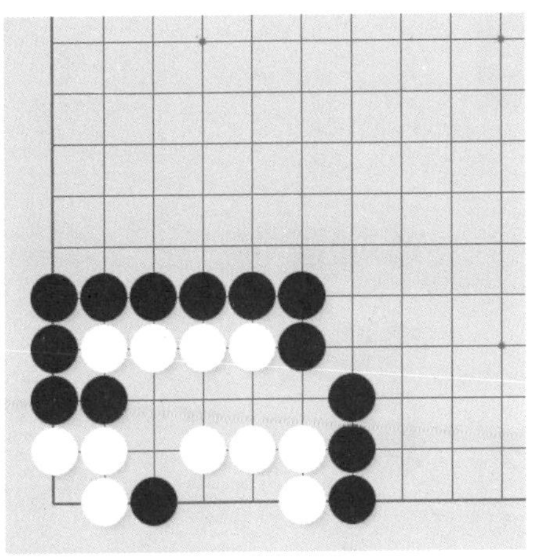

检查

2972

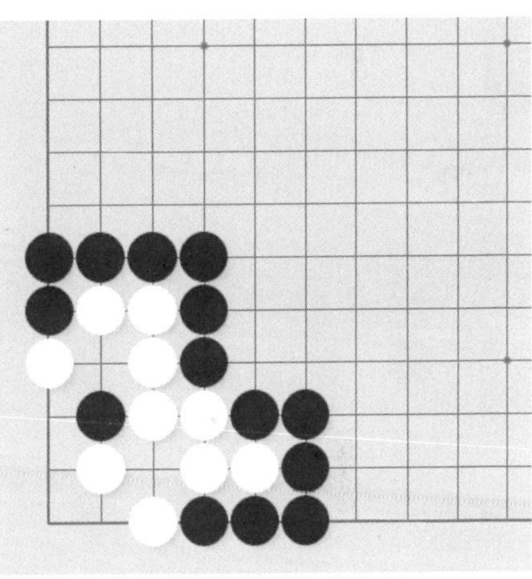

检查

2973

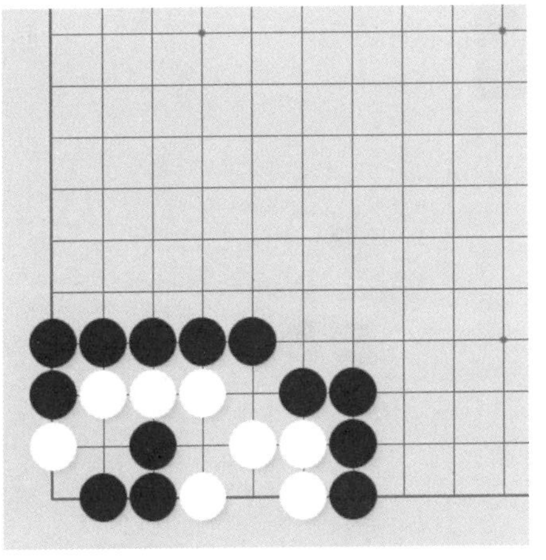

检查

2974

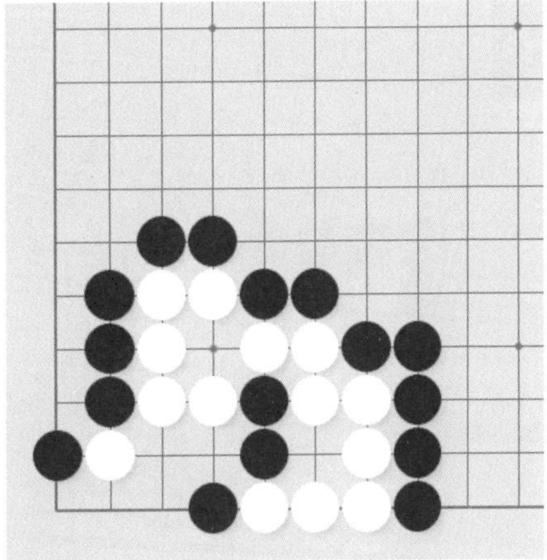

检查

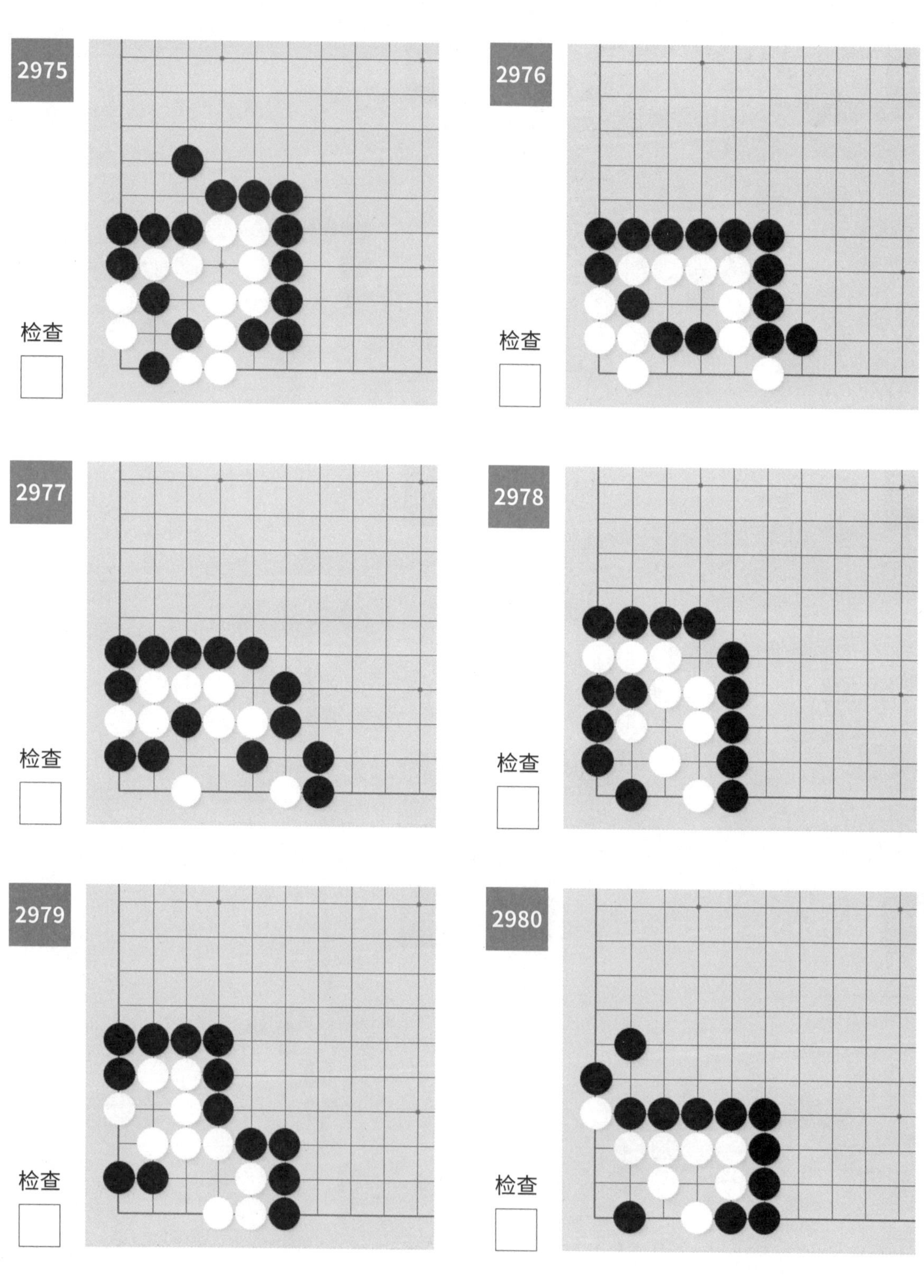
2975
检查
2976
检查
2977
检查
2978
检查
2979
检查
2980
检查

2981

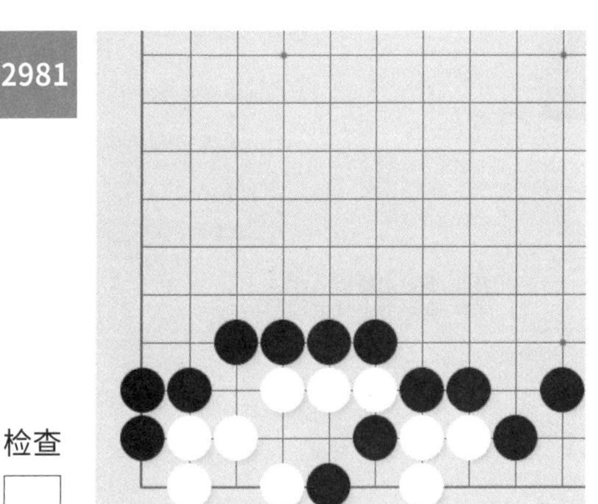

检查

2982

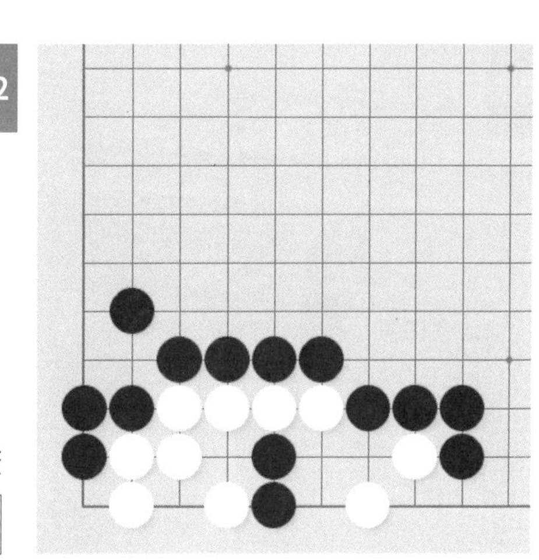

检查

2983

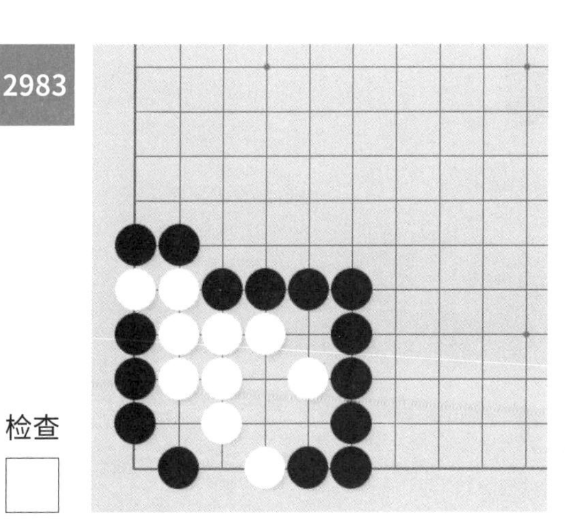

检查

2984

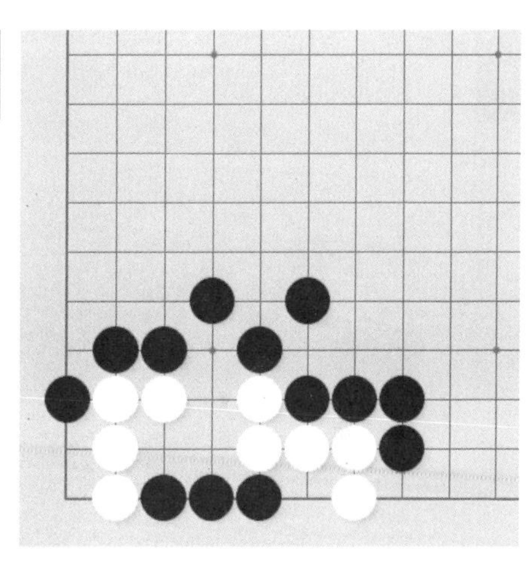

检查

2985

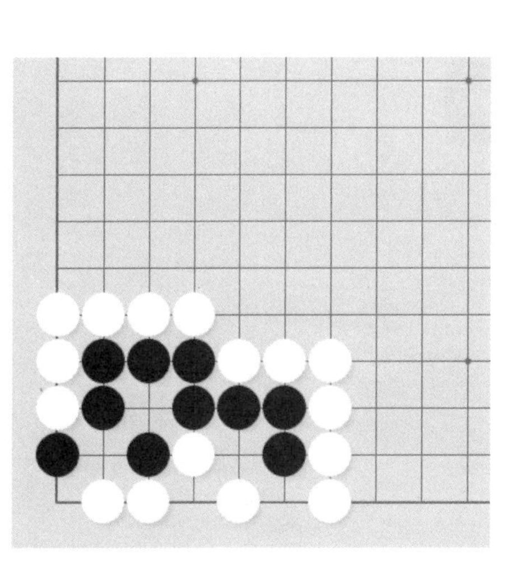

检查

2986

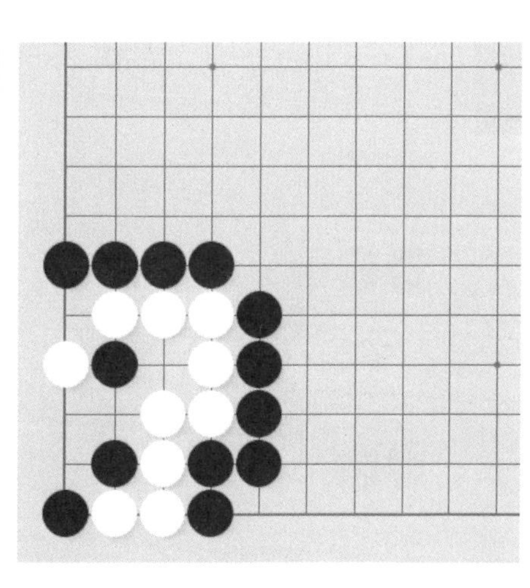

检查

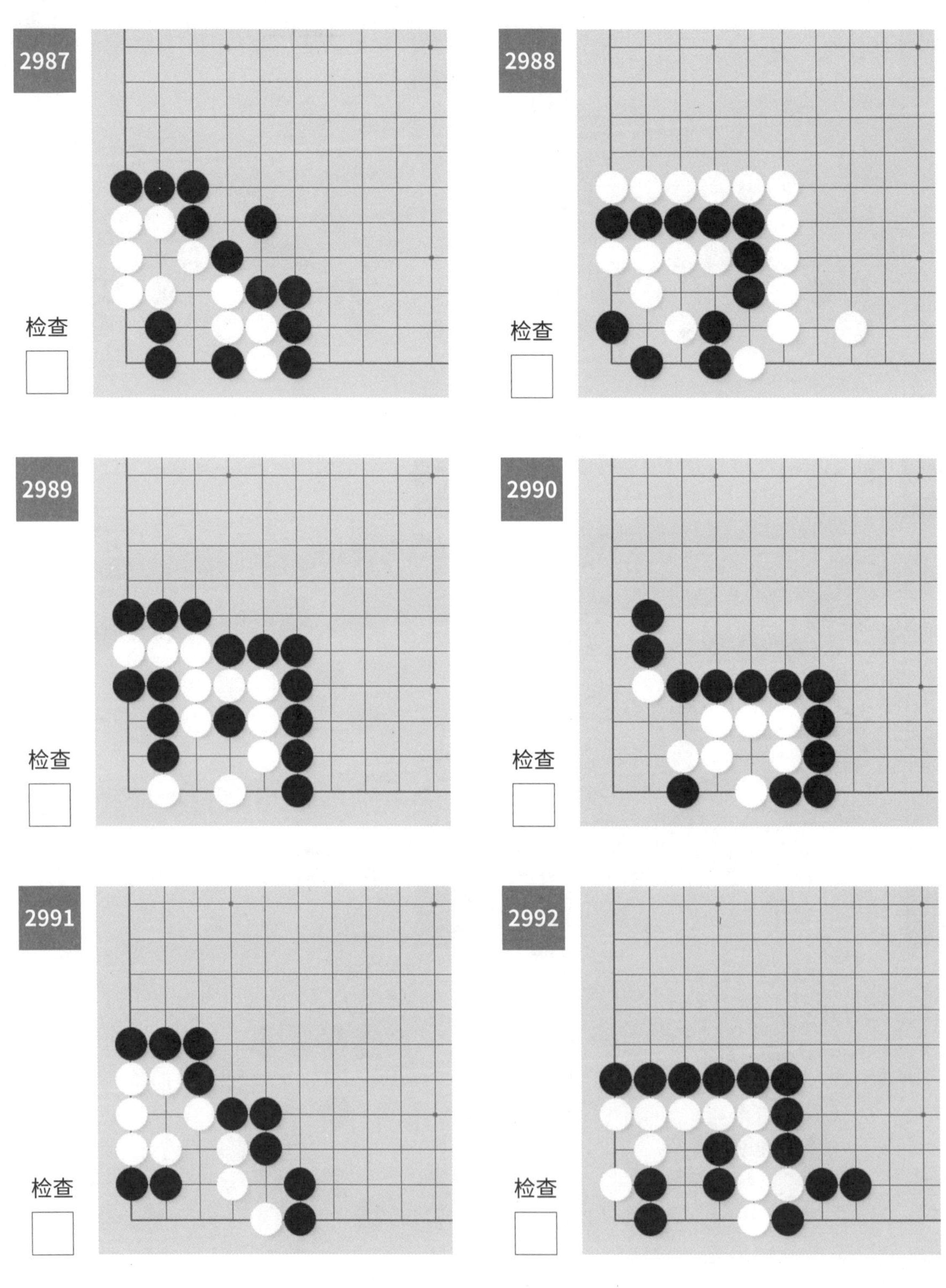
2987
检查
2988
检查
2989
检查
2990
检查
2991
检查
2992
检查

2993

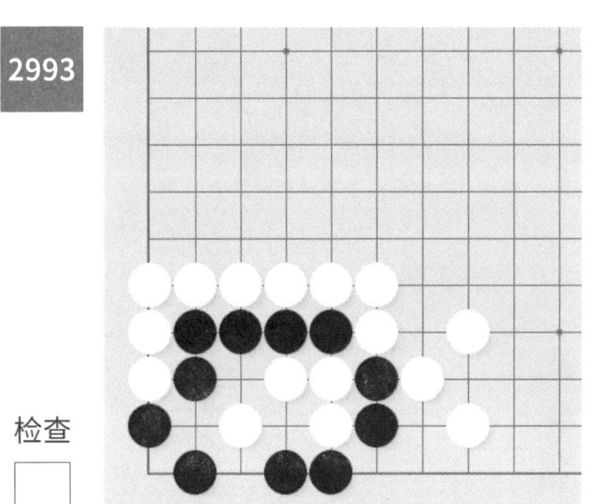

检查

2994

检查

2995

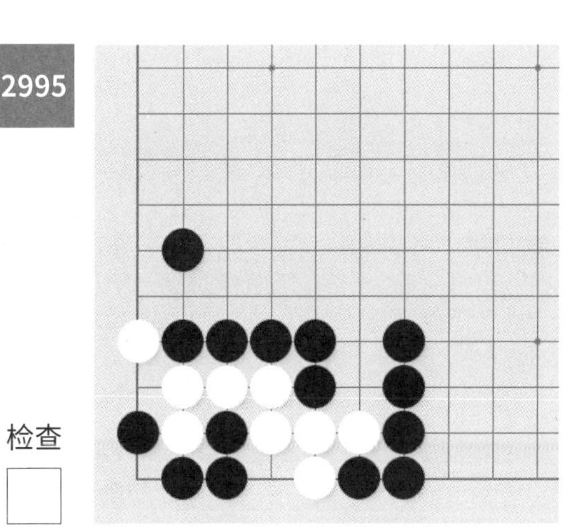

检查

2996

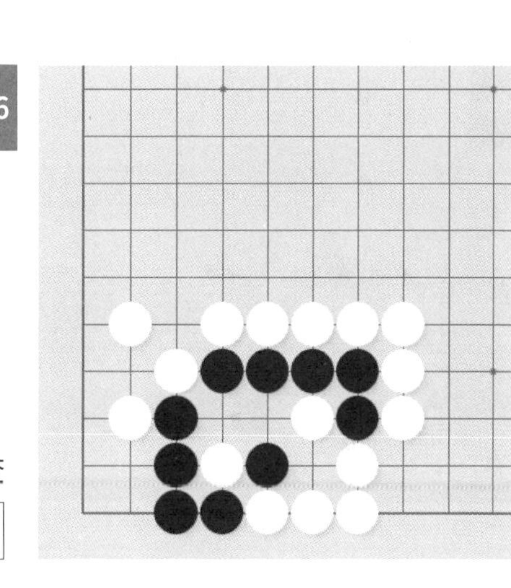

检查

2997

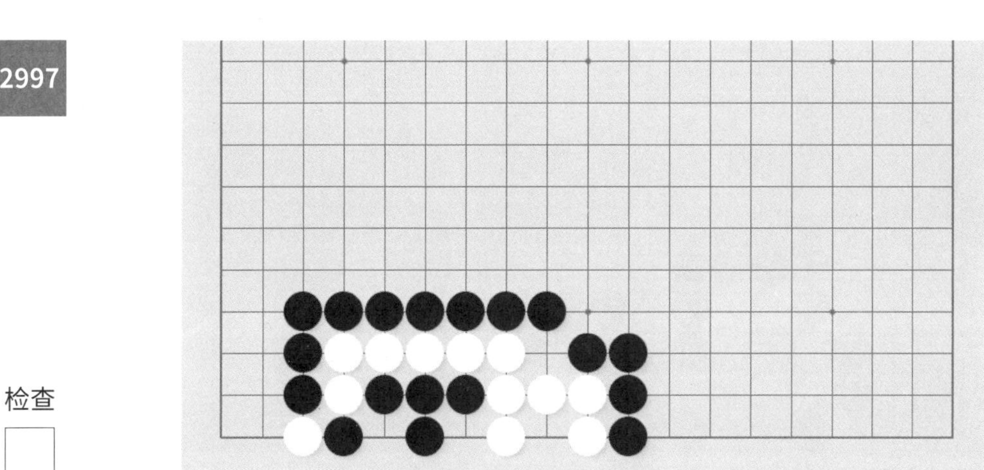

检查

2998

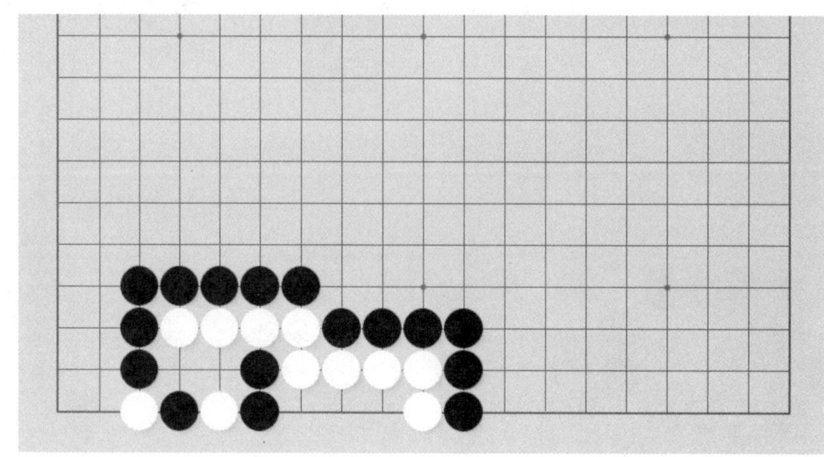

检查

2999

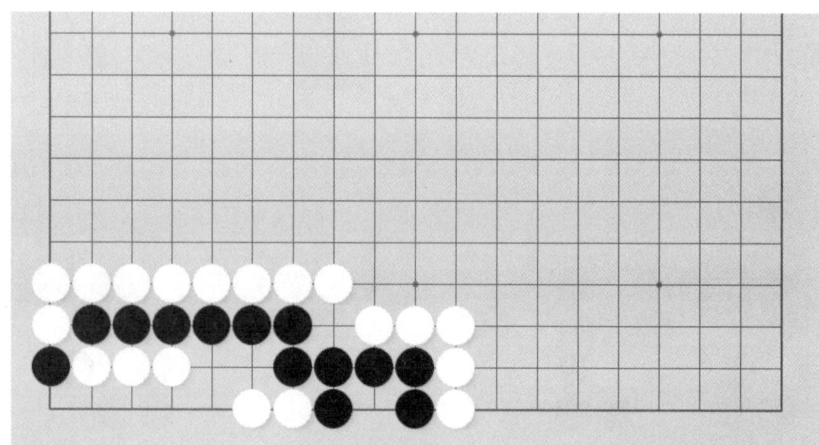

检查

3000

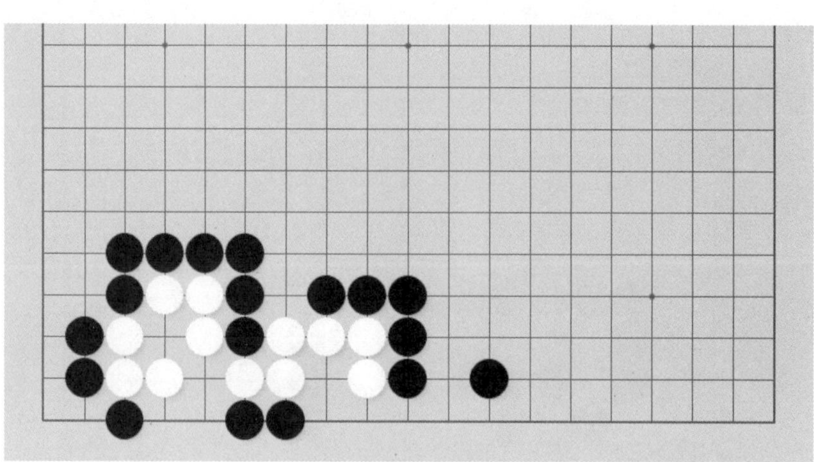

检查